Charles W. Ingrao   Josef I.

Charles W. Ingrao

JOSEF I.

Der „vergessene"
Kaiser

Verlag Styria

Ins Deutsche übertragen von Uta und Gerald Szyszkowitz
Der Titel der amerikanischen Originalausgabe lautet
In Quest and Crisis: Emperor Joseph I. and the Habsburg Monarchy
und erschien © 1979 bei Purdue University Press, West Lafayette, Indiana, USA

Umschlagbild: Bildnis Kaiser Josefs I. im Krönungsornat,
hängt im Kaisersaal der Hofburg in Innsbruck und befindet sich im Besitz
des Kunsthistorischen Museums, Wien (GG Inv.-Nr. 8365)

> CIP-Kurztitelaufnahme der Deutschen Bibliothek
>
> **Ingrao, Charles W.:**
> [Josef der Erste]
> Josef I.: d. vergessene Kaiser / Charles W. Ingrao.
> Aus d. Engl. übers. von Uta u. Gerald Szyszkowitz.
> Mit e. Einf. von Karl Otmar Freiherr von Aretin. –
> Graz, Wien, Köln : Styria, 1982.
> Einheitssacht.: In quest and crisis ‹dt.›
> ISBN 3-222-11399-8

1982 Verlag Styria Graz Wien Köln
Alle Rechte der deutschen Ausgabe vorbehalten
Printed in Austria
Umschlaggestaltung: Christoph Albrecht
Satz und Druck:
Druck- und Verlagshaus Styria, Graz
Bindung: Wiener Verlag, Himberg
ISBN 3-222-11399-8

Inhalt

Vorwort zur deutschen Ausgabe . . 7
Einleitung . . 9

I. Einführung . . 15

II. Die Erblande: Verwaltung und Finanzen . . 20
Josef und der junge Hof . . 22
Primus inter pares . . 29
Zwischen Reform und Kompromiß . . 38

III. Deutschland: Höchstädts Nachwirkung . . 48
Habsburg gegen Schönborn . . 51
Die Kehrtwendung . . 55
Der Preis . . 65
Altranstädt . . 71
Das Reich im Belagerungszustand . . 77
Kurfürstliche Geschäfte . . 87

IV. Italien: Der Kampf um die Hegemonie . . 96
Die Eroberung Italiens . . 97
Zankäpfel . . 104
Die Wiederbelebung der Reichspolitik . . 112
Der Krieg gegen den Papst . . 122
Die österreichische Hegemonie . . 129

V. Ungarn: Der Kuruzzenkrieg . . 138
Josefs Friedensbemühungen . . 141
Die Friedensverhandlungen in Tyrnau . . 148
Der Wendepunkt . . 155
Sieg und Kompromiß . . 162

VI. Das spanische Erbe: Bündnispolitik .. 173
Spanien und die holländische Barriere .. 176
Die Den Haager Gespräche .. 182
Sonnenwende .. 193
Der verspielte Sieg .. 202
Die zerbröckelnde Allianz .. 209

VII. Schlußwort .. 223

Archivalische Quellen .. 237
Anmerkungen .. 239
Literaturverzeichnis .. 277
Personenregister .. 289

Vorwort zur deutschen Ausgabe

Als ich im Sommer 1979 die Nachricht erhielt, der Verlag Styria, Graz, interessiere sich für mein vor kurzem erschienenes Buch über Kaiser Josef I., habe ich mich darüber sehr gefreut. Es ist für jeden Autor eine Ehre, wenn ein ausländischer Verlag sein Werk übersetzen lassen will, besonders wenn es sich um einen so angesehenen Verlag und eine so begrüßenswerte Biographenreihe handelt wie die vorliegende. Ich freute mich umso mehr, als die Gestalt Josefs I. nichts an ihrer ursprünglichen Faszination für mich eingebüßt hatte, obwohl ich mich bereits intensiv mit einem ganz anderen Thema beschäftigte. Diese Faszination ist zweifellos darauf zurückzuführen, daß Josef I. nicht nur eine bemerkenswert farbige Persönlichkeit ist, sondern auch ein Thema der Geschichte, das bei weitem noch nicht erforscht ist. Das Angebot des Verlages Styria, eine deutsche Ausgabe herauszubringen, wirkte auf mich wie die Wiederbegegnung mit einer alten Geliebten: Es war schwer, der Versuchung zu widerstehen, sich augenblicklich aus den neuen Bindungen zu lösen, um sich wieder ganz der alten Liebe zu widmen.

Obwohl es auf Grund des vorliegenden Materials wahrscheinlich nie möglich sein wird, ein abgerundetes Porträt des Kaisers zu zeichnen, habe ich mich bemüht, in der deutschen Ausgabe die Persönlichkeit Josefs I. stärker herauszuarbeiten, indem ich seiner Jugend, seinen Charakterzügen und seinen künstlerischen Interessen wesentlich mehr Raum gebe als in der englischen. Auch dem josefinischen Kabinett wird mehr Beachtung als bisher geschenkt, namentlich dem Fürsten Salm, der, wie mir scheint, von den Biographen des Prinzen Eugen zu Unrecht immer schlecht behandelt worden ist. Abgesehen von diesen Ergänzungen habe ich natürlich in diese Ausgabe die neuesten Forschungsergebnisse eingebracht und die unvermeidlichen Korrekturen vorgenommen.

Ich habe mir bei dieser Gelegenheit natürlich nicht entgehen lassen, die in der Zwischenzeit erschienenen Beiträge anderer Historiker zu studieren und zu verarbeiten, unter anderen die neuen Bücher von Derek McKay, Brigitte Holl, Ragnhild Hatton, Friedrich von Rummel und vor allem von Georg Schnath. Die mir für meine neue Forschungsarbeit gewährten Stipendien der Amerikanischen Philosophischen Gesellschaft, des Deutschen Akademischen Austauschdienstes und der Alexander-von-Humboldt-Stiftung ermöglichten es mir, weitere Archivstudien in mehreren deutschen Städten und in Wien für die Neuausgabe zu betreiben. Ich möchte mich an dieser Stelle für die Hilfe bedanken, die mir in den verschiedenen Archiven zuteil geworden ist, namentlich bei der Leiterin des Haus-, Hof- und Staatsarchivs, Dr. Anna Hedwig Benna, bei Nikolaus-Leopold Fürst zu Salm-Salm und seinen Assistenten des Fürstlich Salm-Salmschen Archivs, Dr. Duco van Krugten und seinem Vorgänger Dr. Adriaan Vliegenthart; ebenso bei Franz Ulrich Fürst Kinsky und seiner Assistentin am Fürst Kinskyschen Archiv, Frau Maria Brandl; und nicht zuletzt bei den Angestellten des Bayerischen Hauptstaatsarchivs in München, des Hessischen Staatsarchivs in Marburg/Lahn, des Niedersächsischen Hauptstaatsarchivs in Hannover und des Niederösterreichischen Landesarchivs in Wien. Vor allem aber möchte ich hier dankbar die Großzügigkeit erwähnen, mit der mir Professor Georg Schnath seine Anmerkungen über die hannoveranische diplomatische Korrespondenz zur Verfügung stellte. Sie erst ermöglichten mir die richtige Datierung und Lokalisierung vieler wichtiger Dokumente. Eine solche Hilfe geht weit über die übliche kollegiale Höflichkeit hinaus und ist charakteristisch für die überragende Größe dieses selbstlosen Historikers.

Marburg, Lahn, Juli 1980   C. W. I.

Einleitung

Das Urteil über Kaiser Josef I. schwankt in der Geschichte. Hielt man ihn einerseits für eine der interessantesten Erscheinungen in der langen Reihe der römisch-deutschen Kaiser aus dem Hause Habsburg, so sah man in ihm andrerseits einen Mann, der seine politischen Eigenschaften schleifen ließ und sich so sehr seinen Leidenschaften hingab, daß er seine Regierungsgeschäfte vernachlässigte. Dazu mag beigetragen haben, daß der Kaiser für die Historiker immer etwas im Schatten Prinz Eugens von Savoyen stand, der als Feldherr, Staatsmann und Mäzen die österreichische Geschichte zu Beginn des 18. Jahrhunderts beherrschte. Max Braubach ist in seinem großen, fünfbändigen Werk über Prinz Eugen zu einem sehr negativen Urteil über Josef I. gekommen, das im Gegensatz zu älteren Historikern wie Alfred von Arneth oder B. Erdmannsdörfer steht. Auch Adam Wandruszka kommt zu einem erheblich anderen Ergebnis. Max Braubach schreibt: „Gewiß aber war er bei aller Begabung und allem guten Willen nicht der Mann, einen radikalen Neuaufbau und damit eine innere Kräftigung des Staates gegenüber den mannigfachen durch dessen Zusammensetzung und Einrichtung bedingten Hemmungen und Widerständen zu erreichen. Wenn er in den ersten Monaten seiner Regierung dazu Anläufe nahm, so blieben sie rasch wieder stecken. Und wenn trotzdem in den kurzen Jahren seiner Regierung Österreichs Macht einen glänzenden Aufstieg nahm, so war das weniger sein Verdienst als das von Männern, die ihn unter Ausnützung seiner Vorzüge wie auch seiner Schwächen zu nehmen und zu leiten wußten, das Verdienst des Prinzen Eugen und des Grafen Wratislaw, denen dabei die Ausübung maßgebenden Einflusses auf Krieg und Politik wahrhaftig nicht leichtgemacht wurde." Braubachs Vorwürfe stützen sich zu einem erheblichen Teil auf die Ausführungen eines Abenteurers, des „Grafen" Venzati, den Josef nach seiner Thronbesteigung aus kaiserlichen Diensten entließ und der sein Gift auch gegen Prinz Eugen verspritzte. Venzati kritisierte Josefs Jagdleidenschaft und seine Begeisterung für das schöne Geschlecht. Hier hatte er im Kern wahrscheinlich recht. Josef war nach seiner wittelsbachischen Mutter geschlagen und in seinem Charme, seiner Freigebigkeit, seiner ungezügelten Jagdleidenschaft und seiner Vorliebe für schöne Frauen seinen wittelsbachischen Vettern sehr viel ähnlicher als seinem schwerblütigen Vater und seinem Bruder Karl. Josef war leicht entflammbar und konnte sich rasch für eine Sache erwärmen, für die er dann wenig später seine Begeisterung verlor. Es mag auch sein, daß seine Leichtlebigkeit den etwas puritanisch veranlagten Braubach zu seinem Urteil verführt hat, das Charles Ingrao in vielen Einzelheiten korrigieren kann, ohne die unbestreitbare Tatsache der sittlichen Verfehlungen Josefs in Abrede zu stellen. Von Belang wäre diese Kritik nur, wenn man nachweisen könnte, der Kaiser habe wegen seiner Leidenschaft seine Pflicht verletzt. Venzati hat das behauptet und berichtet, Josef sei mehrfach in den Ratssitzungen wegen seiner Ausschweifungen eingeschlafen.

Diese Behauptung läßt sich natürlich aktenmäßig nicht nachprüfen, weil kein Protokoll den Schlaf des Kaisers vermerkt. Es steht auch ohne Zweifel fest, daß Josef viele Konferenzen versäumt hat. Nur – Leopold I. oder Karl VI. haben kaum je eine Konferenz besucht. Als die Konferenz nach der Rückkehr Karls VI. nach Wien zum erstenmal tagte, wartete sie vergeblich auf den Kaiser. Auch als Trautson und Seilern sich zu ihm begaben, um ihm zu melden, daß die Minister versammelt seien, ließ sich Karl VI. nicht bestimmen, daran teilzunehmen. Er ließ der Konferenz sagen, sie möge ohne ihn tagen und ihm das Protokoll vorlegen, nach dem er entscheiden werde. Leopold I. und Karl VI. hatten einen ganz anderen Regierungsstil als Josef. Josef nahm an vielen Sitzungen teil, in deren Protokollen seine Beiträge in der Abkürzung „Kay." aufgeführt sind. Es wurde offensichtlich in kollegialer Weise miteinander verhandelt, und niemand nahm sich ein Blatt vor den Mund. Hierin lag Josefs große Stärke! Er ersetzte nicht nur, wie Ingrao schreibt, die unfähigen Minister Leopolds durch fähige, er hatte mit ihnen auch ein so gutes und vertrautes Verhältnis, daß er sich ihrer Kritik stellte. Es ist undenkbar, daß ein Prinz Eugen, ein Graf Wratislaw oder ein Fürst Salm keine Kritik geübt hätten, wenn Josefs Lebenswandel tatsächlich die Geschäftsführung behindert oder negativ beeinflußt hätte.

Ingrao spricht einen sehr schwer zu untersuchenden Sachverhalt an, wenn er meint, es sei schwierig, bei einem aus so qualifizierten Männern bestehenden Kabinett den Anteil des Kaisers an den Entscheidungen im einzelnen zu bestimmen. Gerade darin aber lag Josefs Verdienst. Er berief eben nur bedeutende Männer um sich, was weder ein Leopold I. noch ein Karl VI. fertigbrachten. Sicher ist eine Reihe von ihnen, wie Wratislaw, Seilern oder Trautson, schon in den ersten Jahren aus dem Dienst Karls VI., sei es durch Entlassung oder durch Tod, ausgeschieden. Der unglaubliche Schlendrian und die Korruption, die unter Karl VI. einrissen, geschahen aber unter den Augen des Prinzen Eugen, des Grafen Sinzendorf und des Grafen Starhemberg, der unter Josef I. die Finanzen einigermaßen führte. Alle drei haben unter Josef I. energisch ihre Amtsgeschäfte ausgeübt. Unter Karl haben sich ihre Fähigkeiten kaum entfaltet. Das heißt, es lag eben doch am Kaiser, wie sich die Regierung bewährte. Karls Regierungsstil lähmte seine Mitarbeiter. Daß er sich nicht der kollegialen Beratung der Konferenz stellte, hatte zur Folge, daß niemand wußte, was mit den Beschlüssen geschah und warum sie abgeändert wurden. Diese Art des Regierens artete in Eifersüchteleien der verschiedenen Behörden und schließlich in tiefe Resignation aus. 1729 mußte der Plenipotentarius für Italien drei Jahre vergeblich auf seine Instruktion warten und schließlich mit der für seinen Vorgänger von 1714 vorliebnehmen, weil sich die einzelnen Behörden nicht auf eine neue Instruktion einigen konnten. Die unter dem persönlichen Schutz des Kaisers blühende Korruption des Spanischen Rates war nur möglich, weil Karl VI. den kollegialen Regierungsstil Kaiser Josefs I. abgelegt und an seine Stelle ein persönliches Regiment gesetzt hatte, das Mißbrauch, Korruption, Schlamperei und Unfähigkeit begünstigte. Kaiser Leopold I. und Kaiser Karl VI. mögen moralisch sehr viel wertvollere Persönlichkeiten gewesen sein als der leichtlebige, leidenschaftliche Josef I., politisch haben sie weniger erreicht als dieser. Darauf aber kommt es bei einer historischen Beurteilung an. Für die von Venzati aufgestellte und von Braubach übernommene Behauptung, Josef habe seiner Jagdleidenschaft und seiner Liebschaften wegen seine Regierungspflichten vernachlässigt, gibt es nicht den Schein eines Beweises. Wenn irgend etwas geeignet ist, den qualitativen Wert der Regierungsweise Josefs I. zu belegen, dann ist es der Vergleich mit der Regierungsweise seines Vaters und seines Bruders.

Eine Biographie über einen Mann wie Josef I., über den das Urteil so schwankt, ist immer interessant. Ingrao ist der Versuchung nicht erlegen, einen strahlenden Helden aus ihm zu machen. Er verschweigt die Schattenseiten seines Charakters keineswegs, aber er stellt die Verdienste dieses Kaisers, den er zu Recht einen Vollblutpolitiker nennt, sowohl in der Innen- als auch in der Außenpolitik klar heraus.

Ingrao vertritt in seiner Biographie die These, Josef I. sei mehr als nur ein Problem des Spanischen Erbfolgekrieges. Er habe für das Werden der Großmacht Österreich Weichen in die Zukunft gestellt, die erst von Maria Theresia aufgenommen worden wären. Das ist, was seine Innenpolitik anbetrifft, sicher richtig. Seine Außenpolitik aber war stärker als die eines anderen Habsburgers auf Sieg abgestellt. Es ging ihm weniger um die spanische Erbschaft als um den Sieg über den großen Widersacher Ludwig XIV. Auch er wollte wie Marlborough den Feind in Paris besiegen und ihm alles abnehmen, was er sich vorher angeeignet hatte. Spanien spielte in seinen Überlegungen eine geringere Rolle als bei seinem Vater Leopold I. Dieser hatte den Krieg in diplomatisch und militärisch fast aussichtsloser Situation begonnen, weil er sich um das spanische Erbe betrogen fühlte. In die entscheidende Krise 1704 hatte Josef als Kronprinz eingegriffen und die Voraussetzungen für eine erfolgreiche Kriegführung gelegt. Leopold I. hätte es genügt, ehrenhaft unterlegen zu sein und mit seinem Kampf bewiesen zu haben, daß er den Verlust Spaniens für sein Haus nicht tatenlos hinnahm. Josef wollte den vollständigen Sieg über Ludwig XIV. Diesem Ziel ordnete er alles unter. Er erstrebte für Österreich die Vorherrschaft über Italien, weshalb er sehr zum Ärger der Engländer und insbesondere der Holländer 1707 den Schwerpunkt der österreichischen Kriegführung nach Italien verlegte. Seine Tragik lag im ungarischen Aufstand, der ihn hinderte, die Armeen im Westen zu stellen, die dort zu einer erfolgreichen Kriegführung nötig gewesen wären. Josef war auch fest entschlossen, die Vorherrschaft Österreichs über Italien nicht mehr aus der Hand zu geben. Die Notwendigkeit dazu sah auch Leopold I. Er hatte daher bereits 1703 Mailand an Österreich gegeben. Josef wollte auch Neapel-Sizilien an Österreich bringen und mit Hilfe der Lehensrechte des Reiches ganz Italien beherrschen. Von ihm und von seinem Bruder Karl ist der Satz aktenmäßig nachzuweisen: „Ich will Kaiser sein in Italien." Aber beide haben damit etwas anderes gemeint. Josef war fest entschlossen, Italien zur Basis einer Reichspolitik zu machen, die auch in Deutschland versuchen wollte, die Rechte des Kaisers zu erweitern. Wieweit er beabsichtigte, Bayern Österreich einzugliedern, ist eine bis heute offene Frage. Ganz sicher aber hätte er den von Kurfürst Max Emanuel von Bayern angestrebten Tausch Bayerns gegen die spanischen Niederlande durchgeführt.

Für Kaiser Karl VI. waren die von Josef angestrebten Abtrennungen der spanischen Nebenlande Verrat an der spanischen Nation. Im Kampf mit Philipp V., der diese habsburgische Hauspolitik weidlichst propagandistisch ausschlachtete, konnte er wahrscheinlich nicht anders denken. Wieweit die närrische Idee, die spanischen Nebenlande könnten nur von Spanien regiert werden, eine Reaktion auf Josefs Versuche war, diese Österreich einzuverleiben, muß dahingestellt bleiben. Im Widerstreit zwischen dem für Italien zuständigen Spanischen Rat und dem für Reichsitalien zuständigen Reichshofrat entschied sich Karl immer für die Spanier. Der Plenipotentarius für Reichsitalien, immerhin im Rang eines kaiserlichen Principalkommissars am Reichstag in Regensburg, mußte schließlich nach Pisa ausweichen, weil er in Mailand die Kreise des vom Spanischen Rat ernannten Gouverneurs störte. In diesem Zusammenhang schrieb Karl VI.: „Ich will Kaiser in Italien sein." Das hieß aber: Ich will die Rechte des Reiches nicht aufgeben. In Josefs Diktion ging es um die Vorherrschaft, die er selbst in dem unglückseligen Krieg gegen den Papst erfechten wollte. Er wollte mit Italien die Machtbasis der Großmacht Österreich erweitern. Karl ging es um ein Erhalten des Zipfels Spanien, den er bei der Teilung des spanischen Reiches erhalten hatte.

War Josef I. ein Vollblutpolitiker, so wird man von Karl VI. das Gegenteil sagen müssen. Noch unpolitischer konnte man sich nicht verhalten als Karl VI. gegenüber dem Spanischen Rat oder in seinem Kampf um die Pragmatische Sanktion.

Erst auf dem Hintergrund von Vater und Bruder wird die größere politische Persönlichkeit Josefs I. in ihrer ganzen Bedeutung erkennbar. Ingrao entwickelt in seinem Buch die These, die Konjunktur sei für Österreich nach dem Wegfall der französischen Hegemonialbestrebungen in der internationalen Politik so negativ geworden, daß es nach den großen Siegen Prinz Eugens über die Türken eine Niederlage nach der anderen habe einstecken müssen. Er relativiert damit sozusagen den Qualitätsunterschied der Regierungsweise der beiden kaiserlichen Brüder. Ich fürchte, hier generalisiert Ingrao zu sehr. Grundlegend wird diese Frage erst eine Biographie Karls VI. klären können, die bis heute ein Desiderat der Forschung ist. Aber ohne etwaige Forschungsergebnisse vorwegnehmen zu wollen: Die Niederlage Karls VI. war auch die Folge einer Politik, die mehr von Emotionen als vom Verstand diktiert wurde. Ein Josef I. hatte in seinen Ausgleichsverhandlungen mit den Ungarn und mit dem Papst bewiesen, daß er in der Politik die Schranken erkannte, die seinen Möglichkeiten gesetzt waren. Karl VI. kannte nur seine sentimentalen Erinnerungen an Spanien und den Willen, seiner Tochter Maria Theresia das Erbe zu sichern. Hierbei dachte er ganz in den Kategorien der auf Rechtsnormen aufgebauten Reichspolitik. Josef I. hatte es immer schwer, sich in den höchst komplizierten Gedankengängen der Reichspolitik zurechtzufinden. Er war wie Ludwig XIV. ein Machtpolitiker.

In dieser Aussage zeigen sich freilich Konfliktmöglichkeiten einer späteren Regierungsphase, wie sie sein Großneffe Josef II. mit dem Reich und in der Reichspolitik tatsächlich erlebt hat. Im Leben Josefs I. zeigte sich dies im Konflikt mit dem Kurfürsten Lothar Franz von Schönborn in Mainz, der diesen Kaiser verehrte, sich aber mit ihm um die Rechte des Reiches in einer Weise stritt, die einen Vorgeschmack davon gab, was Josef I. nach einem Frieden zu erwarten gehabt hätte. Allerdings ist die Frage nicht zu beantworten, ob ein siegreicher Kaiser, der dem Reich im Westen eine breite Reichsbarriere gegen Frankreich verschafft hätte, nicht auch im Reich und unter den Reichsständen eine andere Stellung eingenommen hätte als sein Bruder. Was Josefs Verhältnis zum Reich anbetrifft, so können künftige Forschungen über diesen Kaiser sicher noch Ergebnisse bringen, die über diejenigen von Ingrao hinausweisen.

Mit dieser Biographie aber ist ein Anfang gemacht, einen Herrscher als eigene historische Persönlichkeit anzusehen, der bisher hinter dem Bild seiner genialen Mitarbeiter Prinz Eugen und Wratislaw zurücktreten mußte. Kaiser Josef I. besaß, wie Ingrao eindringlich belegen kann, die Fähigkeit, geniale, schwierige, von Eitelkeit und Empfindlichkeiten aller Art geprägte Persönlichkeiten zu dem zusammenzufassen, was man heute ein „Team" nennen würde. Dies ist im Grunde das Positivste, was man von einem Herrscher berichten kann, wenn man nicht der absolutistischen Ansicht huldigen will, die Größe eines Herrschers dokumentiere sich in der eigenen Leistung. Ist es aber nicht gerade das Besondere dieses Habsburgers, daß er in einer Zeit, in der der Absolutismus des Sonnenkönigs alle Fürsten zur Nachahmung verführte, der Kaiser eines Teams von Persönlichkeiten war, das im Zusammenwirken mit anderen europäischen Mächten eben diesem Absolutismus und seinen Hegemoniebestrebungen über Europa Schranken setzte? In diesem Sinn gehörte Josef I. zu den Niederländern und Engländern, auch wenn diese ihm oft mit großem Mißtrauen begegneten. Josef I. wollte diesen Kampf gegen die Hegemonialmacht Frankreich. Er hat ihn durchgefochten. Sicher kannte er keine parlamentarischen Gremien, wie sie in Holland und England damals die Politik mitbestimmten. Nur war er eben auch kein Tyrann, als den man Ludwig XIV. in seiner Spätzeit wohl bezeichnen muß. In der Kollegialität, in der die Regierungsgeschäfte in Wien unter ihm geführt wurden, lagen seine Besonderheit und seine Stärke. Daß sein Tod mit dazu beitrug, den Sieg der antifranzösischen Kräfte zu verhindern, war die eigentliche Tragik seines Lebens.

Karl Otmar Freiherr von Aretin

I.
Einführung

> „Die gegenwärtige Crisus rerum,
> dergleichen von zeiten der a Carolo V
> aufgerichteten monarchie nie gewesen."
> *Karl Theodor Otto Fürst Salm*

Der Aufstieg der habsburgischen Monarchie zur europäischen Großmacht stellt für den modernen Historiker ein Paradoxon dar. Zwischen 1683 und 1718 errang die Monarchie zwar eine Reihe von noch nie dagewesenen Siegen über Frankreich und das Osmanische Reich und war 1720 bereits der größte und einwohnerstärkste Staat Westeuropas, dennoch konnte die österreichische Monarchie sich mit der französischen nie wirklich messen, weil sie auf Grund ihrer militärischen und finanziellen Schwäche nicht fähig war, eine unabhängige Außenpolitik zu betreiben. Die Folge war, daß sie in den Dekaden nach 1720 eine Reihe von katastrophalen Niederlagen einstecken mußte. Wenn man also die innen- und außenpolitische Entwicklung der habsburgischen Monarchie im letzten Viertel des 17. und in der ersten Hälfte des 18. Jahrhunderts betrachtet, drängt sich einem die Schlußfolgerung auf, daß die Monarchie politisch so stark und erfolgreich war, weil sie militärisch so schwach dastand. Denn da sie weder für die unmittelbaren Nachbarn noch für das europäische Gleichgewicht eine Bedrohung darstellte, kam die Monarchie zwischen 1681 und 1720 in den Genuß einer Reihe von Koalitionen gegen Frankreich und das Osmanische Reich. Mit der Niederwerfung dieser beiden Mächte aber war es mit der Möglichkeit vorbei, aus dem europäischen Kräftespiel Nutzen zu ziehen. Für die Monarchie begann eine Periode der politischen Unsicherheit und Isolation.

Die kurze Regierung Kaiser Josefs I. markierte in der Tat einen Wendepunkt in der Entwicklung der Monarchie. In der Geschichtsschreibung aber ist sie bisher lediglich als ein Kapitel des Spanischen Erbfolgekrieges behandelt worden. Und obwohl die sieben Jahre zwischen der Schlacht bei Höchstädt-Blindheim und dem Tod Josefs I. unbestritten zu den dramatischsten und entscheidendsten der österreichischen Geschichte gehören, hat man der josefinischen Regierung bisher jede Eigenbedeutung abgesprochen. Seit 1789, als die letzte von mehreren sterilen Chronologien erschienen war, ist über Josef I. keine Biographie mehr veröffentlicht worden. Und obgleich berühmte deutsche und österreichische Gelehrte des 19. und 20. Jahrhunderts sich zwischendurch immer wieder mit dem Charakter dieses Mannes beschäftigt haben, konnten sie uns nur ein höchst oberflächliches und farbloses Bild vermitteln. Dabei verdienen sowohl die Persönlichkeit als auch die Politik dieses Kaisers eine gründlichere Betrachtung. Die Leistungen der josefinischen Regierung haben die Außen- und Innenpolitik der Monarchie auf lange Zeit entscheidend beeinflußt. Unter Josef I. wurden 1706/07 Italien erobert und die Grundlagen für die 150 Jahre währende österreichische Hegemonie auf der Halbinsel gelegt, während man in Ungarn Rákóczi die Stirn bot und schließlich ganz Ungarn für die Dynastie zurückgewinnen konnte. Zwar starb Josef I. zwei Wochen vor der endgültigen Niederschlagung des Aufstandes, aber der von ihm erarbeitete Kompromiß war richtungweisend für die zukünftigen österreichisch-ungarischen Beziehungen bis zum Untergang der Monarchie.

Die Verwaltungsreformen, die der Kaiser für die österreichischen Erbländer vorgesehen hatte, konnten wegen der Kürze seiner Regierung nicht verwirklicht werden, zumal alle zur Verfügung stehenden Mittel in die Kriegskasse flossen. Durchschlagende Reformversuche sollten erst in der Mitte des Jahrhunderts erfolgen, aber die Weichen waren durch die Innenpolitik Josefs I. bereits gestellt. Nur in Deutschland zwang die immer geringere Loyalität des Adels den jungen Kaiser, die Politik seiner Vorgänger zu übernehmen, und diese konnte man schon lange nicht mehr als dynamische Reichspolitik bezeichnen. Aber auch hier verstand er es, noch geschickter als sein Vater, die wenigen kaiserlichen Vorrechte zugunsten der österreichischen Interessen innerhalb und jenseits der Grenzen des Reichs zu benützen. Und indem er den territorialen und finanziellen Forderungen König Friedrichs I. ein eindeutiges Nein entgegensetzte, distanzierte sich Josef I. deutlich von der Politik seines Vaters, der immer wieder den preußischen Interessen Vorschub geleistet hatte, weil er ohne den militärischen Beistand der Preußen nicht auszukommen glaubte. Diese Politik des Widerstandes gegenüber der preußischen Expansion sollte 1740 zum offenen Konflikt führen.

Das Erbe, das die josefinische Regierung übernahm, war nicht leicht, umso weniger, als ihr nur sechs Jahre Zeit blieben. Ohne Zweifel waren zum Zeitpunkt, als Josef starb, die wichtigsten Ziele der habsburgischen Politik in Italien und Ungarn erreicht. Die Wiener Bündnispolitik kreiste daher ab 1709 nicht mehr länger nur um österreichische Interessen, sondern begann sich auf die dynastischen Belange in Spanien und in den Niederlanden zu konzentrieren. Zur gleichen Zeit aber begann das Allianzsystem, aus dem die Monarchie so manchen Vorteil gezogen hatte, auseinanderzubröckeln.

Dieses Buch erhebt nicht den Anspruch, ein lückenloses Porträt Josefs I. zu liefern. Es ist nämlich kein Zufall, daß bisher kein Historiker Josef I. zum Gegenstand einer ausführlichen Biographie gemacht hat. Die oft unvollständigen Dokumente machen es dem Biographen ausgesprochen schwer, die Persönlichkeit dieses Kaisers aufzuschlüsseln und den Beitrag, den er zur damaligen Politik geleistet hat, genau zu definieren. Von Josefs Privatkorrespondenz sind nur wenige Blätter erhalten geblieben. Statt dessen bleiben uns nur die offiziellen Instruktionen, die für die Gesandten im Ausland verfaßt wurden; hier aber verstecken sich oft die wahren Motive der josefinischen Außenpolitik hinter juristischen Tüfteleien, und die Vorstellungen, die der Kaiser sich von dieser und jener Angelegenheit gemacht hat, sind von jenen seiner Minister nicht mehr zu unterscheiden. Dazu kommt, daß der damals übliche Gebrauch des kaiserlichen „Wir" es noch schwieriger macht, die persönlichen Initiativen des Kaisers zu erkennen, und sogar die Protokolle der so wichtigen Geheimkonferenz weisen Lücken auf, besonders während der ersten drei Regierungsjahre und ausgerechnet bei den Beratungen über deutsche und ungarische Angelegenheiten. Nicht zuletzt ist die unleserliche Handschrift des Konferenzsekretärs Johann Georg von Buol ein starkes Hindernis für jeden Historiker. Dennoch ist es möglich, ein Porträt dieses Mannes zu zeichnen, auch wenn dabei um der Wahrheit willen auf ein allzu scharfes Bild verzichtet werden muß. Auch ist das vorliegende Porträt durchaus nicht nur schmeichelhaft für Josef I. ausgefallen. Schon im letzten Jahrhundert haben die Historiker Arneth und Noorden und kürzlich erst Braubach darauf hingewiesen, daß Josef nicht immer der energische und entschlossene Monarch war, wie es dem bisherigen populären Herrscherbild entsprach, sondern ein Individuum, das mit beträchtlichen persönlichen Schwächen zu kämpfen hatte. Ich bin nun aber der Meinung, daß man diesen Kaiser nur dann richtig einschätzen kann, wenn man imstande ist, genau zu definieren, bis zu welchem Maße sich die Stärken und Schwächen dieses Charakters auf seine Politik ausgewirkt haben.

Diese Methode ist nicht nur sehr hilfreich bei der Analyse der josefinischen Außenpolitik und der Behandlung der ungarischen Angelegenheiten im besonderen, sondern auch bei der Bewertung seiner Reformversuche auf dem administrativen und finanziellen Sektor innerhalb der österreichischen und böhmischen Erblande. Denn das Verhältnis der Dynastie zur inneren Reform ist nun einmal der rote Faden, der sich durch die gesamte österreichische Geschichte zieht bis hin zum Zusammenbruch von 1918. Die Geschichte der habsburgischen Innenpolitik ist im wesentlichen ja die Geschichte mißlungener Initiativen und verpaßter Gelegenheiten. Genauer gesagt, geht es hier um das dauernde Scheitern des Staates beim Versuch, durch die Rationalisierung seiner Institutionen die Kapazität des Heeres zu steigern. Und die meisten Historiker stimmen darin überein, daß die ablehnende Haltung, mit der die Dynastie Reformen und der Stärkung der politischen Infrastruktur gegenüberstand, entscheidend dazu beigetragen hat, daß der Aufstieg der Monarchie nur sehr ruckartig vor sich ging und die Keime zum späteren Zerfall nie ausgerottet wurden. In der Tat sind den zirka zwölf Männern, welche über die Geschicke der Monarchie während der letzten drei Jahrhunderte wachten, gewisse Charakterzüge gemeinsam, die in direktem Zusammenhang mit der Auflösung der

Monarchie stehen. Es handelte sich zwar um äußerst fromme, tugendhafte und fleißige Männer, die sich hingebungsvoll dem bürokratischen Kleinkram widmeten, aber meist fehlte es ihnen an Phantasie und an jenem Mut, der nötig gewesen wäre, um die Monarchie durch gründliche innenpolitische Reformen auf das Niveau ihrer Nachbarn zu bringen. Allen gemeinsam war die zaudernde Haltung, wenn es darum ging, die Macht der Kirche und des Adels und später der sogenannten Herrennationalitäten zu brechen, deren Privilegien die finanzielle Potenz des Staates und seine politische Einheit schwächten. Selbstverständlich gab es auch Ausnahmen: Maria Theresia, die klar erfaßte, was dem Staat nottat, und Josef II., der sich kühn über alle Widerstände hinwegsetzte, um die Reformen seiner Mutter radikal zu erweitern. Keiner der Herrscher entfernte sich aber weiter von der Regel als Josef I., nicht nur weil er, was ganz und gar untypisch für seine Familie war, ein Vollblutpolitiker war, sondern auch weil ihm das für die Habsburger so charakteristische Pflichtgefühl und Moralbewußtsein fehlte. Zwar reichte die Zeit nicht zu umfassenden Reformen, aber was wir von seiner Politik und seinem Privatleben wissen, reicht aus, um ihn von den übrigen Mitgliedern der Dynastie stark abzuheben.

Die vorliegende Arbeit beschäftigt sich zunächst mit dem Zustand der Finanzen und der Verwaltung der Monarchie, um sich dann den dramatischen Ereignissen außerhalb der Erbländer zuzuwenden. Josefs intensive Frankophobie und seine Bemühungen, das „Reich" wieder zu Kraft und Größe zu bringen, sind von nationalistischen deutschen Historikern häufig mißverstanden worden. Die moderne Geschichtsschreibung vertritt im allgemeinen den Standpunkt, daß die Politik des Kaisers vordringlich dem österreichischen Staat und den dynastischen Interessen der Habsburger diente. Wenn man aber untersucht, welche Prioritäten er an den verschiedenen Kampffronten setzte, wird ohnehin klar, um welche Interessen es ihm eigentlich ging. Das Buch ist nicht chronologisch, sondern nach Themenkreisen geordnet, um die verschiedenen Richtungen der josefinischen Politik aufzuzeigen und dem Leser zu helfen, die Ziele des Kaisers in Deutschland, Italien und Ungarn zu erkennen. Dabei werden wir zuweilen die engen Grenzen der josefinischen Regierung verlassen. So war die habsburgische Politik vom Beginn des 18. Jahrhunderts bis zum Ende der Monarchie 1918 durch die Versuche der habsburgischen Herrscher gekennzeichnet, die Sicherheit ihrer Untertanen durch vier verschiedene Pufferzonen aufrechtzuerhalten: im Nordwesten in Deutschland, im Südwesten in Italien, im Südosten in der Türkei und am Balkan und im Nordosten in Polen und später in Rußland.[1] In einem gewissen Maße ist die schrittweise Auflösung dieser Pufferzonen für den Zusammenbruch der Monarchie 1918 verantwortlich zu machen.

Während Josefs Jugend war es seinem Vater Leopold I. (1657–1705) gelungen, in allen vier Zonen für relative Sicherheit zu sorgen. Als Antwort auf die

Raubzüge Ludwigs XIV. hatten sich die deutschen Fürsten, wenn auch spät, um Leopold I. geschart, um die Westgrenze des Reiches gemeinsam zu verteidigen. Und mit Hilfe der Reichsfürsten konnte Leopold die Türken fast aus der gesamten ungarischen Tiefebene vertreiben und sich den rebellischen ungarischen Adel gefügig machen. Die italienische Halbinsel stand schon seit zwei Jahrhunderten unter der Protektion der spanischen Habsburger, und das schwache, aber große polnische Reich war unter der Regierung des sächsischen Kurfürsten und ehemaligen kaiserlichen Generals August des Starken für die habsburgische Monarchie eine Art ausgedehntes Glacis.

Diese günstige Konstellation endete schlagartig mit dem Tod des kinderlosen Karl II. von Spanien im November 1700 und mit der Thronbesteigung des Enkels von Ludwig XIV., Philipps von Anjou. Scheinbar begann Leopold I. den Spanischen Erbfolgekrieg, um Erzherzog Karl, dem jüngeren Bruder Josefs I., zum spanischen Erbe zu verhelfen, in erster Linie aber ging es ihm darum, Italien vor dem Verlust an die Bourbonen zu bewahren. Zwar hielten England, die Niederlande und im Grunde genommen alle deutschen Staaten zu Leopold I., aber durch den Abfall Bayerns und Kölns (1702) und den Ausbruch der Rákóczi-Rebellion (1703) bildeten sich zwei neue Fronten in gefährlicher Nähe Wiens. Kurze Zeit war die Hauptstadt in Gefahr, von den feindlichen Truppen in Norditalien, Bayern und Ungarn erobert zu werden. Der sich gleichzeitig in Nordeuropa ausweitende Nordische Krieg zwischen Karl XII. von Schweden und Dänemark, Rußland und Sachsen-Polen verschlechterte die ohnehin bedrohliche Situation, da die Schweden, die alten Feinde des Kaisers, bis ins benachbarte Polen vorrückten (1704). Der wegen Italien und dem übrigen spanischen Erbe mit Hilfe der Alliierten begonnene Krieg nahm solche Ausmaße an, daß die Monarchie in Gefahr stand, bei den zu erwartenden Friedensregelungen als europäische Großmacht eliminiert zu werden. Zwar war es mit der bayrischen Gefahr nach dem großen Sieg der Alliierten bei Höchstädt vorbei, und die Position der Dynastie in Deutschland war wesentlich gestärkt, aber sonst waren Leopolds I. Aussichten eher trübe. Als er neun Monate nach der Schlacht starb, fiel Josef I. die Aufgabe zu, die durch den Tod Karls II. gestörte günstige Konstellation wiederherzustellen und mit Hilfe der Alliierten den Kampf um das spanische Erbe weiterzuführen.

II.
DIE ERBLANDE:
Verwaltung und Finanzen

> „Nur ein Wahnsinniger kann sich wünschen,
> die Führung der Staatsgeschäfte mit einem
> Regierungssystem wie dem unsrigen zu übernehmen."
> *Johann Wenzel Graf Wratislaw*

Als Josef I. den Thron bestieg, war allen Einsichtigen klar, daß nur ein gründliches innenpolitisches Reformprogramm die Monarchie vor dem militärischen Zusammenbruch bewahren konnte. Zwei Jahrhunderte nach ihrer Gründung war die Donaumonarchie noch immer ein Renaissancestaat, und noch immer stellte der Monarch das einzige Band dar, das seine Völker zusammenhielt. Zwar war Böhmen nicht mehr der Herd des Aufruhrs, der es noch vor 100 Jahren gewesen war, und bildete nun mit den österreichischen Ländern einen Teil der Erblande, aber die ungarischen Untertanen identifizierten sich noch immer nicht mit der Monarchie und empfanden ihr gegenüber auch nicht die geringste Loyalität. Jedes Kronland wurde weiter durch eigene Gesetze und Organe regiert. Österreich, Böhmen und Ungarn hatten ihre eigenen Kanzleien, die für den Schriftverkehr mit den Provinzen zuständig waren, und die österreichische Kanzlei war außerdem in mehrere separate Abteilungen gegliedert, nämlich in die Abteilungen für Innerösterreich (Steiermark, Kärnten, Krain und Görz), Tirol und Vorderösterreich.[1] Ebensowenig zentralisiert waren die Behörden für militärische Fragen, der Hofkriegsrat und die für Finanzen zuständige Hofkammer; denn sowohl in Graz als auch in Innsbruck gab es autonome Militär- und Finanzbehörden.

Nun ist es nicht so, daß Österreich der einzige Staat in Europa war, in dem der Verwaltungsapparat anachronistische Mängel aufwies, aber die habsburgische Monarchie war besonders langsam in der Behebung dieser Mängel. Auch in einem anderen Punkt blieb sie weit hinter den anderen großen europäischen Mächten wie Frankreich, Spanien und Preußen zurück: Sie wagte es nicht, die Macht der Stände zu brechen, die auf der Bewilligung und Eintreibung der Steuern beruhte. Die Regierung in Wien erhielt auf diese Weise immer weniger, als sie von den Ständen erbat, da diese gewöhnlich ihre Zahlungsfähigkeit möglichst niedrig ansetzten und die Bewertung auf Grund längst überholter Bevölkerungslisten und Kataster vornahmen, die teilweise aus dem 15. Jahrhundert stammten.[2] Aber auch die schließlich bewilligten Steuern wurden nie zur Gänze eingetrieben, da so gut wie nie königliche Beamte die Eintreibung überwachten und die Stände im allgemeinen nicht den Versuch unternahmen,

Steuerdelinquenten zu verfolgen und zu bestrafen.³ Nun gab es ja noch die Einkünfte aus den staatlichen Monopolen, wie Straßen- und Brückenzölle, und diversen indirekten Steuern sowie aus den Gütern der Krone. Alle diese Einkünfte wurden von der Hofkammer kontrolliert, und dennoch erreichte auch von diesen Einnahmen nur ein kleiner Teil sein Ziel, der Rest verlor sich im Labyrinth der Bürokratie, die im allgemeinen korrupt und absolut untauglich war.

Kaiser Leopold I. hatte dieses System von seinem Vorgänger übernommen und war von seiner ganzen Veranlagung her nicht in der Lage, es zu verändern. Wie bei so vielen Mitgliedern seiner Familie verbanden sich auch bei diesem Monarchen Frömmigkeit, Integrität und Pflichtbewußtsein mit einem totalen Mangel an Innovationslust und Courage. Im Zeitalter zunehmender Säkularisierungstendenzen zeigte er sich als fanatischer Katholik und Jesuitenfreund. Und in einer Ära, da überall die Monarchen Europas dabei waren, mit den Privilegien des Adels und der Kirche aufzuräumen, betrachtete er weiterhin gerade diese beiden Klassen als die Pfeiler des Staates, die um jeden Preis geschützt werden mußten.⁴ Ab und zu pflegte er Untersuchungsausschüsse ins Leben zu rufen, welche allzu deutlich auftretende Defekte innerhalb der Verwaltung untersuchen oder ausgleichen sollten, aber die fehlerhafte Maschinerie abzureißen und durch eine neue zu ersetzen lag ihm fern. „Der Kaiser", so erklärte es der venezianische Botschafter, „hat Angst zu straucheln, daher geht er langsam."⁵ In seinen letzten Lebensjahren aber stand der Kaiser praktisch still, so daß sogar einer seiner eigenen Hofbiographen zugab, daß die Ursache für „das allgemeine Durcheinander innerhalb der öffentlichen Angelegenheiten in einer gewissen Trägheit zu suchen sein muß, für die allgemein der Kaiser verantwortlich gemacht wird".⁶

Leopolds I. Unfähigkeit, Veränderungen durchzuführen, erstreckte sich auch auf sein Kabinett. Während sich Ludwig XIV. schon längst auf so fleißige Fachleute wie Colbert, Louvois und Vauban stützte, setzte sich Leopolds Ministerium fast zur Gänze aus Höflingen zusammen, die ihre Position entweder der persönlichen Gunst des Kaisers oder aber den Intrigen seiner anderen Minister und Jesuitenfreunde verdankten. Da zudem für den Kaiser Alter und Inkompetenz selten Grund genug für eine Entlassung waren, blieben diese Minister in der Regel bis zu ihrem Tod auf ihren Posten. Ihre Entschlußlosigkeit und Lethargie entsprachen der zunehmenden Energielosigkeit des alternden Kaisers, und so neigte man ganz allgemein dazu, das administrative und finanzielle Chaos des Staates zu übersehen.

Josef und der junge Hof

Der Ausbruch des Spanischen Erbfolgekrieges verstärkte die Notwendigkeit einer durchgreifenden finanziellen und administrativen Reform. Die politische Szene am Wiener Hof im Frühjahr 1703 glich zwei konzentrischen Kreisen: einem inneren Kreis, der sich aus den wichtigsten kaiserlichen Ministern zusammensetzte und das eigentliche Regierungszentrum bildete, und einem äußeren von jüngeren und weniger einflußreichen Ministern, denen sich nach und nach verschiedene kaiserliche Generäle, Diplomaten und Alliierte zugesellten. Im Zentrum des inneren Kreises stand der Kaiser, und natürlich bemühten sich die Männer des äußeren Kreises, denen es um Veränderung und Reform ging, in Kontakt mit ihm zu treten, indem sie die trennende Barriere der Inkompetenz zu durchbrechen versuchten. Als Führer des sogenannten „jungen Hofes" leistete der junge Thronfolger, der in zwei Jahren die Regierung übernehmen sollte, der Monarchie seinen ersten wichtigen Dienst. Er schien in mehrerer Hinsicht für die Rolle des Oppositionsführers und späteren Regierungschefs prädestiniert zu sein. Übereinstimmend wird er als vielseitig begabt und sehr intelligent geschildert. Er muß ein fleißiger, exzellenter Schüler gewesen sein, der schon bald wie sein Vater mehrere Sprachen beherrschte und als Musiker und Komponist brillierte.[7] Mit 24 Jahren war er ein hübscher, gut gewachsener junger Mann mit blauen Augen, rötlich-blondem Haar und gesundem Teint. Anders als bei allen seinen österreichischen und spanischen Vorfahren traten bei ihm Kinn und Unterlippe nicht hervor. Aber nicht nur darin unterschied er sich von seinem Vater. Die Differenzen lagen vor allem im Temperament. So gelassen gleichmütig, ja phlegmatisch sein Vater auftrat, so schnell war Josef im Denken und Handeln. Seine Energie war selbst für einen Jugendlichen erstaunlich. Kein Wunder, daß eine so ungeduldige Natur überhaupt kein Verständnis für den trägen und würdevollen, schnellen Entschlüssen abholden Regierungsstil seines Vaters aufbringen konnte.[8]

Ebenso war dem Vater die springlebendige Energie und das hitzige Temperament des Sohnes ein ständiger Anlaß zur Sorge. Leopold, der sein Leben lang allem Martialischen gegenüber eine starke Abneigung empfunden hatte, konnte keinerlei Sympathie für die militärischen Interessen seines Sohnes aufbringen. Und ebenso mußte ihm mißfallen, wie wenig der Sohn während ihrer gemeinsamen Jagdpartien und auf Ausritten mit Freunden auf sein Leben achtete.[9] Am meisten aber bekümmerten den Vater die zahlreichen Liebesaffären seines Sohnes. Während er selbst nämlich nahezu 40 Jahre lang ein mustergültiger Ehemann gewesen war – für einen barocken Monarchen ein bemerkenswerter Rekord –, waren Josefs galante Abenteuer mit verschiedenen adeligen Damen und Dienstmädchen am Hof ein beliebter Gesprächsstoff der Wiener. Die erotischen Eskapaden des Thronfolgers begannen bereits im Jahr

1693. Fürst Salm fühlte sich damals genötigt, dem Techtelmechtel des fünfzehnjährigen Josef mit vier jungen adeligen Damen ein Ende zu bereiten und sich bei der Kaiserin Eleonore über die „Verderbtheit" zu beklagen, die all diesen Liebeleien anhafte.[10] Das Kaiserpaar versuchte, den Rat Salms zu befolgen, „den jungen Prinzen mit loyalen Männern zu umgeben" und alle jene aus Josefs Gefolge zu entfernen, die allzu eifrig darum bemüht waren, die Wünsche des Thronfolgers in bezug auf Frauen, Jagden und andere Abenteuer zu erfüllen.[11] Alle diese Versuche jedoch, die darauf abzielten, den Lebensstil des Thronfolgers zu ändern und ihm die moralischen Imperative seiner Eltern aufzuzwingen, blieben im Grunde erfolglos. Das Ergebnis waren scharfe Worte und gespannte Beziehungen zwischen Eltern und Sohn.[12]

Die Zweifel, die der Kaiser an der Reife seines Sohnes hegte, waren so stark, daß er ihm sogar die praktische Einführung in die Staatsgeschäfte fürs erste verweigern wollte. Schließlich aber schloß er sich doch der Ansicht des Fürsten Salm an, daß Josef reifer werden würde, wenn er einmal verheiratet wäre und gewisse Verantwortung zu tragen hätte.[13] Freilich ging die Brautsuche nun nicht ganz glatt vor sich; denn Josef befürchtete anfangs, man würde ihm entweder eine zu willensstarke oder eine von seinen Eltern total abhängige Frau geben, die bei ihren häufigen Diskussionen dann stets die Partei der Eltern ergreifen würde. Als sich dann Prinzessin Wilhelmine Amalie von Braunschweig-Lüneburg als die aussichtsreichste Kandidatin herausschälte, gab Kaiserin Eleonore plötzlich zu bedenken, sie sei zu groß und zu alt für Josef, man könne nicht sicher sein, daß sie ihm die gewünschten Kinder schenke. Zu allem Überfluß ergab eine genealogische Untersuchung, daß die Prinzessin, wenn man ihren Stammbaum über sieben Generationen zurückverfolgte, direkt von Lukrezia Borgia abstammte, und zwar durch Lukrezias Heirat mit Alfons I., dem Herzog von Ferrara.[14] Angesichts von Josefs Neigung zu sexuellen Abenteuern war diese Entdeckung natürlich höchst unwillkommen. So erschien es notwendig, ein 30 Seiten starkes Dokument abzufassen, in dem die Vorteile dieser Heirat herausgestrichen wurden.[15] Da auch Josef selbst inzwischen der Heirat mit Amalie positiv gegenüberstand, und nicht nur Salm, sondern auch der Bruder der Kaiserin, der Kurfürst Johann Wilhelm von der Pfalz, sich für Amalie aussprach, wurde die Angelegenheit schließlich zu ihren Gunsten entschieden. Im Februar 1699 fanden in Wien die Hochzeitsfeierlichkeiten statt. Auch hier ging nicht alles nach Wunsch. Beim ersten Treffen des königlichen Paares in Tulln bei Wien fiel Salm so unglücklich vom Pferd, daß ihn seine Verletzungen fast daran gehindert hätten, an der Hochzeit teilzunehmen.[16] Und obwohl der Kaiser die Brautleute vor der Hochzeitsnacht freundlich ermahnt hatte, am nächsten Morgen pünktlich zur Messe zu erscheinen, mußten die Morgenmesse auf 16 Uhr und das Mittagessen auf 17 Uhr verschoben werden.[17] So peinlich dies für die Wartenden gewesen sein mußte, für die Ehe war es ein gutes Vorzeichen.

Josef, der im ersten Konzert, das zur Begrüßung seiner Braut gegeben wurde, die Flöte spielte, schrieb ihr kurz danach, „meine Glückseligkeit hette den höchsten Grad erreicht".[18] Und darüber hinaus schien die Heirat zur Erleichterung der Eltern den gewünschten Effekt zu haben, indem sie den Thronfolger „reifer und gewissenhafter" zu machen schien.[19] Das Glück war vollkommen, als schon nach knapp zehn Monaten eine Tochter, Maria Josepha, geboren wurde und innerhalb der nächsten zwei Jahre zwei weitere Kinder, Leopold Joseph und Marie Amalie, zur Welt kamen.[20]

Kurz darauf gab der Kaiser seinem Sohn die Erlaubnis zum Einstieg in die Politik. Kaum aber war Josef in die Regierung eingetreten, war er auch schon der Dorn im Auge der kaiserlichen Minister. Nicht nur störte sie seine ungestüme Art, in allen seinen Äußerungen machte sich der Einfluß seines ehemaligen Erziehers, des Fürsten Salm, bemerkbar. Karl Theodor Otto Fürst Salm, Herrscher über zwei kleine rheinische Fürstentümer und treuer Diener der Dynastie, stand schon lange an der Spitze derer, die sich über die Unfähigkeit und Entschlußlosigkeit des leopoldinischen Kabinetts beklagten. Als ehemaliger Protestant und Student der Philosophie trat er für die absolute Trennung von Staats- und Religionspolitik ein und war ein vehementer Gegner der Jesuiten am Hof. Die Abneigung war gegenseitig. So hatten sich die Jesuiten mit aller Kraft seiner Bestellung als „Ajo" widersetzt und warfen ihm vor, ein heimlicher Jansenist zu sein.[21] Indem er sich mit Josefs Religionslehrer, dem Weltpriester Franz Ferdinand von Rummel, verbündete und ihn gegen die Intrigen der Gesellschaft Jesu verteidigte, trug Salm mit dazu bei, daß Josef seit über 100 Jahren der erste habsburgische Thronfolger war, der nicht von Jesuiten erzogen wurde.[22] Ja, auch der von Salm ernannte „instructor in historicis et politicis", H. J. Wagner von Wagnerfels, wies in seinen Lektionen immer wieder auf die Notwendigkeit hin, größere religiöse Toleranz walten zu lassen und den Einfluß der Geistlichkeit am leopoldinischen Hof zurückzuschrauben.[23] So war es kein Wunder, daß Josef, schon bevor er der Regierung beitrat, einiges Mißfallen hervorrief, als er ausgerechnet einen protestantischen Edelmann zum Dienst in sein Schlafzimmer rief. Und schon damals scheute er sich nicht, offen den Intrigen der Jesuiten entgegenzutreten, die mit allen Mitteln die Entlassung seines Lehrers Rummel erreichen wollten. So wurde auf sein Geheiß ein Mitglied der Gesellschaft Jesu aus dem Fenster geworfen, der nachts als Geist verkleidet sich seinem Bett genähert hatte, um ihm Rummels Entlassung abzuringen.[24] Als nunmehr jüngster Staatsrat der Wiener Regierung verließ er sich ganz auf den Rat seines ehemaligen Ajo, des Fürsten Salm. So opponierte er nach dem Tod Karls II. von Spanien gegen alle Kompromißvorschläge und plädierte für den Krieg gegen Frankreich.[25] Als wenige Monate später die Kriegsvorbereitungen ins Stocken gerieten, war seine Ungeduld nicht mehr zu zügeln: „Ich mein Lebtag keine solche lenteza gesehen in allem und bei allem", klagte er seinem Onkel, dem Kurfürsten Johann Wilhelm. „Ich werde keine Ruhe noch Rast geben, bis ich gemacht, daß alles, was man resolviert, ins Werk gesetzt."[26] Zur selben Zeit bat er seinen Vater inständig, ihn an die Front ziehen zu lassen.[27] Dieser lehnte zunächst ab, erlaubte ihm aber dann doch, am Feldzug von 1702 teilzunehmen und mit der kaiserlichen Armee die von den Franzosen eroberte Festung Landau zu belagern. Als er nach dem Feldzug wieder in Wien eintraf, hielt ihn Leopold I. offensichtlich für reif genug, mehr politische Verantwortung zu übernehmen. So nahm er nicht nur an allen Sitzungen teil, sondern führte auch bei Abwesenheit seines Vaters den Vorsitz über den Ministerrat.[28]

An die Kriegsfront freilich ließ man ihn, wie er gehofft hatte, im kommenden Jahr nicht zurückkehren. Die militärische Situation hatte sich dermaßen verschlechtert, daß die Teilnahme des Thronfolgers am Feldzug 1703 niemandem opportun erschien.[29] So stürzte er sich im April in die Innenpolitik und versuchte herauszufinden, wer und was für das Chaos verantwortlich war, welches die Regierung so aktionsunfähig machte, daß eine Weiterführung des Krieges nur schwer vorstellbar war. Bald sah sich Josef in seiner Vermutung bestätigt, daß die Hauptschuld bei den unfähigen Präsidenten der Hofkammer und des Hofkriegsrates, bei den Grafen Salaburg und Mansfeld, lag. Das einzige Mittel, die Krise zu beenden, war für Josef daher die sofortige Entlassung der beiden.[30] Diesmal aber konnte er nicht mit der Unterstützung Salms rechnen, da dieser sich zur Zeit in Westfalen von einem schweren Gichtanfall erholte.[31] Ihre ständige Kritik an der Regierungspolitik hatte jedoch bereits zur Bildung des sogenannten „jungen Hofes" geführt, einer Gruppe von jüngeren Beamten und Militärs, die ungeduldig nach Reformen verlangten und sich nun voller Eifer an der Intrige gegen Salaburg und Mansfeld beteiligten. Josefs aktivste Verbündete waren Hofkammervizepräsident Gundaker Starhemberg und Prinz Eugen. Dieser war eben erst nach Wien gekommen, um die Regierung um Unterstützung für seine in Norditalien verkommene Armee zu bitten, und mußte dabei die Erfahrung machen, daß niemand, und am wenigsten Graf Mansfeld, bereit war, seine Probleme ernst zu nehmen. Aber auch von deutscher Seite wurde Josef Schützenhilfe geleistet: Sowohl Markgraf Ludwig Wilhelm von Baden, der kaiserliche Oberbefehlshaber, als auch der Schwager des Kaisers, Kurfürst Johann Wilhelm von der Pfalz, bedrängten Leopold I. schon seit März in ihren Briefen, Mansfeld und Salaburg zu entlassen. Ludwig Wilhelm hatte sogar eigens einen Sonderbevollmächtigten nach Wien geschickt, mit dem Auftrag, sich dem Komplott gegen die Hofkammer- und Hofkriegsratspräsidenten anzuschließen. Und nicht zuletzt boten auch die Botschafter der Seemächte, George Stepney und Jakob Hamel-Bruynincx, wenn auch diskret, ihre Unterstützung beim Sturz der Minister an.[32]

Endgültig besiegelt war jedoch das Schicksal Salaburgs und Mansfelds, als im Mai 1703 der berühmte jüdische Bankmann und Militärlieferant Samuel

Oppenheimer starb. Er hatte persönlich die Deckung von über elf Millionen Gulden in ungedeckten Regierungsnoten übernommen. Sein Tod zog den Bankrott seiner Bank nach sich, die Zahlungsunfähigkeit der Hofkammer wurde damit allgemein publik.[33] In dieser größten finanziellen Krise, welche die Monarchie je erlebte, realisierte Leopold I. endlich, daß nur noch drastische Maßnahmen die Kreditwürdigkeit der Hofkammer wiederherstellen könnten. Aber bezeichnenderweise zögerte er noch bis Ende Juni. Erst nach der energischen Intervention seines jesuitischen Beichtvaters entließ er Salaburg und Mansfeld aus ihren Ämtern und ersetzte sie durch Gundaker Starhemberg und Prinz Eugen.[34] Der geschlossene Zirkel, der den Kaiser wie eine Mauer umgeben hatte, war endlich gesprengt.

So konnte sich im nächsten Jahr die Reformpartei des Thronfolgers zur eindeutig dominierenden politischen Kraft am Hof entwickeln. Finanziell und militärisch war jedoch die allgemeine Situation so verfahren, daß auch die neuen Männer ad hoc nichts ausrichten konnten. Die Monarchie schien verloren. Während die Franzosen und Bayern ihre Offensiven im Süden und Westen fortsetzten, putschten die ungarischen Rebellen im Osten. Die Hofkammer aber war außerstande, die zur Verteidigung notwendigen Mittel aufzutreiben. Die von den Ständeregierungen bewilligte jährliche Contributio war ja nur ein Bruchteil dessen, was für den kommenden Feldzug benötigt wurde.

Die Kameralieneinkünfte, das waren die Einkünfte der Krone, aber waren für 1704 bereits verpfändet.[35] Um die zweifache Gefahr von Staatsbankrott und totaler militärischer Niederlage abzuwenden, rief Leopold I. eine Kommission ins Leben, die sich um die Beschaffung von Geldmitteln zu kümmern hatte. Diese von Josef geleitete „Mittelsdeputation", zu deren Mitgliedern Starhemberg, Eugen und Salm zählten, bot dem „jungen Hof" hervorragende Möglichkeiten, an Macht und Einfluß in der Politik zu gewinnen. Denn obgleich der Kaiser anfangs nur widerwillig auf die Vorschläge der Kommission einging, folgte er am Ende doch nahezu allen ihren Empfehlungen zur Erschließung weiterer Einkunftsquellen für die Krone.[36]

Josefs Mittelsdeputation sah sich aber auch gezwungen, eine Reihe von Anleihen zu verordnen, von denen nicht wenige zwangsverordnet werden mußten. So wurden zu Beginn des Jahres 1704 die Juden der Erblande und der wohlhabende Adel verpflichtet, dem Staat Geld zu leihen, und jeder Beamte am Hof mußte dem Staat eine Summe, die seinem zweifachen Jahresgehalt entsprach, vorstrecken.[37] Auch in einem anderen Punkt gab der Kaiser nach und strich die den Klerus betreffende Ausnahmeverfügung eines kaiserlichen Erlasses vom August 1704, in dem zur Abgabe allen privaten Silbers aufgerufen wurde.[38] Angesichts der Finanzmisere des Staates war es natürlich wesentlich schwerer, die Leute zu freiwilligen Krediten zu bewegen. Es gab aber auch Ausnahmen: So lieh der böhmische Aristokrat Graf Czernin dem Staat 1,2

Millionen Gulden, und Markgraf Ludwig von Baden und Kurfürst Johann Wilhelm von der Pfalz beschafften 500.000 holländische Gulden, indem sie ihre eigenen Güter teilweise verpfändeten.[39] Da aber auch diese Summen nicht alle Ausgaben deckten, mußte der Staat zusätzliche Kredite in Form von Vorauszahlungen der von den Ländern bewilligten Contributio aufnehmen.[40]

Um dem chronischen Geldmangel abzuhelfen, wollte der Kaiser eine staatseigene Girobank gründen, und die Reformpartei hatte zunächst gegen dieses Projekt nichts einzuwenden.[41] Leopold I. hoffte, daß diese Bank der Regierung auf Grund privater Einlagen langfristige Kredite gewähren können würde. Aber dies sollte sich als Irrtum herausstellen. Das Schicksal Samuel Oppenheimers drohend vor Augen war keiner der Geldgeber bereit, sein Kapital einem staatseigenen Unternehmen anzuvertrauen. Umso weniger, als bald darauf auch die Hofkammer ihr gesamtes Guthaben von der Girobank abhob.[42] Mit dem Argument, daß eine staatliche Bank niemals das Vertrauen privater Finanziers erringen würde, drängte der „junge Hof" nun auf die Gründung eines vollständig neuen und teilweise unabhängigen Instituts, das der Hofkammer nicht mehr direkt unterstellt sein würde.[43] Aber Leopold I. zog seinem Naturell entsprechend wieder einmal den Kompromiß vor. Im Juni 1704 legte er ein Projekt vor, demzufolge in den nächsten zwölf Jahren die Staatsbank 40 Millionen Gulden erhalten sollte und eine sofortige Zahlung von 5,5 Millionen Gulden. Dieses hochgesteckte Ziel sollte jedoch nie verwirklicht werden. Die Hofkammer brachte in den nächsten zwölf Monaten mit Mühe und Not 500.000 Gulden zur Einlage in die Staatsbank. Die große Hoffnung auf Einlagen aus privater Hand erwies sich als Illusion, und am Ende des Jahres stand die Girobank vor dem Bankrott.[44]

Trotz dieses Rückschlages verlor der „junge Hof" nichts an Macht und Einfluß. Im vergangenen Jahr hatten sich ihm weitere angesehene Persönlichkeiten angeschlossen. So waren der Stellvertreter des Erzherzogs Karl, der Herzog von Moles, sowie der soeben zurückgekehrte österreichische Gesandte, Philipp Ludwig von Sinzendorf, in den Kreis um Josef eingetreten. Im Jänner 1704 kam auf Einladung des Fürsten Salm Kurfürst Johann Wilhelm nach Wien und schloß sich in der Hoffnung, persönlich profitieren zu können, ebenfalls der Reformpartei an. Da der Kaiser ihm sehr freundlich entgegenkam, durfte er bald an den von Josef geleiteten militärpolitischen Sitzungen teilnehmen.[45] So geschah es, daß bei diesen Sitzungen, an denen außer Josef Salm, Eugen, Sinzendorf und nun der Kurfürst teilnahmen, eine von der leopoldinischen Politik ganz unabhängige Militärstrategie für den Feldzug 1704 erarbeitet wurde. Als Anfang April sich diese Männer dazu entschlossen, Bayern zum Operationsziel Nummer eins zu machen und um englisch-holländische Hilfe anzusuchen, damit es hier endlich zu einer Entscheidung käme, setzte Josef beim Kaiser durch, daß Prinz Eugen den Oberbefehl über die kaiserlichen Truppen übertragen bekam.[46] Der Einfluß, den er beim alten Kaiser hatte, war während des letzten Jahres so gewachsen, daß er in den Augen eines Beobachters eigentlich die Rolle eines Premierministers spielte.[47] Wenige Tage nach der Ernennung Eugens traf die Nachricht in Wien ein, daß sich auch Marlborough einverstanden erklärt habe, sich an die Donau zu begeben. Der Weg nach Höchstädt stand offen.

Trotz dieser vielversprechenden Entwicklung änderte sich aber im Laufe des Sommers 1704 die innenpolitische Szene. Der „junge Hof" verlor wieder an Einfluß. Ungeachtet der großen Säuberung vom Juni 1703 waren die meisten leopoldinischen Minister auf ihren Posten geblieben. Sogar Mansfeld war, wenn auch nicht als Hofkriegsratspräsident, am Hof geblieben und war bald wieder in der Lage, den Machtkampf aufzunehmen. Ihm zur Seite standen der Oberhofmeister Graf Harrach und die jesuitischen Berater des Kaisers.[48] Mansfelds Arbeit wurde durch den Umstand stark erleichtert, daß sich in diesem Sommer fast alle Mitglieder der Reformpartei fern vom Hof aufhielten. Schon im Frühling war Prinz Eugen nach Deutschland an die Front abgereist. Im August verließ Kurfürst Johann Wilhelm Wien. Seine Wünsche hinsichtlich eines Postens im leopoldinischen Kabinett hatten sich nicht erfüllt. Wenige Tage später brach auch Josef auf, um an einer zweiten Belagerung von Landau teilzunehmen. In seiner Begleitung befanden sich Salm und Sinzendorf. Als er im Dezember Nachricht erhielt, daß sein Vater schwer erkrankt sei und daraufhin eilends nach Wien zurückkehrte, mußte er feststellen, daß der Einfluß seiner Partei erheblich zurückgegangen wär.[49]

Während der Krankheit seines Vaters regierte Josef an seiner Statt.[50] Als aber der Kaiser wieder zu Kräften kam, begann er systematisch mit der Umordnung der politischen Konstellationen am Hof, und zwar zugunsten der Mansfeld-Harrach-Partei.[51] Das erste Signal, daß der Wind sich gedreht hatte, war die Ernennung Harrachs zum neuen Leiter der ungarischen Angelegenheiten nach dem Tod des Grafen Kaunitz.[52] Klar zutage aber traten die Absichten Leopolds, als er eine Woche später den niederösterreichischen Landtag einberief und sich während der schwierigen Verhandlungen mit den Ständen allein auf den Rat von Mansfeld und Harrach verließ, obwohl Josef und seine Anhänger ebenfalls zur Stelle waren.[53]

Auch während der folgenden Monate hielt dieser gegen den „jungen Hof" gerichtete Trend an. Zwei hohe Positionen wurden von Leopold mit Männern der alten Garde besetzt. So konnten Josef und Salm nicht verhindern, daß Graf Leopold Herberstein Vizepräsident des Hofkriegsrates wurde[54] und daß der Kaiser wenige Tage später den Kandidaten der Mansfeld-Partei, Graf Löwenstein, zum Statthalter von Bayern ernannte.[55] Der schlimmste Schlag jedoch traf die Reformpartei, als der Kaiser Anfang Februar seinen Sohn von den Ratssitzungen ausschloß und überhaupt aufhörte, mit ihm über politische Angelegenheiten zu sprechen.[56] Dabei lehnte der Kaiser es ab, irgendwelche

Erklärungen für seine Säuberungsaktionen zu geben, aber die Bedeutung all dieser Maßnahmen war dennoch den Mitgliedern der Reformpartei nur allzu klar: Josef sollte politisch kaltgestellt werden. Obwohl er mit seinen Anhängern immer noch eine Sektion der „Mittelsdeputation" bildete, mußte er doch bald darauf Salm gegenüber feststellen, daß Mansfeld und Harrach mehr denn je die Regierungsgeschäfte führten, während Salm sich genötigt sah, zuzugeben, trotz der großen Fortschritte, die nach der Säuberung von 1703 gemacht werden konnten, sei nun „alles in Rauch aufgegangen".[57]

Angesichts dieser recht hoffnungslosen Lage am Hofe legte Josef alles darauf an, am Feldzug 1705 in Deutschland teilzunehmen.[58] Alle Vorbereitungen waren bereits getroffen, der Abreisetermin stand fest, als der Kaiser plötzlich krank wurde. Josef übernahm wie im Dezember die Regierungsgeschäfte, offiziell auch diesmal nur bis zur Genesung seines Vaters.[59] Diesmal aber sollte er nicht gezwungen werden, seine Macht wieder abzugeben: Am 5. Mai starb Leopold I., nachdem er fast ein halbes Jahrhundert lang regiert hatte.

Primus inter pares

Josef I., der vor kurzem noch die Demütigung über sich ergehen hatte lassen müssen, von allen Staatsgeschäften ausgeschlossen zu werden, verfügte nun über die Macht, den gesamten Staatsapparat neu zu organisieren. Die erste Gelegenheit ergab sich bereits während der Beerdigung seines Vaters, als der Jesuit Wiedemann ungeachtet der anwesenden holländischen und englischen Gesandten in seiner Trauerrede den Glaubenseifer des Verstorbenen pries, der es stets verstanden habe, den Protestantismus in seine Schranken zu weisen. Nur jesuitisch erzogene Fürsten, fügte er drohend hinzu, hätten Aussichten, erfolgreich und siegreich zu werden. Josef nannte die Eloge „impertinent und unzumutbar" und verwies Wiedemann des Landes. Die 2000 Kopien der Rede, die Wiedemann zur Verteilung in den Erblanden hatte anfertigen lassen, wurden eingezogen.[60] Zufrieden nahmen Josefs protestantische Verbündete diese Strafmaßnahmen zur Kenntnis, wie sehr aber freuten sie sich erst recht, als sie kurz darauf hören durften, die restlichen Jesuiten am Hof seien darauf aufmerksam gemacht worden, daß sie sich nicht mehr in politische Angelegenheiten einzumischen hätten. Fürst Salm konnte dem hannoveranischen Gesandten mitteilen: „Wir sind nicht mehr so pfäffisch... die Pfaffen gehören auf die Kanzel, vor den Altar und in den Beichtstuhl, aber nicht in das Cabinet."[61] Die restlichen Maitage benutzte der junge Kaiser hauptsächlich dazu, die inkompetenten Minister der letzten Regierung durch neue Leute zu ersetzen.[62] Wie allgemein erwartet, löste Salm Harrach als Obersthofmeister ab und nahm damit praktisch die Position eines Premierministers ein. Zugleich wurden Prinz

Eugen und Starhemberg in ihren Positionen bestätigt, während Josef erst Anfang Juni die wichtigen Posten des österreichischen und böhmischen Hofkanzlers neu besetzte.

Als österreichischer Kanzler kamen zwei Männer in Betracht, die hinsichtlich ihrer Herkunft und ihrer Persönlichkeit die krassesten Gegensätze aufwiesen. Der achtundfünfzigjährige Rechtsgelehrte Johann Friedrich Baron Seilern hatte sich den Ruf eines strengen, energischen Beamten erworben, der „sein größestes Vergnügen in der Arbeith und in Ausgrübelung der Reichssatzungen suchet".[63] Seit 1702 war er Leopolds wichtigster Rechtsberater gewesen und hatte nicht nur das Erbfolgepatent von 1703, sondern auch das Testament des sterbenden Kaisers abgefaßt. Er war von bürgerlicher Herkunft, die Urbanität des geborenen Aristokraten fehlte ihm gänzlich, und eine extrem ausgeprägte Pedanterie und Arbeitsbesessenheit wirkten sich eher hindernd im Kontakt mit anderen Menschen aus. Die Aufmerksamkeit, die er den Damen des Hofes schenkte, war so gering, daß jedes etwas längere Gespräch sofort Anlaß zu Kommentaren bot.[64] Sein Rivale, Graf Philipp Ludwig Sinzendorf, dagegen stammte aus einer wohlhabenden altösterreichischen Familie. Die Karriere, die er am Hof gemacht hatte, verdankte er nicht nur den guten Beziehungen seiner Mutter, sondern auch seinen eigenen Talenten als Hofmann. Obwohl er erst dreiunddreißig war, hatte er sich bereits als Gesandter in Frankreich als auch in den verschiedenen diplomatischen Missionen in Deutschland und in den Niederlanden verdient gemacht. Zwar verfügte er nicht über außergewöhnliche Geistesgaben,[65] dafür aber über so viel Charme und Flexibilität, daß er als exzellenter Diplomat galt. Während der Bündnisverhandlungen mit England machte er einen ausgesprochen günstigen Eindruck auf Marlborough und brachte Josef I. während der zweiten Belagerung von Landau zwei Jahre später dazu, ihm den Posten eines österreichischen Kanzlers zu versprechen.[66] Nun war Josef I. in der mißlichen Lage, einerseits die von Salm und Moles zugunsten Seilerns vorgebrachten Argumente nicht einfach beiseite schieben zu können, andererseits nicht sein Wort brechen zu wollen.[67] So entschloß er sich zu einem Kompromiß, den ihm sein Obersthofmeister nahegelegt hatte, und verkündete am 3. Juni, daß er beide Kandidaten zum Kanzler ernennen würde. Da Seilern über die größere Erfahrung verfügte und außerdem Mitglied des Geheimen Rates war, wurde er Sinzendorf vorgesetzt, im übrigen trennte Josef I. die Verantwortungsbereiche der beiden Männer ihren Anlagen entsprechend: Seilern sollte sich vorwiegend mit rechtlichen und administrativen Angelegenheiten beschäftigen, Sinzendorf mit der Außenpolitik und Diplomatie.[68]

Drei Tage später ernannte der Kaiser einen neuen böhmischen Kanzler. Während er den betagten, aber immer noch sehr tüchtigen Grafen Kinsky auf seinem administrativen Posten als „Oberster Kanzler" beließ, besetzte er die bei weitem einflußreichere Position des Hofkanzlers, die Kinsky nur noch formal innegehabt hatte, mit einem anderen böhmischen Aristokraten, mit Johann Wenzel Graf Wratislaw. Wratislaw hatte hier in der böhmischen Kanzlei seine Karriere 1695 begonnen und war erst vor einigen Monaten hierher zurückgekehrt.[69] Es waren aber seine hervorragenden Dienste als Botschafter in England, die ihm Josefs Anerkennung eingetragen hatten. So war die Große Allianz von 1702 das Ergebnis von Wratislaws Verhandlungstechnik gewesen, und er war es, der Marlborough dazu bewegen konnte, zwei Jahre später an die Donau zu marschieren.[70] Schon 1703 hatte er in Erkenntnis der wachsenden Ungeduld der britischen Regierung alles getan, um den Einfluß der Reformpartei am Wiener Hof zu verstärken. Dann nach der Schlacht von Höchstädt wurde er – nach Wien zurückgekehrt – der Kandidat des „jungen Hofes" für den bayrischen Statthalterposten. Wie wir gesehen haben, war er hierin jedoch nicht erfolgreich.[71] Als er nun mit fünfunddreißig Kanzler wurde, machten ihm zwar Krankheit und Fettsucht schwer zu schaffen, er mußte oftmals seine Arbeit im Krankenbett erledigen, aber immer noch war er dank seiner Gründlichkeit und seiner scharfen Intelligenz die stärkste Persönlichkeit unter Josefs Ministern.

Nach der Ernennung der wichtigsten Kabinettsmitglieder beschäftigte sich Josef I. mit der Bildung wirksamer politischer Gremien. Sowohl die „Geheimkonferenz" als auch der „Geheimrat" waren, da es Leopold I. stets leichter gefallen war, neue Mitglieder zu ernennen, als alte zu entlassen, längst nicht mehr funktionstüchtig. Die Geheimkonferenz trat kaum noch vollständig zusammen, während der noch umfangreichere Geheimrat aufgehört hatte, als beratschlagende Körperschaft zu funktionieren, und nur noch bei rein formellen Staatsanlässen zusammengerufen wurde.[72] Obwohl Josef I. nun keineswegs die Absicht hatte, den Geheimrat wieder seinen alten Aufgaben zuzuführen, senkte er die Mitgliederzahl von 150 auf 33 und verfügte, daß nur dieser kleine Kreis künftig zusammentreten durfte.[73] Obwohl alle Mitglieder ihre Titel und Privilegien behalten konnten, nahmen jene, die nun von den Sitzungen ausgeschlossen waren, die Reform nicht ohne Protest hin und bestürmten den Kaiser, seine Maßnahmen zurückzunehmen. Aber ungeachtet aller dieser Einsprüche und der von Harrach vorgebrachten Kompromißvorschläge stand Josef I. fest zu seiner Entscheidung.[74]

Nur einen Tag, nachdem er den Geheimrat solcherart reduziert hatte, löste Josef I. die Geheime Konferenz seines Vaters auf. An ihrer Stelle ernannte er acht unabhängige kleinere Konferenzen, die sich mit allen Aspekten der Außen- und Innenpolitik zu beschäftigen hatten. Sieben von ihnen befaßten sich mit den verschiedenen europäischen Problemen, die achte mit Finanz- und Militärfragen.[75] Mit der Koordinierung dieser acht Kommissionen beauftragte Josef I. Salm und zumindest einen österreichischen Kanzler, indem er sie zu Vorsitzenden der Kommissionen ernannte. Die Mitglieder waren möglichst Fachleute des jeweiligen Gebiets. So war neben Salm und Sinzendorf Wratislaw in der

Kommission, die sich mit den englisch-holländischen Angelegenheiten befaßte, während der frühere Botschafter in Portugal, Graf Waldstein, neben dem Herzog von Moles in der spanischen Konferenz tätig war. In dem Fall, daß ein Problem über die Kompetenz einer, zweier oder mehrerer Kommissionen hinausging, waren gemeinsame Sitzungen vorgesehen. Die Ernennungen und Reformen, die Josef I. in den ersten Wochen seiner Regierung vornahm, wurden innerhalb der Monarchie und von den Verbündeten mit Beifall und Erleichterung aufgenommen. Allein altersmäßig konnte man sich kaum einen größeren Gegensatz zwischen dem alten und dem neuen Regime vorstellen. Während Leopolds Berater in der Regel Mitte sechzig waren, waren der junge Kaiser und seine Minister kaum vierzig. Trotzdem kann man nicht sagen, daß nicht auch dieses Regime seine schwachen Punkte aufwies. Schon nach kurzer Zeit traten die persönlichen Schwächen Josefs I. und seiner Minister deutlich zutage und nahmen Einfluß auf die Atmosphäre am Hof. So fest der Mitarbeiterkreis um Josef während der letzten Jahre des alten Regimes zusammengehalten hatte, so schnell zerfiel er jetzt in Fraktionen und rivalisierende Persönlichkeiten. Möglicherweise waren bei einem Kabinett, das sich aus so ehrgeizigen, jungen Männern zusammensetzte, persönliche Konflikte und Machtkämpfe unvermeidlich, aber für Josef I. waren diese Unstimmigkeiten eine unangenehme Überraschung.

Fürst Salm war sowohl die Ursache als auch die Zielscheibe dieser Intrigen. In den ersten Wochen seiner Regierung hatte sich Josef eng mit ihm beraten und viele seiner Vorschläge, Ernennungen und Reformen betreffend, angenommen. Aus der Reorganisation der Geheimkonferenz schien zudem klar hervorzugehen, daß Salm, nach den Worten George Stepneys, „der Direktor des gesamten Apparates" werden sollte.[76] Dagegen sprach allerdings sein sich ständig verschlimmernder Gesundheitszustand. Während der drei letzten Feldzüge hatte Salm aus Gesundheitsgründen verzichten müssen, mit Josef ins Feld zu ziehen.[77] Zwar begleitete er 1702 den Thronfolger nach Landau, verbrachte aber auch dort die meiste Zeit im Bett.[78] Im Herbst zuvor hatte er mit Josef Wien verlassen, sich aber dann sehr bald auf seine Güter nach Westfalen zurückgezogen, von wo er Josef und Leopold schriftlich um Erlaubnis bat, sich für immer vom Hof zurückziehen zu dürfen.[79] Zwar kam man dieser Bitte nicht nach, aber ein Gichtanfall hielt Salm davon ab, vor Ende April an den Hof zurückzukehren. Vergeblich richtete der von Harrach und Mansfeld bedrängte Josef verzweifelte Hilferufe an ihn.[80]

Nach dem Regierungsantritt des jungen Kaisers schob Salm fürs erste alle Rücktrittsgesuche beiseite. Nun aber hatten sich bereits einige Minister seinen Rücktritt zum Ziel gesetzt.[81] Selbst Freunde begannen, seine Arroganz langsam unerträglich zu finden. Sein Drang, sich alle unterordnen zu wollen, führte schließlich zum Bruch mit einigen seiner Ministerkollegen.

Seine Einmischung in die militärischen Angelegenheiten brachte ihm die Feindschaft des Prinzen Eugen ein. Salm war als Hofkriegsratspräsident der Meinung, daß Eugen insofern versagt hatte, als es ihm im Laufe seiner zweijährigen Präsidentschaftsjahre nicht gelungen war, die für das Heerwesen notwendigen Reformen vorzulegen und durchzuführen. Tatsächlich war die Heeresverwaltung noch immer in einem chaotischen Zustand, die Armee selbst schlecht ausgerüstet, schlecht geführt und vollkommen disziplinlos. Salm zögerte nicht, Eugens hervorragende Qualitäten als Feldherr zu rühmen, rügte aber, daß seine lange Abwesenheit von Wien während der Feldzüge ihn von der Lösung administrativer Probleme abhielte. Eine Woche nach Josefs Regierungsantritt rückte Salm bereits mit einem langatmigen Memorandum heraus, in dem er vorschlug, die militärische Verwaltung einem anderen Manne anzuvertrauen. Dabei ging er so weit, sich selbst, da er ja Feldmarschall gewesen war, für diesen Posten vorzuschlagen. Immerhin konnte er anführen, daß bisher nur ein einziger Hofkriegsratspräsident zugleich auch im Feld gedient hatte und daß dieser daher die meisten administrativen Aufgaben einem Vizepräsidenten überlassen habe. An den Schluß seines Memorandums stellte der Obersthofmeister die Vermutung, Eugens Entfernung aus dem innersten Kreis des Hofes würde sicher zu einer Abnahme der Intrigen führen, an denen der junge Savoyarde in den letzten Jahren so lebhaften Anteil genommen habe.[82]

Aber wenn Salm wirklich gehofft hatte, durch die Entlassung oder zumindest durch die Bevormundung des derzeitigen Hofkriegsratspräsidenten eine Entspannung innerhalb des Kabinetts herbeiführen zu können, dann hatte er sich gründlich verrechnet. Josef I. konnte unmöglich daran denken, seinen besten General um einen Teil seiner Macht und seines Einkommens zu bringen. So setzte Salm lediglich einige Wochen später die Nominierung seines Schützlings, des Grafen Leopold Schlick, als kommissarischen General durch.[83] Und auch dieser halbe Sieg trug dazu bei, das Verhältnis zwischen dem Fürsten und dem Prinzen zu verschlechtern.[84]

Zu ernsten Spannungen kam es auch zwischen dem Obersthofmeister und Graf Wratislaw. Obwohl die beiden Männer einst Verbündete in ihrem Kampf gegen Leopolds Minister gewesen waren, gerieten sie jetzt bald über Wratislaws Rolle in der neuen Regierung aneinander. Der junge Böhme hatte sich in den Monaten nach seiner Rückkehr aus England bei Josef I. so sehr ins Ansehen gebracht, daß er zum Zeitpunkt von Leopolds Tod sich beim neuen Kaiser eines größeren Vertrauens als alle anderen Minister außer Salm erfreute.[85] Da er den ehrgeizigen Wratislaw als Gefahr für seine eigene Stellung bei Hofe ansah, versuchte Salm mit aller Kraft die Rolle Wratislaws in der neuen Regierung klein zu halten. Im Jänner hatte er versucht, ihn von der Bewerbung um die bayrische Statthalterschaft abzuhalten, nun, nach Josefs Regierungsantritt, setzte er seinen ganzen Einfluß ein, um zu erreichen, daß der neue böhmische Kanzler in nicht mehr als zwei Kommissionen der Geheimen Konferenz als Mitglied tätig war.[86] Wratislaw zögerte seinerseits keine Sekunde, den Fehdehandschuh aufzunehmen. In aller Öffentlichkeit kritisierte er Salm aufs schärfste und beteiligte sich zugleich an der von Eugen geleiteten heimlichen Verschwörung gegen ihn. In der Geschichtsschreibung ist es üblich geworden, die Partei Eugens und Wratislaws gegen Salm zu ergreifen; teilweise mag das an der Genialität dieser beiden Männer liegen, die sie ja auch letztendlich über ihren Gegner siegen ließ; zum guten Teil liegt es aber auch sicher daran, daß viele ihrer Briefe erhalten geblieben und publiziert worden sind, so daß die Gelehrten nun dazu neigten, die Situation am Hof aus ihrer Sicht zu rekonstruieren. Das so entstandene Bild wird aber dem Obersthofmeister nur teilweise gerecht. Sein Wunsch, auf die anderen Minister eine gewisse Kontrolle auszuüben, ist angesichts der Tatsache, daß er Premierminister war, nicht unbedingt unvernünftig zu nennen, besonders wenn man in Betracht zieht, daß er entschlossen war, eine gründliche Reform der Finanz- und Militärverwaltung durchzuziehen. Was Eugen anging, so hatte Salm sicher nicht so unrecht, wenn er der Meinung war, daß dem Hofkriegsrat besser mit einem Präsidenten gedient war, der mehr Begeisterung für die Administration aufbrachte und sich das ganze Jahr in der Hauptstadt aufhalten konnte. Schließlich muß klargestellt werden, daß mit dem betagten Obersthofmeister sicher schwer umzugehen war, daß aber Eugen und Wratislaw ihm darin in nichts nachstanden. Die 35jährige Laufbahn des Prinzen am Wiener Hof ist reich an Intrigen und persönlichen Streitereien, und der sarkastische Wratislaw war ein Meister des Rufmordes, der auf jeden Fall noch weniger populär als Salm war.

Salm kämpfte verbissen um seine Position und ging so weit, Josef I. zu bestürmen, er möge den beiden verbieten, während Eugens Abwesenheit von Wien heimlich miteinander zu korrespondieren.[87] Der Kaiser scheint zwar dieses Ansinnen abgelehnt zu haben, zu Beginn des Jahres 1706 beeilte er sich jedoch, seinem Obersthofmeister volles Vertrauen auszusprechen, offensichtlich als Antwort auf den Versuch des von Wratislaw, Eugen und Moles gebildeten Triumvirats, Salm zu Fall zu bringen.[88] Einige Monate später ging Josef I. noch einen Schritt weiter, indem er Salm versicherte, er wolle nicht gestatten, „daß einige factiones oder Cabalen bey hoff sich ansezen von welchen die Experienz geben hat, dass sie allzeit schädlich sein und nur verwirrungen verursachen müssen".[89] Zur gleichen Zeit wurde Moles davon in Kenntnis gesetzt, daß er demnächst als Gesandter nach Barcelona versetzt würde. Daß man dem unerfahrenen habsburgischen Thronprätendenten einen Berater an die Seite zu stellen wünschte, war an sich verständlich.[90] Daß man aber Karls eigenen Botschafter wieder nach Barcelona zurückschickte, war ein klarer Fall von Ungnade.[91] Zwar gelang es dem Herzog, seine Abreise um mehrere Monate hinauszuschieben, aber es wurde ihm nicht mehr gestattet, an den Sitzungen der

Konferenz teilzunehmen.[92] Mit der Entlassung von Moles tat der Kaiser sich insofern nicht so schwer, als der Herzog eigentlich ein Ausländer war und nicht als besonders kompetentes und unentbehrliches Regierungsmitglied galt.[93] Weitere Säuberungsaktionen durchzuführen war dagegen weit schwieriger. Wollte er der Intrigen am Hof wirklich Herr werden und den Machtkampf ein für allemal beenden, dann hätte Josef zwischen Salm und Wratislaw wählen müssen. Da er aber den Rat dieser beiden Männer besonders schätzte und auf keinen verzichten zu können glaubte, nahm er in Kauf, daß das Intrigenspiel weiterging, und beschränkte sich darauf, für ein Gleichgewicht zwischen den beiden sich um Salm und Wratislaw bildenden Parteien zu sorgen.[94]

Inwieweit wirkte sich nun die Spaltung innerhalb des Kabinetts negativ auf die Führung der Staatsgeschäfte aus? In seinem monumentalen Werk über den Prinzen Eugen zitiert zwar Max Braubach zahlreiche zeitgenössische Berichte über das wechselnde Intrigenspiel am Hof und vermutet mit den Berichterstattern, daß sich diese Intrigen schädlich ausgewirkt haben dürften, aber er tritt die Beweise dafür nicht an. Untersucht man diese Berichte, so muß man feststellen, daß sie von falschen Informationen nur so strotzen; denn die Verfasser, meist ausländische Beobachter, waren ja gar nicht in der Lage zu beurteilen, welche Folgen die persönlichen Feindseligkeiten auf die Regierungspolitik haben konnten. Und auch die Minister selbst, die sich in ihrer privaten und offiziellen Korrespondenz gegenseitig der Störmanöver und der Inkompetenz bezichtigten, erklären sich niemals genauer darüber, ob die persönlichen Zerwürfnisse, die tatsächlich stärker als an anderen Höfen hervortraten, sich in der Tat störend auf die Regierungsgeschäfte ausgewirkt hatten. Eine genaue Untersuchung der Konferenzprotokolle ergibt, daß während der Sitzungen die persönlichen Differenzen offensichtlich begraben wurden und sich beide Seiten erstaunlich um politische Zusammenarbeit bemühten. Kam es in seltenen Fällen einmal zu einer festgefahrenen Diskussion, dann pflegte der Kaiser persönlich einzugreifen. Auch auf die Verwaltung scheinen die persönlichen Animositäten keinen Einfluß gehabt zu haben. Der Apparat funktionierte unter der Aufsicht mehr oder weniger fähiger und fleißiger Sekretäre ungeachtet der Intrigen auf höherer Ebene.

Aber nicht nur Josefs Minister hatten ihre Schwächen, auch Josef I. selbst wies bedenkliche Charaktereigenschaften auf.[95] Schon kurze Zeit nach seiner Verheiratung mit Amalie wurde klar, daß der junge Thronfolger keineswegs den leichtsinnigen Lebensstil seiner Junggesellenzeit abgelegt hatte. Nach wie vor mißachtete er auf haarsträubende Art seine Gesundheit, in der Faschingszeit pflegte er sich so zu verausgaben, daß er einmal, 1702, ernstlich erkrankte, und nach wie vor unternahm er lange, wilde Jagden, meist nur zu zweit oder zu dritt, ja, manchmal ritt er ganz allein durchs Dickicht. Dabei ging es so wild zu, daß er bei mehreren Gelegenheiten vom Pferd fiel, so daß man jederzeit fürchten mußte, daß er sich einmal das Genick brechen würde.[96] Die größte Empörung aber rief am Hof hervor, daß er schon kurze Zeit nach seiner Hochzeit seine berüchtigten Liaisons wiederaufnahm. Selbst Prinz Eugen fühlte sich genötigt, einem jungen, nach Wien reisenden Offizier den Rat zu geben, „die Partys des Römischen Königs zu meiden".[97] Josefs Eltern fühlten sich gezwungen, mindestens zweimal auf die frühere Praxis zurückzugreifen und gewisse Männer aus Josefs Gefolge zu entfernen, wobei sie die gefährlichsten sogar ins Gefängnis stecken ließen.[98] Nach seiner Thronbesteigung konnte ihn nun niemand mehr an seinem Treiben hindern. Die ausländischen Diplomaten, die anfangs noch die Vitalität des neuen Kaisers gerühmt hatten und sich begeistert über seine Initiativen zu Verwaltungsreformen ausgelassen hatten, füllten bald ihre Berichte nur noch mit den neuesten Nachrichten über die Ausschweifungen des Kaisers.[99]

Auf Josefs Ehe hatten seine Affären die übelsten Folgen. Solang er lebte, versuchte Leopold I., die Untreue seines Sohnes vor Amalie verborgen zu halten. Als Salm im Herbst 1700 auf Leopolds Befehl den Grafen Fürstenberg und einen von Josefs Quartiermeistern vom Hof verbannte, durfte er ihnen nicht den Grund für ihre Entfernung mitteilen.[100] Aber ein weiterer Skandal im Frühjahr 1704, an dem der Kammerdiener Bevie, der Kastratensänger Ballarini und ein anderer Quartiermeister beteiligt waren, konnte nicht stillschweigend übergangen werden. Amalie brach fast das Herz, als sie von Josefs Untreue erfuhr, und Josef vergoß immerhin einige Tränen, als seine Mutter ihn ausschalt und ihm das Unglück seiner Frau schilderte. Aber obwohl er seine Frau noch immer liebte und die Beziehung mit ihr aufrechterhielt, beendete er seine Eskapaden nicht und tat alles, um seinen langjährigen Freund und Oberstjägermeister, den Grafen Lamberg, zu schützen und später zu belohnen. Dieser war die dominierende Figur bei den verschiedenen Jagdabenteuern und diente ihm außerdem als Kuppler.[101]

Während der ersten Jahre seiner Regierung unterhielt Josef intensive amouröse Beziehungen mit der verwitweten Catarina di Balbino, ihrer Tochter und Marianne Pálffy, der Tochter des ungarischen Ban. Als sich 1707 Catarina di Balbino wieder verheiratete, scheint der Flirt mit dem Kaiser abgebrochen worden zu sein, aber sehr zum Kummer der verwitweten Kaiserin Eleonore und der regierenden Kaiserin Amalie dauerte Josefs Liaison mit Marianne Pálffy, die nicht so ernst war, daß er daneben nicht noch andere Flirts unterhielt, bis zu seinem Tode an.[102] Die Distanz zu seiner Frau vergrößerte sich zusehends, bis sich über diese private Tragödie noch der Schatten einer Krise viel größeren Ausmaßes legen sollte.[103] Josefs einziger Sohn starb nur ein Jahr nach seiner Geburt, und da sich die Kaiserin schon im Jahr 1704 offensichtlich durch Josef an einer Geschlechtskrankheit angesteckt hatte und lange Zeit unter schmerzhaften Geschwüren in der Vagina zu leiden hatte, war die Aussicht auf weitere

Erben sehr unwahrscheinlich, zumal auch ihr sonstiger Gesundheitszustand nicht sehr gut war.[104] Solange aber Josef keinen weiteren Sohn bekam, gab es nur einen einzigen männlichen Habsburger, der für die Thronfolge in Frage kam, seinen jüngeren Bruder Karl in Barcelona. Nun hatte aber auch dieser keine Erben, und seine Thronfolge in Wien würde die von der Dynastie geplante Inbesitznahme beider Kronen, der spanischen und der kaiserlichen, aufs höchste gefährden. Josef war jedoch weit davon entfernt, sich wie seine Minister Sorgen über die Thronfolge zu machen, und baute, anstatt seinen gefährlichen Lebensstil zu ändern, auf seine Jugend und auf seine Zukunft, die ihm irgendwann einmal Gelegenheit geben würde, einen männlichen Erben hervorzubringen.[105]

Die Leidenschaft, mit der der Kaiser seinen Freizeitbeschäftigungen nachging, schien ihm allem Anschein nach bei seinen Regierungsgeschäften zu fehlen. Wenn wir dem Bericht eines französischen Agenten Glauben schenken dürfen, den auch Braubach zitiert hat, dann schrieb Josef I. während der Konferenzsitzungen Liebesbriefe an seine Mätressen.[106] Und die österreichische Historikerin Anna Benna weist mit Recht auf seine Kritzeleien während der Sitzungen hin.[107] Angesichts der Länge der Sitzungen ist es nun nicht weiter erstaunlich, daß die Konferenznotizen des Kaisers Zeichnungen aufweisen, nur lassen die Inhalte dieser Zeichnungen – Jagd- und Kriegsszenen, aufgespießte Köpfe und am Galgen hängende Gestalten – darauf schließen, daß Josef nicht dazu neigte, seine Pflichten überaus ernst zu nehmen.[108]

Ob allerdings die Privatinteressen des Kaisers ihn tatsächlich daran hinderten, seinen Staatsgeschäften nachzukommen, ist eine andere und wichtigere Frage. Feststeht, daß dadurch, daß der Kaiser auf die Jagd ging, die Minister sich niemals davon abhalten ließen, zu den regelmäßigen Sitzungen zu erscheinen.[109] Nach seiner Rückkehr pflegte sich der Kaiser sofort um die zur Debatte stehenden Angelegenheiten zu kümmern, entweder allein oder als Konferenzleiter. Inwieweit er allerdings hinreichend informiert war über das, was er jetzt zu entscheiden hatte, das ist wieder eine andere Frage. Der Historiker Arnold Berney stellt die Behauptung auf, daß Josef I. sich häufig damit zufrieden gab, blind dem Ratschlag seiner Frau und seiner Minister zu folgen.[110] Eine genaue Untersuchung der Aufzeichnungen der Konferenzsekretäre sowie Josefs eigener Notizen ergibt jedoch, daß der Kaiser selten ein in einer Sache steckendes Problem nicht erkannte. Auch Berneys Behauptung, der Kaiser hätte sich von anderen leiten lassen, hält einer genaueren Untersuchung nicht stand. Wahr ist, daß Amalie immer wieder versuchte, Einfluß auf politische Entscheidungen zu nehmen, besonders wenn es um hannoveranische Interessen ging. Auch ist nicht zu leugnen, daß Josef I. in den ersten Monaten seiner Regierung auf ihre Ansichten Rücksicht nahm.[111] Nichtsdestoweniger sprechen alle Beweise dafür, daß der Kaiser sich nicht von der Lobby der Kaiserin beeinflussen ließ. Die

Behauptung Berneys stützt sich in erster Linie auf die Berichte des preußischen Botschafters Friedrich Heinrich von Bartholdi, der die Kaiserin für Josefs antipreußische Politik verantwortlich macht.[112] Bartholdi würde aber sehr überrascht gewesen sein, wenn er erfahren hätte, wie wenig Freunde sein Herr, der preußische König, in der Konferenz besaß, hier, wo die österreichische Politik Berlin gegenüber formuliert wurde und wo Amalies Ansichten absolut nicht zählten.[113]

Aus den Protokollen der Konferenz geht klar hervor, daß der Kaiser sich von niemandem eine Meinung aufzwingen ließ und sich bei Meinungsdifferenzen frei für diese oder jene entschied. Immer wieder beklagten sich einzelne Minister, daß er ihre Lösungen zugunsten anderer beiseite geschoben habe, ja, es kam vor, daß er den Rat aller seiner Minister ignorierte und ganz nach eigenem Gutdünken entschied. Im großen ganzen gesehen ist seine Rolle in solch einer Konferenz, wo tiefe Spaltungen selten auftauchten, von Karl Otmar von Aretin korrekt als „primus inter pares" beschrieben worden.[114]

Allzu oft ist in der Geschichtsschreibung der Fehler gemacht worden, die Rolle der Minister innerhalb des Reformwerks eines Monarchen auf ein Minimum zu reduzieren. Auch Braubach zitiert nicht nur Berneys ungerechtfertigte Vorwürfe, er scheut sich auch nicht, die Auffassung zu vertreten, Josefs Lebensstil demonstriere, daß er sicher nicht der Mann gewesen sei, um die radikalen Reformen durchzusetzen, deren die Monarchie dringend bedurfte.[115] Bevor man dieses Urteil annimmt, muß man sich doch fragen, wie sehr das josefinische Reformwerk überhaupt auf die Mitarbeit des Kaisers angewiesen war. Sicher hat es Herrscher gegeben, die sich selber mit der Ausarbeitung winziger Details zur Veränderung des staatlichen Apparates abgegeben haben. Josef aber war von Männern umgeben, die längst die Unzulänglichkeiten des Verwaltungssystems erkannt hatten und darauf erpicht waren, die nötige Arbeit zu leisten, um diese Unzulänglichkeiten aus der Welt zu schaffen. Minister wie Salm und Starhemberg waren nur durch die Unentschlossenheit von Josefs Vorgänger davon abgehalten worden, eine gründliche Finanzreform durchzuführen.[116] Josefs vordringliche Aufgabe bestand nach seiner Thronbesteigung darin, seinen Ministern nun die feste Unterstützung zu garantieren, die sein Vater ihnen verweigert hatte. Darüber hinaus gab es für ihn nichts zu tun, was nicht auch andere hätten erledigen können.

Zwischen Reform und Kompromiß

Unglücklicherweise brauchte die Monarchie zur Durchführung umfassender Reformen mehr als nur energische Minister und einen entschlossenen Monarchen. Die Monarchie brauchte Frieden. So bestand im Frühling 1705 Josefs größte Sorge nicht in der Umgestaltung der Verwaltung, sondern in der Beschaffung von Geld für die Armee. Nun hätten wohl gerade Reformen die brauchbarste Lösung für die gegenwärtige Finanzkrise hergegeben. Aber während des Krieges Reformen durchzuführen war viel zu gefährlich, denn die Stände der Erblande und auch des Kaisers eigene Verwaltung pochten auf die wohlerworbenen Rechte, die ihnen das existierende Verwaltungssystem garantierte, und würden sich sicher jedem Versuch widersetzen, der sie ihres Patronatsrechtes und ihrer Kontrolle über die Einkommensquellen der Krone beraubt hätte. Auch wenn es nicht zur offenen Revolte wie in Ungarn kommen würde, schon der mindeste Widerstand gegen das Reformprogramm hätte die Hofkammer in die fürchterlichste Verwirrung stürzen können. Und angesichts der verzweifelten militärischen Situation der Monarchie war es undenkbar, ein zusätzliches Chaos in der Verwaltung zu riskieren. Josef blieb demnach nichts anderes übrig, als weiter mit den Ständen zusammenzuarbeiten und mit ihnen nach beiden Seiten genehmen Lösungen zu suchen. Vor allem sollten die bestehenden Einnahmequellen besser ausgeschöpft werden. Dieser Weg war zwar längst nicht so attraktiv wie eine durchgreifende Reform, bot aber immerhin eine brauchbare Alternative. Umso mehr als die Stände eine gewisse Bereitschaft erkennen ließen, sich an den Kriegskosten zu beteiligen. Dabei blieb allerdings offen, wie sie sich im Falle einer Besserung der militärischen Situation verhalten würden. Wie auch immer, solange der Krieg andauerte, hatte Josef keine andere Wahl, als die Stände um ihre Mitarbeit zu bitten.

Angesichts der verzweifelten Situation der Monarchie zum Zeitpunkt von Leopolds Tod zeigten die Stände ihr Entgegenkommen, indem sie für eine Erhöhung ihrer Contributio stimmten. Diese von den Erbländern geleistete Contributio war nun, da Ungarn faktisch verloren war, die wichtigste Einnahmequelle der Krone. Kaiser Leopold I. hatte 1701 eine Erhöhung der Contributio um 50 Prozent durchsetzen können, das hatte immerhin 5,3 Millionen Gulden ausgemacht.[117] Aber 1705 war mit dieser Summe kaum ein Viertel der veranschlagten jährlichen Ausgaben gedeckt. Einen Monat vor Leopolds Tod brachte Josef die Mitteldeputation dazu, nochmals um eine zusätzliche Erhöhung von 3,4 Millionen Gulden anzusuchen.[118] Nun, als Kaiser, bemühte sich Josef I. mit „größtmöglicher Sorgfalt", die Zustimmung der Stände zu gewinnen, und rief sogar den niederösterreichischen Landtag drei Monate vor der Zeit zusammen, damit man genügend Zeit habe, um eine Einigung zu erzielen.[119] Ende des Jahres hatten die Stände die Erhöhung bewilligt. In Böhmen, wo die Contributio in den vorangegangenen Jahren durch Haus- und Bodensteuern gedeckt war, genehmigte 1706 der Adel zum ersten Mal freiwillig die Contributio, die über die eingenommenen Steuern hinausging.[120] Aber dieser Erfolg des jungen Kaisers sollte sich nicht wiederholen, die 9 Millionen des Jahres 1706 wurden nie wieder erreicht, in den folgenden Jahren sollte sich die Contributio wieder spürbar senken.[121] Die wirtschaftliche Lage der Erblande hatte sich durch die übermäßigen Steuerlasten und dadurch, daß die östlichen Erblande ständig von ungarischen Rebellen verwüstet wurden, rasant verschlechtert. Aber nicht nur die Zahlungsfähigkeit, auch die Bereitschaft zu zahlen, nahm bei den Ständen von Jahr zu Jahr mehr ab. So opferbereit sie in den kritischen Jahren 1705 und 1706 gewesen waren, so wenig sahen sie nun ein, daß sie weiter so schwere Lasten auf sich nehmen sollten, jetzt, wo die Monarchie und ihre Alliierten im Kampf gegen Ludwig XIV. bereits die Oberhand gewonnen hatten. Die Verhandlungen mit den Landtagen gestalteten sich immer schwieriger und langwieriger. So wurde mit einigen Landtagen erst in der zweiten Jahreshälfte des Jahres 1708 eine Einigung über die Höhe der Contributio von 1708 erzielt.[122] Vor allem aber gaben die Stände in keinem Punkt ihre Bereitschaft zu erkennen, etwaige Veränderungen der Verfassung und der Administration vorzunehmen, die sie in ihren Rechten bei der Steuereintreibung und -verwaltung eingeschränkt hätten. Starhembergs Plan, neue Kataster in Tirol, Vorderösterreich und Innerösterreich anlegen zu lassen, wurde von den Ständen auf der Stelle abgewürgt.[123] Und auf noch heftigeren Widerstand stieß der Vorschlag des Hofkammerpräsidenten, die Contributio durch einen „Universal Accis" zu ersetzen. Josef I. und seine Minister hatten dieses Projekt begeistert unterstützt, weil es einen verläßlicheren und größeren Gewinn versprach und vor allem unabhängig von den Ständen durchgeführt werden konnte.[124] Aber nur Schlesien nahm den Vorschlag positiv auf, die österreichischen Stände lehnten ihn alle ab, und die Böhmen machten so viel Schwierigkeiten, daß die Verhandlungen, die Graf Kinsky persönlich in Prag führte, ergebnislos abgebrochen wurden. Damit war das Projekt gestorben.[125]

Indem sich die Stände auf diese Weise gegen eine Finanz- und Steuerreform wehrten, die sie ihrer Kontrollrechte beraubt hätte, verteidigten sie zugleich die Autonomie der Finanz- und Kriegsbehörden in Graz und Innsbruck, der sogenannten „Stellen". Diese vier Verwaltungsstellen hatten es geschafft, den Zusammenschluß der österreichischen Länder zu überleben, und das, obwohl sie nachweislich schlecht funktionierten und durch und durch korrupt waren.[126]

Als im März 1704 Sinzendorf ihre Unterstellung unter die Hofkammer und den Hofkriegsrat forderte, hatte Leopold I. vorsichtig abgewinkt, da er es sich nicht mit den Ständen verderben wollte, die diese Organe kontrollierten.[127] Sofort nach Leopolds Tod dagegen wurde Fürst Salm von Josef I. autorisiert, die Reform durchzuführen.[128] Die innerösterreichischen und Tiroler Stände reagierten mit einer Flut von Petitionen und gaben an alle Angestellten der betroffenen „Stellen" den Befehl aus, Salms Anordnungen zu ignorieren.[129] Auch die österreichische Hofkanzlei unterstützte die Stände, denn sie hatte bisher für die Kommunikation der „Stellen" mit den Regierungsorganen in Wien gesorgt und wollte diese Machtposition ungern abgeben. Unter Seilerns Leitung trieb die

Hofkanzlei daher passiven Widerstand und zögerte die Abgabe der Korrespondenz trotz wiederholter Rügen von Eugen, Starhemberg und Josef I. selbst, so lange sie konnte, hinaus.[130] Zwar konnte der Kaiser dann doch Seilerns Widerstand brechen, die Stände jedoch waren nicht zum Nachgeben zu bewegen. Nach einem letzten vergeblichen Versuch, mit ihnen zu einem Kompromiß zu kommen, mußte daher der Kaiser fürs erste darauf verzichten, seinen Entschluß zu realisieren.[131] Ende 1706 und während des ganzen darauffolgenden Jahres war Eugen gezwungen, mit den Tiroler Ständen zu verhandeln, wenn es um Dispositionen seiner Armee in Italien ging, anstatt in seiner Eigenschaft als Präsident des Hofkriegsrates der Innsbrucker Kriegsstelle direkt seine Anordnungen zukommen zu lassen.[132] In Innerösterreich dachten indessen die Finanz- und Kriegsstelle nicht daran, ihren Würgegriff über die Verwaltung der kroatischen Militärgrenze zu lockern. Erst 1709, also vier Jahre nach Salms ursprünglicher Direktive, wurden alle vier Stellen schließlich der Hofkammer und dem Hofkriegsrat unterstellt. Aber selbst dann hatte sich Josef I. nicht in allen Punkten durchsetzen können. So bewahrten sich die innerösterreichischen Stände das Recht, den Großteil der Positionen des Grazer Kriegsbüros besetzen zu dürfen und überdies im Hofkriegsrat vertreten zu sein.[133]

Wenn er es nicht mit den Ständen zu tun hatte, war der junge Kaiser im allgemeinen erfolgreicher; so gelang ihm beispielsweise eine beträchtliche Hebung des Kameraleinkommens der Krone. Bevor Josef die Regierung übernahm, pflegte ein Gutteil des Einkommens bereits auf regionaler Ebene zu versickern. Teils wurde es veruntreut, teils von den Gehältern einer Unzahl überflüssiger Beamter aufgesogen. Tatsächlich waren die Verwaltungsstellen in den Provinzen derartig überbesetzt, daß die eingenommenen Steuern nicht einmal ausreichten, um die Unkosten zu decken. Im ersten Jahr seiner Regierung setzte der Kaiser mit Starhemberg zusammen eine Rationalisierung der Hofkammerverwaltung durch, indem er reihenweise Beamte entließ. Den Wiener Beamtenstab setzte er von ursprünglich 74 auf 32 herab. Die Korruption versuchte er durch die Einführung einer genauen Buchhaltung in der Provinz zu bekämpfen.[134] Außerdem erhöhte er bestimmte bestehende Steuern und ließ zugleich neue eintreiben. So wurden nun auch die Hofbeamten für steuerpflichtig erklärt, und der katholische Klerus wurde zu einem „freiwilligen Geschenk" verpflichtet.[135] Der Erfolg dieser Maßnahmen zeigte sich bereits im Jahr 1708: Das Einkommen der Krone war von 3,5 Millionen Gulden auf über 8 angestiegen.[136] Zusammen mit der ebenfalls erhöhten Contributio konnte die Hofkammer nun mit einem durchschnittlichen Einkommen von 16 bis 17 Millionen Gulden aus den Erblanden rechnen. Am Ende von Leopolds Regierung waren es weniger als 9 gewesen.

Aber auch außerhalb der Erblande gab es Einkommensquellen für den Kaiser, zu Anfang seiner Regierung freilich nur im Reich. Hier leistete das von österreichischen Truppen besetzte Bayern den größten Beitrag, nämlich 1,2 bis 1,5 Millionen Gulden jährlich.[137] Außerdem war der Kaiser berechtigt, von einigen kleineren Reichsfürsten und -städten Steuern einzuziehen, die ihm direkt unterstanden. So trieb er während der zweiten Belagerung Landaus 300.000 Gulden von den Reichsrittern am Oberrhein ein.[138] Schon kurz nach seinem Regierungsantritt ernannte er den begabten und energischen C. J. Schierendorff zum Hofkammersekretär und übertrug ihm die Aufgabe, nach weiteren Steuermöglichkeiten im Reich zu forschen. Dieser, nicht faul, entdeckte binnen kurzem genügend Präzedenzfälle, die dem Kaiser als Grundlage für weitere Steuerforderungen im Reich dienen konnten.[139] Trotz dieser Bemühungen überstieg das Steuereinkommen aus dem Reich nie mehr als zwei Millionen Gulden und stellte daher nur eine schwache Summe im Vergleich zu dem Einkommen aus den Erblanden dar.

Josef dachte übrigens nicht daran, die so mühsam erwirtschafteten Gewinne zur Gänze in den Krieg zu stecken. Dazu war auch er viel zu sehr ein Herrscher des Barock, der sich ohne Schwierigkeiten den extravaganten Lebensstil Ludwigs XIV. zu eigen gemacht hatte. Für eine glanzvolle Hofhaltung scheute er keine Ausgabe, besonders im Winter während des Faschings, wo eine Festivität auf die andere folgte. So kosteten allein die gigantischen Schlittenrennfahrten, an denen er selber teilnahm, bis zu 30.000 Gulden.[140] Besonders viel aber ließ er sich seine Liebe zur Musik kosten. Nicht nur, daß er selber komponierte und mehrere Instrumente spielte, er beschäftigte für diverse musikalische Darbietungen mehr als 300 Musiker, mehr als dreimal so viele wie sein Vater.[141] Obwohl ihm zweifellos die italienische Oper am meisten lag – Scarlatti war sein Lieblingskomponist –, zeigte er sich als großzügiger Mäzen auch für die anderen Künste. So ließ er eine Reihe von Gebäuden für die darstellenden Künste errichten, nicht nur ein neues Opernhaus zu Beginn seiner Regierung, sondern auch ein italienisches Schauspiel, eine Volksbühne und das Theater am Kärntnertor, Wiens erstes deutsches Theater. Daneben gründete er die „Josefs-Academie der Wissenschaften", welche Maler, Bildhauer und Baumeister unterstützte.[142] Seine größten Beiträge aber zur Architektur seiner Zeit lagen vor den Befestigungswällen der Stadt: Schönbrunn, mit dessen Bau er schon zehn Jahre vor seiner Thronbesteigung begonnen hatte, und die Vorstadt „Josefstadt", die er nach ihrer Zerstörung durch die Türken wiederaufbauen und umnennen ließ.[143] (Heute 8. Gemeindebezirk.) Andererseits kann man nicht sagen, daß der Kaiser den Künsten mehr Geld zukommen ließ als der Armee, hier wie dort machte sich der Geldmangel spürbar bemerkbar. Die Bauarbeiten in Schönbrunn bewegten sich nur im Schneckentempo vorwärts, die Hofmusiker bekamen nur selten ihre Gage ausbezahlt, und selbst Josefs Oberbauinspektor Fischer von Erlach erhielt bis 1710 kaum einen Groschen für seine Arbeit.[144]

Aber die Begünstigung dieser Unternehmungen durch den Kaiser zeigt, daß für die Habsburger die Förderung der Künste und der Hofluxus immer von gleicher Bedeutung waren wie die Erhaltung des spanischen Erbes Karls II.

Ungewöhnlich großzügige Geschenke soll der Kaiser zeitgenössischen Aussagen zufolge seinen Freunden und Dienern gemacht haben. Dabei ist es nicht verwunderlich, daß ein junger Herrscher sich nach der Thronbesteigung seinen Jugendfreunden und ehemaligen Lehrern wie Salm und Rummel, den er zum Bischof von Wien machte, erkenntlich zeigen will. Aber Josef gab seiner Anhänglichkeit durch so viele Pensionen und Anstellungen Ausdruck, daß er manchmal den Widerstand seines Hofkammerpräsidenten zu spüren bekam.[145] Seine Großzügigkeit verstärkte sich noch in den letzten Jahren seiner Regierung, teilweise, weil ihm jetzt die konfiszierten Besitzungen der ungarischen Rebellen zur Verfügung standen, sicher aber auch, weil er wie die Stände, die ihm nach 1706 weniger Geld bewilligten, spürte, daß die Monarchie aus dem Schlimmsten heraus war. Allein im Jahr 1710 verteilte er praktisch sämtliche bayrischen Staatsgüter an seine Minister und bedachte Prinz Eugen und Wratislaw mit zusätzlichen Geschenken konfiszierter ungarischer Güter im Wert von 300.000 bzw. 400.000 Gulden.[146] Marianne Pálffy erhielt von ihm Schmuck im Wert von ungefähr 74.000 Gulden, während sein Günstling Leopold Matthias von Lamberg auf dem Sterbebett die fürstliche Summe von 250.000 Gulden zur Erhaltung seiner Familie entgegennehmen durfte.[147]

Aber angesichts der gewaltigen jährlichen Auslagen der Hofkammer, die zwischen 20 und 28 Millionen Gulden lagen, spielten diese Geschenke kaum eine Rolle. Um das Defizit zu decken, mußte Geld ausgeborgt werden, aber auch dieses erwies sich als schwierig, da die Kreditwürdigkeit der Hofkammer und der Girobank im ersten Jahr der josefinischen Regierung auf einem Nullpunkt angekommen war. Unmittelbar nach dem Tod seines Vaters hatte Josef I. bereits die Neugründung eines gesünderen Kreditunternehmens erwogen,[148] und sieben Monate später legte eine Kommission unter Starhemberg und Graf Weltz, dem Statthalter von Niederösterreich, das Projekt für eine neue Bank vor, deren Besitzer die Stadt Wien sein sollte. Die Kommission argumentierte, daß die Finanzen der Stadt so solide seien, daß sie das Vertrauen privater Geldgeber gewinnen würde und daß ihre Unabhängigkeit von der Hofkammer dieses Vertrauen stärken würde. Am Weihnachtsabend 1706 setzte Josef seine Unterschrift unter den Akt. Die Verhandlungen mit der Stadt konnten aufgenommen werden. Zwei Monate später hatte man sich geeinigt; am 1. April 1706 begann die Wiener Stadtbank zu arbeiten.[149]

Auf Grund ihrer Statuten übernahm die Stadtbank die Schulden ihrer Vorgängerin, der Girobank, aber die Hofkammer war ihr bei der Ablöse dieser Schulden behilflich. Und damit die neue Bank nicht unter dem Schicksal ihrer Vorgängerin zu leiden hätte, ständig den weiten Rachen der Hofkammer stopfen zu müssen, bekam die Stadt das Recht der Kontrolle über alle finanziellen Transaktionen zugesprochen. Das hinderte die Regierung freilich nicht, insgeheim die Bank durch die von Starhemberg und Weltz geleitete Ministerial-Bancodeputation überwachen zu lassen.[150] Wie ernst es dem Kaiser mit der neuen Bank war, zeigen seine Bemühungen, sie für private Geldgeber möglichst attraktiv zu machen. So schränkte er die Kreditforderungen der Hofkammer drastisch ein und erklärte die sechsprozentigen Gewinne der Einlagen für steuerfrei.[151] Nach einem schwierigen ersten Jahr gelang es der neuen Bank tatsächlich, das Vertrauen der Leute zu gewinnen. Die von ihr herausgegebenen Banknoten, die im ersten Jahr zunächst um 59 Prozent fielen, erholten sich schnell, und selbst die alten Girobanknoten, die die Stadtbank anfangs mit einem Nachlaß von 20 Prozent abgab, wurden von den Kaufleuten bald wieder zum alten Wert gehandelt.[152]

Freilich war auch die Stadtbank nicht in der Lage, die Regierung von ihren Schulden zu befreien. Prinz Eugens Sieg in Italien war wieder nur mit der finanziellen Unterstützung der Engländer und Holländer möglich.[153] Und die Schwierigkeiten, die die Bank bei der Erfüllung ihrer Verpflichtungen den eigenen Gläubigern gegenüber in den darauffolgenden Jahren oft hatte, zwangen den Kaiser immer wieder, auf Zwangsanleihen und aus- und inländische Kredite zu durchschnittlich 12 Prozent zurückzugreifen. Immerhin tilgte die Bank in den Jahren ihres Bestehens Regierungsschulden in der Höhe von 24 Millionen Gulden oder, anders ausgedrückt, ungefähr 5 Millionen Gulden pro Jahr.[154]

Mit der günstigen Entwicklung des Krieges erschlossen sich neue Einnahmequellen für die Regierung. Nach der Eroberung und Besetzung Italiens konnte die Regierung 4 bis 5 Millionen Gulden im Jahr für militärische Ausgaben von den Einwohnern der Halbinsel eintreiben. Ab 1708 waren auch in Ungarn Fortschritte zu verzeichnen, die die Regierung dazu berechtigten, Steuern in der Höhe von 1 bis 2 Millionen Gulden einzuziehen. Und selbst in Belgien konnten die vorrückenden österreichischen Kräfte bereits einen Teil ihrer Unterhaltskosten von der Bevölkerung decken lassen.[155] Nun aber brachten diese Eroberungen nicht nur Vorteile, sie belasteten die Monarchie auch in dem Maße, daß sie im Jahr 1711 die einzige Macht unter den kriegführenden Mächten war, die an allen fünf Fronten aktiv war. Angesichts der drohenden französischen Hegemonie und der Ansprüche der habsburgischen Dynastie auf das ungeteilte spanische Erbe schien dieses Engagement zwar gerechtfertigt, aber die Last war für einen Staat, der den Krieg mit einer Armee und einem Budget begonnen hatte, die nur ein Zehntel der französischen ausmachten, einfach zu groß.[156] Bis zum Ende der josefinischen Regierung war die Hofkammer von dauernden Krisen geschüttelt, und es gelang ihr nur mehr schlecht als recht, die Armee zu unterhalten, die Beamten zu bezahlen und die Gläubiger irgendwie zufriedenzustellen.[157] Auch die anderen kriegführenden Mächte machten ihre Krisen durch, aber die finanziellen Krisen der Habsburgermonarchie übertrafen an Ernst und Häufigkeit die aller anderen Staaten, mit Ausnahme vielleicht Spaniens.

Aber ohne die Reformen Josefs und seiner Minister hätte der Krieg vielleicht einen ganz anderen Verlauf genommen, insofern waren sie für die Geschicke der Monarchie und der Großen Allianz von entscheidender Bedeutung. Sicher hätte Josef I., wäre ihm bei Regierungsantritt eine Epoche des Friedens vergönnt gewesen, die Reformpläne seiner Minister noch gründlicher durchgeführt. Und er hätte sie sicher noch weitergetrieben. Alfred Fischel hat in seiner Arbeit über den Hofkammersekretär Schierendorff nachgewiesen, daß der Kaiser großes Interesse an den Plänen zeigte, die ihm Starhemberg und Schierendorff über die Förderung der Industrie und des Handels in den Erbländern vorlegten.[158] Denn mit Recht erkannte er, daß hier noch einiges an Steuern herauszuholen war. Daß nur eine Handvoll der Pläne zur Durchführung gelangte, lag wieder einmal hauptsächlich an den mangelnden Geldmitteln. Denn ohne Geld war es unmöglich, die Industrie zu subventionieren und die Leistung durch Steuersenkung anzuspornen.[159]

Ebenso positiv reagierte Josef auf Schierendorffs revolutionäre Pläne zur Verbesserung der bäuerlichen Situation. Denn eine solche würde eine Steigerung der landwirtschaftlichen Produktivität zur Folge haben und letztlich einen höheren Steuerbetrag. Als Schierendorff kritisierte, daß der Adel Mißbrauch mit der Robot trieb – das war die Zwangsarbeit, die jeder Bauer auf dem Gut seines Herrn zu verrichten hatte –, nahm sich Josef seine Worte zu Herzen.[160] Zu Beginn des Jahres 1709 gab er einen Erlaß heraus, der zur Diskussion über die Abschaffung der Robot aufrief und über die Art und Weise „mit denen Ständen zu tractiren wie robath frey seyn konte".[161] Zwar mußte er bald feststellen, daß jeder Versuch, die Robot abzuschaffen, auf den erbitterten Widerstand des Adels stoßen würde, und begnügte sich damit, Schierendorffs Experiment zunächst einmal auf den Krongütern auszuprobieren. Man suchte dafür die schlesischen Herzogtümer Liegnitz, Brieg und Wohlau aus. Das gesamte Land wurde hier unter die Bauern aufgeteilt, die es bisher in Zwangsarbeit für den Feudalherrn bebaut hatten. Jetzt wurden sie nur zu einer festgesetzten Pacht verpflichtet und konnten sich ihre Arbeit auf ihrem Stück Land selber einteilen. 1711 war die Reform trotz des Widerstandes des schlesischen Landtags voll durchgesetzt und brachte schon nach kurzer Zeit höhere Steuerabgaben.[162] Im wesentlichen war das Schierendorffsche Experiment eine Vorwegnahme des Raabschen Systems der Maria Theresia von 1775. Der Krieg hinderte Schierendorff daran, das schlesische Experiment auch anderswo anzuwenden. Dann starb Josef I. Erst gegen Ende des Jahrhunderts erinnerte man sich wieder an dieses erste Modell einer Landreform innerhalb der habsburgischen Monarchie.

So wie er Schierendorffs Pläne aktiv unterstützte, so setzte er sich auch in

Mähren persönlich dafür ein, daß dem Mißbrauch, der hier mit der Robot getrieben wurde, Einhalt geboten wurde. Als sich im Herbst 1705 die Bauern der Bezirke Trübau und Türnau, die zum Liechtensteinschen Besitz gehörten, erhoben und Bittschriften an den Kaiser richteten, er möge die ungesetzliche Robot verbieten, tat Josef etwas, was noch nie dagewesen war: Er empfing mehrmals höchstpersönlich die Repräsentanten der Rebellen und beauftragte eine Kommission, dafür zu sorgen, daß die Familie Liechtenstein sich an die Gesetze hielte. Sicher zeigte er sich auch deshalb so verständnisvoll, weil er Angst vor einem organisierten Bauernaufstand an der bayrischen und ungarischen Grenze hatte, wo die Unzufriedenheit der Bauern bereits zu vereinzelten Zusammenrottungen und Befehlsverweigerungen geführt hatte, aber auch als diese Gefahr gebannt war, gab er seine Bemühungen nicht auf, die Familie Liechtenstein dahin zu bringen, sich mit den Bauern gütlich zu einigen. Jedenfalls war es nur Josefs geschicktem Eingehen auf die Bauern zu verdanken, daß es nicht zu weiteren Gewalttaten kam. Sein Verhalten stand in scharfem Kontrast zu den brutalen Unterdrückungsmaßnahmen der Regierung bei den Bauernaufständen von 1679/80 und 1775.[163]

Darüber hinaus spricht alles dafür, daß Josef I. offensichtlich bereit war, in Religionsfragen größere Toleranz walten zu lassen, wenn immer das der Wirtschaft der Monarchie zugute kam. So war es in Ungarn, wobei man sagen muß, daß es hier um weit mehr als ökonomische Erwägungen ging. Auch die Wiederherstellung der lutherischen Kirchen in Unterschlesien deutet darauf hin, daß der konfessionelle Absolutismus des vergangenen Jahrhunderts von diesem Kaiser nicht mehr vertreten wurde. Freilich standen die Maßnahmen in Schlesien im Zusammenhang mit den Forderungen, die Karl XII. bei der Konvention von Altranstädt am 6. September 1707 gestellt hatte, aber auch nach Karls Niederlage bei Poltawa hielt sich Josef I. an die getroffenen Vereinbarungen, ja, er ordnete sogar den Bau weiterer lutherischer Kirchen in der Nähe der sächsischen Grenze an. Damit hielt er nicht nur zahlreiche Kirchgänger davon ab, ins Nachbarland auszuwandern, er erwarb sich auch das Wohlwollen des lutherischen Adels, der ihm mit großzügigen Krediten und „freiwilligen Spenden" dankte. 1708 kam es zu ähnlichen Überlegungen, die Juden betreffend, als Fürst Salm einen Plan vorlegte, nach dem die Juden in den Erblanden begnadigt und durch die Universalakzise besser besteuert werden sollten.[164]

Angesichts der disparaten finanziellen Situation mögen alle diese Unternehmungen recht unbedeutend erscheinen. Aber wenn man bedenkt, daß ähnliche Projekte noch vor ein paar Jahren von seinem Vater radikal abgelehnt worden sind, dann erscheint der josefinische Protestantismus immerhin als Fortschritt.[165] Josef I. war überhaupt in seiner ganzen Politik weltlicher eingestellt als sein Vater und tendierte dazu, die privilegierte Position der Kirche innerhalb der Monarchie in Frage zu stellen. Schon vor seiner Thronbesteigung hatte er aus dieser Einstellung keinen Hehl gemacht und in sein Gefolge einen protestantischen Edelmann aufgenommen, gegen die jesuitischen Berater seines Vaters intrigiert und sich erfolgreich für die Beschlagnahmung von Kirchensilber zu Kriegszwecken eingesetzt. Nach Leopolds Tod ging Josef noch einen Schritt weiter, indem er die Kirche ihrer Rolle als oberste politische Zensurbehörde entkleidete.[166] Ebenso wie seine Ansätze zur Landreform distanziert auch die von ihm vertretene Religionspolitik den Kaiser von den Konventionen seiner Vorgänger und macht ihn zu einem Vorläufer der pragmatisch-physiokratischen Strömung des späten 18. Jahrhunderts.

Obwohl ihm nicht die Zeit blieb, aus den vereinzelten Ansätzen eine zusammenhängende Wirtschaftspolitik zu entwickeln, waren die Leistungen des jungen Kaisers auf dem Gebiet der Verwaltungs- und Finanzreform beachtlich. In den ersten Wochen nach seinem Regierungsantritt hatte er bereits ein neues Kabinett gebildet, das, wie sich zeigen sollte, den vielfältigen Aufgaben durchaus gewachsen war. Von den Mitarbeitern seines Vaters übernahm er nur jene, die sich in der Vergangenheit ausgezeichnet hatten, und ersetzte die übrigen durch fähige und energische Berater. Unter seiner Leitung und im Bewußtsein seiner verläßlichen Unterstützung wurden nun von diesen Männern die ersten, dringend nötigen Reformprojekte entwickelt. Ohne sich direkt in ihre Arbeit einzumischen – das entsprach weder seinem Temperament noch seinem Verantwortungsbewußtsein –, war er die über allem stehende Autorität, der General, der die Schlacht führte und seinen Offizieren den Befehl zum Angriff gab. In dieser Rolle war er außerordentlich gut. Anders als sein Vater verzagte er nicht, wenn er in den Rängen der Bürokraten und des Adels auf harten Widerstand stieß. Freilich war auch Josef I. zuweilen gezwungen, zurückzustecken, dann nämlich, wenn die chaotischen Zustände innerhalb der Verwaltung oder die wachsende Feindseligkeit des Adels die weitgesteckten Ziele seiner Reformversuche zu vernichten drohten. So mußte er angesichts der angespannten internationalen Lage fallweise den strategischen Rückzug zu einem möglichen Pyrrhussieg vorziehen. Dennoch war es innerhalb weniger Jahre gelungen, die Weichen für eine fortschrittliche Zukunft zu stellen.

III.
DEUTSCHLAND:
Höchstädts Nachwirkung

> „Man leges fundamentales et constitutionales
> Imperii gering schätzte,
> und ein jeder nach seiner Willkühr handelte."
> *Philipp Ludwig Graf Sinzendorf*

Die ersten Assoziationen, die der junge Josef mit Deutschland verband, reichten weit in die Zeit vor seiner Thronbesteigung zurück. Schon seine Kindheit war stark beschattet durch die immerwährenden militärischen Demütigungen, die das Römische Reich Deutscher Nation einstecken mußte. Im Sommer 1683 war er mit seiner Familie gezwungen, vor den Türken aus Wien zu fliehen, und er war kaum sechs, als Ludwig XIV. im folgenden Jahr seinen Vater zu einem 20jährigen Waffenstillstand erpreßte, in dem die französische Besetzung vom Elsaß und von Lothringen anerkannt wurde, und knapp zehn, als Ludwig XIV. den Frieden dadurch brach, daß er seine Truppen über den Rhein schickte und sie systematisch die Pfalz verwüsten ließ. Und schließlich brachte Ludwig XIV. es fertig, daß die Krönungsfeierlichkeiten für den jungen Römischen König und zukünftigen Kaiser nicht, wie es der Tradition entsprochen hätte, in Frankfurt, sondern in Augsburg stattfinden mußten. So weit war es gekommen, daß man in der alten Reichsstadt Frankfurt nicht mehr sicher vor den Franzosen war.

Während also der junge Josef sehr wohl die mißliche Lage des Reiches zu spüren bekam, durfte er andererseits auch miterleben, wie die Fürsten des Reiches begannen, sich erfolgreich gegen die beiden Invasionsmächte, das Osmanische Reich und Frankreich, zusammenzuschließen. Viele deutsche Fürsten, die sich einst mit den Feinden des Kaisers, den Schweden und Franzosen, gegen ihn verbünden wollten, traten nun wieder an seine Seite und lieferten ihm die dringend benötigten Truppen und Gelder. Bei der Befreiung Wiens stellten die Reichstruppen das größte Kontingent, ebenso wie sie eine entscheidende Rolle bei der Wiedereroberung Ungarns spielten. Josefs Krönung als ungarischer König im Dezember 1687 wurde daher nicht nur als Triumph der österreichischen Waffen, sondern ebenso der deutschen aufgefaßt und dementsprechend im ganzen Reich gefeiert. Obwohl nun der Krieg gegen das mächtige Frankreich bei weitem nicht so erfolgreich verlief, stand auch hier das Reich in seltener Einmütigkeit hinter dem Kaiser. Wie die ungarische Krönung bedeutete schließlich auch die Krönung in Augsburg einen Sieg für die deutsche Solidarität, waren doch nun die Pläne Ludwigs XIV. endgültig gescheitert, seinen eigenen Sohn zum deutschen Kaiser zu machen. Josefs Wahl wurde von einer Welle antifranzösischer Gefühle und eines neuen Nationalbewußtseins getragen, die durch das ganze Reich wogte. Deutsche Schriftsteller, die noch vor kurzem Propaganda für die französische Lebensart gemacht hatten, warnten nun vor der kulturellen und militärischen Übermacht der Franzosen und gingen daran, das deutsche Nationalbewußtsein zu stärken. Auch in den Erblanden wurden Aufrufe desselben Inhalts publiziert. Dabei fällt auf, wie selbstverständlich plötzlich das Geschick des Reiches mit dem der Habsburgdynastie verknüpft wird.[1] Sehr lange, nämlich seit der Epoche vor der Reformation, war Deutschland nicht mehr so einig einer feindlichen Macht entgegengetreten.

Schon Kaiser Leopold I. hatte verboten, daß in seiner Gegenwart Französisch gesprochen wurde, und hatte die Erziehung seines Sohnes Männern anvertraut, die geeignet waren, das rundherum wachsende Nationalbewußtsein auch bei ihrem Schützling zu erwecken. Wie Fürst Salm war auch Franz Ferdinand von Rummel von Geburt Deutscher und ein glühender Patriot.[2] Auch Josefs „instructor in historicis et politicis", der österreichische Gelehrte H. J. Wagner von Wagenfels, war eifrig bemüht, auf die Mission der Dynastie in Deutschland hinzuweisen. Sein berühmter „Ehrenruff Teutschlands" rief das Reich auf, in Festigkeit hinter der Krone zu stehen. Dieser flammende Appell an die deutsche Identität enthielt so viel Kritik an der französischen kulturellen und politischen Arroganz, daß man mehrere Jahre mit der Veröffentlichung wartete, aus Furcht, Ludwigs XIV. Mißfallen zu erregen.[3] Entscheidend war aber auch für Josef der Kontakt mit den deutschen Fürsten, die die kaiserlichen Truppen in Ungarn befehligten, wie mit Karl von Lothringen, Max Emanuel von Bayern, August dem Starken von Sachsen und dem großen Ludwig Wilhelm von Baden, mit dem er sich besonders gut verstand. Dazu kam die freundschaftliche Beziehung zu seinem Onkel, dem Kurfürsten Johann Wilhelm von der Pfalz, der als „Reichspatriot" mitansehen mußte, wie französische Truppen seine Besitzungen besetzten und verwüsteten.

Zu diesem Kreis der Freunde und Lehrer gehörte, wenn man von der Gesinnung ausgeht, auch Johann Bernhard Fischer von Erlach, der Großmeister der österreichischen Barockarchitektur. Fischer war 1689 beauftragt worden, den Thronfolger täglich in Architektur zu unterrichten. Er war der erste Architekt, der die bisher so dominierenden französischen und italienischen Formen durch einen sich deutlich abhebenden deutschen Stil ersetzte. Französische Motive benutzte er nur noch, um Josef als deutschen Sonnenkönig darzustellen. Die Pläne für Schönbrunn, die er kurz nach Josefs Krönung in Augsburg anfertigte, drücken seinen Wunsch aus, Versailles nicht nur zu imitieren, sondern zu übertreffen. Schönbrunn, das von Fischer als Hauptresidenz der deutschen Kaiser und Könige von Ungarn angesehen wurde, stellte den grandiosen Versuch dar, Ludwig XIV. seinen Platz als Europas glänzendster Monarch streitig zu machen.[4]

Schönbrunn aber ist nicht nur ein frühes Beispiel für Deutschlands Bemühungen, sein Selbstgefühl trotz der kulturellen und militärischen Überlegenheit Frankreichs wieder herzustellen, Schönbrunn war auch ein Beispiel für die Aussichtslosigkeit dieses Trachtens. Zwar begann man 1696 mit den Bauarbeiten, aber unmittelbar nach dem Start mußten die Baupläne infolge Geldmangels drastisch eingeschränkt werden; schließlich blieb nichts anderes übrig, als einen vorläufigen Baustopp zu verhängen.[5] Als im folgenden Jahr mit Frankreich endlich Frieden geschlossen wurde, war es dem Reich nicht gelungen, das Elsaß zurückzugewinnen oder die Grenze Lothringens gegen zukünftige Aggressionen Frankreichs abzusichern.

Angesichts solcher Rückschläge war es verständlich, daß Josef von dem brennenden Wunsch erfüllt war, die Demütigungen zu rächen, die das Reich über sich ergehen hatte lassen müssen. Als die Zeit kam, da man nach einer passenden Braut für ihn Ausschau hielt, erklärte Josef klipp und klar: „Ich will keine Französin oder Welsche."[6] Marschall Villars, der französische Botschafter in Wien, mußte bedauernd nach Versailles melden, daß der Römische König ein „entschiedener Feind Frankreichs" sei und mit Freuden bei der ersten Gelegenheit zu den Waffen greifen würde.[7] Die prophetischen Worte des Marschalls sollten sich als sehr richtig erweisen; denn bald darauf starb Karl II., und als Kurfürst Johann Wilhelm von der Pfalz Josef drängte, sich an die Spitze der kaiserlichen Armee zu stellen, schrieb Josef: „Ich bin auf die Teufelsfranzosen so sehr erbittert, daß ich nichts mehr wünsche, als ihnen nur einmal mores zu lehren und zeigen, was die kaiserlichen und Reichstruppen, wenn sie in gutem Verständnis mit einander sein, thun können…"[8] Wir haben gesehen, daß Josef zweimal mit väterlicher Erlaubnis an der erfolgreichen Belagerung Landaus teilnehmen durfte. Beide Male leitete Ludwig Wilhelm von Baden die militärischen Operationen, während sich die Aufgaben des Römischen Königs darauf beschränkten, gute Stimmung zu machen und sowohl den Kaiser als auch die deutschen Fürsten zu weiterer Unterstützung der Belagerung anzufeuern.[9] Die Begeisterung, mit der der Thronfolger diese Aufgaben erfüllte, spricht für seine enge Bindung an das Reich.

Nach Leopolds Tod hatte die Rolle, die Josef I. im Reich zu spielen hatte, plötzlich ein anderes Gewicht. Zu den bisher rein repräsentativen Verpflichtungen als Oberbefehlshaber der Reichstruppen und als Römischer König kam nun die Aufgabe, das Reich tatsächlich zu regieren. Kein anderer war dafür tatsächlich besser vorbereitet als er, aber die politischen Realitäten zwangen ihn nun, seine Beziehung zum Reich ganz neu zu überdenken. Die ihm so liebgewordene Vorstellung eines geeinten starken Reiches entpuppte sich als Wunschbild. Der junge Kaiser mußte bald erkennen, daß es sich hier lediglich um eine lose und eigentlich unregierbare Assoziation von großteils unabhängigen Staaten handelte. Nur wenn sich zufällig die Interessen der Fürsten deckten, wie es jetzt der Fall war, konnte man gemeinsame Aktionen von ihnen erwarten. Und obgleich er selber erlebt hatte, daß die Fürsten sich in letzter Zeit mehrmals zur Verteidigung des Reiches zusammengefunden hatten, mußte er sich eingestehen, daß sie mehr aus Furcht vor dem Feind als aus einem patriotischen Gefühl heraus gehandelt hatten, ganz zu schweigen von der nur schwach ausgeprägten Loyalität zur Krone. Nun, nach der Beseitigung der türkischen Gefahr und dem Sieg über die Franzosen bei Höchstädt, war anzunehmen, daß die Fürsten sich in Zukunft wieder mehr ihren Partikularinteressen hinwenden würden.

Josef I. war ja nicht der erste Kaiser, der sich der Aufgabe gegenübersah, ein geteiltes Reich zu regieren. 250 Jahre schon schlugen sich die Habsburger mit der ständig zunehmenden Egozentrik der deutschen Fürsten und dem Machtverlust der Krone herum. Sie hatten versucht, auf zweierlei Art mit der Situation fertigzuwerden. Erstens, indem sie nach und nach die Hoffnung aufgaben, das Reich jemals wieder als organisches Ganzes regieren zu können, und statt dessen versuchten, sich die politische Unterstützung der einzelnen Fürsten durch eine wohlwollende Behandlung ihrer Partikularinteressen zu sichern. Zweitens, indem sie sich mehr auf die dynastischen Interessen konzentrierten und das Reich mehr oder weniger das Reich sein ließen. Diese Einstellung seiner Vorgänger war dem neuen Kaiser natürlich nicht unbekannt. Als Römischer König war er öfters Zeuge und manchmal Teilnehmer an den Verhandlungen gewesen, die sein Vater mit den deutschen Fürsten geführt hatte. Er wußte also, wie wichtig es war, den Interessen der einzelnen Fürsten zu dienen. Zugleich aber hatte er von seinem Lehrer Wagner nicht nur Aufschluß über die „Mission" der Monarchie in Deutschland erhalten, er war auch über die zeitgenössische Theorie und Praxis der „raison d'etat", der Staatsräson, unterrichtet worden.[10] So wußte Josef ungeachtet der Träume seiner Jugend sehr wohl die Logik zu erfassen, die darin lag, daß die dynastischen Interessen Vorrang vor den Reichsinteressen besaßen, und hatte daher bei Regierungsantritt durchaus nicht die Absicht, die Deutschlandpolitik seines Vaters zu ändern.

Habsburg gegen Schönborn

Sein Entschluß jedoch, wie sein Vater den Interessen der Dynastie stets Priorität einzuräumen, führte auf der Stelle zum Konflikt mit dem Erzbischof und Kurfürsten von Mainz, Lothar Franz von Schönborn. Als Kanzler des Reiches präsidierten die Mainzer Kurfürsten über zahlreiche Institutionen des Reiches, unter anderen über den Reichstag zu Regensburg, die Reichshofkanzlei und das Reichskammergericht, und betrachteten sich im allgemeinen als die Wächter dieser alten Reichsorgane. Kurfürst Lothar Franz bildete in dieser Hinsicht keine

Ausnahme. Als Neffe des Kurfürsten Johann Philipp von Schönborn legte er besonderen Wert darauf, daß die Verfassung der kleineren Staaten nicht angetastet wurde. Aber gerade weil ihm die Divergenz zwischen den Interessen der Dynastie und des Reiches voll bewußt war, ging Josef I. energisch daran, die Rechte des Kanzlers zu beschneiden, um die Durchführung der habsburgischen „Realpolitik" zu erleichtern.

Als erstes zielte Josef auf die Reichskanzlei, über deren Funktionen es schon unter seinen Vorgängern zu Spannungen zwischen der Krone und den Reichskanzlern gekommen war.[11] Die Reichskanzlei pflegte die gesamte Korrespondenz des Kaisers zu bearbeiten, die nicht nur die Korrespondenz zwischen dem Kaiser und den verschiedenen Reichsinstitutionen und Reichsfürsten betraf, sondern auch die diplomatischen Beziehungen zu ausländischen Herrschern. Rein technisch aber unterstand die Reichskanzlei nicht der Krone, sondern dem Reichskanzler. Dieser ernannte auch den Reichsvizekanzler, der ihn in Wien und in seiner Abwesenheit zu vertreten hatte.

In den letzten Monaten seiner Regierung hatte Leopold I. es strikt abgelehnt, den Wunsch des Reichskanzlers zu erfüllen und seinen einundzwanzigjährigen Neffen, Friedrich Karl von Schönborn, zum Reichsvizekanzler zu machen. Statt dessen hatte er auf der Kandidatur eines hundertprozentig loyalen Anhängers der Dynastie bestanden.[12] Josef I. hatte jedoch sofort nach seinem Regierungsantritt Friedrich Karl ernannt[13] und zudem Lothar Franz in der schriftlichen Ernennungsurkunde vom 15. Juni versprochen, daß der neue Reichsvizekanzler mit „den wichtigsten und geheimsten Angelegenheiten" des Staates betraut werden würde.[14] Da jedoch die Reichsvizekanzler sowieso immer ständige Mitglieder des Geheimen Rates gewesen waren, brachte die kaiserliche Zusage dem Kurfürsten eigentlich nichts Neues. Und als Schönborn sein Amt in Wien antrat, mußte er feststellen, daß er kein Mitglied der neuen Geheimen Konferenz war. Selbstverständlich legte er sogleich Protest ein und richtete einen Hilfeappell an seinen Onkel.[15] Dieser schrieb am 12. Dezember einen Brief an Fürst Salm, in dem er dem Kaiser ein Dragonerregiment für den Dienst in Ungarn anbot, wenn er seinerseits den Neffen zum Mitglied der Geheimen Konferenz machen wolle.[16] Diese kurfürstliche Logik war so unwiderstehlich, daß Josef I. den Reichsvizekanzler zwar nicht dazu autorisierte, an jeder Konferenz teilzunehmen, aber immerhin an allen jenen Sitzungen, die sich mit Reichsangelegenheiten befaßten. Im April wurde Schönborn, nachdem sein Onkel eine bindende Zusage für das Dragonerregiment abgegeben hatte, in aller Form zum Geheimen Rat ernannt.[17]

Zum zweiten Mal innerhalb eines Jahres hatte der Kaiser sich dem Willen des Kurfürsten gebeugt, wenn auch nicht, ohne dafür eine Gegenleistung zu fordern und ohne den Vizekanzler mit echter Macht auszustatten. Denn erstens blieb Friedrich Karl von allen jenen Konferenzen ausgeschlossen, die sich ausschließlich mit dynastischen Interessen beschäftigten, und zweitens war er auch in den Sitzungen, an denen er teilnehmen durfte, ein Außenstehender. Es gab am Wiener Hof nur zwei Wesen, die bereit waren, die Reichsinteressen zu unterstützen, das waren die beiden in Deutschland geborenen Kaiserinnen. Zuweilen konnten sie auch den Fürsten Salm, mit dem beide durch Heirat verwandt waren, für die Unterstützung ihrer Ansichten gewinnen. Aber Schönborns Hoffnungen, in dem Obersthofmeister einen Verbündeten zu besitzen, scheiterten an der zwischen ihnen sich entwickelnden Antipathie. Außerdem machten Onkel und Neffe Schönborn bald die Entdeckung, daß Fürst Salm nach so vielen Jahren im kaiserlichen Dienst dazu neigte, Josefs dynastischen Interessen Vorrang vor den Reichsinteressen einzuräumen.[18] Dasselbe galt für die beiden anderen Deutschen in der Konferenz, Baron Seilern und Hofratspräsident Graf Öttingen.

Während es also Josef I. gelang, den Einfluß Schönborns in der Konferenz auf ein Minimum zu reduzieren, ging er daran, auch seine Befugnisse als Reichsvizekanzler drastisch zu beschneiden. Schon vor Kaiser Leopolds Tod hatte Graf Sinzendorf den Vorschlag unterbreitet, die diplomatische Korrespondenz nicht mehr von der Reichskanzlei, sondern von der Hofkanzlei bearbeiten zu lassen.[19] Indem nun Josef Sinzendorf zum österreichischen Kanzler ernannte, der sich vorwiegend mit der Außenpolitik zu befassen hatte, machte er seine Absicht deutlich, den Vorschlag gutzuheißen, was er auch tat, als Sinzendorf ihm im Oktober 1706 eine noch detailliertere Ausarbeitung seiner Vorstellungen vorlegte.[20] Während sich die Reichskanzlei ab nun nur noch mit der Korrespondenz zwischen dem Kaiser und den Reichsfürsten befaßte, wurde der österreichischen Hofkanzlei Josefs gesamte Auslandskorrespondenz anvertraut. Gelegentlich überlappten sich die Interessen, dann wurden von der Reichskanzlei Duplikate der Instruktionen und Beglaubigungsschreiben ausgeschickt. Da Josef I. aber bei seinen Verhandlungen mit ausländischen Herrschern keinesfalls auf den Kaisertitel verzichten wollte, mußte Schönborn weiter alle Dokumente, die ausländischen Diplomaten und Ministern vorgelegt wurden, unterzeichnen und mit dem Wappen der Reichskanzlei versiegeln, ohne daß er über den Inhalt der Schriften informiert war.[21] Trotz seiner Proteste gelang es ihm nicht, den Kaiser davon abzuhalten, die Reichskanzlei fast aller ihrer früheren Macht und Verantwortung zu berauben.

Auch aus dem Streit, den er mit dem Reichskanzler Lothar Franz über die Kontrolle der Reichsjustiz führte, ging Josef als Sieger hervor. Die wichtigste Waffe des Kaisers in diesem Kampf war der Reichshofrat. Auch die Geschichte dieser Institution war reich an Beispielen des immerwährenden Kompetenzstreites zwischen der Krone und den deutschen Staaten. Da den Staaten die Kontrolle über das ältere Reichskammergericht zukam, hatten die Habsburger die Vergrößerung des Reichshofrates betrieben, der ihnen unterstand, denn er gab ihnen die Möglichkeit, alle Fürsten, die in die mannigfachen territorialen und konstitutionalen Händel des Reiches verstrickt waren, zu erpressen und zu bestechen.[22] Der Reichshofrat wurde von Josef I. kurz nach seiner Thronbesteigung einer gründlichen Renovierung unterzogen. Jeder Richter mußte ab sofort ein juristisches Examen ablegen und durfte neben der Richtertätigkeit keine andere Funktion mehr ausüben.[23] Nach außen hin gaben sich diese Maßnahmen den Anschein, die Effizienz des Reichshofrates zu heben, eigentlich aber verstärkten sie die Macht des Kaisers über die Richter und verhinderten, daß sie zu manchen Fürsten, denen sie in anderer Eigenschaft dienten, irgendwelche Beziehungen unterhielten. Nachdem Josef den Reichshofrat organisiert hatte, erweiterte er seine Kompetenzen und machte ihn zum wichtigsten Instrument sowohl für seine Verhandlungen mit den deutschen Vasallen als auch für alle seine Interventionen in den deutschen Angelegenheiten. Da das Reichskammergericht wegen persönlicher und religiöser Konflikte unter den Richtern seit 1704 nicht mehr zusammengetreten war, konnte sich nun der Reichshofrat auch jener Fälle bemächtigen, die eigentlich das Reichskammergericht zu behandeln hatte. In seinen Bemühungen, das Reichskammergericht auszuschalten, ging Josef I. so weit, die protestantische Minderheit in ihren persönlichen Attacken gegenüber der katholischen Majorität zu unterstützen.[24] Vergeblich protestierte der Regensburger Reichstag gegen das usurpatorische Vorgehen des Reichshofrates, und auch Friedrich Karl von Schönborn, der in Wien die Position seines Onkels vertrat, hatte nicht viel Glück. Selbst seine Landsleute Öttingen und Seilern und sein Sekretär Consbruch ließen ihn im Stich. Erst im Jänner 1711, knapp drei Monate vor dem Ende der josefinischen Regierung, nahm nach einer Pause von fast sieben Jahren das Reichskammergericht seine Tätigkeit wieder auf und setzte dem juristischen Piratentum des Reichshofrates ein Ende.[25]

Indem er die Kompetenzen der österreichischen Kanzlei ausbaute und zumindest vorübergehend den Aufgabenbereich des Reichshofrates erweiterte, konnte Josef seine politische Position im Reich erheblich verstärken. Mit der Kontrolle über das einzige funktionierende Rechtsorgan des Reiches besaß er beträchtliche Macht über alle deutschen Fürsten, einerlei, ob sie nun die juristische Intervention der Krone fürchteten oder herbeisehnten. Zugleich gelang es ihm, die Reichskanzlei in ihrer Machtposition zu reduzieren und Lothar Franz von Schönborn und seinen Neffen vom Zentrum der Macht fernzuhalten. Mit seinen Bemühungen, die schon reichlich zerschlissenen Zügel der Reichspolitik zu fest anzuziehen und nicht aus der Hand zu geben, sowie in seiner Differenzierung zwischen deutschen und österreichischen Interessen folgte Josef I. der Politik seiner Vorgänger und wurde ihr während seiner sechsjährigen Regierungszeit kein einziges Mal untreu.

Die Kehrtwendung

Die schwerste Aufgabe, die Josef I. als Römischer Kaiser Deutscher Nation zu bewältigen hatte, war der Krieg gegen Frankreich. Wie wir gesehen haben, hatte er schon als Römischer König eine aktive Rolle in diesem Krieg gespielt, sowohl als nomineller Oberbefehlshaber der kaiserlichen Truppen vor Landau als auch als Sprecher des „jungen Hofes", der sich für die englisch-österreichische Offensive gegen Bayern aussprach. Als die Reste der französisch-bayrischen Armee nach Höchstädt über den Rhein flohen, konnte Josef I. zum ersten Mal eine größere Offensive gegen Frankreich ins Auge fassen.

Sosehr ihn die Aussicht lockte, den Krieg ins Elsaß und nach Lothringen zu verlagern, wo das Reich verlorene Territorien wiedergewinnen und seine Westgrenze sichern hätte können, es sollte ihm nicht gelingen, dieses Ziel zu verwirklichen. Die Hauptschuld traf die mangelhafte Militärhilfe der deutschen Fürsten, die in der Regel dringendere Wünsche hatten, als das Elsaß zurückzuerobern. Nur die kleineren Fürstentümer der sogenannten Nördlinger Assoziation schickten der kaiserlichen Armee die zugesagten Kontingente, weil sie geographisch so exponiert waren, daß sie sich vor den Franzosen nur sicher fühlen konnten, wenn an der Westgrenze für eine starke Reichsbarriere gesorgt war. Die größeren norddeutschen Staaten dagegen erfüllten ihre vom Reichstag vereinbarten Verpflichtungen praktisch nie. Des öfteren steckten sie statt dessen ihre Truppen lieber gegen gute Bezahlung in die englisch-holländische Armee in Belgien. Hannoveranische Truppen dienten aber in der englisch-holländischen Armee nicht nur wegen der günstigen finanziellen Abmachungen, sondern auch weil Kurfürst Georg Ludwig darauf bedacht war, seine und seiner Mutter Position in England als Erben der Königin Anne zu stärken. Auch August der Starke von Sachsen hielt sich nicht an sein vereinbartes Reichskontingent, da er sich als König von Polen verpflichtet glaubte, dynastische Interessen im Nordischen Krieg mit Karl XII. von Schweden zu vertreten. Brandenburg-Preußen dagegen stellte in den ersten Jahren ein Armeekorps von 12.000 Mann, aber Josef I. mußte bald feststellen, daß sie ihn teuer zu stehen kamen, indem Preußen ihn mit einer nicht abreißenden Folge von finanziellen und territorialen Forderungen zu erpressen versuchte.[26]

Wichtig war auch noch, wie der Kaiser selbst die Lage der Monarchie nach Höchstädt einschätzte. Wo waren militärisch gesehen die Prioritäten zu setzen? In den Monaten vor der Schlacht hielten die bayrischen Truppen fast ganz Süddeutschland besetzt und drohten, demnächst die Grenzen zu den Erbländern zu überschreiten. Diese Offensive abzuwehren, ja ihr zuvorzukommen, war demnach für die kriegführenden Mächte, die Monarchie und das Reich, eine Überlebensfrage. Nach dem Sieg der Alliierten war die Gefahr für die Erblande und Deutschland fürs erste gebannt. Die deutsche Front verlor die Priorität, die sie während der Krise 1704 besessen hatte, und mußte sich die beschränkten Mittel, die der Monarchie für militärische Zwecke zur Verfügung standen, wieder mit der italienischen und ungarischen Front teilen. Und da die Reichsarmee bereits auf französischem Boden stand, waren ihre Bedürfnisse sicher geringer als die der bedrängten österreichischen Truppen in Italien und Ungarn. Dazu kam, daß Josef die Gebietsgewinne, die das Reich eventuell im Elsaß machen konnte, nicht so hoch ansetzte wie die Ziele der Monarchie an den anderen Fronten. So oft er die Vorteile einer Offensive im Elsaß und in Lothringen gegen die Truppenverstärkungen in Italien und Ungarn – und später in Spanien und Belgien – abwog, schätzte er die nationalen und dynastischen Interessen außerhalb des Reiches höher ein.

Dabei war Josef I. anfangs durchaus bereit gewesen, seine ganze Aufmerksamkeit auf die deutsche Front zu konzentrieren. Ende 1704 half er bei der diplomatischen Vorbereitungsarbeit für eine Invasion im Elsaß mit, und während der zweiten Belagerung Landaus handelte er in seinem Lager bei Ilbesheim mit den Repräsentanten Max Emanuels die Bedingungen der Kapitulation und Besetzung Bayerns aus. Zu Anfang des Jahres hatte er sich vehement dagegen gewehrt, auf die extravaganten Forderungen Max Emanuels einzugehen, die dieser als Gegenleistung für seine Neutralität stellte. Noch in den düsteren Monaten vor Höchstädt hatte er den „jungen Hof" beschworen, sich jedem Versuch einer Einigung mit dem damals triumphierenden Kurfürsten zu widersetzen, in der Hoffnung, ihn „mit Gewalt zuer raison zu bringen und in Person selbsten darbey sein".[27] Zwar erlaubte sein Vater ihm dann doch nicht, selbst an der Schlacht teilzunehmen, und vertraute auch die Verhandlungen erfahreneren Männern wie Wratislaw, Sinzendorf und Oberstkämmerer Johann Leopold von Trautson an, aber am 7. November wurde zu Josefs Befriedigung die Kapitulation in seinem Namen unterzeichnet.[28] Da durch die Ilbesheimer Konvention auch die Übergabe der noch in Max Emanuels Besitz befindlichen Festungen geregelt war, konnten nun alle verfügbaren Kräfte an der französischen Front eingesetzt werden. Tatsächlich richtete Josef schon am nächsten Tag dringende Appelle an die deutschen Fürsten, ihre Truppen einer englisch-kaiserlichen Armee an der Mosel und am Oberrhein für den kommenden Frühling zur Verfügung zu stellen.[28a]

Von seinem Lager bei Ilbesheim setzte sich Josef außerdem dafür ein, daß Preußen weiterhin den Alliierten seinen militärischen Beistand gewährte, ohne den der Erfolg des kommenden Feldzugs sehr in Frage gestellt war. Die Agenten König Friedrichs I. hatten sich jedoch schon früher als äußerst harte Verhandlungspartner erwiesen. Obgleich Leopold I. Friedrich bereits den Titel „König in Preußen" verliehen hatte und für seine Aufnahme als gleichwertiges Mitglied in die Große Allianz gesorgt hatte, war es ihm nicht gelungen, den König von weiteren Forderungen als Preis für seinen Kriegseintritt abzubringen, als da waren: eine jährliche Zahlung von 150.000 Gulden sowie die Beschaffung von Winterquartieren für die preußischen Truppen. Außerdem hatte Leopold dem preußischen König das spanische Geldern zugesagt (als Sicherheit für ausstehende Schulden der spanischen Habsburger) und ihm versprochen, seine Ansprüche auf deutsche Besitzungen des kinderlosen Wilhelm III. von Oranien zu unterstützen. Allerdings war es dem Kaiser nicht gelungen, die Holländer von der Besetzung dieser Gebiete abzuhalten.[29] Anfangs war der König auch seinen militärischen Verpflichtungen fast zur Gänze nachgekommen, weil er sowohl die verzweifelte finanzielle Situation des Kaisers als auch die Bedrohung durch die Franzosen richtig einschätzte. 1703 hatte er Leopold I. daher einen Kredit von 2 Millionen Gulden angeboten und zu Beginn des folgenden Jahres zusätzliche 14.000 Mann, um die französisch-bayrische Offensive in Süddeutschland zu stoppen.[30] Nach Höchstädt änderte Friedrich I. jedoch seine Einstellung. Mit Bayerns bevorstehender Besetzung würde der Kaiser bald über eine neue Einkommensquelle verfügen können, und sollte er weiterhin die preußischen Vertragsbedingungen ablehnen, konnte Friedrich I. nun ohne weiteres seine 12.000 Mann aus der kaiserlichen Armee nehmen und in den Nordischen Krieg schicken, wo weit größere Territorialgewinne zu machen waren als jene im Westen. Josef hielt sich an die Instruktionen seines Vaters und akzeptierte nicht nur Friedrichs Forderung, Winterquartiere für seine Truppen zu bekommen, sondern begab sich auch mit Prinz Eugen und Wratislaw zum Herzog von Marlborough und bat ihn im Fall Preußen um seine Vermittlung.[31] Der Plan war gut. Denn Marlborough war nicht nur wie Wien daran interessiert, daß Friedrich I. der Allianz treu blieb, er hoffte auch, daß der König zusätzlich Truppen nach Italien sandte, wo der Herzog von Savoyen in Gefahr stand, zu den Franzosen überzugehen.[32] Tatsächlich gelang es Josef und seinem Gefolge, Marlborough zu seiner berühmten diplomatischen Mission in Berlin zu überreden. Der englische Generalissimo holte sich die Zusicherung weiterer preußischer Militärhilfe, indem er versprach, daß England Friedrichs finanzielle und territoriale Forderungen unterstützen werde und auch für die 8000 nach Italien entsandten preußischen Soldaten zusammen mit Holland die vereinbarten Subsidien zahlen werde. Offenbar setzte Friedrich I. nur wenig Vertrauen in die Zahlungsfähigkeit der Hofkammer.[33]

Zu Beginn des Feldzugs 1705 arbeitete Josef eng mit Marlborough zusammen. Es ging darum, die Pläne des Herzogs für gemeinsame Operationen der Alliierten gegen Frankreich zu realisieren. Nach Marlboroughs Strategie sollte Ludwig Wilhelm von Baden die kaiserliche Armee auf dem Westufer des Rheins in der Nähe der elsässischen Grenze zur Aufstellung bringen, während er mit seinen Truppen die Mosel aufwärts nach Lothringen zog. Der Herzog hatte sich für das Moseltal entschieden, weil Frankreich hier nur wenige Festungen besaß. Da aber die Massierung der Truppen an der Mosel eine gefährliche Schwächung der englisch-holländischen Truppen in den Vereinigten Provinzen bedeutete, war es von großer Bedeutung, daß die Aktion blitzschnell vor sich ging und mit der Überrumpelung der Franzosen endete. Deshalb forderte Marlborough Verstärkung aus der Armee des Markgrafen. Er dachte da besonders an die 12.000 Preußen, die zusammen mit den in seiner Armee dienenden preußischen Söldnern ein Korps von 20.000 Mann gebildet hätten. Leopold I. mißbilligte aber diesen Plan, weil er fürchtete, Preußen würde angesichts einer so offensichtlich starken militärischen Einheit Anspruch auf höhere militärische Posten innerhalb der Armee stellen.[34] Noch schlimmer wirkte sich freilich der Widerstand des Markgrafen aus. Er galt zwar mit Recht als einer der fähigsten deutschen Generäle, aber der Umgang mit dem Fünfzigjährigen als Verbündeter oder gar Landsmann war genauso schwierig, als wäre er ein General der Gegenseite gewesen. Eitelkeit und Eifersucht bestimmten allzu oft sein Denken. So hatte er sich 1704 mit aller Kraft dem Marsch Eugens und Marlboroughs an die Donau widersetzt, weil man ihm die relativ unbedeutende Verteidigungsposition am Rhein übertragen wollte.[35] Nun, im Frühling 1705, war er fest entschlossen, Marlborough davon abzubringen, ihm wieder einen derartigen Hilfsposten anzuhängen. Aus diesem Grund reagierte er negativ auf Marlboroughs Ruf nach Verstärkung und plädierte statt dessen dafür, daß die beiden Armeen gleich stark sein sollten. So könne man eine gemeinsame Offensive ins Auge fassen.

Marlborough mußte befürchten, daß Ludwig Wilhelm von Baden alles tun würde, um seinen Moselplan zu verhindern, und richtete zwei dringende Appelle an Wratislaw in Wien. Er möge sich um Vermittlung in dieser Sache an den Thronfolger wenden.[36] Zu diesem Zeitpunkt wußte er noch nicht, daß Josef bereits die Regierungsgeschäfte übernommen hatte und entschlossen war, Ludwig Wilhelm von Baden dazu zu zwingen, sich Marlboroughs Wünschen zu fügen. Denn Josef I. bewunderte Marlborough nicht nur als großen Feldherrn, er glaubte auch, in ihm einen Freund der Monarchie sehen zu dürfen, und nicht zuletzt wußte er zu schätzen, daß an Deutschlands Westgrenze eine starke englisch-holländische Armee stand, welche gute Aussichten hatte, dem Reich zu einigen Territorialgewinnen zu verhelfen, ohne daß der Hofkammer dadurch allzu große Kosten entstehen würden. So hatte er schon Ende April, als er an Stelle seines sterbenden Vaters an die Spitze der Regierung trat, Marlboroughs Plan gutgeheißen.[37] Am 9. Mai beantwortete er Marlboroughs zweiten Appell mit der Instruktion an Ludwig Wilhelm, Marlboroughs Strategie an der Mosel voll zu unterstützen.[38] Es verstrich allerdings einige Zeit, bis der kaiserliche Oberbefehlshaber sich zu einer Antwort bequemte. Als sie schließlich in Wien eintraf, enthielt sie kein Wort darüber, daß die angeforderten Einheiten dem Befehl Marlboroughs unterstellt worden waren, und beschränkte sich auf die düstere Prophezeiung, die Moseloffensive sei zum Scheitern verurteilt.[39] Zwar wiederholte der Kaiser auf der Stelle seine Order, Marlboroughs Armee zu verstärken, aber die Zeit zum Handeln war bereits verstrichen. Indem er sich auf schlechtes Wetter, Nachschubprobleme und alarmierende französische Truppenbewegungen an der eigenen Front herausredete, hatte Ludwig Wilhelm von Baden es verstanden, die ungeduldigen Appelle Marlboroughs zu ignorieren.[40] Auch von preußischer und holländischer Seite wurde Marlborough bitter enttäuscht. Erst Mitte Juni trafen die versprochenen preußischen Soldaten in seinem Lager ein, und die Holländer konnten ihre Zusagen nicht völlig einhalten, weil sie sich selbst einem erhöhten Druck der Franzosen ausgesetzt sahen.[41]

Mitte Juni entschloß sich daher der Herzog, das Projekt abzublasen. Statt der versprochenen 90.000 alliierten Truppen unterstanden ihm nur 50.000 britische und holländische Soldaten.[42] Am 18. Juni informierte er Josef I. schriftlich, daß er im Begriff sei, die Armee aufzulösen. Von den Preußen, die erst am Tag zuvor bei ihm eingetroffen waren, schickte er die meisten zum Markgrafen, während er mit der übrigen Armee zu den hart bedrängten Holländern aufbrach.[43] Auch der Feind sollte wissen, daß nicht er verantwortlich für das Moselfiasko war: Bevor er das Lager verließ, sandte er einen Trompeter zu den feindlichen Linien und ließ dem französischen Befehlshaber an der Mosel, Marschall Villars, ausrichten: „Ich bedaure, daß der Prinz von Baden sein Wort gebrochen hat und ich ihn dafür verantwortlich machen muß, meine Pläne vereitelt zu haben."[44] Als zwei Wochen später die Nachricht in Wien eintraf, daß Marlborough seine Armee aufgelöst hatte, war die Bestürzung groß, und der Kaiser machte einen letzten Versuch, die Möglichkeit für eine spätere Moseloffensive zu schaffen. Er bat den Herzog, seinen Plan nicht völlig fallenzulassen, und schickte einen Rundbrief und später einen Emissär an die rheinischen Fürsten mit der Bitte, Marlborough mit Truppen und Geld zu unterstützen.[45] So erbittert er war, hatte der Herzog tatsächlich die Idee, im August an die Mosel zurückzukehren, noch nicht völlig aufgegeben. Zunächst mußte jedoch den Holländern geholfen werden.[46] Einige Wochen später versetzte der unfähige pfälzische Kommandant von Trier diesen Hoffnungen den endgültigen Todesstoß, als er die Stadt dem Feind überließ und Feuer an das riesige Munitionslager legte, das Marlborough hier zurückgelassen hatte.[47]

Nicht nur die Engländer und Holländer waren durch das Verhalten Ludwig Wilhelms von Baden schwer verärgert, ganz Deutschland war empört und tief verletzt. So schrieb der preußische König an die Kurfürstin Sophie von Hannover, „es ist aber führ uns teutschen eine schande, daß frembde kommen müßen, umb Teutschland zu erretten...", und befahl seinen 12.000 Mann, sich nicht unter das Kommando des im Elsaß stehenden Markgrafen zu stellen, sondern zu der englisch-holländischen Armee in Belgien zu marschieren.[48] Zwar ließ sich Friedrich I. überreden, diesen Befehl wieder zurückzunehmen, Kurfürst Johann Wilhelm von der Pfalz dagegen war entschlossen, nun, da sein

Herrschaftsbereich vor den Franzosen sicher sein konnte, seine kleine Armee gegen ein jährliches Entgelt dem Befehl Marlboroughs zu unterstellen.[49]

Da die Regierung in Wien merkte, daß man sie allgemein für Ludwig Wilhelms von Baden schlechtes Verhalten verantwortlich machte, bemühte sie sich emsig, ihre Untätigkeit vor den Verbündeten zu rechtfertigen.[50] In Wahrheit waren auch der Kaiser und die Minister über das klägliche Scheitern des Marlborough-Plans tief verärgert. Nicht nur, daß Ludwig Wilhelm von Baden das Reich als Verbündeten der Seemächte in Verruf gebracht hatte, er hatte auch eine ausgezeichnete Gelegenheit ungenutzt vorübergehen lassen, mit ihrer Hilfe das Elsaß und den Rest von Lothringen zurückzugewinnen. Und obwohl Marlborough dringend um die Entlassung des Markgrafen oder um seine Versetzung „an jeden beliebigen Platz, nur nicht am Rhein" bat, konnte Josef I. nichts gegen den Markgrafen tun, der immer noch über einen enormen Ruf und Einfluß bei den Fürsten der Nördlinger Assoziation verfügte.[51] Er konnte ihn höchstens in seiner militärischen Macht beschneiden.

Der Kaiser hatte guten Grund, über das Ausmaß seiner Beteiligung an diesem Krieg des Reiches gegen Frankreich nachzudenken. Nach dem Scheitern des Moselplans hatten die Franzosen begonnen, ihre Armee in Italien zu verstärken, so daß Eugen sich im Juli gezwungen sah, den Kaiser dringend um österreichischen Truppennachschub zu bitten.[52] Josef I. kündigte daraufhin dem Markgrafen an, daß man demnächst einige Truppen nach Italien abziehen werde müssen,[53] zögerte aber noch mit dem endgültigen Befehl; denn es tat ihm leid, damit die Position im Elsaß zu schwächen. Seit Kriegsbeginn hatte Wien immer sehr empfindlich reagiert, wenn die Alliierten sich kritisch über das kleine österreichische Kontingent innerhalb der Reichsarmee geäußert hatten. Josef I. gab sich tatsächlich alle Mühe, seine Quoten zu erfüllen, und hatte im Juni voller Stolz seinen Verbündeten darauf hinweisen können, daß die österreichische Truppenstärke an Rhein und Mosel fast 28.700 Mann ausmachte, also nur um 1300 Mann unter der vorgeschriebenen Höhe lag.[54] Durch den Abzug österreichischer Truppen nach Italien aber würde sich der Kaiser wiederum der Kritik der Alliierten aussetzen und außerdem die deutschen Fürsten verführen, womöglich ebenfalls ihre Kontingente zu verringern. Trotz dieser Überlegungen aber entschied der Kaiser, daß man Eugen zu Hilfe kommen müsse, und begann im Sommer 1705 österreichische Truppen und Munition vom oberen Rhein an die Etsch zu verlagern.

Bevor er aber sein Reichskontingent schwächte, versuchte Josef I., frische Truppen und erhöhte Steuern aus dem okkupierten Bayern herauszupressen. Das Land hatte jedoch bereits zwei Jahre härtester Besteuerung unter Max Emanuel hinter sich, bevor Kaiser Leopold I. und dann Josef I. neue Abgaben und Truppenaushebungen befahlen. Das Land war erschöpft, die Bevölkerung unwillig. Es kam bereits zu Unruhen.[55] Trotzdem versuchte Josef I., Eugens

Wünsche durch Steuererhöhungen und Truppenaushebungen zu erfüllen.[56] Zu allem Übel handelte Josef I. mit diesen Maßnahmen dem Spruch des Regensburger Reichstages zuwider, der seinem Vater die Verwaltung Bayerns ausdrücklich mit der Auflage übertragen hatte, daß die Steuergelder des Kurfürstentums dazu dienen sollten, ein bayrisches Kontingent in der Reichsarmee zu unterhalten. Um nun den Schein der Legalität aufrechtzuerhalten, betonte die Rekrutierungsorder des Hofkriegsrates, daß die 3000 auszuhebenden Truppen ein Teil des Reichskontingentes sein würden, auch wenn sie für den Dienst in Italien bestimmt seien.[57] Angesichts der wachsenden Unruhe der Bevölkerung bat der Statthalter Prinz Löwenstein den Hofkriegsrat, den Aushebungsbefehl zu widerrufen. Aber der Hofkriegsrat lehnte die Petition nicht nur ab, sondern erhöhte die Aushebungsrate ums Doppelte. Sie betrug jetzt 6000 Mann.[58] Zur selben Zeit erhielt Graf Löwenstein von Eugen die Instruktion, ihm die Truppen so schnell wie möglich zu schicken.[59] Auch vom Kaiser selbst konnte der Statthalter keine Hilfe erwarten; denn Josef I. war wie Eugen der Ansicht, daß die wachsende Unruhe in Bayern eben der Preis sei, den Wien für die Truppenverstärkung in Italien zu zahlen habe. In einem Schreiben vom 16. September lehnte er die Bitte des Statthalters ab, daß die Bevölkerung nicht länger für die Unterkunft der Truppen aufzukommen habe. Das einzige, was man tun könne, sei, die Disziplin unter den Soldaten anzuheben.[60]

Erst die Nachricht von Eugens Niederlage bei Cassano bewog den Kaiser, nun doch gewisse österreichische Truppenkontingente von der Reichsarmee abzuziehen. Der Markgraf bekam die Order, sich weiterer Offensiven im Elsaß zu enthalten und mehrere österreichische Einheiten in Richtung Italien zu schicken.[61] Aber Ludwig Wilhelm von Baden, der gerade Drusenheim belagern ließ, reagierte auf den kaiserlichen Befehl in ähnlicher Weise wie vor der Moseloffensive. Ärgerlich ließ der Kaiser, da er keine Bestätigung erhielt, dem ersten Brief drei weitere folgen, mit immer den gleichen Instruktionen.[62] Endlich, nachdem Drusenheim am 24. September gefallen war, bequemte sich Ludwig Wilhelm von Baden, Josefs Instruktionen zur Kenntnis zu nehmen, indem er gleichzeitig dafür plädierte, sie wieder zurückzuziehen.[63] Erst am 5. Oktober, als der Fall der elsässischen Stadt Hagenau unmittelbar zu erwarten war, gab der kaiserliche Oberbefehlshaber Nachricht nach Wien, daß er die kaiserlichen Instruktionen befolgen würde.[64] Um die Truppenverlagerungen zu rechtfertigen, gab Josef I. seinen Ministern den Auftrag, eine Petition an den Reichstag zu richten, in der dieser gebeten wurde, den Feldzug in Norditalien zu einem Reichskrieg zu erklären. Sollte der Reichstag so entgegenkommend sein, auch Ungarn in diese Resolution zu inkludieren, dann war der Kaiser bereit, seine persönliche Teilnahme am Feldzug 1706 zuzusagen.[65] Ungeachtet dieses großartigen Angebots aber hatte der Kaiser bereits die militärischen Prioritäten vertauscht. Die Interessen des Reiches standen nun deutlich hinter denen der Monarchie.

Die politische Kehrtwendung Josefs I. war auch aus seiner neuen Einstellung dem preußischen König gegenüber ersichtlich. Ungeachtet der Tatsache, daß er sich im vergangenen Herbst stark darum bemüht hatte, preußische Soldaten für die Reichsarmee zu bekommen, war er wie sein Vater immer nur höchst widerstrebend Friedrichs finanziellen und territorialen Forderungen entgegengekommen. Denn diese drohten, sich als schwere Belastung für die Hofkammer zu erweisen und Preußens Position als zweitgrößte und stärkste Macht im Reich zu stärken. Längst bereute Josef I. die Verleihung des Königstitels an Preußen und seine Zulassung zur Großen Allianz; denn er mußte sich eingestehen, daß die neue Würde Friedrich I. zu Kopf gestiegen war. Dieser fühlte sich nun den anderen gekrönten Häuptern Europas durchaus ebenbürtig und ganz und gar nicht mehr als Vasall des Kaisers.[66] Trotzdem hatte Josef sich weiter Friedrichs Forderungen gebeugt, um zu vermeiden, daß Preußen dem Beispiel Max Emanuels von Bayern folgte und sich mit Frankreich verbündete oder an die Seite Augusts von Sachsen im Nordischen Krieg träte. Nun allerdings schien es nicht so unbedingt notwendig, den gefährlichen Vasallen bei Laune zu halten. Zwar bildeten die preußischen Truppen in Italien einen wichtigen Bestandteil der Armee des Prinzen Eugen, aber für ihre Präsenz bürgten die englisch-holländischen Subsidien weit mehr als irgendwelche Zusagen Wiens. Und zur selben Zeit war es die Front im Elsaß kaum mehr wert, sich zusätzliche Konzessionen abringen zu lassen. Infolgedessen stellte sich Josef I. Friedrichs Erpressungsversuchen gegenüber neuerdings taub. Bei diesen war es im September nicht nur um die Befreiung von bisher unbezahlten Subsidien und um die Erneuerung gewisser Rechte bei der Unterbringung der preußischen Truppen gegangen, sondern auch um Josefs formelle Anerkennung von Friedrichs Ansprüchen auf die Thronfolge in Ansbach und Bayreuth. So drohte Friedrichs Botschafter in Wien, Graf Bartholdi, dem Kaiser und seinen Ministern, sein Herr würde seine Truppen aus Italien abziehen und die Beziehungen zu Wien abbrechen, wenn diese Bedingungen nicht erfüllt würden. Aber Josef I., der sich inzwischen bei den Seemächten vergewissert hatte, daß die Subsidien für die preußischen Einheiten in Italien weitergezahlt würden, lehnte Bartholdis Forderungen in aller Form ab. Denn er konnte sicher sein, daß Friedrich niemals auf ein weiteres Jahr englisch-holländischer Subsidien verzichten würde.[67] Und er hatte sich nicht getäuscht. Friedrich schluckte das Nein aus Wien, ohne einen einzigen Soldaten aus Italien abzuziehen. Statt dessen schickte er lediglich seine 12.000 Soldaten im Elsaß in die Winterquartiere.[68]

Gerade zu der Zeit, als die preußischen Truppen das Elsaß verließen, traf Marlborough am Wiener Hof ein. Der Herzog war jedoch nicht nach Wien gekommen, um Friedrichs Abzug von der elsässischen Front zu bereden. Sein Besuch war vielmehr eine direkte Antwort auf Josefs dringende Bitten um zusätzliche englisch-holländische Unterstützung in Italien.[69] Infolgedessen kreisten die zweiwöchigen Gespräche hauptsächlich um das Projekt Eugens, die umzingelten Streitkräfte des Herzogs Viktor Amadeus von Savoyen freizukämpfen.[70] Es kam aber auch der nächste Feldzug im Elsaß zur Sprache, und die beiden Männer waren sich einig, wenn es möglich sei, Marlboroughs unglückselige Moseloffensive im nächsten Jahr zu starten. Auch in Berlin, wohin Marlborough Ende November reiste, um die Truppenkonvention vom November 1704 zu erneuern, stand das preußische Kontingent in Italien im Mittelpunkt der Gespräche.[71] Wie erwartet verlängerte Friedrich I. bereitwillig den Vertrag um ein weiteres Jahr, während der preußische Truppenabzug aus dem Elsaß gar nicht zur Sprache kam. Wie der Herzog sich nachher in Briefen an Schönborn und Sinzendorf ausdrückte, habe er darauf verzichtet, dieses delikate Thema zu erwähnen, angesichts „der Stimmung, in der sich der König befand".[72]

Im Augenblick hatte Friedrichs Abzug des preußischen Kontingents aus der Reichsarmee nur minimale Effekte auf den Kriegsverlauf. Der Markgraf mußte die Belagerung der elsässischen Stadt Homburg aufgeben und seine Armee in die Winterquartiere führen, aber das hätte er ohnedies bald tun müssen. In Bayern dagegen, wo es inzwischen zum offenen Aufstand der Bauern gekommen war, hätte man die preußischen Truppen schon dringender gebraucht. Es handelte sich hier um einen klassischen Bauernaufstand ohne Unterstützung anderer sozialer Gruppen und ohne deutlich artikulierte patriotische und politische Parolen.[73] Daher wurde er auch zunächst vom Kaiser unterschätzt. Dieser reagierte auf die ersten Nachrichten von Unruhen lediglich mit der Instruktion an Löwenstein, sie notfalls mit Gewalt zu unterdrücken und mit der Rekrutierung fortzufahren.[74] Erst nachdem sich der Aufstand durch fast ganz Ostbayern und die Oberpfalz ausgebreitet hatte, entschloß er sich zu einer anderen Strategie. Er empfing eine Delegation der bayrischen Stände und teilte ihnen mit, er beabsichtige die Besteuerung und Rekrutierung, wie sie bisher betrieben worden sei, „theils zu redressieren", und gab Löwenstein den Auftrag, in weiteren Gesprächen weniger mißbräuchliche Methoden in der Behandlung der Bauernschaft zu erkunden.[75] Zusätzlich beauftragte er auch einen Emissär, mit den Rebellen zu verhandeln, und bot allen Aufständischen, außer den Rädelsführern und ehemaligen Armeeoffizieren, die Amnestie an.[76] Damit hoffte er, den Frieden wiederherstellen zu können, war aber zugleich bereit, notfalls auch Gewalt einzusetzen. Allerdings waren die 7000 in Bayern stationierten kaiserlichen Truppen wohl kaum in der Lage, mit den Rebellen fertigzuwerden. In der Konferenz vom 18. November beschloß daher der Kaiser, mit militärischen Aktionen so lange zu warten, bis er sicher sein könne, damit Erfolg zu haben. Man dürfe nicht riskieren, daß die Volkswut sich steigere und der Aufstand sich über ganz Bayern ausbreite.[77] Während er also den Rebellen gegenüber seine Friedensbereitschaft demonstrierte, sorgte er bereits für Truppenverstärkungen aus der abziehenden Reichsarmee und aus dem benachbarten Böhmen.[78] Und so endete der Aufstand mit dem Massaker von 2000 bis 3000 Bauern, die sich am Weihnachtstag vor den Mauern Münchens drohend zusammengerottet hatten.[79] Viele Bauern, die sich ebenfalls auf dem Weg nach München befanden, kehrten, als sie von dem Gemetzel hörten, in der Hoffnung, amnestiert zu werden, nach Hause zurück. So waren die Reihen der Aufständischen schnell gelichtet, und die Verstärkungstruppen aus der Reichsarmee und den Erblanden, die ungefähr 12.000 Mann ausmachten, wurden gar nicht mehr benötigt, ebensowenig wie die Truppen, die gerade auf ihrem Weg nach Italien durch Bayern marschierten.[80] Mit der Vernichtung des letzten Bauernheeres am 8. Jänner bei Aidenbach war der Aufruhr zu Ende.

Zur Ehre des Kaisers sei gesagt, daß diesem blutigen Ende keine weiteren Repressalien folgten. Keiner der gefangengenommenen Rebellen wurde hingerichtet. Sie kamen mit Geldstrafen und kurzer Haft davon.[81] Vor allem aber hielt sich Josef I. an sein Versprechen, eine mildere Politik zu betreiben. So hob er die Zwangsrekrutierung auf, die offensichtlich die unmittelbare Ursache des Aufstands gewesen war.[82] Weiters ordnete er an, daß alle Soldaten, die sich zu Verbrechen gegenüber der Bevölkerung hinreißen ließen, schwer bestraft und bereits begangene Disziplinlosigkeiten wiedergutgemacht werden sollten.[83] Und schließlich gab der Kaiser den Bitten der bayrischen Stände nach, angesichts des zurückgegangenen Wohlstandes der Bauern die Steuern zu senken.[84] Wenn man bedenkt, wie hart im allgemeinen zur damaligen Zeit die Bauernaufstände niedergeschlagen wurden, erscheint Josefs Beschwichtigungspolitik dagegen höchst bemerkenswert. Allerdings darf man nicht vergessen, daß er nicht etwa aus Mitgefühl mit den Bauern so handelte, sondern allein aus Furcht vor neuerlichen Unruhen. Denn ohne Zweifel hätte auch der letzte Aufstand leicht noch schlimmere Ausmaße annehmen können, ja, möglicherweise die eigenen Provinzen erfassen können.[85]

Mit der Unterdrückung des bayrischen Bauernaufstandes waren die militärischen Operationen im Reich beendet. Verglichen mit dem dramatisch verlaufenen Feldzug des Vorjahrs war der von 1705 eher arm an Höhepunkten gewesen, aber er markierte eine gewisse Wandlung in der politischen Einstellung des neuen Kaisers, genauer gesagt, innerhalb seiner Deutschlandpolitik. Mit der Ausbeutung Bayerns für eigene Interessen sowie durch den Abzug ganzer Reichsregimenter aus dem Elsaß nach Italien und nicht zuletzt dadurch, daß er riskiert hatte, daß ihm sein mächtigster Vasall seinen militärischen Beistand versagte, hatte er sein einstiges Image als patriotischer Römischer König eingebüßt und sich wie seine Vorgänger als in erster Linie habsburgischer Kaiser gezeigt. Nun muß man der Gerechtigkeit halber sagen, daß er von dem Moment, da er seinem Vater als Herrscher über die verstreuten habsburgischen Länder auf den Thron gefolgt war, gar nicht anders konnte, als seine ganze Aufmerksamkeit auf die dynastischen Interessen zu konzentrieren. Und angesichts der verzweifelten Lage in Italien und der relativen Sicherheit Deutschlands nach der Schlacht von Höchstädt war dieser Prioritätenaustausch ja auch objektiv gerechtfertigt, in gewissem Ausmaß aber wurde Josef I. auch durch die bitteren Erfahrungen des letzten Feldzugs zu seinem Stellungswechsel verführt. Sein alter Freund und Mentor, Ludwig Wilhelm von Baden, hatte ihm einen nicht zu unterschätzenden Einblick in die Unzulänglichkeiten der Reichsarmee verschafft und ihn über die Grenzen seiner Autorität als Kaiser unmißverständlich aufgeklärt. Er hatte nicht vor, ein weiteres Jahr beim Markgrafen in die Lehre zu gehen.

Der Preis

Vorläufig hatte Josef I. keinen Grund, seinen neuen Kurs zu bereuen. Die Truppenkonzentration in Italien war für Deutschland ohne nennenswerte Folgeerscheinungen verlaufen. Trotz des Abzuges der österreichischen Truppen nach Italien hatte Ludwig Wilhelm von Baden seine Offensive im Elsaß weiter fortsetzen können; denn die Franzosen, die sich noch immer nicht von ihren Verlusten bei Höchstädt erholt hatten, taten wenig für die Verteidigung des Elsaß. Auch der plötzliche Abzug des preußischen Reichskontingentes und der Ausbruch des bayrischen Bauernaufstandes bedeuteten, da sie erst zum Ende des Feldzugs auftraten, für den Oberbefehlshabenden keine wirkliche Gefahr. Allerdings konnte es nur noch eine Frage der Zeit sein, daß die Franzosen sich die Schwäche der Reichsarmee zunutze machen würden. Das Jahr 1706 markierte tatsächlich das Ende des kurzen deutschen Triumphes über Ludwig XIV. Für Deutschland begann eine neue Ära der Frustrationen. Denn Frankreich hatte sich so weit gekräftigt, daß es nun dem deutschen Reich erneut die Niederlagen bereiten konnte, unter denen es bereits vor Höchstädt ein halbes Jahrhundert gelitten hatte.

Das Jahr 1706 war aber auch in anderer Hinsicht bemerkenswert: Es war das Jahr, da Josef I. in aller Form die Reichsacht über die Renegaten Max Emanuel von Bayern und Josef Clemens von Köln aussprach. Oberflächlich gesehen konnte die Aktion des Kaisers, durch welche die beiden Kurfürsten alle ihre fürstlichen Vorrechte verloren, als eine der letzten Demonstrationen deutscher Einheit und kaiserlicher Autorität vor dem Bruch von 1740 gelten. Untersucht man aber den Prozeß gegen Max Emanuel und Josef Clemens genauer, dann verdeutlicht sich gerade hier in erschreckendem Maße die Impotenz der Krone; denn es zeigt sich, daß es hier vor allem um die Rivalitäten der ehrgeizigen Reichsfürsten ging.

Die treibende Kraft hinter der Verhängung der Reichsacht war nämlich nicht der Kaiser, sondern Kurfürst Johann Wilhelm von der Pfalz, der sich auf diese Weise wieder in den Besitz der Oberpfalz bringen wollte. Diese war während des

Dreißigjährigen Krieges an Bayern gefallen, nachdem seinerzeit über Friedrich V. die Reichsacht verhängt worden war. Man muß aber sagen, daß Josef I. sofort bereit war, Johann Wilhelm zu unterstützen. Es war dies eine willkommene Gelegenheit für ihn, die beiden Kurfürsten dafür zu bestrafen, daß sie den Reichsfrieden gebrochen und sich in aller Offenheit mit seinen Feinden verbündet hatten. Außerdem wollte er sich seinem guten Freund Johann Wilhelm erkenntlich zeigen; denn während der letzten Friedensjahre hatte dieser sich mit allen diplomatischen Mitteln dafür eingesetzt, daß die Nördlinger Assoziation loyal zu Kaiser Leopold I. stand. Nicht zuletzt aber hoffte auch Josef I. heimlich, von dem Bann Max Emanuels profitieren zu können: durch die Annexion des restlichen Bayern an die Erblande.

Für die Verhängung der Reichsacht brauchte der Kaiser die Zustimmung des Kurfürstenkollegiums. So wie die Dinge lagen, stellte sich diese Formalität als ein echtes Hindernis heraus. Schon 1703 hatte Friedrich I. dem bayrischen Kurfürsten das Angebot gemacht, die Reichsacht zu verhindern, wenn er ihm dafür die französische Anerkennung der preußischen Königskrone verschaffen könnte. Kurz danach ließ Friedrich in Wien bekanntwerden, daß er für den Bann stimmen würde, aber nur, wenn er mit einem entsprechenden Gebietsgewinn in Bayern oder am Niederrhein belohnt werde, sozusagen als Kompensation für die bevorstehende Übergabe der Oberpfalz an Johann Wilhelm.[86] Zur Stärkung seiner Position innerhalb des Kurfürstenkollegiums sicherte er sich die Unterstützung Augusts des Starken, der seinerseits mit dem preußischen Beistand im Nordischen Krieg spekulierte. Die Verhandlungen zwischen Johann Wilhelm von der Pfalz und Friedrich I. gerieten ins Stocken, als der König Religionsfreiheit für alle calvinistischen Untertanen forderte.[87]

Da das Gesetz nicht eine formelle Einberufung des Kurfürstenkollegiums vorschrieb und die Mehrheit bereits ihre Zustimmung erteilt hatte, hätte Josef I. das Verdikt gegen die beiden Wittelsbacher unverzüglich aussprechen können. Er war aber überzeugt, daß das über Bayern und Köln ausgesprochene Verdammungsurteil nur dann in Deutschland anerkannt werden würde, wenn eine einstimmige Deklaration der sechs verbleibenden Kurfürsten vorläge.[88] Aus diesem Grund versuchte er, Preußen und Sachsen dazu zu bringen, von ihrer Forderung bezüglich der Religionsfreiheit der calvinistischen Untertanen Johann Wilhelms von der Pfalz abzusehen. Während es für Josef I. nicht weiter schwierig war, August von Sachsen umzustimmen, weil dieser seine Hoffnungen auf preußischen Beistand gegen Schweden gerade begraben hatte, zeigte sich Friedrich I. weit widerspenstiger. Als das Kurfürstenkollegium am 5. Juni zusammentrat, war der preußische Delegierte so dreist, seine Abstimmung in dieser Frage zu verweigern.[89] Vier Monate vergingen, ohne daß man aus der Sackgasse herauskam. Erst am 21. November, nachdem Kurfürst Johann Wilhelm in der Frage der Religionsfreiheit für seine calvinistischen Untertanen kapituliert hatte, erklärte sich Friedrich I. endlich bereit, für den Bann zu stimmen. Als das Kurfürstenkollegium sechs Tage später zusammentrat, wurde ohne Gegenstimme die Reichsacht über Max Emanuel von Bayern und Josef Clemens von Köln ausgesprochen.

Da es sich um ein geheimes Verfahren gehandelt hatte, mußte nun der Kaiser diesen Beschluß der Öffentlichkeit bekanntmachen. Er wartete damit fünf Monate, bis der Bauernaufstand in Bayern endgültig niedergeschlagen war, und verkündete das Urteil am 29. April. Die beiden Kurfürsten verloren alle ihre Rechte und Privilegien, von irgendwelchen territorialen Abtretungen war jedoch nicht die Rede, da diesbezügliche Beschlüsse erst später mit den restlichen Kurfürsten beraten werden sollten. Hatte nun der Kaiser mit der Verhängung der Acht über Max Emanuel und Josef Clemens erreicht, was er wollte, nämlich eine Stärkung seines kaiserlichen Ansehens? Die Zeremonie selbst, während der Josef I. die Investiturpatente der Kurfürsten zerriß und von einem Herold aus dem Fenster werfen ließ, verlief äußerst prunkvoll und wurde von dem schwedischen Gesandten Strahlenheim als „das Überwältigendste, was ich je gesehen habe", beschrieben. Auf der Urkunde, die im ganzen Reich verteilt wurde, war nur Josefs Name vermerkt, mit keinem Wort wurde die erforderliche Zustimmung der „unparteiischen" Kurfürsten erwähnt.[90] Aber wenn auch der letzte im Reich ausgesprochene Bann das Siegel Josefs I. zeigt, seinen Stempel trug er nicht. Denn die Intrigen, die zu diesem Urteil geführt hatten, waren nicht von ihm angezettelt und betrieben worden. Er hatte nur sehr vorsichtig auf die Initiativen des einen Kurfürsten geantwortet und ziemlich hilflos auf die Obstruktionen des anderen reagiert, bis endlich eine akzeptable politische Abmachung getroffen werden konnte.

Während Josef I. sich, wenn auch ohne Erfolg, bemühte, den Konflikt zwischen Johann Wilhelm von der Pfalz und Friedrich I. beizulegen, belasteten die Meinungsverschiedenheiten, die er selber mit dem preußischen König über die Zahlung der alten Subsidien und die Beschaffung von Winterquartieren hatte, die ohnehin gespannten Beziehungen zwischen Wien und Berlin. Die Diskussion über das Schicksal Max Emanuels und des bayrischen Erbes verschob man auf später, jetzt galt es, die Reichsarmee für den nächsten Feldzug zu präparieren. Da die Holländer sich gegen Marlboroughs Plan einer alliierten Offensive an der Mosel ausgesprochen hatten, war die Chance für die Invasion in Lothringen vertan. Die Reichsarmee unter Ludwig Wilhelm von Baden hatte nichts zu tun, als die kürzlich besetzten Gebiete im Elsaß zu schützen.[91] Damit seine Italienpolitik nicht unerfreuliche Folgen für das Reich zeigte, mußte Josef I. nun eigentlich alles tun, um das preußische Kontingent für die Reichsarmee zurückzugewinnen. Aber obwohl Friedrich den Kaiser mit dem Hinweis zu erpressen versuchte, er habe „heimlich" mit den Franzosen verhandelt, weigerte sich Josef I. weiterhin, auf die preußischen Forderungen einzugehen.[92] Friedrich I. entschloß sich daraufhin, seinen letzten und höchsten Trumpf auszuspielen, und ließ wissen, die sich verschlechternde Situation im Osten zwänge ihn, seine Streitkräfte vom Rhein abzuberufen.[93] Zunächst ließen sich der Kaiser und seine Minister davon nicht einschüchtern. Sie waren noch immer davon überzeugt, daß Berlin lediglich bluffte und später klein beigeben würde. Am 30. März aber, als der Beginn des Feldzugs 1706 schon vor der Tür stand, kam die Konferenz überein, die letzte Forderung des preußischen Königs zu erfüllen und ihm 200.000 Gulden zu bezahlen, unter der Bedingung, daß Friedrich I. sein Reichskontingent an den Oberrhein schickte. Josef I. teilte am folgenden Tag Friedrich I. diesen Beschluß eigenhändig mit und appellierte an die Loyalität des preußischen Königs zum Reich. Parallel dazu gab Sinzendorf Bartholdi in einem Gespräch den Wink, man könne eine engere Allianz Berlins mit Wien ins Auge fassen und diese Möglichkeit eventuell beim nächsten Besuch des preußischen Königs in Karlsbad besprechen.[94]

Nach dieser halben Kapitulation hofften Josef I. und seine Minister, daß Friedrich I. nun keine weiteren Forderungen mehr stellen würde und unverzüglich sein 12.000 Mann starkes Kontingent zum Oberrhein zurückschicken würde. Zu ihrem Mißvergnügen stellte Berlin jedoch neue Bedingungen. Am 15. April verkündete Bartholdi, sein Herr würde die 12.000 Preußen nur dann an die Front schicken, wenn die Truppe durch 5000 in holländischen Diensten stehende preußische Soldaten vergrößert würde. Und auch dann beabsichtige er, diese Truppe erst ins Elsaß zu schicken, wenn weitere finanzielle und territoriale Forderungen Berlins vom Kaiser erfüllt worden seien. Dieser Ankündigung folgte einige Tage später die Nachricht aus Berlin, Friedrich I. zöge seine Truppen von der Reichsarmee ab und ließe sie ins preußische Herzogtum Kleve am Niederrhein marschieren. Zur Rechtfertigung dieses Schrittes führte Friedrich abermals die Bedrohung an, die für ihn von Schweden ausginge.[95] Josef I. blieben wenig Möglichkeiten, um das preußische Kontingent für die Reichsarmee zurückzugewinnen. Selbst wenn er den letzten Forderungen Friedrichs nachgäbe, würde es mehr als einen Monat dauern, bis die preußischen Soldaten die 400 Kilometer zwischen Kleve und dem Elsaß zurückgelegt haben würden. Es gab nur eine Lösung: die Moselstrategie wiederaufzunehmen, auch wenn, wie zu erwarten war, die Holländer dagegen opponieren würden. Nach der Konferenz vom 27. April entschloß sich Josef I., daher die 200.000 Gulden nach Berlin zu überweisen, in der Hoffnung, Friedrich I. würde nun keine Schwierigkeiten mehr machen und seine Bündnispflichten erfüllen.[96] Am Tag darauf schrieb Salm an den Herzog von Marlborough, erklärte ihm die Situation und forderte ihn auf, eine Armee an der Mosel zusammenzuziehen.[97]

Bevor Marlborough jedoch in dieser Richtung aktiv werden konnte, holten die Franzosen zu einem vernichtenden Schlag aus. In der ersten Maiwoche fiel ein starkes französisches Korps unter Marschall Villars über die ahnungslosen und zahlenmäßig weit unterlegenen Truppen des Markgrafen her. Ludwig Wilhelm von Baden mußte sich nach einigen Tagen über den Rhein zurückziehen und seine elsässischen Eroberungen des letzten Jahres preisgeben. Zum Glück hinderte Marlboroughs großer Sieg über Villeroy bei Ramillies am 23. Mai die Franzosen daran, den Markgrafen bis nach Deutschland hinein zu verfolgen. Sie mußten statt dessen Verstärkung nach Norden schicken, um den Vormarsch der Alliierten durch Belgien zu stoppen. Zudem mußte Friedrich I. sich jetzt eingestehen, daß er kein wirksames Druckmittel gegen den Kaiser mehr einzusetzen hatte, und riskierte, daß ihm sein Anteil an den militärischen und politischen Gewinnen im Westen verlorenging. Daher gab der König seinen Truppen in Kleve den Befehl, an die Front zu marschieren. Mitte Juni kamen die Preußen an ihrem Ziel an, nicht etwa am Oberrhein oder an der Mosel, sondern bei der englisch-holländischen Armee in Belgien. So hatte Friedrich, obwohl er nicht in den Nordischen Krieg eingetreten war, dennoch die Reichsarmee verlassen. Die Auflösung seiner Armee vor Augen, appellierte der Markgraf von Baden verzweifelt an Marlborough und die holländische Regierung, man möge ihm Verstärkung schicken. Aber die Alliierten wollten den Sieg von Ramillies voll ausschöpfen und reagierten daher auf Badens Bitten negativ. Auch entging ihnen nicht, daß die Franzosen ihre Armee in den Niederlanden gefährlich verstärkten.

Da die Hälfte seiner geschwächten Armee von 26.000 Mann Garnisonstruppen waren und der größte Teil der Artillerie im Elsaß zurückgelassen worden war, war der Markgraf weit davon entfernt, einen Gegenangriff auf Villars starten zu können. Dabei wäre der Zeitpunkt günstig gewesen, denn auch Villars' Truppen waren in einem erschöpften Zustand.[98] In Wien dagegen sagte man sich, daß, wenn Baden keine Offensive im Elsaß startete, die Franzosen mit der Truppenkonzentrierung in Belgien fortfahren würden, um Marlboroughs Vormarsch zu stoppen. Ende Juni wurde daher Graf Schlick zur Reichsarmee entsandt, um sich an Ort und Stelle davon zu überzeugen, ob die Armee zu einer Offensive in der Lage sei oder nicht. Es handelte sich jedoch nicht nur um eine Erkundungsfahrt. Nach dem Fiasko am Oberrhein und nach zwei langen Jahren voller Frustrationen suchten nicht wenige kaiserliche Minister nach einer Gelegenheit, den schwierigen Markgrafen loszuwerden.[99] Ein Bericht Schlicks mit dem Inhalt, die Reichsarmee sei in relativ guter Verfassung, würde Ludwig Wilhelm von Baden jeder Entschuldigung für seine verflossenen Niederlagen und für seine jetzige Passivität berauben und ihn in den Augen der Reichsfürsten und Alliierten diskreditieren. Kurz nach Schlicks Abreise aus Wien drängte sich ein weiterer Grund dafür auf, daß Schlicks Bericht negativ für Baden abgefaßt würde. Am 4. Juli befahl nämlich der Kaiser, daß zusätzliche 3000 Mann vom Oberrhein abzuziehen und diesmal an die ungarische Front zu versetzen seien.[100] Dieser Befehl führte zu den üblichen Klagen seitens des Markgrafen, aber er rief auch, was wichtiger war, heftige Kritik der Engländer und Holländer hervor. Josef I. beantwortete die Proteste seiner Alliierten mit dem Argument, diese Truppen seien am Rhein ohne Verwendung gestanden und könnten in Ungarn nutzbringender eingesetzt werden.[101] Wenn also Schlick in seinem Report betonte, daß es dem Oberbefehlshaber weniger an Truppen als an Initiative mangelte und es ihm daher nicht gelungen sei, den Feind zu stellen, dann könnte man auf diese Weise die Protestnoten der Alliierten entkräften.

Es kann kein Zweifel darüber bestehen, daß Schlick sich über die Bedeutung seiner Mission im klaren war; denn vor seiner Abreise machte ihn das Ministerium noch einmal darauf aufmerksam, daß es im Interesse des Kaisers lag, wenn sein Report Ludwig Wilhelm als Oberbefehlshaber diskriminiere. Zugleich teilte man ihm mit, daß, wenn sein Bericht Baden von aller Schuld freispräche, er als militärischer Kommissar die Mitverantwortung an der Entscheidung des Hofkriegsrates, die kaiserliche Truppenquote am Oberrhein zu senken, zu tragen haben werde.[102] Wie nicht anders zu erwarten, stellte daher Schlicks Bericht, der Ende August in Wien eintraf, den Markgrafen in einem höchst ungünstigen Licht dar. Durch dieses Verdikt gestärkt, begannen die kaiserlichen Minister sofort, Badens Entlassung zu fordern.[103] Zwar lehnte Josef I. aus Furcht, die Fürsten der Nördlinger Assoziation zu brüskieren, diesen Schritt ab, aber er befahl seinem Oberbefehlshaber, entweder wieder den Rhein zu überqueren und die Offensive im Elsaß vorzubereiten oder seine Hauptarmee nach Belgien zu entsenden.[104] Als Baden es vorzog, auf diesen Befehl nicht zu reagieren, instruierte der Kaiser den ranghöchsten österreichischen General am Oberrhein, Feldmarschall Thüngen, den Befehl über Badens Armee zu übernehmen. Mitte September ging Thüngen mit 15.000 Mann über den Rhein.[105] Nach einem zweimonatigen Aufenthalt im Elsaß kehrte er, als sich Villars Armee drohend auf ihn zubewegte, am 16. November nach Deutschland zurück.[106]

Vom militärischen Standpunkt aus gesehen war Thüngens „Herbstoffensive" kein Erfolg. Es kam weder zu Gebietsgewinnen, noch verringerte sich der französische Druck auf die englisch-holländische Armee im Norden. Thüngens Offensive brachte lediglich auf dem innenpolitischen Sektor einen Gewinn, nämlich die Demütigung Ludwig Wilhelms von Baden. Was diesen Feldzug bemerkenswert machte, war die Tatsache, daß er zum Teil von Badens früheren Freunden geführt wurde. Auch Fürst Salm, einst ein enger Verbündeter des Markgrafen, gehörte zu denen, die Schlicks negativen Report begrüßten und sich für die Entlassung des Markgrafen einsetzten.[107] Kaiser Josef I., der selbst noch vor einigen Jahren ein glühender Verehrer des „Türkenlouis" gewesen war, schob vor den Alliierten die Schuld für die Unbeweglichkeit der 40.000 Mann starken Reichsarmee allein der Inkompetenz des Markgrafen zu.[108] Möglicherweise waren sich weder Salm noch Josef I. bewußt, daß Schlicks Bericht manipuliert worden war, möglicherweise glaubten sie den vom Hofkriegsrat vorgelegten Zahlen und Berichten und hatten keine Ahnung von der Verschwörung, die von Männern wie Wratislaw angezettelt worden war. Dies gilt sicher für Schönborn, der aufrichtig glaubte, daß die Reichsarmee sehr wohl in der Lage sei, eine Offensive zu starten, und der sich daher zum stärksten Anwalt einer solchen gemacht hatte.[109] Aber selbst, wenn man annimmt, daß der Kaiser und Fürst Salm sich über den kläglichen Zustand der Armee im unklaren waren, so taten sie wenig, um die Wahrheit herauszufinden. Dazu kam nun noch das merkwürdige Verhalten des Markgrafen, das jeden Rettungsversuch erschwerte oder unmöglich machte. Aber da ohnehin keine vitalen österreichischen Interessen auf dem Spiel standen, war es im Augenblick wichtiger, daß die Armeen in Italien und Ungarn alle zur Verfügung stehenden militärischen und finanziellen Hilfsmittel erhielten. Inzwischen mußte sich die Reichsarmee damit begnügen, „einen kleinen corpo zwischen zwei großen Armeen" darzustellen, wie es der Markgraf selber ausdrückte.[110]

Die Loslösung des Kaisers von seinem Oberbefehlshaber im Herbst 1706 symbolisiert das schrittweise Zurücktreten der Interessen des Reiches vor denen der Dynastie. Von dem Augenblick an, da das Reich vor unmittelbarer Gefahr sicher zu sein schien, hatte der Kaiser begonnen, die Prioritäten an den rheinischen, italienischen und ungarischen Kriegsschauplätzen neu zu ordnen. Indem er so handelte, zeigte er sich als in keiner Weise besser als die Mehrheit der deutschen Fürsten, die nach dem gemeinsam errungenen Sieg bei Höchstädt wieder in ihren Partikularismus zurückfielen.

Altranstädt

Während er auf den Bericht Schlicks wartete, erhielt Josef I. die Nachricht, daß Karl XII. Sachsen überfallen und besetzt hatte. Für den Kaiser, der erleben mußte, daß seine Erblande von Westen, Süden und Osten her bedroht wurden, war die Anwesenheit einer schwedischen Armee an den Nordgrenzen höchst unwillkommen.

Karl XII. war natürlich nicht in Sachsen eingefallen, um den Kaiser herauszufordern, sondern um August den Starken zu zwingen, sich aus dem Nordischen Krieg zurückzuziehen und auf die polnische Krone zugunsten seines eigenen Kandidaten, Stanislaus Leszczyński, zu verzichten. Josef I. hatte tatsächlich mehrere Gründe, den wiederholten Beteuerungen des schwedischen Botschafters, Graf Strahlenheim, zu glauben, die Invasion Sachsens solle lediglich eine Provokation Augusts des Starken sein.[111] Seit seiner Thronbesteigung hatte Karl XII. mit dem Kaiser und den anderen Mitgliedern der Großen Allianz ausgezeichnete Beziehungen unterhalten. In der Tat hatte Karl XII. versprochen, spätestens 1704 der Reichsarmee ein volles Truppenkontingent zur Verfügung zu stellen, stellvertretend für die schwedischen Besitzungen in

Deutschland.¹¹² Trotzdem wurde die Präsenz der schwedischen Armee im Herzen des Reiches in Wien mit großem Unbehagen aufgenommen. Der Kaiser und seine Minister fanden, daß der junge König „ein sehr eigenartiges Temperament" habe, und beobachteten beunruhigt die eiserne Entschlossenheit, mit der er erbarmungslos alle jene verfolgte, die ihn vor einigen Jahren angegriffen hatten. Die größte Sorge aber bereitete ihnen Karls bedingungsloses Engagement für den protestantischen Glauben. Gleich nach seiner Ankunft in Sachsen besichtigte er auch schon das Schlachtfeld von Lützen, wo sein Vorfahre Gustav Adolf für den deutschen Protestantismus gekämpft hatte und gestorben war.¹¹³ Während seiner Verhandlungen mit Augusts Ministern hatte Karl darauf bestanden, daß in einem Artikel des Friedensvertrags ausdrücklich der Bau von katholischen Kirchen in Sachsen verboten würde. Der schwedische König war durchdrungen von dem Gefühl, seine Religionsbrüder beschützen zu müssen; in Wien fürchtete man, daß sich dieser missionarische Eifer auf die habsburgischen Besitzungen ausdehnen könnte. Mit gutem Grund, denn unter Kaiser Leopold I. war den schlesischen Protestanten die freie Ausübung ihrer Religion, die man ihnen im Westfälischen Frieden zugesagt hatte, wieder abgesprochen worden. Ihre Schulen waren geschlossen und ihre Kirchen vom katholischen Klerus besetzt worden; in vielen Fällen hatte man sie gezwungen, an der Messe teilzunehmen, katholisch zu heiraten und ihre Kinder im katholischen Glauben zu erziehen.¹¹⁴ Während er mit seiner Armee durch Niederschlesien zog und später in sein Lager bei Altranstädt, hatten sich zahlreiche Gruppen schlesischer Protestanten um Hilfe an den schwedischen König gewandt.¹¹⁵ Da Schweden beim Westfälischen Frieden federführend mitgewirkt hatte, besaß Karl XII. das Recht, auf Abschaffung dieser Mißstände zu dringen. Josef I. mußte auch befürchten, daß sich der schwedische König für die Sache der ungarischen Rebellen stark machen würde. Stanislaus Leszczyński, der mit der schwedischen Armee nach Sachsen gekommen war, erhielt kurz nach seiner Ankunft einen Glückwunschbrief von Fürst Rákóczi, in dem dieser ihm seine Freundschaft und die Anerkennung als König von Polen anbot.¹¹⁶ Josef I. und seine Minister mußten diesen Brief als den Versuch Rákóczis auslegen, die Unterstützung der Schweden für die ungarischen Rebellen zu gewinnen; denn viele hatten sich ja dem Aufstand aus Empörung über die religiöse Verfolgung unter Leopold I. angeschlossen. Obwohl es Karl XII. im Moment nicht um ein Bündnis mit Rákóczi ging und er es zum gegebenen Zeitpunkt offensichtlich auch nicht für opportun hielt, sich für ein Ende der religiösen Unterdrückung in Schlesien einzusetzen, machte die rege schwedische Diplomatie dem Wiener Hof schwer zu schaffen. Immer sehnlicher wünschte man den Abzug der Schweden aus Sachsen.

Josef I. wußte allzu gut, daß die Erblande einem eventuellen schwedischen Angriff hilflos ausgeliefert waren. Er vermied daher alles, was Karl XII. hätte provozieren können. Obwohl die schwedische Armee auf ihrem Marsch nach Sachsen durch Schlesien durchmarschiert war, legte er keinen Protest ein, ja schickte sogar Instruktionen nach Regensburg, man solle ja keine Resolution verfassen, in der Karls Einfall ins Reich verdammt würde.[117] Zugleich begann er fieberhaft an einer Einigung zwischen Karl XII. und August dem Starken zu arbeiten. Denn eine solche Einigung war ganz im Sinne seiner eigenen Interessen. Nicht nur würde sie Karls Abreise aus dem Reich beschleunigen, sie würde August den Starken aus dem Nordischen Krieg entlassen und ihn befähigen, sich stärker an dem Kampf gegen Ludwig XIV. zu beteiligen. Aus diesem Grund hatte sich Josef I. schon vor Karls Invasion für einen schwedisch-sächsischen Separatfrieden eingesetzt.[118] Daß August dabei auf die polnische Krone verzichten würde müssen, störte ihn nicht allzu sehr, im Gegenteil, er wußte ja, wie anmaßend sich ein Vasall gebärdete, sobald er eine Krone auf dem Kopf trug. So schickte er im Oktober Wratislaw nach Sachsen, wo er seine Vermittlung in den Verhandlungen mit dem schwedischen König anbieten sollte.[119] Obwohl Karl XII. dieses Angebot nicht annahm, wurde bald darauf zwischen den beiden bei Altranstädt der Friede geschlossen. Zu Josefs großem Mißvergnügen beeilte sich jedoch August der Starke keineswegs, die Bedingungen seiner Kapitulation zu erfüllen. Zwar erlaubte ihm der Vertrag, den Königstitel beizubehalten, er mußte indes auf alle Ansprüche hinsichtlich der polnischen Krone verzichten; dennoch ließ August der Starke weiterhin Münzen mit der Inschrift „Augustus Rex Poloniarum" prägen und hielt mit seiner offiziellen Anerkennung Leszczyńskis als König von Polen zurück. Ebenso ärgerlich war, daß er, obwohl er verpflichtet war, eine englisch-holländisch-kaiserliche Garantie des Friedensvertrags zu beschaffen, keine Anstrengung unternahm, um diese Garantie von einer der drei Mächte zu erlangen. Am meisten aber ärgerte den schwedischen König, daß er sich weigerte, ihm die 1200 Russen, die in seiner Armee dienten, zu übergeben, und auch nicht willens war, ihm den schwedischen Adeligen Johann Patkul auszuhändigen, den Urheber der ursprünglichen russisch-dänisch-polnischen Koalition gegen Karl XII. Patkul blieb in einem sächsischen Gefängnis, die russischen Söldner am Rhein wechselten zu den Truppen der fränkischen und schwäbischen „Kreise" über.[120] Allen Beteiligten war klar, daß Karl XII. nicht eher Deutschland verlassen würde, bis August der Starke sämtliche Bedingungen seiner Kapitulation erfüllt hatte, und natürlich hatten die Untertanen Augusts des Starken für Quartier und Verpflegung der schwedischen Truppen aufzukommen.

Zu Beginn des neuen Jahres erfuhr aber der Kaiser von seinem Gesandten in Altranstädt, dem Grafen Zinzendorf, daß die Abreise Karls XII. aus Deutschland auch von seiner eigenen Anerkennung Leszczyńskis als König von Polen und seiner persönlichen Garantie des Friedens von Altranstädt abhänge.[121] Josef I. aber hatte schon im September seinen Ministern mitgeteilt, er sei bereit,

Stanislaus anzuerkennen, wenn der schwedische König es wünsche.[122] In der Konferenz vom 31. Januar trat jedoch die Mehrheit der Minister dafür ein, diese Anerkennung so lange zu verweigern, bis Karl XII. bereit sei, Wien mit entsprechenden Konzessionen entgegenzukommen. Gewiß entsprach es nicht Josefs Charakter, sich demütig einem Ultimatum zu beugen, er war aber so klug, zu erkennen, daß der Gegner die besseren Karten hatte, und stellte seinen Ministern gegenüber fest, er würde versuchen, von Karl für seine Anerkennung einige Zugeständnisse zu bekommen, insbesondere ein Versprechen des neuen Königs von Polen, sich nicht in die ungarischen Angelegenheiten einzumischen. Bei dieser Gelegenheit kamen der Kaiser und seine Minister überein, erst dann eine Garantie für den Altranstädter Frieden abzugeben, wenn die Engländer und Holländer das gleiche zu tun versprochen hätten.[123]

Schon in den nächsten Tagen traf Zinzendorf mit dem wichtigsten Minister des schwedischen Königs, Graf Piper, zusammen und versuchte, die kaiserliche Anerkennung Leszczyńskis mit einigen schwedischen Zugeständnissen zu verknüpfen. So hoffte er, Karl würde den Erzherzog als König von Spanien anerkennen, der Reichsarmee ein schwedisches Kontingent zur Verfügung stellen oder wenigstens versprechen, Deutschland sogleich nach der Anerkennung Leszczyńskis zu verlassen. Karl XII. lehnte es jedoch ab, irgendwelche Konzessionen zu machen, und ließ drohend vernehmen, seine Geduld habe Grenzen.[124] In der Konferenz vom 10. Februar beschlossen daher die Minister des Kaisers, die Forderungen des schwedischen Königs unverzüglich zu erfüllen, ohne auf eine zustimmende Erklärung der Engländer und Holländer zu warten. Den Hauptgrund für ihre bisherige Weigerung, Stanislaus Leszczyński anzuerkennen – die Feindschaft Zar Peters –, schoben sie mit dem Argument beiseite, Karl XII. und Stanislaus wären für Ungarn eine weit größere Gefahr, und bei einem eventuellen Angriff aus dem Osten würden Schweden und Polen bessere Alliierte abgeben als das weit entfernte Rußland. Außerdem wies die Konferenz darauf hin, daß weiteres Zögern nur die Spannung mit Karl XII. vergrößern könne, während das Beispiel Preußen zeige, daß man sich durch die Anerkennung das Wohlwollen des schwedischen Königs verschaffen könne.[125] Zehn Tage später gab der Kaiser Zinzendorf die Anweisung, zu kapitulieren, nicht allerdings, ohne vorher noch zu versuchen, den schwedischen Ministern einige Konzessionen abzuhandeln.[126] So traf sich Zinzendorf am 26. Februar mit Stanislaus Leszczyński und Piper und versuchte getreu den Weisungen seines Herrn, zu einem für beide Seiten befriedigenden Abschluß zu kommen. Nach mehreren Stunden fruchtloser Verhandlungen jedoch übergab der österreichische Gesandte das gewünschte Dokument, ohne dafür die geringste Gegenleistung zu erhalten.

Josefs Absicht war es gewesen, durch sein Entgegenkommen den schwedischen König zu besänftigen, aber nun sollten einige unvorhergesehene Ereignisse zusammenkommen, die sich einer schnellen Einigung in den Weg stellten. Noch vor Ende Februar kam die Nachricht nach Wien, daß eine Gruppe von schwedischen Rekruten in einer Breslauer Taverne von der Stadtgarde attackiert worden sei. Dabei sei ein schwedischer Korporal getötet worden, und die Überlebenden seien mit Schimpf und Schande durch die Straßen der schlesischen Hauptstadt geführt worden. In Wien selbst ereignete sich ein noch viel ernsterer Vorgang. Während eines Abendessens am 6. März machte einer von Josefs Gefolgsleuten, der ungarische Graf Czobor, einige abfällige Bemerkungen über Karl XII. in Gegenwart des schwedischen Botschafters. Strahlenheim sprang zornerfüllt auf und hieb mehrere Male auf Czobor ein. Am nächsten Tag verlangte er zusätzlich Satisfaktion vom Kaiser. Czobor wurde daraufhin in Ketten gelegt und in ein Gefängnis nach Graz überführt, aber Karl XII. ließ den Kaiser wissen, er gäbe sich erst mit der Exekution des Ungarn zufrieden[127] und erhob bald darauf neue Forderungen. August der Starke hatte zwar endlich Stanislaus Leszczyński anerkannt und auch Patkul ausgehändigt, nicht aber die 1200 Russen; sie unterständen nicht mehr seiner Befehlsgewalt, meinte er entschuldigend. Daher übergab Piper Zinzendorf am 11. April ein Schreiben, in dem in scharfen Worten die Herausgabe der 1200 Russen gefordert wurde.[128] Diese schwedische Forderung versetzte Josef I. in ein arges Dilemma. Die Herausgabe der russischen Soldaten würde ohne Zweifel den Zaren äußerst erbittern; denn er hatte sie seinerzeit nur an den Rhein marschieren lassen, weil er sicher sein konnte, daß sie hier nicht Karl XII. in die Hände fallen würden. Hielt er sie aber zurück, riskierte er den Zorn der Schweden. Der Kaiser antwortete dem König, es stände nicht in seiner Macht, diese Truppen herauszugeben, er sei aber bereit, sie als schwedisches Reichskontingent zu betrachten oder aber den Zaren zu bitten, eine entsprechende Zahl von schwedischen Kriegsgefangenen freizulassen. Karl XII. lehnte diese Vorschläge glattweg ab und warnte den Kaiser, er würde das Reich nicht eher verlassen, bis ihm die Truppen ausgehändigt würden. Wenn nötig, würde seine eigene Armee sich ihrer bemächtigen.[129]

Trotz dieser drohenden Worte dachte niemand an einen Krieg zwischen Österreich und Schweden. Erst kürzlich hatte Karl XII. eine Gesandtschaft Ludwigs XIV. abblitzen lassen und hatte dem französischen Bevollmächtigten ziemlich rüde mitgeteilt, er wolle den Kampf gegen Rußland so bald wie möglich wiederaufnehmen.[130] Als aber der Herzog von Marlborough Ende April in seinem Lager eintraf, bereitete Karl XII. ihm einen herzlichen Empfang. In der Tat, wenn Karl XII. sich mit einer Macht zu verständigen suchte, dann mit den Seemächten, deren Flotten und deren proschwedische Ostseepolitik sie für den schwedischen König zu den besten Bürgen der Sicherheit Schwedens im Westen machten.[131] Es gelang Karl XII., Marlborough seine friedlichen Absichten klarzumachen; er betonte aber, daß er Satisfaktion für die Vorfälle in Breslau und für Czobors Ausfälle verlangen würde und entschlossen sei, die 1200 russischen Söldner in seinen Besitz zu bringen. Zum ersten Mal verkündete Karl XII. bei dieser Gelegenheit seinen Entschluß, die Religionsfreiheit in Schlesien wiederherzustellen, akzeptierte aber Marlboroughs Vorschlag, die Eröffnung einer allgemeinen Friedenskonferenz abzuwarten, bevor er dem Kaiser seine Forderungen unterbreitete.[132] Nach diesem Treffen kehrte Marlborough eilends in die Niederlande zurück. Wie der berühmte Spezialist, den man gebeten hatte, bei einer geheimnisvollen Krankheit die Diagnose zu stellen, und der nach erfolgter Untersuchung sagen kann, daß keine ernste Gefahr für das Leben des Patienten bestehe, stellte Marlborough nach seinem Besuch in Sachsen fest, daß der Frieden in Mitteleuropa noch gesichert schien.

In diesem Sinn schrieb Marlborough an Salm und Sinzendorf. Obgleich er sie nicht mit den Absichten Karls XII., betreffend die schlesischen Protestanten, bekanntmachte, bat er sie dringend, alle jene Spannungselemente aus der Welt zu schaffen, die noch immer zwischen ihrem Herrn und Karl XII. bestünden.[133] Für den Kaiser und seine Minister waren jedoch die schwedischen Bedingungen noch immer unannehmbar. In der Konferenz vom 13. Mai kam man überein, daß Czobor und der Adjutant der Breslauer Stadtgarde an Karl XII. ausgehändigt werden sollten, aber in ihrer Weigerung, die russischen Soldaten auszuliefern, blieben die Minister fest. Abgesehen von dem Argument, daß Schweden kein Recht auf diese Männer hatte, wurde festgestellt, daß Karl XII., wenn er im Sinne hätte, einen Krieg zu beginnen, auch die Beschwerden der schlesischen Protestanten benutzen könne, um die Monarchie anzugreifen. Es sei besser, jetzt den Krieg zu riskieren, da man auf die Seemächte und Rußland als Alliierte zählen könne, als später, wenn man womöglich nicht mehr auf die Unterstützung eines verärgerten Zars oder der protestantischen Seemächte zählen könne. Der Kaiser war allerdings höchst irritiert durch die Tatsache, daß seine Anerkennung Leszczyńskis keine größere Wirkung gehabt hatte. Trotzdem war er bereit, Czobor und den Breslauer Adjutanten auszuliefern, wenn diese Konzessionen den schwedischen König wirklich beruhigen würden. Über die Nichtauslieferung der russischen Söldner war er sich mit der Konferenz vollkommen einig.[134] Er konnte nicht wissen, daß das Schicksal dieser Männer ihm bereits aus den Händen geglitten war.

Bereits im vergangenen September hatte Josef I. erwogen, die russischen Söldner aus dem Reich zu bringen, bevor sie ein Streitobjekt zwischen ihm und dem schwedischen König werden konnten.[135] Am 14. April gab er dem Hofkriegsrat die Anweisung, dem Kommandanten der russischen Truppe zu „insinuieren", daß er seine Männer in die Niederlande zurückführe, von wo sie übers Wasser leicht in ihr Heimatland zurückkehren konnten.[136] Josef hätte, wenn der Plan gelungen wäre, Karl XII. erklären können, die Russen wären desertiert und ohne sein Wissen in einem fremden Hafen in See gestochen.[137]

Anfang Mai begannen die Söldner tatsächlich loszumarschieren, aber anstatt nach Norden zum Niederrhein marschierten sie durch Franken und die böhmischen Kronländer mit dem Ziel, sich mit ihren Landsleuten in Polen zu vereinen. Als Josef I. davon erfuhr, konnte er nichts mehr dagegen tun, ohne Karl XII. oder den Zaren zu provozieren.[138] Er konnte nur noch Karl XII. von der Flucht der Söldner unterrichten und, ohne direkt zu lügen, behaupten, er habe nichts davon gewußt und sei gar nicht in der Lage gewesen, die Sache zu verhindern.[139]

Als der schwedische König von der Flucht der russischen Söldner hörte, berief er auf der Stelle Strahlenheim von Wien ab und ließ wissen, wenn Josef I. ihm nicht einen Schadenersatz für die Söldner anböte, würde er sich augenblicklich revanchieren, indem er seine Armee in den Erblanden Quartier beziehen lassen würde.[140] Jetzt war es auch den schwedischen Ministern klar, daß ihre sorgfältig ausgearbeiteten Pläne eines Rückzugs nach Osten gefährdet waren. „Gott beschütze uns vor einem Krieg mit dem Kaiser", schrieb einer der Berater des Königs.[141] Karls Rachsucht drohte, Schweden in einen gefährlichen Zweifrontenkrieg ungeahnten Ausmaßes zu verwickeln. Berichte vom Oberrhein aber zeigten an, daß der Kaiser weit mehr Grund hatte, sich vor der Wut des Schweden zu fürchten.

Das Reich im Belagerungszustand

Obwohl Josef I. offiziell verlautbaren ließ, die Reichsarmee sei 40.000 Mann stark, war sie in Wirklichkeit in den letzten Monaten auf die Hälfte geschrumpft.[142] Zuletzt hatte August der Starke sein sächsisches Kontingent abgezogen.[143] Am meisten gelitten aber hatte die Reichsarmee unter dem Abzug der Österreicher. Das österreichische Kontingent bestand ja nur noch aus 2200 Mann.[144] Auch das preußische Kontingent fehlte. Der Kaiser hatte es aufgegeben, Friedrich I. für eine Rückführung seiner Truppen an die Rheingrenze zu gewinnen, ja, im Juni 1706 hatte er die Überweisung der 200.000 Gulden an Berlin gestoppt und erklärt, Friedrich solle sich von nun an wegen der Zahlung der noch offenen Subsidien an England wenden.[145] Da er sich nicht länger gezwungen sah, den preußischen König bei Laune zu halten, begann er sich auch energisch gegen die immer weitergehende preußische Expansion im Reich zu wehren. Zwar legte die Konferenz vom August 1706 ihm nahe, Berlin Aussicht auf eine Reihe kleinerer Territorien am Niederrhein, einschließlich der Grafschaften Moers und Lingen, zu machen, aber der Kaiser vertagte die offizielle Anerkennung auf unbestimmte Zeit.[146] Als Friedrich Anspruch auf die Fürstentümer Ansbach und Bayreuth erhob, stellte sich der Kaiser an die Seite von Lothar Franz von Franken. Preußens Ansprüche auf die Gebiete gingen auf den sogenannten Kulmbach-Vertrag von 1703 zurück, in dem der präsumtive

Hohenzollernerbe und seine Familie auf alle Ansprüche verzichtet hatten und dafür von Friedrich mit reichlichen Subsidien entschädigt wurden.[147] Als nun Bartholdi um ein kaiserliches Patent anfragte, durch welches Preußens Thronfolgerechte offiziell anerkannt worden wären, lehnte der Vizekanzler seinen Antrag mit der fadenscheinigen Ausrede ab, der Reichshofrat müsse erst über die Rechtmäßigkeit des Vertrages von 1703 entscheiden.[148] Der Fürsterzbischof von Mainz und Josef I. benutzten die Zeit, die fränkischen Staaten zur Opposition gegen Preußen aufzurufen, und boten ihrerseits den Kulmbacherben Bestechungsgeschenke an.[149] Auf diese Intrigen des Kaisers reagierte nun Friedrich I. äußerst verärgert und vereinbarte mit England eine Erhöhung seiner in englisch-holländischen Diensten stehenden Söldner, zu denen auch die 12.000 Mann gehörten, die er kürzlich von der Reichsarmee abgezogen hatte.[150] Friedrich hielt Josef für einen unverläßlichen Bündnispartner und war entschlossen, sein Vertrauen auf England zu setzen; jedoch durch seine Scheidung vom untreuen Kaiser und seine Verheiratung mit England hatte er Deutschland zum Waisenkind der preußischen Diplomatie gemacht.

Den schwersten Schlag erlitt die schrumpfende Reichsarmee durch den Tod ihres Oberbefehlshabers. Am 4. Jänner 1707 starb der Markgraf von Baden im Alter von zweiundfünfzig Jahren. Obwohl der Umgang immer schwieriger mit ihm geworden war, galt er doch bis zu seinem Ende als tüchtiger Feldherr. Und dieses ließ sich nicht unbedingt von seinem Nachfolger behaupten, dem alten Markgrafen Christian Ernst von Bayreuth, der seine Wahl zum Oberbefehlshaber lediglich seiner starken Lobby unter den protestantischen Reichsfürsten verdankte.[151] Angesichts einer so reduzierten Armee und eines so unfähigen Kommandanten war es allen Beteiligten klar, daß nun ein Entschluß gefaßt werden mußte. Schon zu Lebzeiten Badens hatte Marlborough vorgeschlagen, den tüchtigen österreichischen General Guido Starhemberg zur Reichsarmee zu holen, in der Hoffnung, daß „sein zu Recht erworbener Ruf alle Deutschen ermuntern wird, ihm mit allen Kräften beizustehen".[152] Nach Badens Tod war der Bedarf an einem tüchtigen General am Oberrhein noch gewachsen. Nach reiflicher Überlegung entschied sich Josef I. jedoch anders. Er nahm seinen ursprünglichen Plan wieder auf und übertrug Starhemberg das Oberkommando an der kritischen ungarischen Front.[153]

Trotzdem sah es zu Beginn des Feldzugs 1707 nicht allzu schlecht für die Kaiserlichen aus. Dank der höheren Kontributionen der Nördlinger Assoziation standen Anfang Mai 26.000 Mann in Waffen. Zwar waren die Franzosen unter Villars zahlenmäßig überlegen, aber diese Differenz wurde durch die bessere Verteidigungsposition der Deutschen ausbalanciert. Am linken Rheinufer wurden sie durch die Festung Landau geschützt, am rechten durch die sogenannten Stollhofener Linien, ein System von Festungswällen, das sich vom Rhein bis zum Schwarzwald erstreckte. Der Schwarzwald selbst war durch die österreichische Festung Freiburg blockiert. Angesichts dieser beeindruckenden Menge von natürlichen und durch Menschenhand errichteten Festungswerken versicherte Wratislaw dem Erzherzog Karl am 24. März 1707: „Von denen Franzosen an dem Rhein ist nichts zu hören und weillen Unser Armeen in Niederlandt und Italien baldt zu operiren anfangen werden, so wird an diesem orth, so doch das schwächste von uns ist, auch künftighin nichts zu beförchten seyn."[154] Auch Christian Ernst war sich der Stärke seiner Position bewußt. Zu sehr. Denn als er an dem regnerischen Abend des 22. Mai erfuhr, daß Marschall Villars und sein Gefolge an einem Ball in Straßburg teilnahmen, erlaubte der Marschall seinen Kommandeuren, die Patrouillen entlang der Stollhofener Linien einzustellen. Der Ball war aber lediglich ein Trick. Während Villars und seine Generäle in Straßburg tanzten, überquerte die französische Armee den Rhein und überrannte die unbewachten Befestigungen. Ohne Verteidigungsanlagen konnte Christian Ernst den 40.000 Franzosen nicht standhalten. Da blieb nur die Flucht. Innerhalb der nächsten zwei Wochen hatte die französische Armee den Schwarzwald nördlich umgangen und hielt einen großen Teil von Schwaben und Franken besetzt. An einer Stelle war sie nur 30 Kilometer von der bayrischen Grenze entfernt.[155]

Villars war so weit wie möglich vorgestoßen, um aus dem besetzten Territorium möglichst viele Kontributionen herauszupressen, er wußte aber genau, daß er sich in dieser exponierten Lage allein nicht lange halten würde können. Da aber nur 320 Kilometer entfernt im Nordosten die schwedische 40.000 Mann starke Armee stand, rückte plötzlich die Möglichkeit eines Vernichtungsschlages gegen den Kaiser in reale Nähe. Josef I. hatte bereits vor dem Durchbruch Villars an die Seemächte appelliert, ihm bei der Zähmung des wutentbrannten schwedischen Königs beizustehen.[156] Angesichts der zweifachen Gefahr, in der sich die Erblande und Bayern befanden, ersuchte er nochmals die Seemächte dringend um Vermittlung.[157] Diese waren auch sofort bereit, ihre Dienste zur Verfügung zu stellen, aber der schwedische König erklärte, er verhandle erst wieder mit Wien, wenn Czobor und der Breslauer Adjutant für ihre Verbrechen hingerichtet worden seien.[158] Und er unterstrich seine Worte Ende Juni durch die Entsendung von vier Regimentern nach Nordschlesien, wo sie laut einer Erklärung bleiben sollten, bis Karl XII. Satisfaktion erlangt habe.[159] Josef I. war zu stolz, um sich diesen Forderungen zu beugen, aber er war auch realistisch genug, um sie nicht glattweg abzulehnen. In den Konferenzen vom 3. und 8. Juli wurde beschlossen, daß Czobor und der Adjutant an Karl XII. ausgeliefert würden, und zwar mit einer Reparationszahlung von 4000 Talern seitens der Stadt Breslau. Auf diese Weise hoffte der Kaiser, die beiden Männer vor dem Tod und langem Gefängnis zu retten. Eine Begnadigung konnte ja nur der schwedische König aussprechen.[160] Auch für die Flucht der russischen Söldner war der Kaiser bereit, Schadenersatz zu leisten, und schickte Wratislaw mit allen Vollmachten zu einer gütlichen Einigung nach Altranstädt. Ihm voraus hatte man einen Tag vorher die beiden Häftlinge geschickt. Josef I. machte sich allerdings wenig Illusionen über die Friedensbereitschaft des schwedischen Königs. „Ich nicht ohne sorg lebe", erklärte er dem Kurfürsten Johann Wilhelm von der Pfalz, „dass nach diesen gehoben pretext sich nicht bald andere wider hervorthun (dass) mann Schwedischerseiten daher einen ohnfelbar Vorwandt zur würcklichen Feindseligkeit nehmen wurde."[161]

In dieser äußerst gespannten Atmosphäre langte Graf Wratislaw in Altranstädt ein und betonte bei seinem ersten Treffen mit Graf Piper am 26. Juli sogleich, daß der Kaiser bereit sei, dem schwedischen König für die geflüchteten Russen eine Entschädigung zu zahlen, die es ihm erlaube, eine entsprechende Truppe von schwedischen Soldaten aufzustellen, und daß er außerdem bereit sei, die schwedische Armee auf ihrem Rückzug durch Schlesien entsprechend zu versorgen. Am 28. Juli wurde den englisch-holländischen Vermittlern Robinson und Haersolte mitgeteilt, daß der schwedische König dieses Angebot ablehne, worauf zwei Tage später erneut mit der Invasion in die Erblande gedroht wurde, wenn Karl XII. nicht sofort Satisfaktion erhielte.[162] Wratislaw entschloß sich nun zu substantielleren Konzessionen und bot dem König erstens das Lehen Hadeln, zweitens für seinen Cousin Christian August von Holstein-Gottorp den Bischofssitz von Lübeck und drittens die Befreiung Schwedens von der Lieferung eines Truppenkontingents an die Reichsarmee an.[163] Karl XII., der sich auch in der Vergangenheit an keinen Gebietsgewinnen bereichert hatte, lehnte Hadeln ab, akzeptierte aber die beiden anderen Angebote und legte den Vermittlern anstatt Hadeln eine andere Forderung vor.[164] Robinson und Haersolte berichteten Wratislaw folgendermaßen: Der König wünsche, daß in Schlesien vor seinem Durchzug eine offizielle Erklärung verlesen würde, die den protestantischen Einwohnern Schlesiens volle Religionsfreiheit verspräche, wie es den Verträgen des Westfälischen Friedens entspräche. Graf Piper hätte mehrmals darauf hingewiesen, daß Seiner Majestät an dieser Konzession mehr als an allen anderen gelegen sei.[165]

Die Bedeutung dieser Bedingung wohl erfassend, hatten die Vermittler bereits Protest eingelegt und hinzugefügt, daß ihre Regierungen niemals die Bürgschaft für einen Vertrag übernehmen würden, der eine solche Klausel enthielte.[166] Nun appellierte auch Wratislaw an Piper, er möge einsehen, daß es für seinen Herrn eine zu große Demütigung darstelle, unter schwedischem Druck den protestantischen Glauben in Schlesien wieder einführen zu müssen.[167] Aber da Karl XII. hart blieb, konnten Wratislaw und die Vermittler nichts anderes tun, als um einen zeitlichen Aufschub zu bitten, damit man Josefs Zustimmung einholen könne.[168]

Wratislaw wußte genau, wie widerwillig Josef I. der letzten Forderung von Karl XII. gegenübertreten würde. In den zwei Jahren, die seit seinem

Regierungsantritt vergangen waren, waren bereits zahlreiche Petitionen sowohl vom „corpus evangelicorum" des Reichstags als auch von den protestantischen Ständen Niederschlesiens an ihn gerichtet worden, die die Wiederherstellung des protestantischen Glaubens in Schlesien forderten, indem sie sich auf den Westfälischen Frieden beriefen. Der Kaiser hielt jedoch seine schlesischen Vasallen mit vagen Antworten hin und sah gar keine Veranlassung, in dieser Sache, wie ihm schien, übereilt zu handeln und damit die katholischen Stände Schlesiens zu verschrecken.[169] Aber vor kurzem hatte Salm doch Josef I. bedrängt, einer möglichen schwedischen Intervention dadurch zuvorzukommen, daß man eine schlesische Delegation kommen lasse und ihr einen Entwurf zur Wiedereinführung der Religionsfreiheit in Schlesien vorlege.[170] Tatsächlich hatte der Kaiser die protestantischen Stände aufgefordert, eine Delegation nach Wien zu schicken. Als diese jedoch am 17. Juni bei Hof eintraf, erklärte Josef I. ihr lediglich, er wolle mit der Proklamation warten, bis sie wirklich absolut notwendig geworden sei.[171] Indem er so direkt gegen den Rat seiner Minister handelte, folgte Josef I. wohl mehr seinem Stolz als Herrscher als etwa religiöser Intoleranz. Es geht in der Tat klar aus seinen eigenen Notizen während der Konferenz vom 17. Juni hervor, daß er durchaus bereit war, die Religionsfreiheit in Schlesien wiedereinzuführen, aber diesen Akt so lange hinausschieben wollte, bis man ihn nicht mehr als Antwort auf schwedischen Druck interpretieren konnte.[172] Er hoffte also, Karl XII. würde dieses Thema während der Verhandlungen weiter meiden, und so verhielt er sich abwartend.

Nun aber, da seine Rechnung nicht aufgegangen war, mußte der Kaiser sich eingestehen, daß jetzt der Preis für sein Zögern zu zahlen war. Eine Ablehnung der schwedischen Bedingungen, darin stimmte er mit Wratislaw überein, würde einen Krieg zur Folge haben und zur schwedischen Besetzung des größten Teils der Erblande führen.[173] Daher gab er am 12. August 1707 bekannt, er würde alle drei Bedingungen Karls XII. erfüllen, wenn der König sein Versprechen hielte, das Reich sofort zu verlassen. Für die Wiederherstellung der Religionsfreiheit in Schlesien habe er ihm einen Zeitraum von sechs Monaten eingeräumt.[174] Schon am folgenden Tag stellte die böhmische Kanzlei die zur Veröffentlichung in Schlesien bestimmte Urkunde aus. Am 14. traf jedoch in Wien eine Proklamation aus Altranstädt ein, die sich von der österreichischen wesentlich unterschied. Während Josefs Dekret versprach, daß an Stelle der von den Katholiken umfunktionierten oder geschlossenen Kirchen und Schulen neue protestantische Kirchen und Schulen gebaut werden würden, forderte Karl XII. die Wiederherstellung aller ehemaligen protestantischen Kirchen und Schulen. Außerdem gab die schwedische Proklamation die Bewilligung zur Einsetzung einer Kommission unter Strahlenheim, welche über die Erfüllung und Befolgung der Vertragsklauseln zu wachen habe.[175] Die Vorstellung aber, katholische Kirchen konfiszieren zu lassen, war dem Kaiser genauso unangenehm wie der Gedanke, daß sich der schwedische Häretiker in seinem eigenen Land an religiösen Reformen beteiligte. Daher beschloß er in der Konferenz am 14. August, die schwedische Proklamation zu ignorieren und seine eigene Version nach Altranstädt zu schicken.[176]

Als Wratislaw drei Tage später Josefs Schreiben erhielt, war er nicht gerade begeistert. Er war es gewesen, der die Minister Karls XII. gebeten hatte, von schwedischer Seite eine Proklamation zu entwerfen, damit man zu einer schnelleren Einigung mit dem König käme. Wenn der Kaiser nun den Inhalt dieser Proklamation ablehnte, war zu befürchten, daß Karl XII. alle Geduld verlieren und seine Truppen in die Erblande einmarschieren lassen würde. Daher verfaßte Wratislaw auf der Stelle eine Replik an den Kaiser, in der er seinen Plan für Schlesien kritisierte und ihn daran erinnerte, daß er es nicht mit einem normalen Menschen zu tun habe: „Ich habe nicht zu thun mit einem raisonablen, sondern recht mit einem wilden menschen."[177] Dennoch übergab er am nächsten Tag pflichtgemäß die kaiserliche Proklamation den schwedischen Ministern, die sie, wie zu erwarten gewesen war, voller Zorn zurückwiesen. Und nicht nur das: Kurz danach erfuhr Wratislaw, daß der schwedische König Marschbefehl an seine Truppen erteilt hatte, und zwar nach Osten in Richtung Schlesien und Polen. Indem er Josef I. sofort darüber informierte, betonte der böhmische Kanzler, seiner Meinung nach könne nur die sofortige Annahme der schwedischen Bedingungen Schlesien vor dem Einmarsch retten. Er beschwor seinen Herrn, die rechthaberische Besessenheit des schwedischen Königs nicht zu unterschätzen, und meinte, die Baukosten für neue katholische Kirchen lägen beträchtlich unter den Unterhaltskosten für eine Besatzungsarmee in der reichsten Provinz der Monarchie.[178] Eine ganze Woche mußte Wratislaw voller Sorge auf die Antwort aus Wien warten. Am 24. August hatte Piper ihm eine Frist von drei Tagen eingeräumt. Als am Abend des 27. August noch immer kein Kurier aus Wien eingetroffen war, ließ Wratislaw Piper auf eigene Verantwortung mitteilen, der Kaiser habe die Proklamation unterschrieben. Er konnte nur hoffen, daß dies keine Lüge war und daß damit die Katastrophe abgewendet war. Am Abend desselben Tages traf die Zustimmung des Kaisers ein.[179]

So war die Krise zwar beigelegt, für die endgültige Abfassung des Vertrages waren aber noch einige Punkte zu regeln. Erst am 1. September wurde der zweite Vertrag von Altranstädt unterzeichnet und zur Ratifizierung vorgelegt. Außer der Streichung sämtlicher schwedischer Verpflichtungen gegenüber der Reichsarmee und der Anerkennung der Holstein-Gottorpschen Nachfolge in Lübeck versprach der Kaiser, den protestantischen Glauben in Schlesien wiedereinzuführen, wie es die Statuten des Westfälischen Friedensvertrages verlangten. Genau gesagt, sollten in Niederschlesien alle Schulen und Kirchen, die seit 1648 geschlossen oder umfunktioniert waren, wieder geöffnet und ihrem ursprünglichen Zweck zugeführt werden. In Oberschlesien, wo der Protestantismus nie offiziell anerkannt worden war, durften Lutheraner nicht mehr gezwungen werden, an katholischen Glaubensriten teilzunehmen, und bekamen das Recht der privaten Religionsausübung zugesprochen. Die kleine schlesische Calvinistengemeinde, die schon im Westfälischen Frieden keine Erwähnung gefunden hatte, bekam auch in diesem Vertragswerk keine Rechte eingeräumt. Um die getreue Durchführung der Verordnungen zu gewährleisten, wurde eine Überwachungskommission unter schwedischer Leitung eingerichtet. Um auch in Zukunft konfessionelle Unterdrückungsmaßnahmen in diesem Land unmöglich zu machen, erhielt jeder protestantische Fürst oder Großgrundbesitzer das Recht, gegen jeden von der Krone begangenen Vertragsbruch öffentlich Protest einlegen zu dürfen. In einem zusätzlichen Artikel wurde Karls Versprechen, das Reich auf der Stelle zu verlassen, durch die Bestätigung abgemildert, er habe das Recht, jederzeit wiederzukommen, wenn die Bedingungen des Vertrages nicht befolgt würden.[180]

Mit der Unterschrift Wratislaws und dem Versprechen der Vermittler auf eine englisch-holländische Garantie brach Karl XII. tatsächlich sein Lager bei Altranstädt ab, um sich zu seiner ostwärtsmarschierenden Armee zu begeben.[181] Am 12. September legte ihm Zinzendorf Josefs Ratifizierung in der schlesischen Stadt Reichenbach vor, eine Woche später war er schon in Polen. Nach drei Tagen hatten die letzten schwedischen Soldaten die Grenze überquert, die sie vor mehr als einem Jahr in der Gegenrichtung überschritten hatten.

Während die Nachricht von dem sehnlichst erwarteten Abzug Karls XII. in Wien freudig begrüßt wurde, waren auch Erfolge bei dem Versuch, Villars über den Rhein zurückzudrängen, zu vermelden. Die Ankunft von mehreren Verstärkungen für die Reichsarmee hatte die Franzosen in den vergangenen Wochen gezwungen, ihre vorgeschobenen Stellungen in Franken und Schwaben zu räumen und sich in den Landzipfel zwischen dem Rhein und dem Schwarzwald zurückzuziehen. Da der Kaiser alle verfügbaren Kräfte für offensive Operationen in Italien und Ungarn eingesetzt hatte, konnte er zu der Offensive am Rhein keinen nennenswerten Beitrag leisten. Statt dessen hatte er jeden einzelnen der deutschen Fürsten um Hilfe gegen die Franzosen aufgerufen und hatte sich auch an Friedrich I. mit der Bitte gewandt, ihm Truppen seiner zum großen Teil untätigen Armee zur Verfügung zu stellen. Um den Patriotismus des preußischen Königs aufzustacheln, ließ der Kaiser am folgenden Tag den Reichshofrat sein kürzlich gefälltes Urteil gegen die preußische Erwerbung des westfälischen Fürstentums Tecklenburg vorläufig zurückziehen. Dessenungeachtet ließ der König ein weiteres Mal den Kaiser abblitzen, indem er seine Mitarbeit wieder mit einer langen Liste von Forderungen verknüpfte.[182]

Auch August den Starken bat Josef I. um Mithilfe, da er wußte, daß er seit seinem Austritt aus dem Nordischen Krieg über eine beträchtliche Anzahl von Truppen verfügte. Marlborough hatte nach seiner Rückkehr aus Altranstädt

4600 Sachsen in die englisch-holländische Armee aufgenommen und Wien eine zusätzliche Kavallerietruppe von 5000 Mann in Aussicht gestellt.[183] Unglücklicherweise wollte aber August der Starke Geld aus seinen Truppen schlagen, da die Besetzung Sachsens durch die Schweden eine kostspielige Angelegenheit gewesen war. Daher war ihm wenig daran gelegen, seine Truppen als Teil seines Reichskontingents abzugeben, sondern er forderte statt dessen für sie 150.000 Taler. Der Kaiser übergab die Angelegenheit dem Reichstag, der daraufhin mit August zu verhandeln begann. Ohne daß man zu einer Einigung kam, zogen sich die Gespräche über zwei Monate hin, und August der Starke, der nicht mehr für den Unterhalt dieser Truppen aufkommen wollte, ließ sie ins benachbarte Thüringen einmarschieren, wo sie sich auf Kosten der Einwohner ernährten, ohne die Proteste des Reichstages und der machtlosen sächsischen Fürsten zu beachten.[184]

Anfang September gelang es dem Kaiser, Christian Ernst von Bayreuth aus seiner Stellung als Oberbefehlshaber zu entlassen und Georg Ludwig von Hannover an seine Stelle zu setzen.[185] Schon kurz nach seiner Ernennung traf der Kurfürst mit einer kleinen Einheit hannoveranischer Truppen an der Front ein, und bald stießen nicht nur die 4600 in englisch-holländischen Diensten stehenden Sachsen zu ihm, sondern weitere kleine Truppenkontingente aus dem westfälischen „Kreis" und direkt vom Kaiser.[186] In den nächsten Wochen zwang er Villars, sich Schritt für Schritt am rechten Rheinufer nach Süden zurückzuziehen, bis schließlich am Abend des 29. Oktober der französische Kommandant mit seinen Truppen über den Fluß ins Elsaß abzog.

Mit diesem Rückzug ging das schwierigste Jahr der josefinischen Regierung dem Ende zu. Die Große Allianz hatte in diesem Jahr einige Rückschläge hinnehmen müssen: den stagnierenden Feldzug in Belgien, Prinz Eugens mißlungene Toulon-Offensive, die niederschmetternde Niederlage der englisch-holländisch-portugiesischen Armee bei Almansa und schließlich die Besetzung Sachsens und Südwestdeutschlands. Dabei war das Reich noch glimpflich davongekommen. Die größten Verluste waren finanzieller Natur. Schwaben mußte sich verpflichten, den Franzosen 9 Millionen Gulden zu zahlen, Sachsen hatte unter der Besetzung der Schweden einen geschätzten Schaden von 23 Millionen erlitten.[187] Abgesehen von diesen Verlusten hatte der Kaiser dem schwedischen König eine Reihe von politischen Konzessionen machen müssen, aber im Grunde bestätigte er damit lediglich den bestehenden Status quo. Lediglich die Wiederherstellung der Religionsfreiheit in Schlesien war eine bedeutsame Änderung der Verhältnisse gewesen, und auch hier konnte er, wie der Protestant Marlborough an Wratislaw schrieb, „die Zeit für gerechtere Maßnahmen abwarten".[188] Selbst die Auslieferung von Czobor und dem Breslauer Adjutanten wog insofern nicht schwer, als beide Männer bald begnadigt und aus den schwedischen Gefängnissen entlassen wurden. So leichtgewichtig Karls Bedingungen waren, sie wären für Josef noch leichter zu akzeptieren gewesen, wenn er sich nicht so eigensinnig und stolz verhalten hätte. Auch ein wenig mehr Weitblick wäre am Platz gewesen. Denn wenn er selbst die Initiative bei der Wiederherstellung der Religionsfreiheit in Schlesien übernommen hätte, wäre er wahrscheinlich um die Aufsichtskommission unter schwedischem Vorsitz herumgekommen und hätte sich manche Demütigung ersparen können.

Während also eine Kritik am Eigensinn der Kaisers sehr wohl berechtigt scheint, wäre es falsch, zu behaupten, seine Taktik habe die Monarchie an den Abgrund eines Krieges mit Schweden gebracht. So zäh er sich als Verhandlungspartner verhalten konnte, so sicher gab er am Ende nach, wenn er das Gefühl hatte, eine zufriedenstellende Einigung erreichen zu können. Während der sich über ein Jahr hinziehenden Verhandlungen mit Karl XII. gab er immer nur dann nach, aber dann immer, wenn er spürte, daß weiterer Widerstand zum offenen Bruch führen würde. Es gibt ein Gerücht, er habe die päpstliche Kritik an seinem Versprechen, in Schlesien das Luthertum wieder in seine Rechte einzusetzen, mit der Bemerkung zurückgewiesen, er wäre selber zum Protestantismus übergetreten, wenn Karl XII. es von ihm verlangt hätte.[189] Auch wenn dies nur eine Anekdote ist, sie verdeutlicht Josefs Bereitschaft, auch seine religiösen Überzeugungen zu opfern und sein persönliches Prestige aufs Spiel zu setzen, wenn er damit greifbare politische Ziele erreichte. Tatsächlich war Josef I. bereit, alle Wünsche Karls XII., ausgenommen die Auslieferung der russischen Söldner, zu erfüllen, weil er die drohende Invasion der Schweden in die Erblande unbedingt vermeiden wollte. Während sich Karl XII. in Sachsen aufhielt, hörte Josef I. nicht auf, sich um eine Koalition gegen Schweden zu bemühen, die ihm im Kampf gegen Karl XII. beistehen sollte, wenn es zu einem Bruch kommen sollte. Ein Verbündeter, auf den er zählen konnte, war der Zar, daher mußte er sich weigern, die russischen Söldner auszuliefern. Aber Rußland war zwar nah genug, um die Ungarn einzuschüchtern, aber von Mitteleuropa zu weit entfernt, um wirkliche Hilfe leisten zu können. Daher pflegte Josef I. zwar seine Kontakte mit Rußland und spielte mit Peters Angeboten, der Großen Allianz beizutreten und Prinz Eugen zum König von Polen zu machen, aber er vermied bindende Vereinbarungen, solange die Schweden ihn nicht direkt angriffen.[190]

Weit weniger Hilfe konnte der Kaiser von den deutschen Fürsten erwarten, am wenigsten von Friedrich I. Seit dem Ausbruch des Nordischen Krieges hatte Friedrich I. beide Seiten hofiert, um Preußen Sicherheit zu gewährleisten und um sich die Möglichkeit einer Expansion nach Osten freizuhalten. Als die Schweden jedoch Sachsen besetzten, wußte Friedrich plötzlich, wo seine Interessen lagen. Indem er sowohl die Bitten Augusts des Starken als auch des Kaisers um diplomatische Hilfe ignorierte, begann er sich statt dessen um eine engere Beziehung zu Karl XII. zu bemühen, indem er Stanislaus Leszczyński anerkannte und seine Garantie für den Frieden mit Sachsen anbot.[191] Schon im September schlug er dem schwedischen König eine Teilung Polens vor und bald darauf eine „konfessionelle Allianz" zwischen England, Hannover, Schweden und Preußen mit dem Ziel, protestantische Bestrebungen in Schlesien und Ungarn zu unterstützen und einen protestantischen Kaiser zu wählen. Friedrichs grandiose Pläne stürzten jedoch in sich zusammen, als Karl XII. die Teilung Polens ablehnte und England und Hannover sich weigerten, einen Vertrag zu unterzeichnen, der sich gegen ihren habsburgischen Alliierten wandte.[192] Nichtsdestoweniger schlossen die beiden Könige am 16. August 1707, als Karl XII. gerade seine Drohung ausgesprochen hatte, in die Erblande einzumarschieren, ein „immerwährendes Bündnis" ab, mit dem offen zugegebenen Ziel, für die politische Unabhängigkeit der deutschen Fürsten zu kämpfen und ebenso für die Rechte der protestantischen Bevölkerung im Reich, in Ungarn und Polen. Sechs Tage später schloß man einen weiteren Vertrag ab, in dem Preußen seine Garantie für den bevorstehenden Vertragsabschluß zwischen Schweden und dem Kaiser in Aussicht stellte und dafür von Karl XII. versprochen bekam, die den schlesischen Lutheranern zugestandenen Rechte auch auf die Calvinisten zu übertragen.[193]

Mit Hilfe abgefangener Kurierpost war Josef I. über Inhalt und Fortgang sämtlicher Intrigen Friedrichs I. bestens informiert.[194] Die ständige Verschlechterung seiner Beziehungen zum preußischen König schien ihn nicht besonders zu belasten, er war sich ziemlich sicher, daß ein so unschlüssiger Charakter wie Friedrich niemals zu einem Angriff auf den Kaiser ausholen würde. Friedrichs Weigerung, der Reichsarmee Verstärkung zu schicken, hatte er im Juni damit beantwortet, daß er seinen Gesandten aus der preußischen Hauptstadt abberief, worauf Friedrich im September 1707 Bartholdi von Wien nach Berlin beorderte. Damit war immerhin das letzte äußere Band zwischen dem Kaiser und seinem Vasallen zerrissen. Nun verband sie nur noch die gemeinsame Antipathie gegenüber Frankreich und eine gewisse Abhängigkeit von den englisch-holländischen Subsidien.

Zweifellos waren es die Seemächte gewesen, die durch ihre engen Beziehungen zu Schweden und Preußen Josef I. einen gewissen Schutz vor diesen beiden Mächten geboten hatten. Während der ganzen Krise waren sie loyal zu ihrem habsburgischen Alliierten gestanden. Unglückseligerweise bewirkten aber gewisse Umstände, daß es zwischen London und Den Haag einerseits und Wien andererseits zu Spannungen kam. Bereits zu Beginn der Verhandlungen mit Karl XII. Anfang 1707 hatten die Engländer und Holländer Josef I. erklärt, des einen Leid sei des anderen Freud, und hatten damit gemeint, man müsse alle Wünsche des Schweden erfüllen, um einen friedlichen Abzug der Schweden aus dem Reich zu erreichen.[195] Der Kaiser mußte aber bald feststellen, daß nur er sich dem eisernen Willen des Schweden zu beugen hatte. Die Seemächte, die ebenfalls vom schwedischen Monarchen aufgefordert worden waren, Stanislaus Leszczyński anzuerkennen und die Bedingungen der sächsischen Kapitulation zu garantieren, waren nicht bereit, ihrerseits Opfer zu bringen; denn die Holländer fürchteten mit Recht russische Vergeltungsmaßnahmen, unter denen sicher ihr lukrativer Ostseehandel zu leiden haben würde.[196] Außerdem fühlten sich Josef I. und seine Minister einigermaßen irritiert durch das Verhalten ihrer Alliierten bei den Schlußverhandlungen. Ungeachtet ihrer zur Schau getragenen Empörung bei den letzten Forderungen der Schweden hatte man in Wien den Eindruck, daß sie die Wiedereinführung des protestantischen Glaubens in Schlesien nicht so sehr betrübte.[197]

Selbstverständlich hatten auch die Seemächte Grund zu Klagen über den Kaiser. Immer mehr verachteten sie die Unfähigkeit des Kaisers, politische und militärische Krisen abzuwenden, ohne sich fünf Minuten vor zwölf hilfesuchend an die Alliierten zu wenden.[198] Außerdem nahmen sie es dem Kaiser langsam übel, daß er nicht fähig oder nicht bereit war, jene Fronten, für die er nun einmal zuständig war, mit ausreichenden Streitkräften zu versorgen. Mit bitteren Worten wies Marlborough in einem Brief an den holländischen Ratspensionär Heinsius auf die riesigen Geldsummen hin, die Villars während seines kurzen Aufenthaltes in Schwaben eingetrieben hatte. War dies nicht ein Beweis, daß die deutschen Fürsten sehr wohl in der Lage waren, mehr für den Krieg gegen Frankreich herzugeben?[199] Der Herzog vertrat die Auffassung, daß weder der Körper noch der Kopf des Reiches ihre Verpflichtungen als Alliierte erfüllten. In der Tat waren nur der fränkische und schwäbische „Kreis" ihren Aufgaben insofern nachgekommen, als sie allein die Besetzung durch die Franzosen zu erleiden hatten. Für die anderen deutschen Fürsten und auch für den Kaiser waren die Rheingrenze wie das Reich bestenfalls von sekundärem Interesse.

Kurfürstliche Geschäfte

Zum Glück für das Reich verlor nach 1707 jener Kriegsschauplatz, der drei Jahre lang den Kaiser vordringlich interessiert hatte, an militärischer Bedeutung. Die italienische Halbinsel war praktisch in österreichischer Hand, nun konnte der Kaiser seine Aufmerksamkeit wieder dem Reich und seiner Armee zuwenden. Zur Verstärkung der Truppen unter Georg Ludwig von Hannover zog Josef I. mehrere tausend Truppen von Italien nach Ungarn ab. Das österreichische Kontingent wies nun wieder eine Stärke von 20.000 Mann auf. Dem Kurfürsten Johann Wilhelm versprach er die komplette Übereignung der Oberpfalz und bekam dafür 10.000 pfälzische Soldaten in Aussicht gestellt. Während sich August der Starke taub stellte, wenn der Kaiser mit Truppenwünschen an ihn herantrat, stellte Marlborough die 4600 sächsischen Söldner, die er im vergangenen Jahr in seine Dienste genommen hatte, großzügig der Reichsarmee zur Verfügung. Auch die englische und die holländische Regierung überließen dem Reich die 10.000 gerade aus Italien zurückgekehrten hessischen Soldaten und 4000 württembergische Infanteristen. Sogar der Reichstag trug sein Scherflein zur Verteidigung Deutschlands bei. Es gelang ihm zwar nicht, die Militärbeiträge der Mitglieder anzuheben, aber immerhin brachte er genug Geld zusammen, um eine zusätzliche Truppe von 4500 Mann für den Dienst am Oberrhein aufzustellen.[200]

Angesichts solcher Truppenverstärkungen brauchte der Kaiser nicht länger um die preußische Kooperation zu buhlen. Gerade zu diesem Zeitpunkt aber war Friedrich I. mehr denn je auf einen Handel aus. Denn im November 1707 hatte die Regierung Neuchâtels Friedrichs Ansprüche auf den Thron offiziell anerkannt. Nach einigen Wochen aber hatte Villars Neuchâtel besetzt, ohne Berlins Hinweis auf die Neutralität des Fürstentums zu respektieren. Um nun das besetzte Neuchâtel wieder in seinen Besitz zu bringen, schlug der preußische König dem Kaiser vor, vom Oberrhein nach Burgund einzumarschieren.[201] Bisher hatte der Kaiser die Ansprüche Preußens auf Neuchâtel voll unterstützt, aber diesen Plan lehnte er ab und sprach sich statt dessen für den Vorschlag des Herzogs von Savoyen aus, eine alliierte Offensive in der Provence zu starten.[202] Wie üblich reagierte der König auf die Ablehnung des Kaisers mit der Drohung, seine Truppen aus Italien abzuziehen, wenn nicht verschiedene finanzielle und territoriale Forderungen erfüllt würden.[203] Der Kaiser lehnte die meisten ab[204] und erlebte in den nächsten Wochen die Genugtuung, daß der Reichstag Sanktionen gegen Preußen androhte, weil es sein Reichskontingent nicht gestellt hatte und weil die Kulmbacherben die Bedingungen des Erbfolgevertrages von 1703 formal nicht anerkannten.[205]

Auch ohne das preußische Kontingent betrug die Stärke der Reichsarmee jetzt 80.000 Mann. Die Hauptarmee am Oberrhein unterstand dem Befehl Georg Ludwigs von Hannover. Nun, da Prinz Eugens Anwesenheit in Italien nicht mehr notwendig war, hoffte der Kaiser, ihm eine unabhängige Streitkraft an der Mosel übertragen zu können. Dazu brauchte er allerdings die Zustimmung seiner Alliierten. Bevor Prinz Eugen Wien verließ, um sich mit Marlborough und Heinsius zu treffen, instruierte ihn daher der Kaiser, sich nicht auf die Moselstrategie zu versteifen. Er könne mit seiner Streitkraft auch nach Belgien marschieren, solange die Alliierten ihm bei der Unterbringung und Verpflegung behilflich sein würden.[206]

Als aber die drei Männer sich am 12. April 1707 in Den Haag trafen, vereinbarten sie, eine starke Streitkraft an der Mosel zusammenzuziehen. Prinz Eugen sollte neben 10.000 pfälzischen und 12.500 österreichischen Soldaten zusätzlich die 4600 sächsischen und 10.000 hessischen Söldner befehligen.[207] Indessen war Eugens Plazierung an der Mosel lediglich als Täuschungsmanöver gedacht. Zu einem gewissen Zeitpunkt sollte er zu Marlboroughs Armee stoßen, um gemeinsam überraschend über die Franzosen in Belgien herzufallen. In ihrer Vorfreude auf die gemeinsame militärische Operation, die, wie sie hofften, zu einem ähnlichen Triumph wie bei Höchstädt führen würde, übersahen die beiden Heerführer nicht, daß es wahrscheinlich mit dem Oberkommandierenden zu den gleichen Schwierigkeiten wie vor ein paar Jahren kommen würde. Wie damals Ludwig Wilhelm von Baden würde nun Georg Ludwig von Hannover ablehnen, beim beginnenden Feldzug die zweite Geige zu spielen, und möglicherweise seine Mitarbeit verweigern. Daher vereinbarte man, diese Pläne so lang wie möglich vor dem Kurfürsten geheimzuhalten, und erwähnte auch bei einem gemeinsamen Besuch beim Kurfürsten Ende April in Hannover mit keinem Wort den geplanten Marsch Eugens nach Belgien. Damit der Kurfürst überhaupt zu der Aufstellung einer zweiten Reichsarmee an der Mosel seine Zustimmung gab, mußte Marlborough ihm 5000 deutsche Söldner von seinem Kommando überstellen. Dadurch erreichte die Hauptarmee unter Georg Ludwig die Stärke von 47.000 Mann.[208]

Nachdem sie sich so die Mitarbeit des Kurfürsten erkauft hatten, verließen die Heerführer Hannover, um sich der Vorbereitung für den kommenden Feldzug zu widmen. Bevor jedoch mit der Offensive gegen Frankreich begonnen werden konnte, mußten noch zwei hochexplosive rechtliche Probleme gelöst werden: die formelle Aufnahme Hannovers in das Kurfürstenkollegium und die Verhängung der Reichsacht über Max Emanuel.

Seit dem Jahr 1692, da Kaiser Leopold I. dem Welfenhaus Braunschweig-Lüneburg die Kurwürde verliehen hatte, war Georg Ludwigs formeller Einzug als neunter Kurfürst ins Kurfürstenkollegium von den katholischen Kurfürsten und von einigen Nachbarn Hannovers im Reichstag verhindert worden, die eifersüchtig und gekränkt darüber waren, daß man sie nicht um ihre Zustimmung gebeten hatte. Die katholischen Kurfürsten hatten aber dann doch eingewilligt unter der Bedingung, daß auch Böhmen, welches als souveränes Königreich bisher nur an den Kaiserwahlen beteiligt gewesen war, zu allen Sitzungen zugelassen wurde.[209] Außerdem besänftigte Josef I. 1706 die Opposition im Reichsfürstenrat mit der Ankündigung, daß von nun an die Verleihung der Kurwürde, beginnend mit der Hannovers, der Genehmigung des Reichsfürstenrates bedürfe.[210] Bei der Verhängung der Reichsacht über Max Emanuel und Josef Clemens regte sich nun wieder die Opposition unter den katholischen Kurfürsten, die für ihre Mehrheit im Kollegium fürchteten. Denn während es möglich war, daß Köln eines Tages seinen Platz wieder im Kollegium einnehmen würde, war es genauso möglich, daß Bayern für immer ausgeschlossen bleiben würde. Beunruhigend war ferner, daß Johann Wilhelms pfälzisch-neuburgische Linie demnächst zu verlöschen drohte und er wahrscheinlich eines Tages vom regierenden Herzog von der Pfalz-Zweibrücken, nämlich Karl XII. von Schweden, ersetzt werden würde. Damit hätten die Katholiken ihre Mehrheit von einer Stimme eingebüßt.[211] Die Katholiken reagierten auf diese drohende Gefahr, indem sie die Zulassung Hannovers ins Kollegium mit der Bedingung verknüpften, daß, sollten sie den bayrischen oder pfalz-neuburgischen Platz im Kollegium verlieren, er automatisch von einem katholischen Kurfürsten eingenommen werden würde.[212] Josef I. stimmte zu, aber nur, nachdem ihm ebenfalls einige Konzessionen gemacht worden waren, unter anderen das Recht, den katholischen Ersatzmann zu bestimmen. Nun aber waren die protestantischen Fürsten hellhörig geworden und protestierten. Von Schweden angestiftet, forderten sie nun ihrerseits das Recht, aussterbende oder konvertierte protestantische Kurfürsten ersetzen zu dürfen. Aber der Kaiser lehnte eine solche Forderung im Frühling 1707 glattweg ab, worauf die Verhandlungen abgebrochen wurden, ohne daß Hannovers Aufnahme ins Kollegium beschlossen worden war.[213]

Während für diese Verzögerung in erster Linie die persönlichen Eifersüchteleien und der religiöse Wahn der deutschen Fürsten verantwortlich zu machen waren, trug der Kaiser die Schuld daran, daß die Bestrafung Max Emanuels so lange hinausgeschoben wurde. Josef I., der ursprünglich gehofft hatte, Bayern annektieren zu können, hatte Ende 1706 diesen Plan endgültig aufgegeben in der richtigen Annahme, daß der Widerstand der Fürsten angesichts dieser Gebietserweiterung, verbunden mit den unvermeidlichen Kompensationswünschen der Preußen und Sachsen, ein unüberwindliches Hindernis gewesen wäre. Er beabsichtigte statt dessen, Max Emanuel das Kurfürstentum zurückzugeben, allerdings ohne die Oberpfalz und mit geringfügigen Berichtigungen, im Tausch gegen französische Abtretungen im Elsaß und in Lothringen.[214] Da er aber seine Truppen in der Oberpfalz einquartiert hatte, schob Josef I. nun so lang wie möglich die offizielle Urteilsverkündung hinaus,[215] obwohl er schon im Mai 1706 Johann Wilhelm von der Pfalz das begehrte Territorium versprochen hatte. So machte er geltend, daß zuerst die Zustimmung des Kollegiums eingeholt werden müsse.[216] Selbstverständlich war beiden Männern klar, daß dies eine lange Prozedur war, die zudem Preußen und Sachsen dazu verführen würde, politischen Druck auszuüben. Tatsächlich war ein ganzes Jahr lang die Besetzung der Pfalz durch kaiserliche Truppen durch die Manöver Friedrichs und Augusts des Starken gedeckt. Erst nachdem Johann Wilhelm ihnen verschiedene Konzessionen gemacht hatte, trat am 2. Mai 1707 das Kurfürstenkollegium zusammen und beschloß einstimmig, die Oberpfalz Johann Wilhelm zuzusprechen und Max Emanuel das Stimmrecht wegzunehmen. Aber selbst jetzt erfand der Kaiser immer neue Vorwände, die ihn an der endgültigen Räumung der Pfalz hinderten.[217]

Seine Verzögerungstaktik aber sollte den Kaiser teuer zu stehen kommen. Im Dezember 1707 erklärte Johann Wilhelm von der Pfalz zornig, er würde sein 10.000 Mann starkes Korps nicht an die Front schicken, wenn der Beschluß vom

2. Mai 1707 nicht endlich ausgeführt würde. Zur Bekräftigung dieser Drohung zog er auf der Stelle seine Bürgschaft für eine Anleihe von 1 Million Taler zurück, die die Nördlinger Assoziation gerade gewährt hatte.[218] Kaum hatte Georg Ludwig von Hannover davon Wind bekommen, als er auch schon verkündete, er übernehme auf keinen Fall im Frühling das Kommando ohne die versprochenen pfälzischen Einheiten.[219] Der Kaiser gab nach, wenn auch nicht bedingungslos. Am 3. Februar 1708 erklärte er, daß er sich an die Resolution vom 2. Mai halten wolle, aber nur, wenn der pfälzische Kurfürst unter anderem die Stadt Kaiserswerth wieder hergäbe, die ursprünglich zu Köln gehört hatte, aber 1702 dem Kölner Kurfürsten abgenommen worden und der Pfalz angeschlossen worden war. Die Bedingungen des Kaisers entsprachen seiner Politik, die Kleinstaaterei gegen die Ansprüche der größeren deutschen Fürsten zu schützen. Auch war diese seine Politik in diesem speziellen Fall durch ein Angebot des Kölner Domkapitels, ihm 30.000 Taler für die Zurückgabe Kaiserswerths zu zahlen, positiv gestärkt worden.[220] Dazu kam eine tief verwurzelte Abneigung, irgend etwas Freund oder Feind zu konzedieren, ohne zu versuchen, entsprechende Gegenleistungen herauszuschlagen. Da der Feldzug erst in ein paar Monaten begann, hatte Josef I. das Gefühl, noch genügend Zeit für ein kleines diplomatisches Manöver zu haben.

Fast drei Monate vergingen, bis Johann Wilhelm von der Pfalz nachgab. Vergeblich hatten die Kaiserin-Mutter Eleonore und der Reichs- und Reichsvizekanzler versucht, Josef dazu zu bewegen, die Kaiserswerth-Klausel zurückzuziehen.[221] Anfang Mai kapitulierte der Kurfürst, und der Kaiser kündigte an, daß die Übergabe innerhalb der nächsten drei Wochen erfolgen würde.[222] Aber schon fünf Tage später modifizierte der Kaiser sein Versprechen. In der Hoffnung, noch einen weiteren Vorteil herausholen zu können, erklärte er, er würde das Kurfürstenkollegium erneut zusammenrufen, um für die Resolution vom 2. Mai nachträglich seine Stimme als König von Böhmen abzugeben. Indem er dieses lange nicht mehr benützte Wahlrecht ausübte, wollte der Kaiser demonstrieren, daß Böhmens Wahlrecht uralt sei und vollkommen unabhängig von irgendwelchen Händeln um die Aufnahme Hannovers.[223] Bis aber das Kollegium zusammengetreten war und gewählt hatte, würden sicher mehr als drei Wochen vergehen, die der Kaiser für die Räumung der Oberpfalz angegeben hatte. Am 29. Mai verlor Johann Wilhelm von der Pfalz die Geduld. Seine 10.000 pfälzischen Soldaten erhielten den Befehl, ihren Marsch zur Mosel vorläufig nicht fortzusetzen.

In seinem Versuch, das Weitmöglichste aus seinem Vasallen herauszupressen, war der Kaiser zu weit gegangen. Nun wurde ihm klar, daß er das Dokument unterzeichnen mußte, wenn er wollte, daß die Pfälzer ihren Marsch fortsetzen. In aller Eile ließ er das Kollegium zusammenrufen, und anstatt seinen eigenen Vertreter nach Regensburg zu entsenden, gab er dem Delegierten von Trier,

Franz Wilhelm von Wetzel, den Auftrag, die böhmische Stimme für ihn abzugeben. Wetzel erhielt seine Instruktionen am Abend des 9. Juni, und obwohl der folgende Tag ein Sonntag war, wurde trotzdem eine Sitzung angesetzt. Am Sonntagmorgen trafen sich die sechs kurfürstlichen Delegierten im Haus des sächsischen Repräsentanten und gaben ihre Stimmen ab. Gleich danach wurde Prinz Eugen in Frankfurt benachrichtigt. Der Prinz hatte schon am Tag der Sitzung einen dringenden Appell an den pfälzischen Kurfürsten gerichtet, er möge seinen Soldaten erlauben, weiterzumarschieren.[224] Zwar hatte dieser Brief den Kurfürsten nicht zu rühren vermocht, aber auf den zweiten Brief, den er von Eugen am 18. erhielt, in dem ihm dieser das Wahlergebnis mitteilte und ihm versicherte, der Kaiser würde es sofort ratifizieren, reagierte er schon viel positiver.[225] Obwohl man gerade ihm eine gewisse Skepsis nicht übelgenommen hätte, glaubte er den Versicherungen Eugens und gab seinen Truppen den Befehl, weiterzumarschieren.[226] Vier Tage später langte das Kontingent in Koblenz an, und getreu der Worte Eugens ratifizierte der Kaiser die Resolution des Kollegiums am 23. Juni.[227] Obwohl der Kaiser es fertigbrachte, noch weitere kleine technische Schwierigkeiten bei der Übergabe der Oberpfalz auszuhecken, kam Johann Wilhelm endlich Anfang August in den Besitz der Oberpfalz.[228]

Eine Woche nachdem er dem pfälzischen Kurfürsten nachgegeben hatte, gelang es dem Kaiser, sich mit dem Reichstag bezüglich Hannovers Aufnahme ins Kurfürstenkollegium zu einigen. Wie bei seinen Verhandlungen mit Johann Wilhelm stand auch bei den Verhandlungen mit dem Reichstag die Sorge um den kommenden Feldzug im Mittelpunkt der kaiserlichen Überlegungen. Anders als der pfälzische Kurfürst hatte Georg Ludwig von Hannover sich bisher äußerst geduldig gezeigt. Immerhin wartete er schon über 15 Jahre auf die Verleihung der Kurwürde. Als nun freilich in dem Moment, da er das Ziel schon greifbar vor Augen hatte, die katholischen Kurfürsten aufs neue Bedingungen stellten und der Kaiser ihr Substitutionsprojekt auch noch unterstützte,[229] verlor auch er die Geduld und schrieb dem Kaiser am 7. April, er möge endlich die Sache zu einem Ende bringen. Auch Eugen bekam drei Wochen später bei seinem Besuch in Hannover die Ungeduld Georg Ludwigs zu spüren und drang in Josef I., die Angelegenheit ins reine zu bringen, bevor sie sich negativ auf den kommenden Feldzug auswirke.[230]

Sosehr der Kaiser verstehen konnte, daß Georg Ludwig von Hannover langsam genug hatte, sowenig war er bereit, ausgerechnet den protestantischen Fürsten nachzugeben, umso weniger, da es um das traditionelle Recht der Krone ging, die Kurfürsten zu nominieren. Da zudem die Front am Oberrhein, an der Georg Ludwig das Kommando führte, im kommenden Feldzug nur von sekundärem Interesse sein würde, fühlte Josef I. ganz und gar nicht den Drang, teure Zugeständnisse an den Reichstag zu machen, die seine Rechte als Kaiser und König von Böhmen einschränkten.[231] In dem Kompromiß, den er schließlich dem Reichstag vorlegte, verzichtete der Kaiser zwar darauf, einen katholischen Ersatzmann zu nominieren, aber statt dessen sollte der Reichskanzler zwei Stimmen abzugeben haben, bis man eine endgültige Regelung ausgearbeitet hätte. In den anderen Punkten zeigte er sich unnachgiebig. Von einer Nominierung eines protestantischen Gegenkandidaten könne nicht die Rede sein. Bevor Hannover zum Kollegium zugelassen würde, müsse Böhmens Wahlrecht ausdrücklich anerkannt werden. Parallel zu der Zulassung des Königreiches zum Kollegium müsse die Aufnahme in den Reichsfürstenrat und das Reichskammergericht erfolgen. Ferner enthielt des Kaisers Kompromißvorschlag zwar Böhmens zukünftige Teilnahme an dem System der militärischen Kreise, von dem es bis dato ausgenommen war, aber die Formulierung ließ erkennen, daß der Kaiser die Erfüllung seiner nun größeren Verteidigungsverpflichtungen unbegrenzt hinausschieben konnte.[232] Nach wochenlangen Verhandlungen stimmten die protestantischen Fürsten endlich dem kaiserlichen Kompromißvorschlag zu, vor allem wohl, weil Preußen und Sachsen ihnen klarmachten, wenn sie nicht endlich Hannover ins Kollegium aufnähmen, schadeten sie ihren eigenen Interessen.[233]

Mit der Beilegung dieser beiden Konflikte konnte Wien wieder seine volle Aufmerksamkeit den militärischen Operationen zuwenden. Die Regelung mit Johann Wilhelm war keinen Moment zu früh gekommen. Seit Mitte Juni forderte Marlborough unentwegt Prinz Eugen auf, wie versprochen nach Belgien zu kommen, aber durch die verspätete Ankunft der Pfälzer hatte sich sein Aufbruch verzögert.[234] Am 29. Juni konnte er endlich sein Lager an der Mosel verlassen. Um Georg Ludwig von Hannover von der Notwendigkeit und Spontaneität seiner Aktion zu überzeugen, schickte der Prinz dem Oberkommandierenden einen Brief von Marlborough, in dem von den katastrophalen Zuständen an der belgischen Front die Rede war. Diesen Brief hatte Marlborough Eugen schon vor einiger Zeit nur zum Zwecke der Täuschung geschickt.[235] Als Eugen aber bald darauf an der belgischen Front eintraf, mußte er feststellen, daß sich hier die Lage in der Tat verschlechtert hatte. Anfang Juli hatten die nordbelgischen Städte Gent und Brügge ihre Tore den Franzosen geöffnet, wodurch Marlboroughs Nachschub in Gefahr geraten war. Nun aber gingen die beiden Generäle daran, mit vereinten Kräften die Situation wieder in den Griff zu bekommen. Am 11. Juli gelang es ihnen, zwei Drittel der Armee Marschall Vendômes bei Oudenaarde zu umzingeln und zu schlagen. Vendôme mußte sich nordwärts bis nach Brügge und Gent zurückziehen, so daß Eugen und Marlborough während der folgenden Monate einige militärische Ziele entlang der belgisch-französischen Grenze erobern konnten. Nach einer außergewöhnlich langen Belagerung Lilles konnten sie diese zweitgrößte Stadt Frankreichs einnehmen, und sobald Vendôme seine Truppen in die Winterquartiere geführt hatte, konnten auch Gent und Brügge zurückerobert werden.

Obgleich nach der Schlacht bei Oudenaarde viele französische Truppen aus dem Elsaß abgezogen wurden, versäumte es Georg Ludwig von Hannover, seine zahlenmäßige Überlegenheit kräftig zu nutzen. Ja, im Frühherbst meinte er, gegnerische Truppenmassierungen an seiner Front zu bemerken, und forderte Verstärkung aus Belgien an. In dem Moment aber, da Marlborough auf diesen Appell reagierte, schickte der Kurfürst die Reichstruppen in ihre Winterquartiere.[236]

Mit dem Ende des Feldzuges von 1708 hörte der Oberrhein auf, eine strategisch wichtige Rolle im Krieg gegen Frankreich zu spielen. Deutschland diente nur mehr als Nachschubebene für seine Alliierten. In gewisser Hinsicht entsprach dieser Zustand – die geringe Rolle, die das Reich in diesem Kampf spielte – der veränderten politischen Einstellung des Kaisers. Als Römischer König noch ganz unter Eindruck des wiedererwachenden deutschen Patriotismus stehend, war er inzwischen ganz in seine Doppelrolle als Kaiser und habsburgischer Monarch hineingewachsen. Ohne daß sich der intensive Franzosenhaß seiner Jugend verlor, wandte sich seine Aufmerksamkeit immer mehr von der Verfolgung der Reichsinteressen ab zugunsten rein dynastischer Ziele im Süden und Osten. Nach dem Sieg bei Höchstädt und dem Fall Landaus war Deutschland soweit gesichert, daß er ohne Skrupel die Front am Oberrhein vergessen konnte, was zum offenen Bruch mit seinem alten Freund und Lehrer, Ludwig Wilhelm von Baden, führte. Obwohl durch die Siege in Italien seine Armeen wieder frei wurden und nach Norden zurückkehrten, ordnete sich Josef I. bereitwillig dem politischen Genius von Marlborough und Eugen unter und verzichtete aus allianzpolitischen Erwägungen auf den so liebgewonnenen Moselplan zugunsten eines Feldzuges in Belgien. Der Preis, den er für seine dynastische Politik zu zahlen hatte, war die enttäuschende Tatsache, daß der Sieg von Höchstädt nicht in der Weise genutzt wurde, wie es seiner Größe entsprochen hätte.

Denn in der gleichen Weise wie dem Kaiser gab der Sieg bei Höchstädt auch den deutschen Fürsten die nötige Bewegungsfreiheit, um sich auf eigene Interessen zu konzentrieren. Schon bevor Josef I. den Thron bestieg, ging bereits der Altweibersommer fürstlicher Loyalität zu Kaiser und Reich dem Ende zu. Um seine Vasallen zur Mitarbeit anzufeuern, mußte der junge Kaiser bereits wieder zu denselben Mitteln wie seine Vorgänger greifen. So mußte auch er sich mehr einer Politik der diplomatischen Winkelzüge als einer väterlichen Politik bedienen und immer wieder die legale Autorität der Krone dazu benutzen, um mit seinen Vasallen Geschäfte zu machen. Eine solche Politik der Machenschaften war natürlich nicht gerade dazu angetan, das Image des Kaisers zu erhöhen. Bis zu einem gewissen Grade wirkte sie mit, die letzten Spuren von Loyalität unter den deutschen Fürsten zu vernichten. Aber in einem politischen System, das sich durch intensivste persönliche Eifersucht und religiöse Paranoia auszeichnete, war dies der einzig wirksame Weg, sich die einzelnen deutschen Staaten wenigstens vorübergehend gefügig zu machen.

In diesem Licht gesehen, erscheint Josefs Politik gegen die Pfalz rücksichtslos. Jedoch, das enge Verhältnis zwischen Josef und Johann Wilhelm von der Pfalz entstand nur aus einer ehemaligen Eheverbindung und gegenwärtigen parallellaufenden politischen Interessen gegen Frankreich und Bayern. Solange der Kaiser Johann Wilhelms Interessen diente, wie im Sommer 1708, würde die Verbindung zwischen den zwei Regenten fest bleiben. Aber eines Tages würden die dynastischen Bestrebungen Johann Wilhelms oder seiner Nachfolger sicher solch eine Zusammenarbeit ausschließen, ohne Rücksicht auf frühere Obligationen. Zweifellos war das die Warnung der vergangenen Jahre gewesen. Trotz einer langen und engen Allianz hatte Max Emanuel von Bayern Kaiser Leopold im Stich gelassen, als Wien sich weigerte, seine übermäßigen Forderungen anzuerkennen. Kurz danach hatte Friedrich I. sein Bündnis mit Josef aufgegeben, als er sah, daß der Kaiser eine weitere preußische Ausdehnung ablehnte. Wenn auch er noch nicht gegen Wien gekämpft hatte, so hatten doch Augusts des Starken große Träume ihn in einen katastrophalen Krieg verwickelt. Sogar in der neuen Verbindung mit Hannover konnte man die Samen späterer Zwistigkeiten erkennen. Kein Fürst war höher in der kaiserlichen Gunst gestanden als Georg Ludwig von Hannover, der wie Johann Wilhelm von der Pfalz mit dem Kaiser und seinem Bruder durch Heirat verwandt war. Anders als Preußen und Sachsen war Hannover niemals von Wien wegen mangelnder Pflichterfüllung gegenüber der Reichsarmee gerügt oder bedroht worden. Und nach der Entlassung Bayreuths wurde Georg Ludwig von Hannover vom Kaiser zum Oberbefehlshaber ernannt. Aber schon nach kurzer Zeit begann der neue Kurfürst die Taktik seiner Kollegen zu imitieren. So versuchte er Ende 1707, dem Kaiser die Erlaubnis zu entreißen, die Einkünfte des benachbarten Bistums Hildesheim zur Finanzierung seines Reichskontingentes benutzen zu dürfen.[237] Da aber das Domkapitel von Hildesheim – dessen Regent Josef Clemens von Köln war – seinen finanziellen Verpflichtungen dem Kaiser gegenüber pünktlich nachkam, lehnte der Kaiser das Ansinnen Georg Ludwigs ab. Dennoch besetzte dieser Hildesheim und handelte damit offen den Anweisungen Wiens zuwider.[238]

Bei einer derart auf dynastische Interessen zielenden Politik konnte man nur noch von den kleineren Staaten sowie von den Kirchenfürsten erwarten, daß ihnen die Gesetze und Interessen des Reiches noch etwas galten. Denn für diese Fürsten war dies die beste Chance zu überleben. Für die Kurfürsten dagegen war die Reichsidee meist nur noch ein lästiges Hindernis, das man zu überwinden hatte, entweder mit Gewalt oder mit der Mitarbeit des Kaisers. Nur in diesem Sinn regierte Josef I. noch im deutschen Reich.

IV.
ITALIEN:
Der Kampf um die Hegemonie

„In Italien muß man das Recht
mit Realpolitik verbinden."
Johann Friedrich Baron Seilern

Daß Josef I. Deutschland für den weniger wichtigen Kriegsschauplatz hielt als Italien, wird verständlich, wenn man einen Blick auf die Geschichte wirft. Zwei Jahrhunderte lang hatten die spanischen Habsburger über die Halbinsel geherrscht und damit die südwestliche Flanke der Monarchie vor französischen Angriffen abgesichert. Das Testament Karls II. beraubte nun die Monarchie nicht nur eines höchst wertvollen Bollwerks, es erlaubte zwei Feinden der Monarchie, an der Alpengrenze der Monarchie Stellung zu beziehen. Die Italienpolitik Josefs I. entsprach aber durchaus den Richtlinien, die Leopold I. in seinen letzten Regierungsjahren gesetzt hatte. Wahrscheinlich hätte der alte Kaiser sogar einer Teilung des spanischen Erbes zugestimmt, wenn sein Anteil sämtliche spanischen Besitzungen in Italien umfaßt hätte. In den Verhandlungen mit England und Holland nach dem Tod Karls II. instruierte er jedenfalls Wratislaw in der Richtung, der Dynastie unbedingt Italien zu sichern, selbst wenn man dafür auf Spanien und die Kolonien verzichten müsse.[1]

Als Josef I. die Regierung übernahm, setzte er diese Politik noch intensiver fort. Die Kosten für die italienische Front überstiegen um etliches die Summen, welche die Feldzüge in Deutschland und Ungarn gemeinsam verschlungen hatten.[2] Und der junge Kaiser entschuldigte die Aufgabe von Elsaß und von Lothringen damit, daß er sich verpflichtet fühle, die Rechtsansprüche des Reiches in Norditalien zu verteidigen.[3] Tatsächlich war Norditalien mit Ausnahme Venedigs und Teilen der Toskana, von Parma und Genua theoretisch Besitz des Heiligen Römischen Reiches Deutscher Nation. Aber hier in Italien hatten die Vorrechte des Reiches noch weniger Geltung als in Deutschland. Zwei Jahrhunderte spanisch-habsburgischer Hegemonie hatten die kaiserliche Autorität in Italien praktisch beseitigt. Josef I. setzte sich nun zum Ziel, die spanische Herrschaft durch die österreichische – nicht etwa die kaiserliche – zu ersetzen und Italien dadurch wieder zur Pufferzone im Südwesten der Monarchie sowie zu einer zusätzlichen Einnahmequelle während des Krieges zu machen. Wann immer er davon sprach, die Rechte des Reiches verteidigen zu müssen, hatte er die unmittelbaren Interessen der Monarchie im Kopf.

Die Eroberung Italiens

Wenn auch Vater und Sohn Italien als das höchste Ziel des Krieges betrachteten, ist es kaum wahrscheinlich, daß der Sieg auf der Halbinsel unter Leopold möglich gewesen wäre. Seit Ausbruch des Krieges gegen Ludwig XIV. hatten Josef I. und sein „junger Hof" vergeblich für Truppenverstärkungen in Italien plädiert.[4] Anfang 1705 war die Entwicklung in Italien aber in ein äußerst gefährliches Stadium geraten. Während Philipp V. immer noch alle spanischen Besitzungen in Italien unter seiner Kontrolle hatte – das Herzogtum Mailand, die toskanischen Häfen, die Enklave von Finale und die Königreiche Neapel, Sizilien und Sardinien –, war es der Armee Marschall Vendômes gelungen, Prinz Eugens wesentlich kleinere Streitkraft auf neutralem venezianischen Boden einzuschließen. Obwohl Herzog Amadeus von Savoyen nun ein Mitglied der Großen Allianz war, war er praktisch machtlos; denn seine Länder waren von französischen Truppen umzingelt. Als Eugen sich Anfang 1705 auf die Rückkehr nach Italien vorbereitete, war allen Beteiligten klar, daß Viktor Amadeus dem französischen Druck nicht länger würde standhalten können. Bevor er Wien verließ, bat Eugen daher den Kaiser nochmals um mehr Geld und Truppen, damit er seinen Cousin aus der gefährlichen Lage befreien könne. Während Josef die Forderungen des Prinzen voll unterstützte,[5] lehnte Leopold I. sie zunächst einmal ab. Erst als Eugen ihm am 14. März seinen Rücktritt als Hofkriegsratspräsident anbot, gab Leopold nach und versprach ihm die einmalige Summe von 800.000 Gulden und einen monatlichen Betrag von 300.000 Gulden.[6] Um Leopold I. Gerechtigkeit widerfahren zu lassen, muß man sagen, daß er wahrscheinlich genau wußte, daß diese Summen nicht verfügbar waren. Jedenfalls gelang es Josef nur mit größter Mühe, ihn einige Tage später davon abzuhalten, sein Versprechen zurückzunehmen. Und als Eugen am 17. April die Hauptstadt verließ, um „ein zweites Wunder" nach dem Beispiel Höchstädts zu vollbringen, mußte er doch ohne das versprochene Geld abreisen.[7] Unmittelbar nach seiner Ankunft in Italien richtete der Prinz daher ein dringendes Schreiben an Josef, er möge allen seinen Einfluß einsetzen, um den Kaiser zur Einlösung seines Versprechens zu bewegen.[8]

Aber erst nach Leopolds Tod war Josef I. imstande, Eugen zu helfen. Wie wir gesehen haben, versuchte er, die bayrische, die Tiroler und die innerösterreichische Militäradministration dem Prinzen persönlich zu unterstellen. Außerdem schloß er am 25. Mai mit Kurfürst Johann Wilhelm einen Vertrag über die Lieferung von 4000 pfälzischen Söldnern für Italien ab. Im Sommer war die Stärke der österreichischen Armee auf 30.000 Mann angestiegen, also fast aufs Doppelte. Zu den 4000 Pfälzern waren die 8000 von Marlborough in Dienst genommenen Preußen gekommen.[9] Dennoch gelang es Eugen nicht, am 16. August die Adda bei Cassano zu überqueren und durch die französischen Linien zu brechen. Als die Nachricht von Eugens Niederlage in Wien eintraf, hatte sie neben allgemeiner Bestürzung auch positive Folgen. Josef I. setzte sich mit vermehrtem Eifer für Steuererhöhungen und härtere Rekrutierung in den Erblanden ein.[10] Vom Rhein wurden mehrere österreichische Kontingente abberufen, dasselbe erwog man in Ungarn zu tun,[11] und wieder einmal wandte man sich mit der Bitte um Hilfe an Sachsen, Württemberg, Wolfenbüttel und Würzburg[12] und schließlich auch an den Zaren. Hier ging es um ein Projekt von 6000 russischen Söldnern.[13] Von allen diesen Plänen wurden jedoch nur wenige verwirklicht. So erwies es sich als unmöglich, die Armee in Ungarn zu schwächen, vom Rhein wurden im Oktober nur 38.000 Mann abgezogen, und die Krone brachte, obwohl sie ihr Einkommen ein wenig erhöhen konnte, nur ein Drittel der von Leopold I. versprochenen Summe auf.[14]

Glücklicherweise reagierten wenigstens die Alliierten positiv. Am 25. August hatte Josef I. seine Gesandten in London und Den Haag beauftragt, um ein Darlehen von 400.000 Talern anzusuchen. Zunächst waren die Aussichten auf einen positiven Bescheid nicht allzu groß. Die Generalstaaten hatten Anfang des Jahres ein ähnliches Ansuchen abgelehnt, worauf am 28. September die britische Regierung verkündete, sie gäbe keine weiteren Kredite, wenn die Holländer sich nicht daran beteiligten.[15] Schon bei der Belagerung von Landau aber war Josef I. aufgefallen, daß der einflußreiche Herzog von Marlborough sich äußerst interessiert am Schicksal Savoyens zeigte.[16] Und in der Tat setzte sich nun der mächtige Herzog bei der holländischen und der englischen Regierung dafür ein, daß sie dem Kaiser eine kräftige Finanzhilfe zukommen ließen. Ein Kollaps an der italienischen Front, so argumentierte er, würde den Franzosen Gelegenheit geben, ihre Armeen in Belgien und im Elsaß zu verstärken.[17] Als die Holländer endlich Anfang Oktober sich bereit erklärten, über eine Anleihe für Eugens Armee in Italien zu verhandeln, bereitete der Herzog auf der Stelle seine Abreise nach Wien vor.

Als Bevollmächtigter sowohl Englands als auch Hollands traf der Herzog am 12. November in Wien ein und versprach dem Kaiser volle Unterstützung bei seinem Feldzug in Italien. Die Gastgeber mußten jedoch bald feststellen, daß ihnen die Hilfe nur gewährt werden würde, wenn sie ihre eigene Bereitschaft, ihren vollen Anteil an den Kriegslasten zu tragen, überzeugend demonstriert hatten. Während der vergangenen Jahre hatte der Herzog häufig die Lethargie des militärischen Apparats unter Leopold I. kritisiert. Daher setzten jetzt Josef I. und seine Minister ihre ganze Überzeugungskraft ein, um Marlborough klarzumachen, daß sie allein den Krieg unmöglich weiterführen könnten und alles getan hätten, was in ihrer Macht stand, um Eugens Armee in Italien zu stärken.[18] Aus der Korrespondenz des Herzogs geht hervor, daß der Kaiser und seine Minister überzeugend argumentiert hatten.[19] Schon nach einer Woche hatte Marlborough die Verhandlung über eine Anleihe von 300.000 Taler abgeschlossen. Angesichts der verzweifelten Lage Eugens bat er seine Regierung, die ersten 100.000 Taler direkt von den englischen Vertretungen in Frankfurt nach Venedig zu senden. Die restliche Summe sollte zu gleichen Hälften zwischen England und den Vereinigten Provinzen aufgeteilt werden und sofort nach Unterzeichnung des Vertrages abgeschickt werden.[20] In einer Reihe von Gesprächen mit dem Kaiser und seinen Ministern machte Marlborough noch weitere Zugeständnisse. Nicht nur, daß er versprach, nach seiner Rückkehr weitere 250.000 Pfund in England aufzutreiben, er erklärte sich auch bereit, die von Josef I. im vergangenen Mai in Dienst genommenen 4000 pfälzischen Söldner in englisch-holländische Dienste zu überstellen. Der Kaiser hatte schon Schwierigkeiten gehabt, diese Söldner zu bezahlen, nun kam der Kurfürst mit einer noch größeren Anzahl von Söldnern daher, die er gerne bei der alliierten Armee untergebracht hätte. Und Marlborough half auch hier. Noch von Wien aus machte er dem Kurfürsten das Angebot, eine Streitkraft von 10.000 Söldnern, darunter die 4000 von Josef I. engagierten Pfälzer, sowie 3000 pfälzische Rekruten und ein Kontingent von 3000 Mann aus Sachsen-Gotha zu finanzieren und unter pfälzischen Oberbefehl zu stellen.[21]

Am 22. November verließ der Herzog Wien, aber damit war seine diplomatische Mission in Sachen Habsburg und Italien nicht beendet. Nach einem Zwischenaufenthalt in Berlin, wo der preußische Subsidienvertrag erneuert wurde, kehrte Marlborough nach Den Haag zurück, um die Subsidienverhandlungen mit Johann Wilhelm von der Pfalz bis zu ihrem erfolgreichen Abschluß in der ersten Jännerwoche zu überwachen.[22] Nach einer Woche war er schon wieder in London, wo ihm der österreichische Gesandte, Graf Gallas, über seine Bemühungen für eine weitere Finanzhilfe Bericht erstattete.[23] Im Februar waren alle Vorbereitungen für die während seines Aufenthalts in Wien versprochene Anleihe von 250.000 Pfund getroffen. Wie diese im November ausgehandelte „Marlborough-Anleihe" sollte auch der neue Kredit direkt nach Venedig und nicht über die Hofkammer in Wien gesandt werden. Damit wollte man Zeit gewinnen und vor allem verhindern, daß ein Teil des Geldes in Nebenkanälen versickerte. Diesmal stammte das Geld zum großen Teil aus privater Hand. Am 18. März wurde die Öffentlichkeit aufgefordert, sich an dem Kredit mit persönlichen Einlagen zu beteiligen bei einem Zinssatz von 8 Prozent. Innerhalb von sechs Tagen hatte man die Summe zusammen. Unter den 300 Persönlichkeiten, die den Vertrag unterzeichneten, befanden sich der Prinzgemahl (20.000 Pfund), Marlborough (10.000 Pfund), der Schwiegersohn des Herzogs, der Graf von Sunderland, und der Schatzmeister, Lord Godolphin (5000 Pfund).[24] Die Königin selber zögerte zunächst, ihr eigenes Vermögen in den Dienst der habsburgischen Sache in Italien zu stellen. Nach einigen Monaten jedoch entschloß auch sie sich zu einem Kredit von 50.000 Pfund aus eigener Tasche zu dem bescheidenen Zinssatz von 6 Prozent.[25]

Inzwischen war auch die Regierung in Wien nicht untätig gewesen und hatte alles verfügbare Geld zusammengekratzt und nach Italien geschickt. In den ersten Monaten des Jahres 1706 war der Mangel an Bargeld in der Hauptstadt so groß, daß Lebensmittelpreise stürzten, obwohl Korn ausgesprochen knapp war.[26] Prinz Eugen traf am 23. Jänner von der Front kommend in Wien ein, um fast drei Monate lang in der Hauptstadt seine Vorbereitungen für den nächsten Feldzug zu treffen.[27] Seine lange Abwesenheit von der Front ist wohl mit dafür verantwortlich zu machen, daß seine Armee am 19. April eine katastrophale Niederlage bei Calcinato erlitt. Eugen, der einige Stunden nach der Schlacht bei seiner geschlagenen Armee eintraf, konnte nur noch die Überreste sammeln und über die Etsch zurückgehen lassen. Nun aber trafen endlich die versprochenen Verstärkungen ein. Mitte Mai war Eugens Streitkraft bereits auf 50.000 Mann angewachsen, ein Drittel davon bestand aus englisch-holländischen Söldnern.[28] Dazu kam die Nachricht, daß sich weitere 10.000 hessische Söldner aus Marlboroughs Armee in Belgien auf dem Marsch nach Italien befanden.[29] Eugens Armee war aber ohnedies jetzt stark genug, um nach Turin aufzubrechen. Eugens Gegner war Marschall Vendôme mit einer Streitkraft von 44.000 Mann. 250 Kilometer westwärts belagerte eine zweite französische Armee von 48.000 Mann unter dem Befehl La Feuillades die savoyische Hauptstadt. Es war ziemlich klar, daß Viktor Amadeus mit seinen 16.000 Mann dieser Belagerung nicht mehr lange standhalten konnte. Am Abend des 17. Juni, knapp eine Woche, nachdem Vendôme seinem König versichert hatte, Prinz Eugen würde niemals in der Lage sein, die belagerte Stadt zu befreien, überquerten bereits die vorderen Einheiten der österreichischen Armee die Etsch, umgingen die französischen Linien und marschierten nach Turin. Und wieder einmal stand Marlborough, diesmal indirekt, Eugen rettend zur Seite. Nach Marlboroughs Sieg bei Ramillies am 23. Mai hatte Ludwig XIV. Vendôme den Befehl gegeben, heimzukommen, um den in Ungnade gefallenen Villeroy zu ersetzen. Angesichts der neuen Situation an der Etsch war der Marschall über diesen Befehl keineswegs unglücklich. Sein Nachfolger war der militärisch völlig unerfahrene Herzog von Orléans. Das eigentliche Kommando übernahm Marschall Marsin, den Marlborough und Eugen vor zwei Jahren bei Höchstädt besiegt hatten. Unbegreiflicherweise entschloß sich der Marschall, Eugen nicht den Marsch abzuschneiden, so daß dieser sehr schnell am Südufer des Po direkt auf Turin zumarschierte, während Orléans und Marsin sich mit ihrer Hauptstreitkraft nach Turin zurückzogen und sich hier auf die Schlacht vorbereiteten. Am Morgen des 7. September war es soweit. Die beweglicheren Kaiserlichen schlugen die Feinde in die Flucht. Da Marsin schwer verwundet war, organisierte Orléans den Rückzug zuerst in südlicher Richtung und dann westwärts über die Alpen nach Frankreich. Anders als Höchstädt und Ramillies war Turin kein Vernichtungssieg; denn während des ganzen Tages war infolge der Inkompetenz der französischen Kommandanten nicht einmal die Hälfte der vereinigten französischen Streitmacht zum Einsatz gekommen. Trotzdem war Eugens Triumph ebenso eindeutig und folgenschwer wie der Marlboroughs bei Ramillies und der Sieg beider bei Höchstädt. Denn auch nach der Schlacht bei Turin verließen die Franzosen nicht nur das Schlachtfeld, sondern den gesamten Kriegsschauplatz. Zurück blieb lediglich eine Streitkraft von 23.000 Mann, die in totaler Abgeschnittenheit von Frankreich zwei Tage später bei Castiglione einem Teil der kaiserlichen Streitkraft eine Verzweiflungsschlacht lieferte, die siegreich für die Franzosen endete. Ihr Kommandant Medavi löste jedoch seine Truppen auf und verteilte sie auf die zahlreichen französischen Garnisonen Norditaliens, als er die Nachricht von der Befreiung Turins und dem Rückzug von Orléans erhielt. In Süditalien bereitete sich inzwischen eine kleine spanische Armee von 8000 Mann auf die Verteidigung des Königreichs Neapel vor.

So sah sich der Kaiser wieder einmal mit der Aussicht konfrontiert, einen langen Belagerungsfeldzug hinter den eigenen Linien führen zu müssen. Denn während bei Höchstädt die französische Feldarmee total vernichtet worden war, hatte Eugen die französische Armee nur zurücktreiben, aber nicht zerstören können. Die Gefahr einer erneuten französischen Invasion von Westen war daher äußerst real und insofern gefährlich, als die Österreicher dann womöglich von Orléans und Medavi in die Zange genommen würden. Selbst wenn sich der französische König nicht dazu entschloß, Orléans zurückzuschicken, sah sich Eugen noch immer dem doppelten Problem gegenüber, seine Verbindungslinien nach den Erblanden verteidigen und zugleich Medavi davon abhalten zu müssen, nach Neapel zu marschieren und damit aus Süditalien eine nahezu uneinnehmbare Festung zu machen.[30]

Während Josef I. und Prinz Eugen sich noch angesichts dieser Probleme den Kopf zerbrachen, kam die Lösung aus einer Richtung, wo niemand sie erwartet hatte. Tatsächlich entschloß sich Ludwig XIV., keine Entsatzarmee zu Medavis Hilfe zu entsenden, und schlug statt dessen seinem Feind eine Regelung vor, die beiden Interessen gleichermaßen diente. In der Nacht des 14. Dezember betraten zwei französische Offiziere namens Javallière und Saint Pater Eugens Hauptquartier in Mailand. Anstatt nur über den angekündigten Gefangenenaustausch zu verhandeln, zogen sie Ludwigs XIV. Angebot aus der Tasche, Josef I. ganz Norditalien zu überlassen, wenn dafür Medavis Armee der freie Abzug gewährt würde. Korrekterweise informierte Eugen die beiden Herren, daß er nicht befugt sei, über diese Angelegenheit zu entscheiden, wobei er Bedenken anmeldete, ob sich nicht auch der Kaiser zuerst mit seinen Alliierten beraten müsse. Trotz aller formaler Bedenken war sich Eugen über die großen Vorteile, die dieser Vorschlag beinhaltete, vollkommen klar. Mit einem Feldzug wären alle strategischen Probleme, denen sich seine Armee gegenüber sah, beseitigt; und was noch wichtiger war, der Kaiser konnte ganz Norditalien besetzen und mit

Sicherheit demnächst Süditalien erobern. Daher sorgte Eugen, während er auf Instruktionen aus Wien wartete, dafür, daß der wahre Inhalt der französischen Mission geheim blieb und sie nach acht Tagen Mailand wieder verließ.[31]

Tatsächlich informierte Josef I. seine Alliierten über die französische Initiative.[32] Als sie aber den Vorschlag des freien Abzugs der französischen Armee zu mißbilligen schienen, dachte er gar nicht daran, das Projekt fallenzulassen. Bei den bevorstehenden Gesprächen zwischen ihm und den Franzosen ging es ja nicht um den Frieden, sondern nur um den Abschluß einer militärischen Vereinbarung, wie sie auch zwischen dem General einer Belagerungsarmee und dem Kommandanten einer Festung üblich waren.[33] Josef I. war daher der Ansicht, daß diese Vereinbarung, auch wenn sie zweifellos von großer strategischer Bedeutung war, allein seine Sache war.

Schließlich waren es die Engländer und Holländer selber, welche indirekt den Entschluß des Kaisers, mit Ludwig XIV. zu verhandeln, beschleunigten. Im Jänner wurde nämlich am Wiener Hof bekannt, daß die Engländer, Holländer und Savoyer den Feldzug 1707 mit einem Überraschungsangriff gegen die französische Flottenbasis im Hafen von Toulon beginnen wollten.[34] Die englische Regierung hatte diese Idee geboren, denn die Eroberung Toulons würde nicht nur die Zerstörung der gesamten französischen im Hafen von Toulon eingeschlossenen Flotte bedeuten, sondern würde der englischen Flotte endlich einen Hafen verschaffen, wo die englische Mittelmeerflotte den Winter verbringen konnte, ohne am Ende jedes Feldzugs den Heimweg antreten zu müssen. Die Eroberung Toulons war keine ganz neue Idee. Die Engländer hatten den Plan schon einmal realisieren wollen, während der geheimen Allianzgespräche mit Savoyen 1703. Damals aber hatten die österreichischen und savoyischen Verhandlungspartner darauf bestanden, daß zunächst Norditalien erobert werden müsse, bevor man an irgendeine Offensive in Südfrankreich denken könne. Ja, die österreichischen Unterhändler setzten durch, daß im endgültigen Vertrag ausdrücklich von der Eroberung ganz Italiens sowie Siziliens die Rede war und man sich verpflichtete, vor der Erreichung dieses Ziels zu keinem Abenteuer im Westen aufbrechen zu dürfen. In den letzten Wochen hatte jedoch der englische General Peterborough Viktor Amadeus einen Besuch abgestattet und es verstanden, ihn für seinen Plan zu gewinnen, indem er ihm nicht nur finanzielle und territoriale Gewinne anbot, sondern auch die militärische Leitung der Expedition.[35] Erst nachdem sie sich der Zustimmung des Herzogs sicher waren und bereits mit den Vorbereitungen zur Invasion begonnen hatten, unterrichteten die Engländer den Kaiser. Diesem war klar, daß eine Weigerung von seiner Seite in London denkbar ungünstig aufgenommen würde und man ihn mit Recht für äußerst undankbar halten würde. Andererseits, würde er die von den Bündnispartnern geforderten 20.000 österreichischen Truppen dem Projekt zur Verfügung stellen, dann würde es den verbleibenden österreichischen Truppen unmöglich sein, die französischen Festungen in Norditalien in Schach zu halten und eine nach der anderen zu erobern, und mit der Aussicht auf die Eroberung Neapels wäre es auch vorbei.[36] Auch nachdem Marlborough dem Kaiser versprochen hatte, er würde nach gelungener Touloner Expedition die österreichische Einnahme Neapels unterstützen, bestanden für den Kaiser noch immer mehrere Gründe, die geplante Expedition nicht gutzuheißen.[37] Erstens könnte sich nach der Eroberung Toulons herausstellen, daß die österreichische Armee unmöglich nach Italien zurückkehren konnte, ohne die neue Front in Südfrankreich gefährlich zu schwächen, zweitens könnten die Engländer und Holländer mit einiger Berechtigung behaupten, daß die Eroberung Neapels einen unnötigen Aufwand an Menschen und Geld erfordern würde, während die dortige kleine spanische Armee so isoliert sei, daß sie für die Bourbonen praktisch nutzlos sei, drittens bestand immer die Gefahr, daß England und Holland plötzlich Frieden mit Frankreich schlossen, ohne dafür zu sorgen, daß Süditalien dem Erzherzog zufiele. In den Monaten nach Ramillies und Turin hatte sich Ludwig XIV. bereits mit einem Friedensplan den Seemächten genähert. Die Alliierten hatten zwar den Kaiser über diese Fühlungnahme informiert und schließlich Ludwigs XIV. Vorschläge zurückgewiesen, aber man fürchtete dennoch in Wien, sie könnten eine Regelung akzeptieren, welche Süditalien für den Herzog von Anjou vorsähe, als Gegenleistung für französisches Entgegenkommen. Sollte es aber doch zu einer Teilung des spanischen Reiches kommen, dann wollte Josef I. sich lieber die ganze italienische Halbinsel als das weitentfernte Spanien oder gar die Kolonien für seine Dynastie sichern.[38]

Angesichts dieser mißlichen Situation erschien Ludwigs XIV. Angebot als willkommene Lösung des Dilemmas. Durch das Bekanntwerden der englischen Geheimverhandlungen Toulon betreffend und der beabsichtigten Verletzung des Vertrags von 1703 waren nun die letzten Bedenken beseitigt. Zudem konnte Josef I. hoffen, daß der Abzug der französischen Armee aus Norditalien ihm die Möglichkeit geben werde, die Alliierten durch die Lieferung der geforderten 20.000 Mann zu besänftigen, während ihm noch immer genügend Garnisonstruppen für Norditalien und für eine eventuelle Besetzung Neapels blieben. Als daher Javallière und Saint Pater Anfang Februar wieder in Eugens Hauptquartier erschienen, hatte der Prinz alle Vollmachten, mit ihnen zu verhandeln. Nach einer Woche geheimer Verhandlungen traf man eine vorläufige Abmachung. Während sich Javallière auf die Reise nach Versailles machte, um Ludwigs XIV. Einwilligung einzuholen, machte Eugen Viktor Amadeus mit dem Vertrag bekannt und forderte ihn auf, sich daran zu beteiligen.[39] Da dem Herzog die Sicherung seiner Ostflanke und die Besetzung jener Gebiete, die ihm schon im Vertrag von Turin versprochen worden waren, sehr am Herzen lagen, zögerte er nicht eine Sekunde, den Vertragsentwurf zu unterschreiben.[40] Als Javallière von Versailles zurückkehrte, wurde der endgültige Vertrag abgefaßt und am

13. März in Mailand unterzeichnet. Die zwischen dem Kaiser, Savoyen, Frankreich und Spanien getroffene Vereinbarung besagte, daß Medavis Armee freier Abzug nach Frankreich gewährt würde. Obwohl Ludwig XIV. versucht hatte, Süditalien zu neutralisieren, fehlte im endgültigen Vertrag eine diesbezügliche Erwähnung.[41]

In einem Brief an den Kaiser prophezeite Prinz Eugen, daß die Seemächte einsehen würden, wie weise dieser Vertrag war.[42] Durch ihn wurden immerhin eine Menge alliierter Truppen für eine Expedition gegen Neapel frei, ohne daß dadurch die laufenden Vorbereitungen für die Offensive auf Toulon Einbuße erlitten.[43] Trotz dieser optimistischen Darstellung waren Josefs Alliierte unangenehm berührt, denn der Mailänder Vertrag gab ja nicht nur Josef I. die Möglichkeit, seinen eigenen Zielen in Süditalien nachzugehen, sondern er setzte auch über 20.000 französische Soldaten frei, um im Kampf gegen die alliierten Armeen an Frankreichs Grenzen eingesetzt zu werden.[44] Und in der Tat entsandte Ludwig XIV. sofort nach Unterzeichnung des Vertrages 8000 Mann von Orléans' Armee nach Spanien, wo sie eine entscheidende Rolle bei der Vernichtung der englisch-holländisch-portugiesischen Armee bei Almansa spielen durften. Kaum war die Nachricht von der verlorenen Schlacht bei den Engländern eingetroffen, als sie auch den Kaiser beschworen, die Expedition nach Neapel zu verschieben, da alle zur Verfügung stehenden Truppen in Südfrankreich gebraucht würden, wo sie dazu beitragen könnten, den Druck auf die belagerten alliierten Kräfte in Spanien zu mildern.[45] Josef I. ignorierte jedoch diese Vorstellungen. Seit Februar liefen die Vorbereitungen für Neapel auf vollen Touren,[46] und am 17. April wurde der Marschbefehl erteilt. Einen Monat später setzten sich 10.000 Mann unter Marschall Daun von ihrem Lager bei Turin südwärts in Bewegung.[47]

Daß sich Dauns Expedition als erfolgreich erwies, die Toulonor Offensive hingegen nicht, trug noch zur Erbitterung der Alliierten über die „Undankbarkeit" des Kaisers bei. Der holländische Ratspensionär Anthonius Heinsius fand das Vorgehen des Kaisers so „unverantwortlich", daß er heimlich einen Separatfrieden mit Ludwig XIV. abschloß. Auch Marlborough sah sich veranlaßt, seiner Frau Sarah mitzuteilen, „der Kaiser mache fast alles, was er tue, falsch".[48] Tatsächlich war der Kaiser nur zielstrebig seinen eigenen Interessen gefolgt. Während der nächsten Jahre sollte seine Zielstrebigkeit noch weitere Aktionen rechtfertigen, bei denen es wieder andere Leidtragende gab.

Zankäpfel

Trotz der gescheiterten Toulon-Offensive war die Bilanz des Jahres 1707 für die Alliierten gar nicht so schlecht, hatten sie doch praktisch die ganze Halbinsel erobert, nur die toskanischen Präsidienhäfen waren noch in der Hand der

Bourbonen. Die Franzosen hatten zwar Toulon verteidigen können, nicht aber ihre Mittelmeerflotte. Um zu verhindern, daß sie in die Hände der Feinde fiel, hatten sie sie vor Toulon kurzerhand versenkt. So dominierte im Mittelmeer nun die englisch-holländische Flotte, und der Fall Siziliens, Sardiniens und der Balearen, die sich noch in spanischer Hand befanden, schien nur eine Frage der Zeit.

Mit der Inbesitznahme Italiens sah sich Josef I. mit einer total veränderten Situation konfrontiert. Er war nun praktisch der Herr dieser Halbinsel, auf die er noch vor zwei Jahren keinen Fuß setzen durfte. Auch war anzunehmen, daß ihm hier die bitteren Erfahrungen erspart bleiben würden, die er nach der Befreiung Deutschlands gemacht hatte. Dort war ihm angesichts der ehrgeizigen und mächtigen deutschen Fürsten nichts anderes übriggeblieben, als den politischen Stil seines Vaters zu übernehmen, mit etwas mehr Energie und Gewandtheit allerdings. Hier gab es diese Zwänge nicht. Josef I. sollte aber bald begreifen, daß militärische Siege nirgends auf der Welt zwangsläufig den Frieden nach sich ziehen. Alle möglichen Probleme, die während des Krieges verdrängt und vergessen worden waren – besonders die, welche die Alliierten untereinander hatten –, kommen nach dem Sieg ausnahmslos wieder an die Oberfläche.

Viktor Amadeus von Savoyen änderte sein Verhalten bereits vor Beendigung des Krieges. Nach dem Sieg bei Turin war es immer schwieriger geworden, mit ihm, der in Krisenzeiten ein außerordentlich kooperativer Alliierter sein konnte, auszukommen. Während der Toulon-Offensive war er mehr eine Bürde als eine Hilfe gewesen, und Eugens Beziehungen zu ihm hatten sich so verschlechtert, daß der Prinz sich weigerte, jemals wieder einen Feldzug an der Seite seines Cousins zu machen.[49] Zu noch ernsteren Schwierigkeiten war es bald darauf zwischen dem Herzog und Josef I. über gewisse Punkte ihres Allianzvertrages von 1703 gekommen. Savoyen war für die Große Allianz nur mittels enormer Subsidien und weitgehender territorialer Zugeständnisse gewonnen worden. Während die Seemächte den finanziellen Teil übernommen hatten, hatte Leopold I. sich bereit erklärt, gewisse Gebiete des Herzogtums Mailand sowie das Reichslehen Montferrat an den neuen Bündnispartner abzutreten. Von Montferrat trennte sich Leopold I. relativ leicht, wurde es doch von dem franzosenfreundlichen Herzog von Mantua regiert, vor der Teilung der Lombardei scheute er jedoch zurück. Nach monatelangen Verhandlungen hatte sich der Kaiser endlich im November 1703 bereit erklärt, neben Montferrat die Provinzen Lomellina, Sessia, Alessandria, Valenza und Novara an den Herzog abzutreten. Viktor Amadeus forderte aber dazu noch das strategisch wichtige Vigevano, das Leopold I. nicht bereit war herzugeben. Er versprach lediglich, ihm zu einem späteren Datum ein „gleichwertiges" Gebiet anzubieten. Erst im nächsten Juli, als man in Wien befürchten mußte, daß der hartbedrängte Herzog sich mit Frankreich einigen könnte, trennte sich Leopold I. von Vigevano und gab dem Herzog außerdem das Versprechen, ihn zu Mailands erstem habsburgischen Statthalter zu machen, sobald man es den Bourbonen abgenommen habe.[50]

Wann das geschehen würde, stand ja noch in den Sternen. Es war wichtiger gewesen, den Herzog bei der Stange zu halten, als über irgendwelche Territorien zu feilschen, die wahrscheinlich bis zum Ende des Krieges in der Hand der Bourbonen bleiben würden. Nach der Schlacht vor Turin rückten allerdings die Zugeständnisse des Kaisers wieder mehr in den Mittelpunkt des Interesses. So rieten Salm und Wratislaw, noch bevor die Lombardei ganz erobert war, Josef I. dringend davon ab, Viktor Amadeus zum Statthalter von Mailand, eines strategisch so wichtigen Punktes, zu machen.[51] Josef I. folgte diesem Rat, brach das Versprechen seines Vaters und ernannte Prinz Eugen zum Statthalter von Mailand. Damit nicht genug, es wurden auch die anderen Vertragspunkte neu überprüft. Der Vertrag von Turin hatte nämlich unklar gelassen, ob die Provinzen sofort oder erst nach Friedensschluß dem Herzog zu übergeben seien. Josef I. hatte gute Gründe, die Übergabe auf Kriegsende zu verschieben, nicht zuletzt, weil es ihm wie immer gegen den Strich ging, einkommensträchtige Gebiete fremden Fürsten abzutreten. Außerdem fürchtete Josef I., daß Erzherzog Karl in Spanien an Sympathien verlieren würde, wenn man Savoyen noch vor Ende des Krieges einen Teil der Lombardei übergäbe und damit praktisch einer Teilung Spaniens zustimmte. Und nicht zuletzt könnte man, wenn man dieses Pfand vorzeitig aus den Händen gäbe, nicht absolut sicher sein, daß der Herzog als Mitglied der Großen Allianz weiter gegen Ludwig XIV. zu Felde ziehen würde. Tatsächlich hatte der Herzog schon im letzten Krieg die antifranzösische Koalition verlassen und einen Separatfrieden mit Frankreich geschlossen.

Zuerst schien es, als ob Viktor Amadeus gar nicht auf die sofortige Übergabe Montferrats und der mailändischen Städte drängte. Im November 1706 forderte er lediglich, daß man ihm die Einkünfte aus den Provinzen überlasse, und stieß sich nicht einmal an der Tatsache, daß der Untertaneneid in Mailand noch immer an die Adresse Erzherzog Karls gerichtet war.[52] Anfang Februar jedoch schlug der Herzog einen anderen Ton an. Erstens forderte er Montferrat, zweitens drohte er, Protest gegen die bewußten Untertaneneide in allen ihm versprochenen Provinzen einzulegen.[53] Unter dem Druck der Alliierten gab Josef I. nach und stellte dem Herzog die inoffizielle Übergabe der Provinzen Lomellina, Valenza, Sessia und Alessandria für Ende des Monats in Aussicht.[54] Aber schon einen Tag nach dem Abzug der Österreicher aus diesen Gebieten überbrachte Eugen dem Kaiser die erneut geltend gemachten Ansprüche des Herzogs auf Montferrat und Vigevano.[55]

Viktor Amadeus war nicht der einzige italienische Alliierte, mit dem es im Laufe des Jahres 1707 zum Krach kam. Schon nach einigen Monaten hatte sich herauskristallisiert, daß die spanischen Besitztümer in Italien zum Zankapfel zwischen den beiden Brüdern, Josef I. und Erzherzog Karl, geworden waren. Dabei ging es nun weniger um die gerechte Aufteilung des Erbes Karls II. als um den Konflikt zweier Brüder. Schon als Kinder hatten die beiden sich gründlich unterschieden. Zurückhaltend, langsam, demütig und gewissenhaft: das war der von Jesuiten erzogene Karl. Er hatte nur wenig Ähnlichkeit mit seinem gewandten, aber unbeständigen älteren Bruder Josef. Der damalige französische Gesandte Marschall Villars meinte wohlwollend, Karl verkörpere die guten und freundlichen Eigenschaften des Hauses Habsburg.[56] Tatsächlich sollte sich später zeigen, daß Josefs jüngerer Bruder eine farblose, mittelmäßige Figur war. Aber die Sanftheit und Demut des jungen Karl entsprachen voll und ganz den Vorstellungen des Vaters von den Tugenden eines Herrschers. Indem er offen seine Vorliebe für den jüngeren Sohn zeigte und sein Bedauern über das Erstgeburtsrecht des älteren nicht verhehlte, legte Leopold I. unbewußt den Samen zu gegenseitiger Eifersucht, welche die zukünftigen Beziehungen der beiden Brüder vergiften sollte.

Erstmals offen äußerte sich der Konflikt im Jahr 1703 unmittelbar vor der Abreise Karls nach Spanien. Um einem eventuellen Erbschaftsstreit zwischen Josef und Karl und ihren Erben vorzubeugen, hatte sich der alte Kaiser entschlossen, die Rechte jedes Sohnes und deren Anerkennung durch den anderen vertraglich festzulegen. Aber gerade dieser Vertrag sollte den Ausbruch des „Bruderzwists" beschleunigen. Denn Josef war zwar bereit, auf seine eigenen Ansprüche auf das spanische Erbe zugunsten seines Bruders zu verzichten, nicht aber auf Mailand und Finale. So rieten ihm Salm, Reichskanzler Lothar Franz und Kurfürst Johann Wilhelm von der Pfalz, seinen Vater zu drängen, ihm die Reichslehen Mailand und Finale zu überlassen. Der Erzherzog dagegen, der seine Mutter Eleonore hinter sich wußte, wies dieses Ansinnen heftig zurück. Nichtsdestoweniger erkannten Leopold I. und seine Minister sehr bald, welche Vorteile es mit sich brachte, wenn man diese Gebiete an die österreichischen Länder annektierte und sie dadurch davor bewahrte, jemals wieder in die Hände der Feinde der Monarchie zu fallen. Nach zahlreichen Sitzungen der Geheimen Konferenz stimmte Leopold I. zu, die Lehen seinem ältesten Sohn zu übertragen.[57]

Außerdem zwang Josef seinen Bruder, einer Änderung bei der Rangfolge innerhalb der Thronfolge für die von der Dynastie beanspruchten spanischen Länder zuzustimmen. Leopold I. wollte nämlich durch ein Gesetz festlegen, daß die weiblichen Nachkommen von der Thronfolge in spanischen und österreichischen Landen ausgeschlossen waren, bis alle männlichen Erben Josefs und Karls gestorben waren. Eine solche Regelung setzte sich zwar über den kastilischen Brauch hinweg, nach dem Töchter Vorrecht vor den männlichen Verwandten besaßen, aber es stimmte mit dem alten Salischen Recht überein, das die vorrangige weibliche Nachfolge verbot. Sollten allerdings die männlichen Erben beider habsburgischen Linien aussterben, dann war Leopold I. bereit, die überlebenden Töchter Josefs in Wien und Karls in Madrid zur Herrschaft zuzulassen. Hier bestand nun Josef auf einer Modifizierung. Sosehr er bereit war, den Vorrang von Karls männlichen Erben bei der spanischen Erbfolge anzuerkennen, so entschieden lehnte er ab, daß Karls weibliche Nachkommen Vorrang vor seinen eigenen Töchtern in Spanien und den Erblanden besitzen sollten. Da Josefs Einspruch dem geltenden Brauch der habsburgischen Nachfolge entsprach, blieb Karl nichts anderes übrig, als sich nochmals seinem Bruder zu beugen und zu akzeptieren, daß seine Töchter in der Thronfolge hinter den Töchtern Josefs rangierten.[58]

Wie der Mailand-Finale-Vertrag blieb auch das sogenannte „pactum mutuae successionis" (gegenseitiger Erbfolgevertrag) zunächst geheim. Da es in Spanien nicht bekannt werden durfte, daß Josef die beiden italienischen Fürstentümer zugesprochen worden waren, wurde das erste Dokument unter Wahrung strengster Geheimhaltung nur vor wenigen Zeugen am 5. September unterschrieben. Zudem kam man überein, daß die betreffenden Gebiete nach ihrer Eroberung offiziell weiter zum spanischen Erbe Erzherzog Karls zählen sollten.[59] Sieben Tage später fand ein zweites Konklave in der Favorita statt, bei dem alle drei Habsburger schworen, das von Leopold I. ausgearbeitete Gesetz über die Erbfolge zu befolgen, in dem ausdrücklich sowohl der Vorrang des männlichen Nachwuchses der Nebenlinien über den direkten weiblichen Nachwuchs betont wurde als auch die Vorrangstellung von Josefs Töchtern gegenüber den Töchtern Karls in Spanien und in den Erblanden. Da man sich hiermit über kastilischen Brauch hinwegsetzte, blieb das „pactum mutuae successionis" streng geheim, auch weil man die Engländer und Holländer nicht reizen wollte, die sofort feststellen würden, daß dieser Vertrag das größte Hindernis zu einer möglichen Vereinigung der beiden Kronen aus dem Wege räumte. Tatsächlich wurde zwar später am gleichen Tag einer Versammlung von Würdenträgern und ausländischen Diplomaten eine offizielle Version des Vertrages vorgelegt, der volle Text sollte jedoch erst nach zehn Jahren bekannt werden.[60]

Schon nach wenigen Tagen reiste Karl nach Spanien ab. Er sollte seinen Bruder nie wiedersehen, aber die Saat von Mißtrauen und Neid ging auf und wuchs trotz der räumlichen Distanz weiter. Während Karl tief erbittert über die ihm von seinem Bruder abgerungenen Konzessionen war, hegte Josef weiter seinen alten Groll gegen den Liebling des Vaters. Ein Beobachter meinte denn auch, daß „der haß gegen sein ... bruder von dag zu dag wachse, besorglich nimmermehr zu erlöschen sein werde".[61] Schlimm war, daß Leopold I. diesen Gefühlen immer neue Nahrung lieferte. Während seiner letzten Krankheit machte er kein Hehl aus seiner Sorge um den jüngeren Sohn[62] und befahl Seilern zehn Tage vor seinem Tod, ein Testament aufzusetzen, nach dem Karl Tirol und

Vorderösterreich erben sollte, falls er bei der Verteilung des spanischen Erbes wider Erwarten leer ausgehen sollte. Josef, der gerade von der Regierungspolitik ausgeschlossen worden war, mußte schwören, dieses Vermächtnis zu achten.[63] Wenn auch nach der Eroberung Italiens und Karls Landung in Katalonien es mehr als unwahrscheinlich schien, daß Josef seinem jüngeren Bruder jemals Tirol würde abtreten müssen, das Wissen von seines Vaters letztem Testament hörte nicht auf, ihn zu quälen. Dazu kam nach der Eroberung Italiens eine Anzahl neuer Reibungsflächen. Die ersten Schwierigkeiten tauchten bei der Verwaltung Mailands auf. Josef I. war bereit, sich an den Vertrag zu halten und die Öffentlichkeit nicht wissen zu lassen, daß Mailand in seinen Besitz übergegangen war. Nur wenige Minister wußten davon, anfangs nicht einmal der neuernannte Statthalter Prinz Eugen. Um den Anschein der Souveränität Erzherzog Karls zu wahren, wurden alle wichtigeren Ernennungsurkunden und Verwaltungsdekrete zur Unterschrift nach Barcelona geschickt. So bereitwillig also Josef I. alle daraus resultierenden Verzögerungen und Konfusionen in Kauf nahm, so hartnäckig hielt er das kaiserliche Patent zurück, das seinen Bruder in aller Form zum Herzog von Mailand ernannt hätte. Da mit dieser Urkunde die offizielle Übergabe der Souveränität vom Kaiser auf seinen Vasallen besiegelt gewesen wäre, fürchtete Josef I., sein Bruder könnte die Urkunde mißbrauchen. Ganz unbegründet waren diese Befürchtungen denn auch nicht. Karl hatte sich offensichtlich noch nicht mit dem Verlust Mailands abgefunden und setzte gewisse Hoffnungen auf die zukünftige Friedenskonferenz.[64]

Langsam aber wurden nun die Seemächte mißtrauisch und ungeduldig. Es hatte sie sehr überrascht, zu hören, daß die ersten offiziellen Proklamationen in der Lombardei nicht im Namen Erzherzog Karls abgefaßt worden waren, sondern im Namen seines kaiserlichen Herrn.[65] Und noch erstaunter waren sie, als sie feststellen mußten, daß der Erzherzog offensichtlich ganz zufrieden mit dem gegenwärtigen Zustand war.[66] Noch gefährlicher als die wachsende Neugier der Seemächte erwies sich für Karl das zunehmende Mißtrauen seiner spanischen Minister. Er lebte in der ständigen Furcht, seine Anhänger könnten die Wahrheit entdecken und ihn für die Zerstückelung des spanischen Erbes verantwortlich machen.[67] Daher scheute er auch davor zurück, die für die Lombardei zuständigen spanischen Minister zu entlassen. Schließlich wäre das sehr auffällig gewesen. Gerade diese Minister aber rangen ihm immer wieder Pensionen und Pfründe für seine Anhänger aus den jährlichen Mailänder Einkünften ab und versuchten einen Teil dieser Einkünfte für den Militärhaushalt in Spanien abzuzweigen.[68] Verärgert erinnerte daraufhin Josef I. seinen Bruder daran, daß nicht er Herr in der Lombardei sei und also künftighin Geldentnahmen zu unterbleiben hätten.[69] Ende 1707 schien der Erzherzog sich tatsächlich mit dem Verlust Mailands abgefunden zu haben, auch wenn er unter dem Druck seiner Minister immer wieder anders handelte.[70] Und trotz seiner oder gerade wegen seiner Resignation waren die Beziehungen zum Bruder weiter schwer belastet, nicht zuletzt durch den Zwang, den Verlust ständig vor seinen Alliierten und Ministern verheimlichen zu müssen.

Bevor die Angelegenheiten in der Lombardei noch geregelt waren, kam es zwischen den beiden Brüdern zu neuen Reibereien, und zwar wegen der Verwaltung Neapels. Von einer Abtretung Neapels an Josef I. war im Familienpakt von 1703 nicht die Rede gewesen. Daher erwog Erzherzog Karl kurz nach dem Sieg bei Turin, das Königreich in seinem Namen von einem Vizekönig seiner Wahl regieren zu lassen. Als geeignetster Mann für den Posten bot sich Kardinal Vicenzo Grimani an, ein aktiver Kämpfer für die habsburgische Sache im Vatikan, aggressiv und ehrgeizig. Da er als Fachmann für italienische Fragen galt, hatte Josef I. ihn 1705 in den Italienischen Rat berufen, trotz seiner häufigen Abwesenheit von Wien. Dazu war der Kardinal aber auch sehr versiert in allen neapolitanischen Angelegenheiten, unterhielt seit Beginn des Krieges enge Beziehungen zu den prohabsburgischen Elementen im Königreich und hatte 1701 bereits eine, wenn auch mißlungene Verschwörung gegen die Bourbonen angezettelt. In den letzten Monaten war er die treibende Kraft für alle möglichen Invasionspläne gewesen und hatte bereits die Erlaubnis des Vatikans für den Durchzug der Daunschen Armee durch den Kirchenstaat in der Tasche.[71]

Pflichtgemäß informierte Erzherzog Karl die Wiener Regierung über seine Absicht, Grimani zum Vizekönig zu ernennen.[72] Er konnte ja nicht wissen, daß sein Bruder diesen Posten selber besetzen wollte. Obwohl er eigentlich in Neapel nichts zu sagen hatte, hielt er den Erzherzog für zu jung und unerfahren, um sich einen eigenen Vizekönig aussuchen zu dürfen.[73] Und gerade Grimani hielt er für einen inakzeptablen Kandidaten. Denn es war wichtig, daß der neue Vizekönig es schaffte, die Loyalität der neapolitanischen Bevölkerung zu gewinnen.[74] Gelang ihm dies nicht, dann hätten es die spanischen Streitkräfte im benachbarten Sizilien leicht, ins Königreich überzusetzen und eine erfolgreiche Revolte gegen die habsburgische Herrschaft anzuzetteln. Nun hatte aber der Kardinal während seiner Arbeit beim Vatikan es auffallend gut verstanden, alle seine Kollegen zu verärgern und sich zum unbeliebtesten Diplomaten Roms zu profilieren. Zudem waren Salm und Wratislaw der Ansicht, daß man nur bei einem Untertanen des Kaisers auf eine treue Loyalität gegenüber den spanischen und österreichischen Habsburgern rechnen könne.[75] Grimani aber war, obwohl er in Rom als „Cronprotector Germaniae" tätig war, eigentlich Venezianer und hatte mehrere Jahre in savoyischen Diensten verbracht. Als am 26. April Josef I. und seine Minister zur Wahl eines neuen Vizekönigs zusammentraten, wurde kein Gedanke an Karls Kandidat verschwendet, und man einigte sich einstimmig auf Graf Georg Adam Martinitz.[76] Auch dieser war ein Mitglied des Italienischen Rates und hatte sich jahrelang als kaiserlicher Gesandter am Vatikan bewährt. Außerdem war er nicht nur sehr populär bei seinen böhmischen Standesgenossen, sondern auch bei jenen neapolitanischen Emigranten, die seit dem mißlungenen Aufstand von 1701 am Wiener Hof lebten.[77]

Am 2. Mai teilte Graf Wratislaw dem Erzherzog mit, daß der Kaiser in seinem Namen Martinitz zum Vizekönig ernannt habe, und bat ihn dringend, diese Wahl zu akzeptieren.[78] Aber während sich Karl noch gerade mit dem Verlust Mailands und den damit verbundenen Demütigungen und politischen Gefahren abfinden konnte, mochte er nun nicht seinem Bruder noch weiter nachgeben. So stand er fest zu seinem Entschluß, nicht nur, weil er den Eindruck vermeiden wollte, seinem Bruder ganz Italien überlassen zu haben, sondern auch aus verletztem Stolz. Er würde unter keinen Umständen, schrieb er Wratislaw zurück, Martinitz' Ernennung gutheißen und verzichte nur aus Rücksicht auf die ohnehin angespannten Beziehungen zu seinem Bruder auf die Ernennung seines ursprünglichen Kandidaten Grimani. Anstatt den Kaiser direkt herauszufordern, schlug Karl mehrere Möglichkeiten vor, wie man die Nominierung Martinitz' unauffällig zurücknehmen könne und statt dessen einen gegenseitig akzeptablen Kandidaten wählen könne.[79]

Martinitz trat aber dennoch seinen Posten an, und auf der Stelle begann der Erzherzog an der Untergrabung seiner Autorität zu arbeiten. Am 31. Juli ernannte er Feldmarschall Daun zum Oberkommandierenden der spanischen Streitkräfte im Königreich Neapel. Da Karl über keine eigene Armee verfügte, brachte diese Ernennung Daun wenig Machtzuwachs als Kommandant der österreichischen Besatzungsarmee, aber indem er ihn zum Repräsentanten der spanischen Krone ernannte, hoffte Karl ihn zu seinem Instrument machen zu können, mit dem er den Vizekönig umgehen konnte. Und er hätte sich in der Tat keinen besseren Mann zu diesem Zweck aussuchen können. Noch bevor sie einen Fuß auf neapolitanischen Boden gesetzt hatten, waren Daun und Martinitz bereits zerstritten. Und dieser Streit wurde noch intensiver dadurch, daß der Marschall Kenntnis von seiner neuen Würde bekam. In den nächsten Wochen ging der Erzherzog bei allen strittigen Fragen über den Vizekönig hinweg und regierte allein mit seinem Oberkommandierenden. Angestachelt von Kardinal Grimani drängte derweil der neapolitanische Adel auf die Ablösung des politisch machtlosen Martinitz.[80]

Auch Josef I. bereute inzwischen seine Ernennung und akzeptierte daher ohne zu zögern das Rücktrittsangebot des Vizekönigs, das ihm am 15. September vorgelegt wurde. In den nächsten Monaten fungierte Daun als interimistischer Vizekönig. Zwischen den beiden Brüdern war eine Art Waffenstillstand eingetreten. Man konsultierte sich, bevor der Nachfolger bestimmt wurde.[81] Und da im Juni 1708 Daun wieder an die Front ging, stimmte der Kaiser, wenn auch widerstrebend, der Ernennung Grimanis zu. Da er aber der Ansicht war, „daß zwey Italiener in einem Gouvernement sich nicht wohl schickten", bat er darum, daß der deutsche Fürst von Hessen-Darmstadt Daun als Kommandant ersetzte.[82] Karl gab seine Einwilligung, und am 28. Juni 1708 langte Hessen-Darmstadt in Neapel ein, fünf Tage später gefolgt von Kardinal Grimani.[83]

Jedoch auch dieses Paar konnte sich über die Aufteilung der Kompetenzen nicht einig werden und setzte den Streit da fort, wo Martinitz und Daun ihn im Vorjahr abgebrochen hatten.[84] Glücklicherweise griffen sowohl Josef I. als auch Erzherzog Karl in diesen Konflikt nur mit der festen Absicht ein, die beiden Streithähne zum Nachgeben zu zwingen.[85] Aus den beiden Brüdern waren endlich Alliierte geworden.

Die Wiederbelebung der Reichspolitik

Mit seiner zielstrebigen Politik, Mailand, Finale und schließlich auch Neapel betreffend, zeigte Josef I., daß er sehr wohl zwischen rein „österreichischen" Interessen und den breiteren Interessen seiner Dynastie zu unterscheiden verstand. Die Interessen der Monarchie und der Dynastie lagen in Italien allerdings außerdem noch mit den Interessen des Heiligen Römischen Reiches Deutscher Nation in dauerndem Wettstreit. Gleich nach seinem Regierungsantritt hatte Josef I. den deutschen Fürsten erklärt, er beabsichtige, die kaiserliche Autorität südlich der Alpen wiederherzustellen. Tatsächlich pochte er in der Folge so energisch auf die kaiserlichen Vorrechte, daß moderne Historiker ihn als Vorkämpfer für die Interessen des Reiches in Norditalien porträtiert haben.[86] In Wahrheit benutzte Josef I. das kaiserliche Privileg nur zum Erreichen österreichischer Ziele und stellte die Reichsinteressen immer hinter die der Monarchie und Dynastie. Besonders während des Krieges konzentrierte er seine ganze Aufmerksamkeit auf die militärischen Belange und auf die Einrichtung einer österreichischen und nicht auf die Wiederherstellung einer kaiserlichen Hegemonie auf der Halbinsel.

Dabei wußte weder Josef I. noch sonst jemand in Deutschland genau, wieweit die kaiserlichen Rechte in Oberitalien eigentlich gingen. Dieser Mangel an klaren Definitionen war zweifellos Josefs beste Waffe, wenn er den italienischen Staaten auseinandersetzte, sie hätten nicht die geringste Berechtigung, sich gegen seine Aktionen zu wehren. Keiner der norditalienischen Fürsten war im Reichstag vertreten, ebensowenig wie im Reichskammergericht, von Savoyen abgesehen. Die einzige Rechtsautorität des Reiches in Oberitalien war der Reichshofrat, und gegen seine getroffenen Verfügungen gab es keine Möglichkeit der Berufung.[87] Während man in Deutschland mit den Privilegien des Kaisers und den Urteilen des Reichshofrates den Fürsten höchstens noch einige Konzessionen abringen konnte, waren die kaiserlichen Vorrechte in Italien noch mächtige Instrumente der Politik und der herrscherlichen Willkür. Josef I.

konnte also damit rechnen, daß er bei seiner Absicht, die kaiserliche Autorität über die ganze Halbinsel auszudehnen, auf keinen organisierten Widerstand treffen würde. Der einzige größere italienische Staat, der dazu in der Lage gewesen wäre, war Savoyen, und Savoyen war an dem Schicksal seiner Nachbarn höchst uninteressiert. Dagegen konnte er durchaus auf den latenten Patriotismus der mächtigeren deutschen Fürsten rechnen, wenn es darum ging, das Ansehen des Reiches jenseits der Alpen wiederzubeleben.

Auch in der italienischen Konferenz besaß der Kaiser eifrige Verfechter der italienischen Reichspolitik. Als Mitglied des Reichshofrates und Verfechter der kaiserlichen Vorrechte in Deutschland war Reichskanzler Schönborn 1706 in die italienische Konferenz berufen worden; denn für den Kaiser war es wichtig, sich der Unterstützung des Reichskanzlers sicher zu sein; auch wenn er bald feststellen mußte, daß Schönborn total uninteressiert an der Verfolgung rein habsburgischer Interessen war. Graf Martinitz war ebenfalls ein Vorkämpfer für die Rechtsansprüche des Kaisers in Norditalien und bezweifelte während seiner Zeit als Botschafter in Rom so heftig die päpstlichen Privilegien, daß er auf Betreiben Papst Innozenz' XII. von seinem Posten zurückgerufen werden mußte. Und schließlich nahm auch der kompetenteste Rechtsgelehrte am Hof, Baron Seilern, einen wichtigen Platz in der italienischen Konferenz ein. Seine Fähigkeit, auch die dünnsten Rechtsansprüche des Kaisers spitzfindig zu begründen, machten ihn zu einem unentbehrlichen Mitarbeiter bei der Formulierung der josefinischen Reichspolitik in Italien.

Solange der Krieg dauerte, bestand das Hauptziel dieser Politik darin, immer neue Geldquellen aufzutun, die den Unterhalt der italienischen Armee decken konnten, zum Beispiel, indem alle Fürsten bestraft wurden, die mit den Bourbonen zusammengearbeitet hatten. Schon Kaiser Leopold I. hatte am Ende seiner Regierung eine Liste aller unloyalen italienischen Fürsten anlegen lassen. Dabei bedeutete Unloyalität in den meisten Fällen nicht mehr, als daß die kleineren Fürsten gezwungen gewesen waren, sich Philipps V. Forderungen zu beugen und die Spanier als ihre Lehnsherren anzuerkennen. In Wien hielt man das allerdings schon für ausreichend, um ihre Ländereien zu konfiszieren.[88]

Von den größeren Staaten hatten sich einige, wie die Toskana, Genua und Parma, dem spanischen Ansinnen durch Tributzahlungen entziehen können. Wirklich aktive Alliierte der Bourbonen waren nur Savoyen und Mantua. Im Fall Savoyen mußte man alle geplanten Strafaktionen aber wieder aufgeben, da es bereits 1703 aus dem Bündnis mit den Franzosen wieder ausstieg. Unmittelbar aber nach dem Sieg Eugens vor Turin ging Josef I. daran, den Herzog von Mantua, Karl Ferdinand Gonzaga, zu bestrafen. Am 20. November bat er in aller Form den Reichshofrat, den Herzog zu verurteilen. Im darauffolgenden Mai wurde das Verdammungsurteil durch das Kurfürstenkollegium für rechtskräftig erklärt.[89]

Obwohl im Vertrag von Turin die Übergabe Montferrats an Viktor Amadeus vereinbart worden war, hoffte der Kaiser insgeheim, Mantua selbst behalten zu können. Und auch Montferrat mußte er erst dem Herzog von Savoyen übergeben, wenn er den Bann endgültig proklamiert hatte. Ein volles Jahr blieben somit Mantua und Montferrat weiter unter kaiserlicher Verwaltung, trotz massiven Druckes der Seemächte.[90]

Die kaiserlichen Vasallen in Oberitalien waren verpflichtet, eine Kriegssteuer zu zahlen. Selbstverständlich taten sie das nur widerwillig, so daß der Kaiser gegen Ende des Jahres 1705 sogar die englisch-holländische Flotte bat, ihm bei der Eintreibung der Steuer in der Toskana und Genua behilflich zu sein, was sie aber ablehnte.[91] Die kaiserliche Kriegssteuer war in zwei Kategorien unterteilt: Die Küstenstaaten Genua, Toskana, Lucca und Massa waren zur Zahlung einer Contributio verpflichtet, während Modena, Mantua, Mirandola, Parma und Guastalla für die Unterkunft der Reichstruppen aufkommen mußten oder eine äquivalente Summe zu zahlen hatten.[92]

Nun bezogen zwar im Winter 1706/07 die Reichstruppen überall in Oberitalien ihre Winterquartiere, aber mit der Zahlung der Contributio kam es zu Schwierigkeiten. Erst im Frühling 1707 konnten die Summen eingetrieben werden, nachdem das Kriegskommissariat mehrere Ultimaten gestellt und mit Exekution gedroht hatte. Übrigens wurden diese Ultimaten durch den Prinzen Eugen den Fürsten übermittelt.[93] Nach 1707 aber gingen die Zahlungen wieder stark zurück, weil die Staaten den schweren finanziellen Bürden einfach nicht gewachsen waren. Parallel dazu stöhnte die Bevölkerung unter den Lasten, die die Logierung der Truppen mit sich brachten. Angesichts dieses allgemeinen Erschöpfungszustands mußte sich der Kaiser nach neuen Einnahmequellen umsehen.[94] Aber während seine Minister schon neue Steuergesetze und neue Quartierbefehle austüftelten, trat der Papst als neues und mächtiges Hindernis bei der Erhebung kaiserlicher Steuern und der österreichischen Expansion in Oberitalien auf.

Auch nach der Abberufung von Martinitz aus Rom war nämlich der Konflikt zwischen Wien und Rom, das mit Unbehagen die Ausdehnung der kaiserlichen Autorität nördlich des päpstlichen Territoriums verfolgte, nicht zur Ruhe gekommen. Und mit Beginn des Spanischen Erbfolgekrieges verschlechterten sich noch die Beziehungen zwischen den beiden Höfen. Auf Betreiben Karls II. rief Innozenz XII. im Sommer 1700 eine aus Kardinälen bestehende Kommission ins Leben, die ihr Urteil über die rivalisierenden bourbonischen und österreich-habsburgischen Ansprüche abgeben sollte. Die Kommission entschied sich zugunsten des französischen Kandidaten. Zwar starb kurz danach Innozenz XII., aber durch die Wahl Gian Francesco Albanis zum neuen Papst Clemens XI. wurden die Beziehungen zu Wien in keiner Weise verbessert. Obwohl der neue Papst eher ein Gelehrter und Dichter als ein Politiker war und eigentlich weder für die Bourbonen noch für die Habsburger Partei ergreifen wollte, konnte er sich auf die Dauer nicht der profranzösischen Haltung der meisten seiner Kardinäle entziehen.

Binnen kurzem hatte es sich auch in Wien herumgesprochen, daß der neue Papst ein Verfechter der bourbonischen Sache war. So betonte Clemens XI., daß er Philipp für den rechtmäßigen König von Spanien halte, und verbot auf päpstlichem Gebiet jede Äußerung einer habsburgtreuen Haltung. Nach dem mißlungenen Putsch in Neapel ließ er alle in Rom Zuflucht suchenden neapolitanischen Adeligen verhaften, und während er den Handel mit Eugens Armee verbot, erlaubte er den Franzosen, wo sie wollten, Vorräte zu kaufen, auch wenn sie dabei in päpstliches Territorium einbrachen.[95] Ja, als es einmal in der Nähe der päpstlichen Stadt Ficarolo zur Verletzung des Burgfriedens zwischen österreichischen und französischen Truppen kam, erlaubten die päpstlichen Beamten den Franzosen, über ihre ahnungslosen Gegner herzufallen.

Wahrscheinlich war der Papst aufrichtig darauf aus, neutral zu bleiben, und in den meisten Fällen waren es die unabhängigen Aktionen lokaler Behörden, die die Absichten des Papstes kompromittierten. Zuweilen brachte ihn aber auch die Furcht vor Repressalien durch die Franzosen dazu, den Feinden des Kaisers Konzessionen zu machen. Welche Gründe Clemens XI. auch immer anführen mochte, in Wien betrachtete man es mit zunehmendem Mißvergnügen.

Josefs Thronfolge hatte nicht dazu beigetragen, daß sich die Beziehungen zwischen den beiden Höfen besserten. Im Gegenteil, durch ihn kam es schneller als erwartet zur Explosion. Bereits in den ersten Wochen nach seines Vaters Tod hatte Josef I. begonnen, den Heiligen Stuhl zu reizen. Seit dem Mittelalter war es nämlich üblich, daß jeder neue Kaiser eine Gesandtschaft nach Rom schickte, die den Papst mit der erfolgten Thronfolge bekanntmachte und dafür eine Bestätigungsurkunde erhielt. Obwohl dies seit langem eine reine Formalität war und nicht etwa die Unterordnung des Kaisers unter die päpstliche Autorität implizierte, waren die meisten Kaiser diesem Brauch treugeblieben, auch weil ihnen dann ein zweites Dokument vom Papst ausgehändigt wurde, das ihnen das Recht einräumte, die erste Reichspfründe, die nach Regierungsantritt frei wurde, nach eigenem Gutdünken zu besetzen („preces primariae").[96] Josef I. beriet sich mit seinen Ministern und beschloß, keine Gesandtschaft nach Rom zu schicken. Statt dessen setzte er Clemens XI. „in einem wenig verbindlichen Stil" schriftlich von dem stattgefundenen Regierungswechsel in Kenntnis.[97] Damit nicht genug, der Kaiser vertrat in der Konferenz vom 19. Juni 1705 den Standpunkt, daß die Ausübung der „preces primariae" unabhängig von päpstlicher Sanktion sei, sondern ein unveräußerliches Vorrecht jedes neuen Kaisers. Noch am selben Tag besetzte er eine freie Pfründe im Bistum Hildesheim.[98]

Während Josef I. solcherart den Papst zu provozieren versuchte, erhielt er aus Rom die Nachricht, daß päpstliche Beamte den Sohn eines kaiserlichen Diplomaten drei Wochen lang eingesperrt hatten, weil er ihnen die Erlaubnis verweigert hatte, sein Haus zu durchsuchen. Für den Kaiser war dies der willkommene Anlaß, sich für die vielen Beleidigungen und Demütigungen, die seiner Familie angetan worden waren, Genugtuung zu verschaffen. Während er den Nuntius von Wien nach Wiener Neustadt verbannte, hatte der Botschafter in Rom unverzüglich den Vatikan zu verlassen. Clemens reagierte auf den plötzlichen Abbruch der Beziehungen mit einem äußerst höflichen Schreiben, in dem er seine absolute Neutralität in der gegenwärtigen Angelegenheit betonte. Wichtiger noch waren die Briefe, die er gleichzeitig an die vier katholischen Kurfürsten und alle einflußreichen Kleriker in Wien mit der Bitte um Fürsprache richtete.[99] Der Kaiser lehnte es zwar ab, die ausgestreckte Hand zu ergreifen, aber er nahm die Bereitschaft des Papstes zur Normalisierung der Beziehungen sehr wohl zur Kenntnis und machte ihm nach einiger Zeit den Vorschlag, einen päpstlichen Emissionär nach Wien zu schicken, der die nötigen Vollmachten besäße, um einige Übelstände aus dem Weg zu räumen.[100]

Zu neuen Spannungen kam es, als Eugen auf seinem Marsch nach Turin in die Provinzen Bologna und Ferrara einfiel und später im Jahr, wie übrigens auch die Franzosen, Winterquartiere in den beiden Provinzen bezog. Eugen brachte zu seiner Rechtfertigung vor, er müsse Medavis Flucht nach Neapel verhindern.[101] Als aber Papst Clemens XI. immer heftiger mit Vergeltungsmaßnahmen drohte, befahl Josef I. seinem Oberbefehlshaber, die Requirierungen seiner Armee durch entsprechende Summen abzugelten, ebenso wie die Übergriffe, die sich seine Truppen zuschulden hatten kommen lassen. In einer im Februar 1707 getroffenen Vereinbarung erklärte sich Eugen bereit, Ferrara und Bologna von seinen Truppen zu räumen, wenn ihm dafür von den beiden Provinzen Lebensmittel für die Armee geliefert würden. Und um seinen Friedenswillen zu demonstrieren, bot der Papst an, dem Kaiser 240.000 Gulden für die bei Ficarolo erlittenen Verluste zu zahlen.[102]

Schon nach wenigen Monaten lieferte der Marsch Dauns nach Neapel dem Kaiser erneut Gelegenheit, den Papst um weitere Wiedergutmachungsmaßnahmen zu ersuchen. Denn Clemens XI. hatte Daun zwar bereits erlaubt, durch päpstliches Territorium zu marschieren, aber dabei eine Ostroute über die Abruzzen vorgeschrieben. Josef I. gab nun Order, die Armee an der Westküste entlang nach Süden zu führen.[103] So kam es, daß Daun Mitte Juni mit seiner Armee für fünf Tage bei Tivoli, nur 25 Kilometer von Rom entfernt, Quartier bezog und von hier aus mit Martinitz nach Rom ritt, um dem Papst „ohne ceremonie" eine Beschwerdeliste vorzulegen.

Die meisten Punkte dieser Liste bezogen sich auf das Schicksal der neapolitanischen Flüchtlinge, die von päpstlichen Gerichten verurteilt worden waren.[104]

Und der Papst versprach, diese Angelegenheit zu untersuchen, wobei er betonte, er hoffe, der Kaiser würde die offiziellen diplomatischen Beziehungen bald wieder aufnehmen. In einem anderen Punkt zeigte er sich jedoch weniger kompromißbereit. Die Aufforderung des Kaisers, in den von Alliierten besetzten Gebieten offiziell den Erzherzog anzuerkennen,[105] beantwortete er mit dem Vorschlag, eine Kommission aus Kardinälen zu bilden, welche die Angelegenheit prüfen solle. Seinen Entschluß, so betonte er, müsse er frei von äußeren Einflüssen fassen können, und er müsse vom Kaiser ohne jede Einschränkung akzeptiert werden.[106] Obwohl Martinitz mit seiner Enttäuschung über die „ungenügende satisfaktion" des Papstes nicht zurückhielt, war Josef I. offensichtlich mit der vorsichtigen Versöhnungspolitik des Papstes zufrieden.[107] Denn er gab sofort Anweisung, daß dem Papst für die Ausschreitungen der österreichischen Truppen auf ihrem Marsch nach Turin eine Entschädigung gezahlt werden sollte und daß der reizbare Grimani in Zukunft dafür zu sorgen hätte, daß es zu keinen neuen Spannungen mit dem Heiligen Stuhl kommen sollte.[108]

Aber Josefs Hoffnungen auf Tauwetter sollten sich nicht erfüllen. Kaum hatte der letzte österreichische Soldat das päpstliche Territorium verlassen und neapolitanischen Boden betreten, als der Papst die Kontroverse über die Grenzen kaiserlicher Macht in Oberitalien wieder aufnahm. Hier ging es vor allem um das Herzogtum Parma, das der Heilige Stuhl als päpstliches Lehen betrachtete. Um Einfällen der Franzosen und Österreicher vorzubeugen, hatte der Herzog in den ersten Jahren des Krieges Roms Besitzansprüche anerkannt, die päpstliche Flagge über der Hauptstadt gehißt und die Besetzung der Grenzstadt Piacenza durch päpstliche Garnisonstruppen geduldet. Nach dem Sieg der österreichischen Truppen jedoch mußte sich Parma mit der Tatsache abfinden, daß es zusammen mit seinen Nachbarstaaten nun der kaiserlichen Betreuung unterlag. Ende 1706 verpflichtete sich der Herzog in einem Vertrag mit dem Kriegskommissariat, Quartierunkosten für Eugens Armee in der Höhe von 540.000 Gulden zu übernehmen. Da aber die Kirche ein Drittel des Bodens in Parma besaß, wurde vereinbart, daß ein Viertel der Steuer vom Klerus aufzubringen war.[109] Die päpstliche Antwort ließ nicht lange auf sich warten. Am 27. Juli kam ein päpstliches Dekret heraus, welches den Vertrag für null und nichtig erklärte und ein generelles Verbot für Truppenquartierung und Steuereinhebungen im Herzogtum Parma aussprach. Der Klerus von Parma und Mailand wurde ausdrücklich aufgefordert, sich jeder Form von kaiserlicher Steuereintreibung zu widersetzen, und der Papst sprach eine automatische Exkommunizierung für jeden aus, der auf den Klerus irgendwelche Gewalt ausüben wollte.[110]

Zwar war sich Josef I. nicht ganz im klaren, wohin nun Parma wirklich gehörte, dem Papst wollte er es jedoch auf keinen Fall überlassen. Ganz besonders ärgerte ihn, daß der Papst auch gleich noch den Mailänder Klerus in seine Erklärung einschloß. Schließlich hatten in den ersten Kriegsjahren die Spanier das Recht gehabt, die Kirche in der Lombardei zu besteuern, und dieses Recht konnte den neuen Herren ja nicht gut verweigert werden. Josef I. ließ sich daher von Clemens XI. nicht einschüchtern und befahl die Fortsetzung seiner Steuerpolitik in Mailand und Parma. Im Oktober mußte der Mailänder Klerus Eugen 300.000 Gulden bezahlen, und einige Monate später wurden Parmas Steuerverpflichtungen, die über eine halbe Million Gulden betrugen, erneut bestätigt.[111]

Da dem Kaiser inzwischen klargeworden war, daß der Papst sich niemals so kompromißbereit gezeigt hätte, wenn nicht der Sieg der Österreicher bei Turin und die Anwesenheit der Daunschen Armee auf seinem Territorium einen gewissen Druck auf ihn ausgeübt hätten, sagte er sich, daß er weitere Kompromisse nur mit ähnlichen Druckmitteln erzwingen werde können. Schon als Jugendlicher hatte er sich darin geübt, zwischen der geistlichen und der weltlichen Macht des Papstes zu unterscheiden und in Konfliktsituationen nur die letztere zu attackieren.[112] So schreckte er auch jetzt nicht davor zurück, gegen den Papst mit Gewalt vorzugehen und die vom Papst wiederaufgenommene Kontroverse zwischen kaiserlicher und päpstlicher Macht in Norditalien auf die diversen Kirchenstaaten auszudehnen. Da die meisten Kirchenstaaten früher einmal Reichslehen gewesen waren, konnte Josef I. hier gewisse Rechte geltend machen, am überzeugendsten bei der Stadt Comacchio in der Provinz Ferrara. Denn anders als das übrige Ferrara war Comacchio lange Zeit ein Reichslehen gewesen, bis 1598 Papst Clemens VIII. das gesamte Herzogtum in seinen Besitz brachte. Die bisherige Herrscherfamilie Este, die auch in Modena regierte, erkannte zwar in der Folge den Verlust Ferraras an, nicht aber Comacchios.

Abgesehen von rein rechtlichen Erwägungen gab es für den Kaiser auch noch andere Gründe, Comacchio zurückzufordern. Zu Beginn des Krieges war Herzog Rinaldo von Modena der einzige italienische Fürst gewesen, der sich prohabsburgisch verhalten hatte, hauptsächlich wohl unter dem Einfluß seiner Frau Charlotte Felizitas, die eine ältere Schwester der Kaiserin Amalie war. Seine Loyalität hatten sich die Franzosen allerdings teuer bezahlen lassen, und dafür wollte der Kaiser ihn jetzt entschädigen. Amalie und ihr Verwandter Fürst Salm schlugen vor, ihn zum Statthalter von Mailand zu machen, aber die Ernennung war am Widerstand Wratislaws und Seilerns gescheitert, die es ratsamer fanden, einen Mann aus dem inneren Kreis zum Statthalter zu machen.[113] Nach dem Abzug der Franzosen aus Oberitalien war dann erwogen worden, Rinaldo mit dem kleinen Herzogtum Mirandola zu entschädigen.[114] Schließlich akzeptierte der Kaiser den Vorschlag Salms und Amalies, Comacchio dem Papst wegzunehmen und Rinaldo zu übergeben; denn hier verbanden sich aufs perfekteste österreichische Interessen und dynastische Politik, und nichts Geringeres als das Reichsrecht hielt sie zusammen. Stichhaltige Beweise hatten Josef und seine Minister allerdings für ihren Anspruch nicht. Der Kaiser beauftragte daher im Dezember Seilern und den Reichshofrat, sich auf die Suche nach Urkunden zu machen, welche die Rechte des Reiches auf die Stadt begründen sollten.[115] Unter der Leitung Schönborns arbeitete der Reichshofrat zur selben Zeit an einer Widerlegung des päpstlichen Sendschreibens vom 27. Juli. Ende Januar schließlich war man sich über die einzelnen Schritte im klaren. Während der Kaiser einerseits die Rechte des Reiches auf Parma wieder geltend machen würde, sollte er andererseits seine Auflehnung gegen den Papst mit dem Argument unterlegen, kein Kaiser könne ohne die Billigung des Reichstages erlauben, daß ein Reichsgebiet einfach den Besitzer wechsle. Darüber hinausgehend würde man das päpstliche Verbot einer Kirchensteuer in Parma für gesetzlich unzulässig und deshalb für null und nichtig erklären.[116] Ende März ratifizierte der Kaiser diese Stellungnahme des Reichshofrates.[117]

Ungeachtet der Legalität der Argumente, die vom Reichshofrat vorbereitet wurden, betrachtete Josef die Reichsansprüche nur als einen Vorwand, um sein Vorgehen gegen die Macht des Papstes zu rechtfertigen. Wenn er auch entschlossen war, seine Oberherrschaft in Parma zu behaupten, wollte er das Herzogtum hauptsächlich als Einquartierungsviertel und Einkunftsquelle benützen. Comacchio selbst hatte nur als Druckmittel Bedeutung, um den Papst zu zwingen, andere wertvollere Konzessionen zu machen. Tatsächlich, am Vorabend seiner berühmten Besitznahme Comacchios, hatte Josef nicht die Absicht gehabt, die Stadt in das Reich einzuverleiben.

Bei dieser geplanten Herausforderung des Papstes konnte der Kaiser allerdings nicht auf die Unterstützung Graf Wratislaws, des an sich stärksten Vertreters österreichischer Interessen am Hof, rechnen. Ja, Wratislaws Entschlossenheit, die Vorbereitungen einer Offensive gegen den Papst zu vereiteln, verursachte den einzigen großen Ministerstreit über Politik während Josefs Regierungszeit. Viele Historiker haben die tiefe persönliche Animosität zwischen Wratislaw und Salm beschrieben, und sie nahmen an, daß dieser Zwist auch eine große Rolle in politischen Angelegenheiten spielte. Angesichts der von Wratislaw vertretenen Politik der österreichischen Interessen und der deutschen Herkunft Salms hat die Geschichtsschreibung dazu tendiert, den Hof in eine österreichische und eine deutsche Partei zu unterteilen. Tatsächlich aber kam es wegen der häufigen Überlappung der Interessen des Reiches und der Dynastie, auch weil Salm selbst den rein österreichischen Interessen oft den Vorrang gab, selten zu Zusammenstößen zwischen den Parteien, wenn es um deutsche Angelegenheiten ging. Wenn es zu einer Meinungsverschiedenheit innerhalb der deutschen Konferenz kam, dann wegen Schönborn, und er stand immer allein gegen alle. Während des ersten Jahres der österreichischen Herrschaft in

Oberitalien schienen sich nun kaiserliche und dynastische Interessen geradezu zu decken, aber Wratislaw war dessenungeachtet der Ansicht, daß der Streit mit dem Papst zu einer gefährlichen Spaltung der Mittelmeer-Staaten führen könnte. Er befürchtete, daß jeder Versuch, den Papst zu demütigen, die Antipathien der oberitalienischen Bevölkerung und ihrer Fürsten den österreichischen Truppen und Steuereinnehmern gegenüber noch vergrößern würde.[118] Außerdem war er davon überzeugt, daß ein Krieg mit dem Papst alle Bemühungen Erzherzog Karls, das Vertrauen seiner neuen Untertanen in Spanien und Neapel zu gewinnen, zunichte machen würde.[119]

Da er Salm mit Recht für die treibende Kraft hinter dem Comacchio-Projekt hielt, begann Wratislaw öffentlich seinen Rücktritt zu fordern. Und wieder wie bei der gemeinsamen Kampagne gegen den Obersthofmeister im Jahre 1706 hatte er auch diesmal Prinz Eugen auf seiner Seite.[120] Der Hofkriegsratspräsident hatte in der Tat zwingende Gründe, die Verabschiedung Salms zu betreiben: Mit dem Argument, Eugens bevorstehende Entsendung nach Belgien würde Mailand praktisch regierungslos machen, hatten Salm und Amalie Josef I. dahin bringen können, daß er die formelle Ernennung Eugens zum Statthalter noch zurückhielt und statt dessen die Kandidatur des Herzogs von Modena in Erwägung zog.[121] Nur wenn Amalie keine Stimme mehr in der Konferenz besaß, dann nämlich, wenn Salm gestürzt war, nur dann konnte Eugen sicher sein, den lukrativen Posten zu erhalten.

Obwohl Eugen und Wratislaw bei ihrem ersten Versuch, Salm zu stürzen, nicht erfolgreich gewesen waren, hatten sie jetzt allen Grund, optimistisch zu sein. Denn der Obersthofmeister sprach selbst schon seit Beginn des vergangenen Jahres davon, daß er vorhabe, aus Gesundheitsgründen zurückzutreten,[122] und hatte im November den Kaiser offiziell ersucht, in den Ruhestand treten zu dürfen. Aber Josef I. hatte ihn gebeten, damit bis zum Ende des Krieges zu warten, und zugleich angekündigt, daß sein alter Freund, Oberstkämmerer Graf Trautson, ein integrer Mann, der niemals das geringste Interesse an höfischen Intrigen gezeigt hatte, Salms Platz einnehmen würde. Er tat dies in der Hoffnung, daß allein die Nennung des Namens Trautson allen Spekulationen ein Ende bereiten würde. Darin sollte er sich jedoch getäuscht haben.[123]

In gewissem Sinn war der Kaiser selbst für die üble Atmosphäre an seinem Hof, in der Parteienstreit und jede Art von Rufmord an der Tagesordnung waren, verantwortlich. Denn von Jahr zu Jahr waren ihm seine Vergnügungen immer wichtiger geworden, und er verbrachte immer mehr Zeit mit seinen Mätressen, ohne auf die Gefühle seiner Frau zu achten, und auf der Jagd, ohne seine Gesundheit zu schonen. Selbst während der so entscheidenden Monate Anfang 1708 ging er „fast täglich" auf die Jagd, nachdem er bereits Mitte Jänner in der größten Kälte an einer zwei Wochen dauernden Jagdpartie teilgenommen hatte.¹²⁴ Sein „maître de plaisir" war Graf Leopold Matthias Lamberg, offiziell sein Oberstjägermeister, den der Kaiser so sehr liebte, daß er im November 1708 verkündete, er werde ihn in den Fürstenstand erheben. Ein Zeitgenosse bemerkte daraufhin bitter: „Es ist eine Schande, daß der Kaiser auf diese Art einen so angesehenen Titel entwürdigt, indem er ihn einem Mann verleiht, der keine Verdienste aufweist, als ein guter Jäger und ausgezeichneter Zuhälter für seinen Herrn zu sein."¹²⁵

Es war noch von Glück zu reden, daß Josef I. diesen seinen guten Freund nur mit Geschenken und Titeln überhäufte und nicht mit der politischen Macht, nach der Lamberg ebenfalls strebte.¹²⁶ Die Regierungsgeschäfte überließ er lieber seinen Ministern, während er seinen Vergnügungen nachging. Immer weniger nahm er an den Konferenzen teil, meistens nur noch an Schlußdebatten. Nun ist natürlich schwer festzustellen, bis zu welchem Grad sich Josef I. außerhalb der Konferenz den Regierungsgeschäften widmete. Fest steht, daß er sich häufig mit seinen Ministern in seinen privaten Räumen und sogar auf der Jagd beriet. Dennoch überließ er einen Gutteil der Regierungsgeschäfte seinen Ministern und legte damit beträchtliche Macht in fremde Hände. Mit Salms Verabschiedung würde der Minister mit den meisten Machtbefugnissen von der Bühne abtreten. Ein Kampf um die Macht war unvermeidlich.

Während des ganzen Winters tobte der Kampf um Salms Rücktritt.¹²⁷ Als aber im März 1708 Salm immer noch auf seinem Platz war, sagten sich Wratislaw und Eugen, daß es nun an der Zeit war, eine andere Strategie zu wählen, um selber an Einfluß zu gewinnen und den Kaiser von seinem Comacchio-Abenteuer zurückzuhalten. Sie begannen nun dafür zu plädieren, die zu Beginn der Regierung Josefs I. gegründeten acht Konferenzen durch eine einzige zu ersetzen.¹²⁸ Es gab tatsächlich mehrere gute Gründe für eine solche Reform. Durch die Unterteilung der Geheimen Konferenz in mehrere Organe hatten nämlich die Minister die Übersicht über die Regierungspolitik verloren. Außer dem Kaiser konnte ja nur Salm an allen Sitzungen teilnehmen. Da der Kaiser oft abwesend war und Salm kurz vor seinem Rücktritt stand, war dieser Vorteil auch verloren. Indem Wratislaw und Eugen auf diese Reform drängten, nahmen sie natürlich an, daß sie zu den Mitgliedern dieser neuen „Großen Konferenz" gehören und dadurch endlich an der Formulierung der Italienpolitik mitbeteiligt sein würden. Denn das Comacchio-Projekt war über ihren Kopf hinweg geplant worden, und Wratislaw litt darunter, daß er nicht mehr wußte, worüber in der italienischen Konferenz beraten und abgestimmt wurde.¹²⁹ Umso mehr, als die Minister, die hier das Sagen hatten, eine ganz andere politische Richtung als Wratislaw vertraten. Nach dem Abgang Grimanis und seines Freundes Moles lag die italienische Politik in den Händen von Salm, Martinitz, Seilern und des Emporkömmlings Schönborn. Und obwohl sich Wratislaw mit Martinitz und Seilern nicht schlecht vertrug, besaß er kaum Einfluß auf diese beiden Männer, die zur Zeit nur von einem Gedanken besessen zu sein schienen, wie nämlich das Recht des Reiches zugunsten des Kaisers in Italien am besten zu drehen und zu wenden wäre. Also bedrängte er den Kaiser, das gegenwärtige Regierungssystem zu ändern. Der Kaiser hatte jedoch am Vorabend seiner Offensive gegen den Papst für Regierungsreformen nichts übrig. Wratislaw hatte eine weitere Schlacht verloren.

Der Krieg gegen den Papst

Am 10. Mai marschierten 2000 Österreicher unter General Bonneval in die Provinz Ferrara ein. Obwohl der päpstliche Statthalter über 3000 Infanteristen und zusätzlich über eine Miliztruppe von 5000 Mann verfügte, hatte Bonneval schon nach zwei Wochen Comacchio belagert und erobert.[130] Der Papst konnte nur noch Protest einlegen und die katholischen Kurfürsten um Hilfe bitten. Der Kaiser antwortete am 26. Juni mit einer in starken Worten abgefaßten Widerlegung des päpstlichen Erlasses vom 27. Juli 1707. Josef I. betonte darin seine Verpflichtung, die Grenzen des Reiches zu verteidigen, und bestritt die Rechtsgültigkeit der päpstlichen Ansprüche auf Parma. Im Prinzip wiederholte das Dokument die bereits vom Reichshofrat vorgebrachten Argumente. Auf die kaiserlichen Rechte Comacchio betreffend ging das kaiserliche Schreiben jedoch nicht näher ein.

Um für seinen Standpunkt zu werben, ließ der Kaiser allen einflußreichen deutschen Fürsten sowie dem Regensburger Reichstag Abschriften seines Briefes zuschicken. Die positivste Antwort kam von dem neuernannten Kurfürsten von Hannover, der durch alte und neue familiäre Bande mit den Herzögen Este von Modena eng liiert war. Unter Anleitung des hannoveranischen Hofbibliothekars und Philosophen Gottfried Wilhelm von Leibniz, der ein guter Freund der Kaiserin Amalie war, wurden in einem langen Schreiben die rechtlichen Ansprüche des Kaisers und der Este auf Comacchio verteidigt. Und auch Herzog Rinaldo von Modena selbst beauftragte seinen eigenen Bibliothekar, Lodovico Antonio Muratori, mit der Abfassung eines ähnlichen Dokuments, in dem die Rechtsansprüche seiner Familie dargelegt wurden. Mit dieser Arbeit begann übrigens Muratori seine Laufbahn als Pionier der modernen italienischen Geschichtsschreibung. Nach kurzer Zeit folgte ein weiteres Dokument, herausgegeben von deutschen Rechtsgelehrten und Historikern, das bereits zum Krieg gegen Rom aufrief.[131] Der Kaiser und seine Minister mußten sich jetzt entscheiden, ob der Konflikt nur den Charakter eines Federkriegs behalten sollte. Zwischen Mitte Juli und Anfang August trat die italienische Konferenz mehrmals zusammen. Sollte man weiter militärisch vorgehen oder in Verhandlungen mit Rom treten?[132] Bei diesen Sitzungen waren auf Drängen Wratislaws er selber, Trautson, Sinzendorf und der Hofkriegsratsvizepräsident Herberstein zugelassen worden. Merkwürdigerweise hatte der Eintritt Wratislaws in die Konferenzsitzungen keine dramatische Kehrtwendung zur Folge. Obwohl er sich so energisch gegen die militärische Eroberung Comacchios ausgesprochen hatte, stimmte Wratislaw jetzt seinen Kollegen zu, daß man die Stadt nun nicht gut wieder evakuieren könne. Alle Minister waren sich darin einig, daß man so bald wie möglich mit Verhandlungen beginnen sollte. Falls Clemens XI. allerdings Verhandlungen ablehnen sollte, waren Schönborn und Herberstein dafür, weiter militärischen Druck auszuüben. Sie änderten jedoch sofort ihre Haltung, als am 2. August eine Drohung aus Rom kam, den Kaiser zu exkommunizieren und militärisch zurückzuschlagen, falls die Österreicher weiter vorrückten.[133] Der Kaiser aber hatte bereits den Kriegskommissionär für Italien, Marquis Prié, dazu ausgewählt, mit Papst Clemens XI. zu verhandeln, und die Konferenz war höchst interessiert, ihn möglichst schnell auf den Weg zu schicken. Seine Abreise verzögerte sich dennoch bis Ende August, weil man nicht genügend Urkundenmaterial zur Stützung der kaiserlichen Ansprüche auf Parma und auf die Besteuerung des Mailänder Klerus zusammenbekam.[134]

Clemens XI. bereitete sich inzwischen fieberhaft darauf vor, eine päpstliche Streitmacht aufzustellen, mit der er den österreichischen Truppen in Ferrara entgegentreten wollte. Zu diesem Zweck befahl er, 10.000 Mann aus Avignon zu verlegen und 3000 Schweizer Söldner anzuwerben. Sowohl nach Parma als auch in die Toskana wurden Rekrutierer ausgeschickt, während in Neapel zahlreiche Deserteure der österreichischen Armee zu den besser bezahlten und ernährten päpstlichen Streitkräften überliefen. Zusätzlich erließ Papst Clemens XI. in seinen Staaten eine einprozentige Konskription aller Männer zwischen zwanzig und vierzig. Anfang September verfügte er bereits über ein Heer von 25.000 Mann.[135] Das war zwar eine stattliche Zahl, aber von einer schlagkräftigen Armee konnte nicht die Rede sein. Viele der Rekruten kamen direkt aus dem Gefängnis, aus dem man sie übrigens nur mit der Aussicht auf Amnestie locken konnte, viele Offiziere hatten überhaupt keine militärische Erfahrung, und die Vergangenheit des Oberkommandierenden war auch nicht gerade dazu angetan, seinen Leuten Vertrauen einzuflößen. Der ehemalige General in österreichischen Diensten, Luigi Fernando Marsigli, hatte 1703 trotz der Order, unter allen Umständen seine Position zu halten, die wichtige Festung Breisach nach einer nur zweiwöchigen Belagerung dem Feind übergeben und war darauf von Kaiser Leopold I. ins Gefängnis geworfen und aus österreichischen Diensten entlassen worden. Dieser unglückselige Mann wurde nun von Papst Clemens XI. aus dem erzwungenen Ruhestand geholt. Er sollte es ihm schlecht danken und den Papst bei der ersten Truppenparade mit gezogenem Degen in aller Öffentlichkeit beleidigen.[136]

Anfang September begann der päpstliche Legat in Ferrara mit der Eröffnung der Feindseligkeiten. Unter seiner Führung umzingelten bewaffnete Bauernbanden und päpstliche Miliz Comacchio und überfielen aus dem Hinterhalt die zur Nahrungsmittelbeschaffung ausrückenden Garnisonstruppen. Die Nachricht darüber wurde in Wien mit Bestürzung aufgenommen; denn mit Ausnahme Wratislaws hatte man einen päpstlichen Gegenangriff für unwahrscheinlich und die Besetzung Comacchios für ein wirksames Mittel gehalten, um den Papst zu Konzessionen zu zwingen. Nun sah man sich plötzlich mit der Einnahme der Stadt und mit dem militärischen Eingreifen des Papstes konfrontiert. Diesmal übernahm Josef I. selbst den Vorsitz der erneut zusammengerufenen Konferenz. Bei dieser Sitzung herrschte die Sorge vor, Bonneval würde die Stadt nicht halten können. Abgesehen von kleineren Garnisonstruppen im nahen Mirandola und in Mantua und einer 1600 Mann starken, von Südfrankreich abgezogenen Streitkraft befanden sich im Umkreis von zirka 150 Kilometern keine österreichischen Truppen. Auf die Bitte des Gouverneurs von Mantua hatte Rinaldo unlängst 5000 Mann an die gemeinsame Grenze mit Ferrara stationiert, aber es war fraglich, ob der Herzog bereit war, seine Truppen in einer militärischen Auseinandersetzung auch wirklich einzusetzen.[137] Am 25. September faßte die Konferenz den Entschluß, einen Großteil der 20.000 unter Daun in Südfrankreich kämpfenden Truppen abzuberufen. Dabei ging es aber nicht mehr nur um die Unterstützung Bonnevals. Wratislaw hatte sich dafür eingesetzt, daß mit den Daunschen Truppen ganz Ferrara und seine päpstlichen Garnisonen eingenommen werden sollten, um den Papst zu einem Waffenstillstand und zur Abrüstung seiner Armee zu zwingen.[138] Der Kaiser hatte sich dieser Argumentation nicht verschlossen und augenblicklich Daun befohlen, sich mit allen verfügbaren Kräften auf den Weg nach Ferrara zu machen.[139] Um das Risiko eines totalen Bruchs mit dem Papst möglichst klein zu halten, gab er seinem Feldkommandanten die Anweisung, strikte Disziplin zu wahren und jede militärische Aktion aufs engste mit dem Fortgang der Verhandlungen Priés mit dem Papst zu koordinieren. Trotz dieser Vorsichtsmaßnahmen und Priés positiv gehaltenen Briefen aus Rom äußerte sich Josef I. seinen Ministern gegenüber sehr pessimistisch über die Aussicht, den Krieg zu vermeiden.[140]

Die neuesten Nachrichten aus Italien schienen diesen Pessimismus zu bestätigen. Ein Schiffskonvoi mit Nachschub für Bonneval war auf dem Po von päpstlicher Infanterie aus dem Hinterhalt überfallen worden. 30 österreichische Soldaten waren dabei getötet und vier Schiffe erobert worden. Als nach dieser unerfreulichen Nachricht die Meldung eintraf, daß 5000 päpstliche Truppen aus Avignon eingetroffen waren, konnte der Wiener Hof sich keinen Illusionen mehr hingeben: Clemens XI. war entschlossen, den Fehdehandschuh aufzunehmen und Krieg gegen den Kaiser zu führen. Dazu kam nun auch noch eine beängstigende Nachricht: Marschall Tessé war in diplomatischer Mission mit dem Auftrag in Genua gelandet, alle größeren italienischen Höfe und am Schluß Rom zu besuchen. Da auch Gerüchte über eine bevorstehende venezianische

Schiffsblockade Comacchios umgingen, mußten Josef I. und seine Minister zum ersten Mal die Gefahr einer Allianz zwischen Clemens XI. und Ludwig XIV. und einer italienischen Liga unter Führung des Papstes ins Auge fassen.[141]

Diese düsteren Aussichten beschäftigten die Konferenz vom 12. Oktober, in der sich jedermann bewußt war, daß man diesen Krieg ohne die Unterstützung der Alliierten führen müsse.[142] Voller Bitterkeit mußte Josef I. feststellen, daß sich außer Friedrich I., der versprochen hatte, ein preußisches Truppenkontingent nach Italien zu schicken, keiner der von ihm im Juni und September angeschriebenen Kurfürsten gerührt hatte.[143] In der Tat war Reichskanzler Lothar Franz von Schönborn ganz gegen die Papstpolitik des Kaisers. Anfang Juni hatte er bereits die Forderung des Kaisers abgelehnt, eine Beschwerdeliste des Reiches anzulegen und nach Rom zu schicken.[144] Die Versicherungen seines Neffen, die Politik des Kaisers habe allein das Ziel, die Autorität des Reiches in Italien wiederherzustellen, hatten ihn nicht überzeugen können. Wie die übrigen katholischen Kurfürsten warnte er statt dessen den Kaiser vor dem Schaden, den ein Krieg zwischen Kaiser und Papst dem europäischen Katholizismus zufügen würde.[145]

Auch in Italien stand der Kaiser mittlerweile ohne Verbündete da. Während des Sommers hatte er versucht, sich den Beistand von Viktor Amadeus von Savoyen zu sichern, indem er endlich die Reichsacht über Karl Ferdinand aussprach und Montferrat Savoyen übergab.[146] Da er sich selber mit dem Papst wegen päpstlicher Ansprüche in Savoyen herumstritt, hatte der Herzog im Juni in einem Memorandum um kaiserliche Unterstützung gebeten und eine auf Gegenseitigkeit beruhende Kooperation dem Vatikan gegenüber angeboten.[147] Entmutigt durch diese Antwort hatte Josef I. Ende September die Herzöge von Savoyen und Modena um zumindest nominellen militärischen Beistand in Ferrara gebeten.[148] Nach der letzten Wendung der Dinge war jedoch keiner bereit gewesen, sich auf einen Krieg mit dem Papst einzulassen, was sie aber nicht davon abhielt, Wien pausenlos daran zu erinnern, daß Prié bei seinen Verhandlungen in Rom ja nicht die Rechtsansprüche Savoyens und Modenas vergäße.[149]

Am ehesten hatte man noch mit der negativen Reaktion der Seemächte gerechnet. Zwar waren diese nicht ohne Sympathie für Josefs antipäpstliche Einstellung,[150] und die Engländer hatten gerade drohend eine Schwadron Schiffe an der toskanischen Küste aufkreuzen lassen, nachdem durchgedrungen war, daß der Papst die Landung des Thronprätendenten Stuart in Schottland mitfinanzieren wollte, aber als die Gefahr eines ausgedehnten kriegerischen Konflikts in Mittelitalien drohte, drängten England und Holland den Kaiser, die Feindseligkeiten vor dem nächsten Feldzug zu beenden.[151]

Mit der festen Absicht, dies zu tun, wartete der Hof ungeduldig auf Dauns Ankunft in Ferrara. Wie bei der Niederschlagung des Bauernaufstands in Bayern kam dem Kaiser auch hier der frühzeitige Wintereinbruch zu Hilfe. Als es in den Alpen zu schneien begann, verließ Daun die Front in der Dauphiné und erreichte die Nordgrenze der päpstlichen Staaten Ende Oktober. Zu diesem Zeitpunkt aber hatte sich die militärische Situation in Ferrara zugunsten der Österreicher stark gebessert. Anfang Oktober hatte Bonneval einige Verstärkung erhalten, so daß ihm der Ausbruch aus Comacchio gelang und er mit Erfolg die benachbarten päpstlichen Garnisonen überfallen konnte. Am 16. Oktober führte er eine Streitkraft von 500 Mann gegen Ostellato. Dabei wurden 200 der 2000 Päpstlichen getötet, die Stadt geplündert und geschliffen, zwei Priester gehängt und fünf andere inhaftiert, weil man Waffen bei ihnen gefunden hatte.[152] Am Ende des Monats hatte Bonneval mehrere Städte eingenommen und eingeäschert und den Kontakt mit Modena und der Lombardei wiederhergestellt.

Als nun Daun zu ihm stieß, begann die systematische Besetzung der päpstlichen Staaten. Da aber der Feldmarschall unbedingt weiteres Blutvergießen vermeiden wollte, machte er keinen Versuch, Marsiglis Armee zur Schlacht herauszufordern oder eine der besser befestigten päpstlichen Städte im Sturmangriff zu nehmen. Ferrara und die Festung Urbano wurden lediglich blockiert und die Garnison von Bologna kraft eines Vertrags mit der Stadtregierung für neutral erklärt. Auch Marsigli war keineswegs auf eine Schlacht erpicht. Da er sich möglicherweise für den Fabius Maximus der Neuzeit hielt, zog er sich Schritt für Schritt vor dem heranrückenden österreichischen Hannibal zurück. Das hatte zur Folge, daß die Untertanen des Papstes die päpstliche Armee nicht mehr die „Papalini", sondern die „Papagallini", die „Hühner des Papstes", nannten. So hatte Ende November Marsigli Bologna, Ferrara und die Romagna vor dem Feind geräumt. Während ein Teil seiner Armee sich südwestwärts nach Urbino zurückgezogen hatte, wo der verängstigte päpstliche Legat die Stadttore vor den flüchtenden päpstlichen Soldaten verschloß, zog Marsigli mit dem Rest seiner Armee südostwärts nach Ancona. Rom war damit schutzlos dem Angriff seiner Feinde ausgeliefert.[153]

Selbstverständlich hatte Josef I. nicht die Absicht, Rom einzunehmen. Er wußte genau, welche verheerende Wirkung ein solcher Schritt in Spanien und Italien gehabt hätte. Nun, da Marsiglis Armee keine Gefahr mehr darstellte und ein großer Teil der Kirchenstaaten von der österreichischen Armee besetzt war, ging es ihm nur noch darum, Frieden mit Clemens XI. zu schließen. Um den Druck auf den Papst noch zu vergrößern, ersuchte er die Engländer, ihre Flotte noch eine Zeitlang vor der italienischen Küste zu belassen, und gab Daun die Vollmacht, seinen Marsch auf Rom wieder aufzunehmen, wenn Prié das für notwendig hielt. Zugleich aber war der Kaiser bestrebt, ein günstiges Verhandlungsklima zu schaffen, indem er die Engländer davon abzuhalten suchte, die päpstliche Küste zu bombardieren, indem er Daun Order erteilte, auf keinen Fall Ferrara und Urbino anzugreifen, und indem er verbot, in den besetzten

Provinzen mehr Steuern einzutreiben, als für den Unterhalt der Armee benötigt wurde.[154]

Während sich also Josef I. bemühte, den Papst an den Konferenztisch zu bringen, bewegte sich auch Clemens XI. bereits Schritt für Schritt, wenn auch zögernd, in dieselbe Richtung. Im September und Oktober hatte der Papst noch jedes Gespräch mit Wien kategorisch abgelehnt. Diese Haltung war zum Großteil auf den Einfluß seiner frankophilen Berater zurückzuführen und auch auf die Hilfe, die man sich von Frankreich erwartete. Tatsächlich hatte Marschall Tessé bei seinem Besuch in Rom am 13. Oktober 15.000 französische Soldaten in Aussicht gestellt und verlockende Pläne für eine italienisch-französische Liga gegen den Kaiser vorgelegt.[155] Nach kurzer Zeit begann jedoch Clemens XI. bereits daran zu zweifeln, ob Ludwig XIV. angesichts der französischen Rückschläge in Belgien und Südfrankreich überhaupt in der Lage war, sich derart in Italien zu engagieren. Dazu kam, daß zwar die italienischen Fürsten sehr erfreut auf die großzügigen Angebote Tessés reagiert hatten, der ihnen Territorialgewinne in der Lombardei und die Befreiung vom habsburgischen Joch in Aussicht gestellt hatte, aber es war mehr als fraglich, ob sie wirklich bereit waren, ihre Existenz in einem Krieg gegen den Kaiser aufs Spiel zu setzen.[156] Daher gab Clemens XI. dem Marschall zu verstehen, er würde nur dann ein Bündnis mit Frankreich abschließen, wenn ihm Ludwig XIV. 8000 bis 10.000 französische Soldaten nach Rom geschickt habe.[157] In der Tat mußte sich Ludwig XIV. eingestehen, daß das Engagement in Italien für ihn zur Zeit nicht zu realisieren war. Eine italienische Liga ohne die Teilnahme Savoyens und Venedigs wäre zudem vollkommen unwirksam gewesen. Keiner dieser beiden Staaten schien jedoch zum gegebenen Zeitpunkt dazu zu neigen, Krieg gegen den Kaiser führen zu wollen.[158] Als ihm daher Tessé am 30. November mitteilte, Frankreich könne ihm nur ein Bataillon mit einigen Offizieren zur Verfügung stellen, mußte sich Clemens XI. mit der Tatsache abfinden, daß er Josef I. auf Gedeih und Verderb ausgeliefert war. Bisher war er seriösen Verhandlungen mit Prié, der nur zehn Tage nach Tessé in Rom angekommen war, aus dem Weg gegangen. Nun, am 4. Dezember, machte der Papst sein erstes ernsthaftes Friedensangebot. Er versprach, seine Armee abzurüsten, wenn die Österreicher sich zurückzögen und der Kaiser verspräche, mäßigend auf den Herzog von Modena und die britische Flotte einzuwirken. Dafür gab Clemens XI. seine Einwilligung, Erzherzog Karl als „König" anzuerkennen.[159] Obwohl dabei viele Fragen offenblieben, war dieses Angebot ein deutliches Signal für den Start seriöser Verhandlungen.

Kurz zuvor hatten Josef I. und seine Minister ihrerseits eine Verhandlungsliste aufgesetzt. Nach dem Sieg der Alliierten bei Oudenaarde war Josef I. mehr denn je an den bis dato nicht realisierten dynastischen Zielen in Spanien und in Amerika interessiert. So hatte er sich Anfang Oktober entschlossen, die

Anerkennung seines Bruders als König von Spanien zu betreiben, mit dem Recht, vakante Pfründe zu besetzen und die lukrative päpstliche „cruzada" bei allen seinen Untertanen einzuziehen.[160] Mit der Anerkennung des Papstes hoffte er, die Propagandisten Philipps V. zum Schweigen zu bringen, die aus dem Bündnis des Erzherzogs mit den ketzerischen Seemächten und aus der protestantischen Abstammung von Karls Frau Elisabeth und der Kaiserin Amalie Kapital zu schlagen versuchten.[161] Dafür war Josef I. bereit, Comacchio unter Umständen abzutreten, wenn darüber eine hauptsächlich aus Kardinälen bestehende Kommission entschieden habe.[162] In der Konferenz vom 1. Dezember wurde vom Kaiser auch stillschweigend der Verlust Parmas konzidiert – man hatte ja leider keine Urkunden zur Stützung der kaiserlichen Ansprüche auffinden können – und dabei lediglich gefordert, daß jene österreichischen Beamten, welche den Klerus von Parma besteuert hatten, nicht um Absolution beim Papst ansuchen mußten.[163]

Wenn jemals Unklarheit über Josefs Absichten bestanden hatte, jetzt war sie verschwunden. Wären Schönborn oder Martinitz in dieser Konferenz anwesend gewesen, so wäre es sicher zum Protest gekommen. Denn wo waren die kaiserlichen Ansprüche geblieben? Aber während Krankheit und Familienangelegenheiten Martinitz während des Herbstes vom Hof fernhielten, war Schönborn nicht einmal eingeladen worden, an dieser Schlußdebatte teilzunehmen. Der Mann, der noch vor einigen Monaten der Hauptverantwortliche für die kaiserliche Position gewesen war, hatte Wien für eine Reise durch das Reich verlassen und sollte seinen Platz in der italienischen Konferenz erst wieder einnehmen, nachdem man mit Rom Frieden geschlossen hatte. Die Teilnahme des Reichshofrates Windischgrätz an den Sitzungen der nächsten Wochen legt nahe, daß Josef I. den Reichsvizekanzler durch einen seiner direkten Untertanen ersetzen wollte.[164]

Obschon durch Schönborns Abwesenheit die Diskussion um die Reichsinteressen sehr gedämpft verlief, gab es noch genügend Details, die besprochen werden mußten. Während der Konferenzen vom 17. und 18. Dezember setzten sich Seilern und Windischgrätz dafür ein, daß man den Papst zu weiteren Konzessionen zwingen sollte. Seilern verlangte eine vorteilhaftere Regelung der „preces primariae" und die Präsentation einer Beschwerdeliste Savoyens durch Prié. Windischgrätz forderte für die österreichische Armee Winterquartiere für zwei Monate. Übereinstimmend forderten beide Männer die Zuziehung des Reichstages oder Reichshofrates bei der endgültigen Regelung der Angelegenheit Comacchio. Bei den anderen anwesenden Ministern machte sich dagegen eine zunehmende Ungeduld bemerkbar, den Frieden mit Clemens durch eine Begrenzung der Forderungen zu erreichen, und von allen Ministern blieben nur Seilern und Windischgrätz fest bei der Forderung nach voller Anerkennung Karls als König von Spanien.[165]

Da Salm und Wratislaw an diesen beiden Sitzungen nicht teilnehmen konnten, wartete der Kaiser mit seiner Entscheidung, bis beide Männer ihren schriftlichen Rat dazu abgegeben hatten. Aus dem Votum Wratislaws sprach deutlich seine Ungeduld, mit Rom Frieden zu schließen. Indem er ein sofortiges Ende des Krieges forderte, setzte er sich über die Forderungen von Seilern und Windischgrätz hinweg und verlangte die totale Unterordnung unter den Spruch der Kardinalskommission. Schließlich meinte Wratislaw, es sei „fast eine Unmöglichkeit", volle Anerkennung für den Erzherzog zu erreichen.[166] Salm wiederholte in seinem Votum im Prinzip alle Punkte, die schon Seilern und Windischgrätz betont hatten. Nur in der Frage der Anerkennung Karls war er der Ansicht Wratislaws und der Mehrheit, welche Josef I. ans Herz legte, nur eine nominelle Anerkennung vom Papst zu verlangen.[167]

Trotz des Rates seiner beiden engsten Ratgeber verkündete der Kaiser kurz danach, daß er weiter die volle Anerkennung für den Erzherzog verlangen werde. Zugleich wiederholte er seinen Entschluß, die Lösung der Frage Comacchio einer Kardinalskommission zu überlassen.[168] Da der Papst diesen Bedingungen weiterhin ablehnend gegenüberstand, versuchte die Mehrheit in der Konferenz nochmals mäßigend auf den Kaiser einzuwirken. Aber der Kaiser blieb auch in den Sitzungen vom 2. und 3. Jänner fest bei seinem Entschluß und wartete weitere Nachrichten aus Rom ab.[169] Er war der Überzeugung, daß es nicht mehr lange dauern könne, bis der Papst nachgäbe. Nach der Konferenz des 12. Dezember hatte er Prié beauftragt, dem Papst zu verstehen zu geben, er habe bis zum 15. Jänner Zeit, sich die Sache zu überlegen. Danach würde Dauns Armee den Marsch nach Rom wieder aufnehmen.[170] Tatsächlich hatte Josef I. nicht vergeblich gewartet. Am 30. Jänner erhielt er Nachricht von Prié. Der Papst hatte kapituliert.

Die österreichische Hegemonie

Knapp eine Stunde vor Mitternacht wurde am 14. Jänner 1709 der Vertrag zwischen dem Papst und dem Kaiser von Prié und dem päpstlichen Sekretär Paolucci unterzeichnet. Er enthielt, wie damals üblich, auch einige geheime Abmachungen. Im öffentlichen Teil versprach Clemens XI., seine Truppen auf den Vorkriegsstand zu reduzieren. Als Gegenleistung sollte Josef I. seine Armee aus den Kirchenstaaten abziehen und seine Alliierten von jeder Aggression gegenüber Rom abhalten. Die Probleme Parma und Comacchio sollten von einer Kommission unter der Leitung Priés, die sich aus drei römischen Kardinälen und dem Mailänder Senator Caroelli zusammensetzte, entschieden werden. Wenn diese Kommission die päpstlichen Ansprüche auf Comacchio für gerechtfertigt hielt, was als ausgemachte Sache galt, dann sollten sämtliche österreichischen Soldaten die Stadt auf der Stelle verlassen.

Die eigentlichen Trophäen seines Sieges fanden sich für Josef I. in den geheimen Artikeln des Vertrages. Clemens XI. versprach, Erzherzog Karl als König von Spanien mit sämtlichen Titeln und Privilegien anzuerkennen. Um nicht der Diskriminierung durch die bourbonischen Mächte ausgesetzt zu sein, sollte der Papst seine Anerkennung erst aussprechen, wenn eine fingierte Kardinalskommission die Ansprüche der rivalisierenden Habsburger und Bourbonen erneut untersucht und zugunsten des Erzherzogs entschieden hätte. Bis die Kommission ihr Urteil gefällt hatte, sollten sechs österreichische Regimenter in Ferrara stationiert sein. Die restlichen Geheimartikel enthielten eine Reihe von vage formulierten Kompromissen. So versprach Clemens XI., die neapolitanischen Emigranten zu begnadigen und sich mit Viktor Amadeus über die päpstlichen Vorrechte in Savoyen ins Einvernehmen zu setzen. Auch der Kaiser kam dem Papst in einigen Punkten entgegen. So wollte er sein Manifest vom 26. Juni widerrufen, wenn Clemens XI. ihm dafür versprach, sein Interdikt über alle jene kaiserlichen Beamten zurückzuziehen, die sich dem päpstlichen Erlaß vom 27. Juli widersetzt hatten. Josef I. erklärte sich außerdem bereit, Schadenersatz für die von österreichischen Truppen auf ihrem Durchzug durch die Kirchenstaaten vorgenommenen Übergriffe zu leisten und für alle etwaigen Schäden aufzukommen, die dem Heiligen Stuhl womöglich aus der Anerkennung Erzherzog Karls erwachsen sollten. Wegen der „preces primariae" würde eine Gesandtschaft des Kaisers nochmals mit dem Papst gesondert verhandeln.[171]

Nun, da der Krieg mit dem Papst beendet war und demnächst Friedensgespräche mit Frankreich stattfinden sollten, entschloß sich der Kaiser, die langerwartete Reform der Konferenz durchzuführen. Die bisherigen acht Konferenzen sollten durch eine einzige Körperschaft ersetzt werden. In dieser sollten Salm und sein designierter Nachfolger Trautson vertreten sein, außerdem die drei Kanzler Wratislaw, Seilern und Sinzendorf und – als Konzession für die zwei Kaiserinnen – Windischgrätz und der betagte Mansfeld. Wenn sie gerade in Wien waren, sollten auch Prinz Eugen und Kardinal Lamberg, der kaiserliche Kommissionär beim Regensburger Reichstag und Onkel des Günstlings Leopold Lamberg, an der Konferenz teilnehmen. Wie früher sollte Schönborn nur an jenen Sitzungen teilnehmen, die sich direkt mit Reichsangelegenheiten beschäftigten.[172] Er war jedoch anwesend, als die neue „Große Konferenz" zum ersten Mal zusammentrat. Zehn Wochen hatte er an keiner Sitzung mehr teilgenommen.

Der volle Text des Vertrages mit dem Papst traf am 14. Februar in Wien ein. Nachdem in mehreren Sitzungen noch einmal alle Punkte durchgesprochen worden waren, entschloß sich Josef I. zur Unterschrift,[173] instruierte aber Prié dahingehend, daß er das Dokument erst dann übergäbe, wenn der Papst sich mit allen Punkten des Vertrages voll einverstanden erklärt habe.[174] In der Tat kam es, obwohl sich die päpstliche Abrüstung und der österreichische Truppenabzug fast reibungslos abwickelten, bald zu Schwierigkeiten bei der Erfüllung der übrigen Vertragsklauseln. Daran war vor allem die zweideutige Formulierung einiger Geheimartikel schuld. So war zum Beispiel unklar, ob in Josefs Verpflichtung, Schadenersatz für Übergriffe österreichischer Truppen beim Durchzug durch die Kirchenstaaten zu leisten, auch die Entschädigung für gewisse Repressalien, die Bonneval und Daun bei der letzten Invasion ausgeübt hatten, enthalten sei. Die päpstlichen Unterhändler waren sehr wohl dieser Ansicht, während Wien behauptete, der Artikel bezöge sich lediglich auf den Marsch der österreichischen Truppen nach Neapel und wieder zurück.[175] Ebenso unklar war, ob die kaiserlichen Beamten vorher um Absolution anzusuchen hatten, bevor das Interdikt vom 27. Juli zurückgezogen würde, oder nicht. Während Clemens XI. auf der Bitte um Absolution bestand, lehnten Josef I. und seine Minister sie strikt ab, mit der Begründung, ein solches Ansuchen wäre mit dem Eingeständnis von Schuld und der Illegalität des Manifests vom 26. Juni gleichzusetzen.[176] Die Debatte wurde dadurch noch komplizierter, daß der Reichsvizekanzler zu denen gehörte, die der Papst unter das Interdikt gestellt hatte, weil er das betreffende Manifest mitunterzeichnet hatte. Und Schönborn war ganz dagegen, um Absolution zu bitten. Allerdings hatte gerade bei ihm der Papst ein starkes Druckmittel bei der Hand. Er brauchte nur die Bestätigung für seine Wahl als Weihbischof von Bamberg zurückzuhalten.[177]

Es wurde bald klar, daß beide Seiten entschlossen waren, die Erfüllung gewisser Bedingungen so lange wie möglich hinauszuzögern. So zögerte Josef I. mit der Widerrufung seiner Erklärung vom 26. Juni, wenn der Papst nicht gleichzeitig seinen Erlaß vom 27. Juli zurücknähme.[178] Außerdem war es ihm zutiefst zuwider, die päpstliche Genehmigung zur Vergabe der Pfründe durch eine Gesandtschaft einholen zu lassen. Mit den Worten „er habe es nicht nötig" lehnte er ab, eine Gesandtschaft zu entsenden, und verlangte statt dessen, der Papst solle ihm und allen seinen Nachfolgern ein für allemal die Vergabe der Pfründe schriftlich genehmigen.[179]

Der Papst dagegen empfand inzwischen erhebliche Bedenken betreffend seiner Anerkennung des Erzherzogs. Zwar hatte er trotz des Widerstandes einiger profranzösischer Kardinäle im März die Scheinkommission zusammengerufen und kurz darauf ihr „Urteil" entgegengenommen.[180] Aber eine Mischung aus Stolz und Angst – Angst vor bourbonischen Repressalien gegen die Kirche in Frankreich und Spanien – ließ Clemens XI. jetzt zögern, den letzten Schritt zu tun. Auf den Druck der Seemächte hin hatte Josef I. dagegen die letzten sechs Regimenter bereits im April aus den Kirchenstaaten abgezogen.[181] Doch blieben ihm noch andere Druckmittel, die er gegen den Papst einsetzen konnte. So teilte er dem Papst mit, er würde über das Schicksal Parmas und Comacchios nicht von einer Kardinalskommission entscheiden lassen, bevor nicht die

Anerkennung des Erzherzogs vorläge.[182] Und da es dem Herbst zuging, machte Prié den Papst darauf aufmerksam, daß Daun sehr wohl mit seinen Truppen wieder in die Kirchenstaaten einmarschieren könne.[183] Daraufhin händigte der Papst am 10. Oktober Prié endlich das Dokument aus, welches den Erzherzog in aller Form als Karl III. von Spanien anerkannte. Vier Tage später gab er seinen Entschluß vor einem Konsistorium bekannt.

Nachdem er damit seine schwerwiegendste Verpflichtung erfüllt hatte, erwartete der Papst mit Recht, daß der Kaiser nun ebenfalls die Vertragsbedingungen erfüllen werde. Mitte Oktober präsentierte der Neffe des Papstes, Kardinal Albani, dem Kaiser in Wien einen Brief des Papstes, in dem er dem Kaiser die soeben verkündete Anerkennung des Erzherzogs mitteilte und dafür nun die Einsetzung der Kommission und die versprochenen Schadenersatzleistungen forderte. Außerdem präsentierte Albani einen weiteren Brief, in dem Clemens XI. den Kaiser um die formelle Garantie bat, für alle Schäden aufzukommen, die der Kirche womöglich durch spanische und französische Repressalien zugefügt würden.[184]

In der Konferenz vom 12. November antwortete Josef I. auf die Forderungen des Papstes. Er wiederholte seine Absicht, für Übergriffe österreichischer Truppen Schadenersatz zu leisten, allerdings erst nach einem allgemeinen europäischen Friedensschluß. Für Schäden, die bei der letzten Invasion verursacht worden seien, gedenke er nicht aufzukommen, da dafür die Feindseligkeit des Papstes verantwortlich zu machen sei. Die päpstliche Bitte um eine formelle Garantie wurde mit der Begründung abgelehnt, daß die beiden Höfe offiziell nicht verbündet seien. Statt dessen versprach der Kaiser, er würde die Alliierten um Kooperation ersuchen und im endgültigen Vertrag eine Klausel aufnehmen, in der Frankreich sich zur Rückgabe des konfiszierten Kirchengutes verpflichtete. Josef I. vermied, die Kardinalskommission zu erwähnen, und gab statt dessen eine allgemeine Versicherung ab, sich aller seiner Verpflichtungen zu entledigen.[185] Als Zeichen seines guten Willens gab er Prié den Auftrag, dem Papst die formelle Ratifizierung der offiziellen Artikel des Vertrages vom 15. Jänner auszuhändigen.[186]

Dabei hatte Josef I. durchaus die Absicht, die Kardinalskommission arbeiten zu lassen. Nur wollte er so lange wie möglich damit warten, bis seine Minister wenigstens ein Minimum an Dokumentenmaterial zur Stützung seiner Ansprüche auf Parma und Comacchio ausgegraben hätten.[187] Durch diese Verzögerungstaktik hatte er immerhin ein weiteres Jahr Steuern in Parma und Comacchio eintreiben können und den deutschen Fürsten die Enttäuschung erspart, die seine Kapitulation unweigerlich hervorrufen würde.[188] Da aber Clemens XI. nach und nach alle Vertragsbedingungen erfüllte, neigte auch der Kaiser immer mehr zur Aufgabe der beiden Reichslehen. Ende 1709 wurde auch die Schönborn-Affäre geregelt, indem der Papst einem von der „Großen

Konferenz" ausgearbeiteten Kompromißvorschlag zustimmte. Der Vizekanzler sollte danach nur noch dem Papst schriftlich seine Ergebenheit entbieten und schwören, daß er das Manifest vom 26. Juni nur in seiner Eigenschaft als Minister und nicht aus persönlicher Überzeugung unterschrieben habe.[189] Nachdem Schönborn diesen Brief geschrieben hatte, erklärte Clemens XI. in einem „revers" die Unterschrift des Manifestes für null und nichtig und erteilte seine Absolution. Kurz danach bestätigte der Papst in einer Bulle die Wahl des Vizekanzlers zum Weihbischof von Bamberg.

Als Josef I. den päpstlichen „revers" las, brach er in Gelächter aus.[190] Offensichtlich war dem Papst unbekannt, daß Schönborn einer der Autoren des Manifestes vom 26. Juni gewesen war und überhaupt einer der Hauptverfechter der kaiserlichen Ansprüche gegenüber Rom. Abgesehen davon war der Kaiser vom Entgegenkommen des Papstes ehrlich beeindruckt, zudem einige Tage vorher Albani versprochen hatte, die Rückgabe des konfiszierten neapolitanischen Eigentums zu beschleunigen. So betonte Josef I. in der Konferenz vom 11. März seine Zufriedenheit mit der päpstlichen Vorgangsweise und gab bekannt, daß er Prié beauftragen würde, die formelle Ratifizierung der Geheimartikel zu übergeben und die Kardinalskommission sofort zusammenzurufen.[191] Am 17. März trat die Kommission bereits zusammen, aber da Prié nur eine Sitzung in der Woche angeordnet hatte, nahm ihre Arbeit beinahe sieben Monate in Anspruch. Am 9. Oktober gab die Kommission schließlich ihr Gutachten ab, das, wie vorausgesehen, zugunsten des Heiligen Stuhles ausfiel.[192]

So schien es, als habe Clemens XI. letzten Endes gewonnen. Aber Wien war immer noch nicht zur Übergabe bereit. Nachdem die Kommission schon wochenlang arbeitete, bekam der Reichshofrat den Auftrag, in dieser Angelegenheit weiterzuforschen.[193] Und obwohl er wieder kein einziges brauchbares Dokument präsentieren konnte, bat die Konferenz an dem Tag, da die Kommission ihr Verdikt verkündete, den Kaiser um die Erlaubnis, die österreichischen Truppen im kommenden Winter in Parma und Comacchio stationieren zu dürfen.[194] Als dann die Nachricht vom Verdikt in Wien eintraf, rieten die Minister dem Kaiser, Prié solle seine Unterschrift so lange wie möglich zurückhalten.[195] Josef I. billigte diese Empfehlungen am 31. Oktober[196] und gab Anweisung nach Modena, man solle die päpstlichen Agenten daran hindern, Rinaldo zum Verzicht auf Comacchio zu zwingen.[197] Erst im Jänner 1711, nachdem sichergestellt war, daß den österreichischen Truppen ein weiterer Winter Quartier gewährt wurde, verkündete Josef I. seinen Ministern, daß er zur Aufgabe Comacchios bereit sei.[198] Der Papst versuchte diese Absicht zu stärken, indem er Wien ein außergewöhnliches, inoffizielles Angebot machte. Am 5. März unterbreitete Albani dem neuen Oberstholmeister Trautson folgenden Vorschlag: Wenn Josef I. ohne jede weitere Verzögerung Comacchio übergäbe, würde Clemens XI. den Kaiser bei seinen Ansprüchen auf die Toskana unterstützen, sobald die Medici-Dynastie erloschen sei, was bald zu erwarten war. Danach würde der Papst dem Kaiser die päpstlichen Statthalterschaften von Bologna und Ferrara (einschließlich Comacchios) direkt überlassen, ebenso wie die Herrschaft über Parma, wenn der Kaiser ihm dafür die Toskana abträte. Würde allerdings Comacchio nicht in absehbarer Zukunft von Truppen geräumt, dann wolle sich Clemens XI. nicht für die habsburgische Sache verwenden.[199]

Drei Tage später traf sich Trautson heimlich mit Seilern, Wratislaw und Prinz Eugen, um das Angebot zu besprechen. Da mit mehreren Bewerbern für die Toskana zu rechnen war, erschien den vier Männern das päpstliche Angebot als äußerst günstig. Außerdem begeisterte sie die Aussicht, eines Tages nicht nur Bologna und Ferrara, sondern auch noch Parma zu erwerben, dessen Dynastie ebenfalls kurz vor dem Aussterben war. Zusammen mit Mailand und Mantua würden diese Territorien einen bedeutenden habsburgischen Staat in Oberitalien abgeben.[200] Und da Josef I. sich ohnehin entschlossen hatte, Comacchio aufzugeben, rieten die Minister zur sofortigen Annahme des Vorschlages.[201]

Nun mußte nur noch ein Weg gefunden werden, wie man Comacchio und Parma übergeben könne, ohne den Verdacht und den Protest der deutschen Fürsten zu riskieren. In ihrer Sitzung am 8. März schlugen die Minister folgende Lösung vor: Der Kaiser solle sich die Billigung des Kurfürstenkollegiums beschaffen. Denn man könne damit rechnen, daß die katholischen Kurfürsten unbedingt den Konflikt mit dem Papst vermeiden wollten. Und um Kurfürst Georg Ludwig von Hannover gar nicht die Gelegenheit zu geben, vor einem protestantischen Forum für die Unterstützung seines Cousins Este zu plädieren, sollten nur die katholischen Kurfürsten zusammengerufen werden. An Preußen könne man gesondert herantreten und seine Billigung einholen. Um zu verhindern, daß die Fürsten jemals etwas von dem geheimen Plan eines Tauschs mit der Toskana zu hören bekämen, beschworen die vier Minister den Kaiser, die Sache nicht nur vor den Kurfürsten, sondern auch vor den anderen Ministern geheimzuhalten.[202]

Der Kaiser billigte den Rat und rief am 8. April die Konferenz zusammen, um seinen endgültigen Entschluß, Comacchio aufzugeben, bekanntzugeben. Während dieser Sitzung wurde das geheime Angebot des Papstes mit keiner Silbe erwähnt. Die vier eingeweihten Minister betonten statt dessen die Notwendigkeit, sich das Wohlwollen des Papstes nicht zu verscherzen und die Einheit der katholischen Kirche aufrechtzuerhalten. Wratislaw beschwor die Gefahr einer päpstlichen Wiederaufrüstung und den Ausbruch neuer Feindseligkeiten.[203] Selbstverständlich machte Schönborn starke Einwendungen gegen die Kapitulation. Dennoch, wie erwartet, schloß der Kaiser die vierstündige Debatte mit der Verkündigung seines bereits einen Monat früher gefaßten Beschlusses.[204]

Die Sitzung war wie eine perfekte Inszenierung abgelaufen. Von den fünf

Eingeweihten war der Kaiser der einzige, der nicht Interesse heuchelte und statt dessen gelangweilt auf seinem Notizblatt herumkritzelte.[205] Was sich in dieser Konferenz vom 8. April 1711 abspielte, war charakteristisch für die josefinische Politik, die ein einziges Täuschungsmanöver war. Denn ständig wurden unter dem Vorwand, den Interessen des Reiches zu dienen, nur die Interessen der Monarchie auf der Halbinsel verfolgt. So hatte er vor drei Jahren Comacchio unter dem Vorwand erobert, daß es sich hier um ein altes Recht des Reiches handelte, und hatte eigentlich nur die Absicht gehabt, es als Druckmittel bei der Verfolgung weiterer habsburgischer Interessen einzusetzen. Als er kurz danach in einen ungewollten Krieg gerissen wurde, ließ er sofort die Maske fallen, um seine, wie er sie nannte, vitalsten Interessen zu schützen. Und wenn er nach Beendigung des Krieges nicht bereit war, die Ansprüche des Reiches aufzugeben, dann nicht, weil er sie so hoch einschätzte, sondern weil sie ihm finanzielle Vorteile verschafften. Während also Schönborn noch immer glaubte, der Kaiser gäbe Comacchio und Parma nicht auf, weil er verzweifelt versuche, die Interessen des Reiches zu verteidigen, war es dem Kaiser lediglich um die Einkünfte aus den beiden Lehen zu tun.[206] Und als der Kaiser schließlich kapitulierte, konnte er sich mit dem vorteilhaften Angebot trösten, das der Papst ihm zum Nutzen der Dynastie gemacht hatte.

Der Verrat am Reich und der geplante Handel mit dem Papst bedeuteten zugleich das Ende der „dynastischen Allianz" mit Rinaldo Este. Drei Jahre lang hatte der Kaiser behauptet, Comacchio sei rechtmäßiges Eigentum der Herzöge von Modena. In dem Geheimvertrag mit Albani 1711 wurden nicht nur diese Ansprüche aufgegeben, sondern außerdem vereinbart, daß Ferrara ebenfalls in den Besitz der Habsburger übergehen sollte. Der Sturz Rinaldos aus der kaiserlichen Gnade hatte mit dem Vertrag im Jänner 1709 begonnen. Noch im Frühling 1708 war Rinaldo die Statthalterschaft von Mailand als Entschädigung für im Krieg erlittene Verluste in Aussicht gestellt worden. Aber zu der Ernennung sollte es nie kommen.[207] Während die Entscheidung hinausgezögert wurde, während man nach einem adäquaten Posten für Eugen Ausschau hielt und sich die Argumente des österreichischen und des böhmischen Kanzlers gegen die Ernennung eines ausländischen Fürsten anhörte,[208] wurde das Herzogtum von einer Junta von österreichischen, spanischen und italienischen Beamten regiert.[209] Durch den plötzlichen Tod der Charlotte Felizitas Anfang 1710 zerrissen zudem die engen dynastischen Bande zwischen Rinaldo und Josef I., so daß der unermüdliche Wratislaw am 15. Jänner 1711 dem Erzherzog triumphierend mitteilen konnte, daß der Kaiser sich zugunsten des Prinzen Eugen entschieden habe.[210]

Der Herzog sollte schließlich Mirandola als Entschädigung angeboten bekommen, allerdings zu Josefs Bedingungen. Ursprünglich war es die Absicht des Kaisers gewesen, das kleine Herzogtum seinem Schwager als Belohnung für seine Loyalität zu verkaufen und mit dem Erlös einen Teil der Kriegskosten in Südfrankreich zu decken.²¹¹ Daher hatte er am 4. Dezember 1709 durch den Reichshofrat den Bann über den Herzog von Mirandola ausrufen lassen.²¹² Als sich jedoch Rinaldo weigerte, den verlangten Preis von 600.000 Gulden für das Herzogtum zu zahlen, entschloß sich der Kaiser, alles wieder rückgängig zu machen.²¹³ Im März bot man dem Herzog von Mirandola die Rückgabe seines Herzogtums gegen die Zahlung einer Geldbuße von 600.000 Gulden an. Als nun aber der Herzog sich weigerte, diese Summe zu zahlen, nahm der Kaiser die Verhandlungen mit Rinaldo wieder auf.²¹⁴ Nach drei Monaten war man sich endlich einig: Rinaldo wurde mit dem Herzogtum Mirandola „entschädigt" und zahlte dafür etwas über eine Million Gulden.²¹⁵

Die Verschacherung des Herzogtums Mirandola ist ein weiteres Beispiel dafür, wie von Josef I. die Reichsrechte zur Verfolgung rein österreichischer Interessen benutzt wurden. Wir haben gesehen, daß er schon einmal einen solchen Bann in Italien zu einem ähnlichen Zweck hatte aussprechen lassen. Der über Karl Ferdinand von Mantua am 30. Mai 1708 ausgesprochene Bann war nötig gewesen, um den Herzog von Savoyen zu besänftigen. Auch bei diesem Bann hatte man es mit der Legalität nicht ganz genau genommen. Wenn in der Vergangenheit ein Reichsfürst gebannt wurde, dann verloren nur er und seine nächste Familie ihre Rechte und Privilegien. Seitenlinien der betreffenden Dynastie oder entfernte Verwandte waren von diesem Urteil nicht betroffen, so daß, wenn ein Fürst wegen eines begangenen Verbrechens seinen Besitz verlor, der Kaiser einen legitimen Erben für diesen Besitz suchte, so als sei er ohne männliche Nachfahren gestorben. Im Falle Karl Ferdinands dagegen wurde allen Verwandten das Recht abgesprochen, das Erbe der Gonzaga anzutreten.²¹⁶ Josef I. ergriff diese Maßnahme, um damit die legitimen Ansprüche des Herzogs von Lothringen auf Montferrat und des Herzogs von Guastalla auf Mantua auszuschalten. Denn da der Vertrag von Turin festgelegt hatte, daß Montferrat an Savoyen abgetreten wurde, konnte der Kaiser gar nicht anders, als die Rechte des Hauses Lothringen für null und nichtig zu erklären. Da er zudem selber Mantua annektieren wollte, kam die Gelegenheit, den Herzog von Guastalla zu enterben, gerade recht. Die Tatsache aber, daß er in der Folge versuchte, an anderer Stelle in Europa eine Entschädigung für den Herzog von Lothringen zu finden, macht deutlich, daß er die Beschlagnahme Montferrats – und ebenso Mantuas – rechtlich nicht für einwandfrei hielt. In den Monaten nach der Bannung Karl Ferdinands war Josef I. sogar bereit, Guastalla mit einem kleinen Territorium von Mantua zu entschädigen.²¹⁷ Obwohl der Herzog von Guastalla zunächst nicht einwilligen wollte, auf alle seine Rechte in Mantua zu verzichten, gab er am Ende nach,²¹⁸ und auch die Kurfürsten, die zunächst fast alle auf der Seite des Herzogs gewesen waren, stimmten schließlich der österreichischen Annexion zu, wenn der Herzog entsprechend entschädigt würde. Der Versuch des Herzogs von Guastalla, den Fall vor den Reichstag zu bringen, wurde mit der Hilfe von Mainz und Trier erfolgreich verhindert.[219]

Die Annexion Mantuas war die letzte Gebietserweiterung, die Wien in Oberitalien vornahm. In nur sechs Jahren war es dem Kaiser gelungen, nicht nur die spanische, sondern auch die drohende bourbonische Hegemonie auf der Halbinsel zu verhindern und statt dessen die eigene zu begründen. Nach dem Sieg Eugens über die Franzosen hatte Josef I. seine Position in Italien hauptsächlich mit den Mitteln seiner kaiserlichen Autorität gestärkt und ausgebaut. Dieser Außenposten des Reiches sollte mit nur einer Unterbrechung 150 Jahre von Österreichern regiert werden. Der Krieg, den Josef I. mit dem Papst führte, war zudem bezeichnend für die Überlappung der politischen Ziele des Reiches und der Monarchie. Wie die mittelalterlichen Kaiser hatte Josef I. den Papst bekämpft, um sich die finanziellen Vorteile einer Herrschaft in Oberitalien zu sichern und um seine dynastischen Ansprüche zu festigen. Aber Josef kämpfte in Italien nicht um die Kaiserkrone, sondern um den spanischen Thron, und nur bis Kriegsende legte er großen Wert auf seine Steuerrechte in Comacchio und Parma. Als der Papst den Kaiser am Ende dazu zwingen konnte, seine kaiserlichen Ansprüche auf die umstrittenen beiden Territorien offiziell aufzugeben, mußte er anderseits die Realität der österreichischen Hegemonie auf der Halbinsel anerkennen und ihr Tribut zollen. Gezwungen, eine demütigende und inkriminierende Zusammenarbeit mit dem Kaiser einzugehen, hatte der Papst wenig Grund zu Triumphgefühlen. Dennoch war es eine gute Entscheidung, Frieden mit dem Kaiser zu machen. Das Bündnis mit Frankreich wäre der sichere Untergang gewesen. Dies mußte ihm, wenn nicht schon früher, auf Grund der Erfahrungen klargeworden sein, die zur selben Zeit ein anderer Fürst machen mußte, der sich nicht mit Wien hatte einigen wollen und statt dessen sein Schicksal an das weit entfernte Frankreich gekettet hatte ...

V.
UNGARN:
Der Kuruzzenkrieg

> „Ich starck förchte dass man endlich dieser orthen in ein groses labirinthe verfahlen derfte."
>
> *Johann Wenzel Graf Wratislaw*

Während Josef I. im Westen Krieg führte, mußte er gleichzeitig mit beträchtlichem militärischem und finanziellem Aufwand einen Aufstand in Ungarn unterdrücken, der unter der Führung Rákóczis im Frühling 1703 ausgebrochen war und bis zum Ende der josefinischen Regierung andauern sollte. In mehrerer Hinsicht glich dieser Aufstand den zahlreichen anderen Empörungen quer durch Europa, zu deren Ausbruch es während des 17. Jahrhunderts als Reaktion auf den um sich greifenden königlichen Absolutismus gekommen war. Tatsächlich war Josefs Suche nach einem dauerhaften Frieden keine einmalige Odyssee während der habsburgischen Herrschaftszeit in Ungarn. Trotzdem hatte diese Politik schwerwiegende Folgen sowohl für den Ausgang des Krieges mit Frankreich wie auch für die Beziehungen zwischen den Habsburgern und Ungarn.

Die politische und militärische Situation, in der sich Ungarn befand, als Josef I. die Regierung antrat, hätte kaum schwieriger sein können. Die leopoldinische Regierung hatte es sich praktisch mit allen Schichten der ungarischen Bevölkerung verdorben. So hatte sie sich den Beistand des Adels verscherzt, weil sie ihn um sein in der Verfassung verankertes Recht zum Votum und zur Eintreibung der Sondersteuern gebracht hatte, sie hatte die Bürger und Bauern verbittert, weil sie bereits bestehende Steuern erhöht und neue dazu erfunden hatte,[1] und schließlich hatte sich Leopold I. mit seinem Streben nach religiöser Einheit nicht nur die ungarischen Protestanten zu Feinden gemacht, sondern auch die griechisch-orthodoxen rumänischen Bauern. Wie in anderen, von „ausländischen" Dynastien regierten Ländern warf man auch in Ungarn der Krone vor, die Eigenständigkeit der Nation zuwenig zu respektieren, und man muß sagen, daß Leopold I. diese Xenophobie durch verschiedene Maßnahmen geradezu genährt hatte, indem er die Finanzbehörden des Königreiches der Hofkammer einverleibte, indem er die einflußreichen Posten innerhalb der königlichen Regierung mit Ausländern besetzte, indem er die Steuern durch kaiserliche Truppen eintreiben und die Garnisonen des Landes durch Nichteinheimische besetzen ließ, indem er die berüchtigte „Commissio Neo Acquistica" gründete, welche das den Türken abgenommene Land an die Günstlinge des

Hofes und an deutsche Siedler verteilte, anstatt es ihren Eigentümern zurückzugeben, und schließlich indem er diesen und anderen Einwanderern Steuerbegünstigung erteilte.[2]

Die Empörung über all diese Mißstände war der ideale Nährboden für eine Revolution, und der ideale Führer für eine solche war Fürst Franz II. Rákóczi, der Nachkomme der zwei letzten unabhängigen Fürsten von Siebenbürgen und mehrerer Revolutionsführer und außerdem einer der größten Grundbesitzer Nordostungarns. Als es zu ersten Unruhen in Ungarn kam, befanden sich Rákóczi und sein Freund Graf Bercsényi in Polen im Exil, von wo sie sich um die Unterstützung Frankreichs für den Aufstand in Ungarn bemühten. Als sich nun seine eigenen Leibeigenen erhoben und ihn um Hilfe baten,[3] kehrte er nach Ungarn an der Spitze einer Armee zurück, die sich aus Bauern und polnischen Söldnern zusammensetzte, und versprach allen Bauern eine Verbesserung ihres Loses und allen, die sich ihm anschlossen, die Befreiung von grundherrschaftlichen und königlichen Steuern.[4] Obwohl er wie die meisten Adeligen Katholik war, stellte er die nationale Einheit über die konfessionelle und machte sich zum Fürsprecher für die konfessionellen Minderheiten in Ungarn. Dadurch konnte er seine Gefolgschaft auch unter den nichtmagyarischen Nationalitäten erheblich vergrößern, wo das Ressentiment gegen die habsburgische Steuer- und Verwaltungspolitik nicht so stark war. So unterstützten auch die Rumänen, Slowaken und die Einwohner der deutschen lutherischen Städte den Kuruzzenaufstand.[5] Von den nichtmagyarischen Nationalitäten blieben nur die katholischen Kroaten und die griechisch-orthodoxen Serben im Süden und Südwesten der Krone treu ergeben, da beide Gruppen sich einer gewissen Autonomie erfreuten, über soziale und wirtschaftliche Privilegien verfügten und die Serben die einzige konfessionelle Minderheit waren, der Leopold I. Religionsfreiheit gestattet hatte.[6] Seltsamerweise war es für Rákóczi am schwierigsten, den ungarischen Adel für seine Sache zu gewinnen; denn dieser fürchtete, daß ein Sieg der Kuruzzen zu sozialem Umsturz und ihre Niederlage zur Bestrafung und Enteignung aller Beteiligten durch die Habsburger führen würde. Sobald sich aber herausstellte, daß der Aufstand nicht so schnell niederzuschlagen war und niemand sie vor den Bauernhorden Rákóczis beschützte, schlossen sich auch die Adeligen dem Aufstand an.[7]

Die verstreuten österreichischen Garnisonen brachten es nicht fertig, die Rebellion auf den Nordosten des Königreiches zu beschränken. Ende 1704 war Mittelungarn praktisch in der Hand Rákóczis. Nur ein dünner Streifen westungarischer Städte, gewisse serbische Gebiete im Süden und ein halbes Dutzend verstreuter Festungen waren noch königlich. In Siebenbürgen konnten zwar größere österreichische Streitkräfte unter General Rabutin die größeren Städte besetzt halten, aber das Land war zum größten Teil in der Hand der Aufständischen. Von den drei Kronländern des Königreiches blieb nur Kroatien von der Rebellion unberührt, und Rákóczi und seine Anhänger trugen bereits den Krieg in die östlichen Randbereiche der Erblande, wo Reiterschaften der Kuruzzen Dörfer plünderten und abbrannten und bis in die Umgebung Wiens vordrangen. Zwar gelang es einer kleinen Feldarmee unter General Heister, alles ungarische Territorium südwestlich der Donau zurückzuerobern, aber an eine weitere Offensive oder gar Rückeroberung des gesamten Königreiches war nicht zu denken. Und obwohl er überall, wohin er kam, die Amnestie verkünden ließ, gelang es ihm nicht, die Loyalität der ungarischen Untertanen zurückzugewinnen. Daran waren zum Gutteil die Disziplinlosigkeit seiner serbischen und kroatischen Hilfstruppen und seine eigene berüchtigte Grausamkeit schuld.

Die Kuruzzenführer, die sich selbst als „Malkontenten" bezeichneten, beabsichtigten keineswegs einen totalen Umsturz der habsburgischen Herrschaft, aber eine gründliche Reformierung der leopoldinischen Regierung. Dazu gehörte, daß sie entschlossen waren, alle jene in der Verfassung verankerten Sicherheitsvorrichtungen zu revitalisieren, welche einst ihre politischen Freiheiten gewährleistet hatten und von Leopold I. beim Preßburger Reichstag 1687 abgeschafft worden waren. Bei inoffiziellen Gesprächen unter der Schirmherrschaft der Engländer und Holländer forderten die Rebellenführer bereits 1704 die Wiedereinrichtung der Wahlmonarchie und des „ius resistendi", das war das Recht des ungarischen Adels, sich jeder Verletzung der Verfassung durch den König mit Waffengewalt zu widersetzen. Um die Unverletzbarkeit ihrer konstitutionellen Vorrechte in Zukunft zu sichern, verlangten die Rebellen, daß eine ausländische Macht die Garantie für den Frieden übernehmen sollte. Auch die Wiedereinrichtung eines unabhängigen siebenbürgischen Staates mit Rákóczi als Fürst wurde bei dieser Gelegenheit als Möglichkeit erwähnt.[8] In Weißenburg trat bereits ein siebenbürgischer Landtag zusammen, entthronte Leopold I. und wählte Rákóczi zu seinem Nachfolger.

Rákóczis Kontakte zu anderen europäischen Mächten erschwerten eher die Friedensbemühungen, als daß sie diese erleichterten. Seit 1704 unterstützte Ludwig XIV. die ungarischen Rebellen mit Geld, Munition und sogar einigen französischen Soldaten. Außerdem erkannte er Rákóczi als souveränen Fürsten von Siebenbürgen an.[9] Auch Schweden und Brandenburg-Preußen hatte Rákóczi ebenso wie die Türken um militärische Hilfe gebeten[10] und seine guten Beziehungen zu den Seemächten gepflegt, die alsbald Wien zu bedrängen begannen, die Forderungen der Kuruzzen zu erfüllen. Die Seemächte hatten doppelten Grund zu ihren Ermahnungen. Einerseits wollten die Seemächte damit erreichen, daß die Monarchie sich wieder voll auf ihre Westfront konzentrieren konnte, andererseits empfanden sie gewisse Sympathien für den Kampf der Kuruzzen gegen den Absolutismus und die Unterdrückung der Protestanten. Leider aber brachte die Vermittlung der Seemächte Ungarn nicht den ersehnten Frieden, sondern belastete lediglich sechs Jahre lang das

Verhältnis Wiens zu seinen Alliierten, die mit Belehrungen nicht sparten, wie der Aufstand zu beenden sei. Schon die indiskreten und provokativen Bemerkungen des englischen Gesandten George Stepney hatten einige Monate vor Josefs I. Thronbesteigung zu heftiger Kritik der leopoldinischen Minister geführt, welche der Ansicht waren, daß diese Bemerkungen die Rebellen ermutigt hätten, Forderungen zu stellen, die „kein Monarch der Welt akzeptieren konnte".[11]

Josefs Friedensbemühungen

Solange Leopold I. regierte, war es unmöglich gewesen, zwischen dem König und seinem Land eine vertrauensvolle und versöhnliche Atmosphäre herzustellen. Zwar hatte er am Ende versprochen, sich an die Verfassung zu halten und die Religionsfreiheit wiederherzustellen, aber eingedenk der vielen nicht eingehaltenen Versprechen hatten seine Worte hohl in den Ohren der Verschwörer geklungen. Im dritten Jahr des Aufstandes belebten sich allerdings die Hoffnungen auf Frieden schlagartig mit der Thronbesteigung Josefs I. Obwohl er bereits 1687 zum König von Ungarn gekrönt worden war, hatte er bisher nur eine minimale Rolle in der ungarischen Politik gespielt, und die Tyrannei seines Vaters hatte noch keine Schatten auf sein Image geworfen. Im Gegenteil, es war allgemein bekannt, daß Josef I. Verständnis für die Klagen der Ungarn hatte und mit Ungeduld die vergeblichen Versuche Leopolds I. verfolgte, die Loyalität der Ungarn wiederzugewinnen.[12] Leopold I. hatte sogar versucht, Kapital aus der Unschuld seines Sohnes zu schlagen, und den Kuruzzen Josef als Bürgen dafür angeboten, daß er sich an die Konstitution halten wolle, ja, er war sogar bereit gewesen, die ungarische Politik ausschließlich seinem Sohn zu überlassen.[13] Da aber diese Vorschläge keine Sicherheit gegen eine zukünftige Tyrannei Josefs und seiner Nachfolger boten, wurden sie von den Aufständischen nicht akzeptiert. Josef hatte sogar auf eigene Initiative mit den Führern der Rebellen korrespondiert und den loyalen ungarischen Magnaten Graf Forgách zu ihnen geschickt mit dem Vorschlag, sie sollten Leopolds Abdankung erzwingen und ihn zum Nachfolger machen. Anstatt allerdings diese Botschaft zu überbringen, hatte Forgách die Gelegenheit ergriffen und war zu den Kuruzzen übergegangen.[14]

Als nun Leopold I. gestorben war, ging Josef I. sofort daran, sein fleckenloses Image voll zur Geltung zu bringen, um damit die Loyalität seiner ungarischen Untertanen wiederzugewinnen. Am 14. Mai schickte er einen Rundbrief aus, der in ganz Ungarn verteilt werden sollte. In diesem distanzierte er sich von der Politik seines Vaters und versprach feierlich, sich an seinen Krönungseid zu halten und die Gesetze und die Verfassung des Königreiches zu respektieren. Zugleich verkündete er seinen Ministern, daß er die von den Ungarn im Verlauf der letzten Regierung vorgebrachten Beschwerden neu prüfen lassen würde.[15] Seine Integrität aber hatte auch Nachteile, sie machte ihn blind für gewisse Realitäten. Da er nämlich selber nie die ungarischen Gesetze verletzt hatte und nicht vorhatte, dies jemals zu tun, sah er auch keine Veranlassung, den Rebellen Sicherheiten gegen eine zukünftige Tyrannei zu bieten. So beabsichtigte er, weder das „ius resistendi" und die Wahlmonarchie wiedereinzusetzen noch Rákóczis Ansprüche auf Siebenbürgen anzuerkennen, da er fürchtete, alle diese Konzessionen würden das Land wieder in die innenpolitische Anarchie stürzen, unter der es schon früher gelitten hatte. Auch nahm Josef I. die Konzession seines Vaters, eine englisch-holländische Friedensgarantie zu akzeptieren, nun zurück, weil er meinte, seine Integrität mache diese ausländische Intervention unnotwendig.[16] Dabei blieb es fraglich, wie lange er der Versuchung widerstehen würde, die Rechte und Vorrechte des Königreiches zu ignorieren. Im ersten Monat seiner Regierung übernahm er die Praktik seines Vaters und berief in die neue ungarische Konferenz keine ungarischen Minister.[17] Als die Konferenz am 8. Juni zum ersten Mal zusammentrat, wurde das Protokoll von den Sekretären des Hofkriegsrates und der Reichskanzlei abgefaßt, was die Vermutung nahelegte, daß Josef I. auch darin die Politik seines Vaters fortführen wollte, indem er Ungarn formal als einen eroberten Außenposten des Reiches behandelte.[18] Tatsächlich hatte sich Josef I. wie die meisten seiner Vorgänger während seiner Jugend nie in Ungarn aufgehalten, wußte praktisch nichts von Land und Leuten und betrachtete es mehr oder weniger als Anhängsel der Erblande. Sein „Unterricht" in der ungarischen Realpolitik war ihm von den ungarischen Ministern seines Vaters erteilt worden, und sein Mentor Fürst Salm konnte ihm am Krönungstag nichts Besseres mit auf den Weg geben als die konventionelle, machiavellistische Einsicht, daß Ungarn am besten mit „amore und timore" regiert werde. Über die spezielle Verbindung von Nationalstolz und nationaler Paranoia, die so charakteristisch für die Haltung der ungarischen Untertanen der Dynastie gegenüber war, sagte er ihm dagegen nichts.

Welche Haltung nahm nun Rákóczi selbst dem neuen König gegenüber ein? Die Kontakte, die vor dem Krieg zwischen den beiden Männern bestanden hatten, waren im allgemeinen gut gewesen.[19] Rákóczi erwartete sich jedenfalls von Josef I. weit mehr als von seinem Vater und dessen Ministern. In seinem Brief vom 2. Juni 1705 an Josef I. schreibt Rákóczi, er und seine Nation betrachteten „den Beginn dieser Regierung wie ein freundliches Licht, welches die Wolken zerteilt, die sich über der Nation zusammengezogen haben".[20] Aber trotz dieser positiven Einstellung dem jungen Kaiser gegenüber war gerade jetzt der Kuruzzenführer weniger denn je an einer Einigung mit der Krone interessiert. Der Grund für diese plötzliche Verhärtung der Position war durchaus nicht Mißtrauen Josef I. gegenüber, sondern Rákóczis neuerwachter

Glaube an Ludwig XIV. Im März war der neue französische Gesandte, Graf Pierre Puchot Desalleurs, im Lager des Fürsten erschienen und hatte ihm höhere Subsidien, zusätzliche Offiziere, Ingenieure und Artilleristen für seine Armee versprochen. Über diese Militärhilfe freute sich der Fürst umso mehr, als sich in seiner Phantasie bereits die Möglichkeiten für ein offizielles Bündnis mit Frankreich abzeichneten, und er sagte sich, daß er als Verbündeter Frankreichs und als Teilnehmer einer eventuellen Friedenskonferenz wesentlich mehr erreichen konnte als in direkten Verhandlungen mit Wien. Daher blieb er in seinen Forderungen hart und setzte alle seine Hoffnung auf die Zusammenarbeit mit Frankreich. Noch ein anderer Umstand trug ganz wesentlich zur Verschlechterung der Beziehungen mit Wien bei. In den Verhandlungen des Jahres 1704 war bereits angeklungen, daß die ungarische Nation Josefs Thronfolge für ungültig halte, da er nicht wie seine Vorgänger vom ungarischen Reichstag gewählt worden war.[21] Daher fühlte sich Ungarn nach dem Tod Leopolds I. nicht mehr verpflichtet, die Legitimität der habsburgischen Herrschaft anzuerkennen. Und dementsprechend handelte Rákóczi. Als der Sekretär des Palatins in seinem Hauptquartier erschien und um Erlaubnis bat, Josefs Rundbrief zu verteilen, wurde ihm dies verweigert, und Bercsényi teilte dem Sekretär mit, ohne die Bürgschaft einer ausländischen Macht gäbe es keinen Frieden, und der Reichstag würde demnächst zusammentreten, um den Thron für vakant zu erklären und einen Statthalter für das Interregnum zu wählen.[22]

Als Josef I. der Bericht des Sekretärs vorgelegt wurde, war ihm klar, daß im Moment an keine Einigung mit den Rebellen zu denken war. Schuld an dieser Situation waren sicherlich die Anwesenheit der Franzosen in Rákóczis Lager und die militärischen Erfolge der Kuruzzenhorden.[23] Trotzdem nahm er, wenn auch zögernd, auf englisch-holländischen Druck hin die Verhandlungen wieder auf.[24] Um aber nun auch seine Position zu verbessern und die Chancen für eine zufriedenstellendere Lösung zu erhöhen, ging er zur gleichen Zeit daran, einen neuen Oberbefehlshaber für die ungarische Feldarmee zu suchen. In den letzten Monaten war die Kritik an Heister gewachsen, und besonders Prinz Eugen und der kroatische Ban Graf Pálffy hatten sich über seine rücksichtslose Behandlung der ungarischen Zivilbevölkerung empört. Auch an seiner Taktik im Feld wurden Zweifel laut. In den Augen Salms, Wratislaws und Eugens hatte er versäumt, Kapital aus seinen Siegen zu schlagen, und hatte systematisch „eine Armee nach der anderen zu Grund gerichtet".[25] Schon Mitte Jänner hatte Salm Leopold I. bedrängt, den Feldmarschall durch Eugen oder Guido Starhemberg zu ersetzen.[26] Obwohl der alte Kaiser zuerst zugestimmt hatte, mochte er sich dann doch nicht von Heister trennen. Aber eine Woche nach Josefs Regierungsantritt wurde der Feldmarschall nach Deutschland abgeschoben.[27] Ursprünglich sollte Guido Starhemberg an seine Stelle treten, aber da Starhemberg an der italienischen Front unabkömmlich war, ernannte der Kaiser den alten, aber fähigen Grafen Herbeville zum Oberbefehlshaber der ungarischen Armee für den kommenden Feldzug.[28]

Auf Herbeville wartete keine leichte Aufgabe. Seit dem Ausbruch der Revolte hatten die österreichischen Festungen in Ost- und Mittelungarn eine nach der anderen kapituliert. Ganz besonders kritisch war die Situation in Siebenbürgen geworden, wo Rabutin nur noch eine Handvoll isolierter Außenposten in der Hand hatte, während die Aufständischen das umgebende Land unter Kontrolle hielten. Abgeschnitten von Wien, hatten seine Truppen schon seit Monaten keinen Sold mehr ausbezahlt erhalten. Teilweise war es schon zu Meutereien gekommen. Rabutin selbst wurde zur Zeit in seiner Hauptstadt Hermannstadt belagert.

Josef I. und seine Minister waren sich darüber einig, daß der Verlust Siebenbürgens die schlimmsten Folgen für die Monarchie haben könnte. Am meisten fürchteten sie, daß die Eroberung des Fürstentums durch die Rebellen den Sultan ermuntern könnte, alte Herrschaftsansprüche zu stellen und sich zugunsten Rákóczis in den Streit einzumischen.[29] Und auch die Franzosen waren wieder mit von der Partie und bedrängten die Türken, dem Kaiser den Krieg zu erklären. Rákóczi hatte sie bereits um 12.000 Mann Verstärkung gebeten.[30] Bisher hatten sich die Minister des Sultans diesen Ansinnen gegenüber taub gestellt, aber die Gefahr blieb bestehen, daß die Pforte sich doch noch in den jahrhundertealten Kampf um Ungarn einmischen könnte. Und selbst wenn das Osmanische Reich neutral bliebe, hätte Josef I. sich mit Rákóczis Ansprüchen auf Siebenbürgen auseinanderzusetzen. Jedenfalls war bereits klar, daß diese Ansprüche eine der wichtigsten Friedensbedingungen der Rebellen sein würden. Und nur wenn Siebenbürgen wieder ganz in österreichischer Hand war, hatte Wien Chancen, den Fürsten von seinen Forderungen abzubringen.[31]

Anfang Juni traf Josef I. erste Vorbereitungen zur Befreiung Rabutins. Obwohl bereits ein leopoldinischer Plan für die Entsendung von 7000 Serben aus Südungarn vorlag, beschloß Josef I. Eugens Empfehlung, die Streitkraft zu verstärken, zu befolgen.[32] Nach Eugens Plan sollte Herbeville mit der österreichischen Hauptarmee nach Buda marschieren, sich hier mit den Serben vereinen, weiter nach Siebenbürgen ziehen und auf dem Weg eine Reihe von isolierten und belagerten österreichischen Festungen mit frischen Lebensmitteln versehen. Der Marsch durch zirka 800 Kilometer feindliches Land würde nicht leicht sein. Aber das Ziel war der Mühe wert.

Schon die Vorbereitungsarbeiten gestalteten sich schwierig. Um die Armee Herbevilles zu verstärken, hatte Josef I. Anweisung gegeben, 6000 dänische Söldner von ihren Quartieren in der Oberpfalz nach Ungarn zu schicken.[33] Da diese Truppen ursprünglich für den Einsatz in Italien bestimmt gewesen waren, war Eugen von dieser Idee wahrscheinlich nicht begeistert. Der Protest kam aber nicht von seiner Seite, sondern von den Seemächten, weil sich ihrer Ansicht nach der Kaiser wieder einmal über die gemeinsamen Interessen der Allianz hinwegsetzte.[34] Zugleich meldeten auch Josefs eigene Minister erste Bedenken an, ob es gescheit sei, alle verfügbaren Kräfte nach Siebenbürgen zu verlegen und zum Beispiel die Erblande schutzlos den Rebellen preiszugeben. Diese Bedenken bestätigten sich auf dramatische Weise in den Sommermonaten, als Tausende ungarische Reiter über Dörfer und Städte im nahen Mähren herfielen.[35] Aber der Kaiser hatte sich nun einmal entschlossen, Rabutin zu befreien, und lehnte daher ab, seine Hauptstreitkraft zu schmälern.[36] Angesichts der Verwüstungen, welche die rebellischen Banden anrichteten, hatte Josef I. in der Tat eine schwere Entscheidung zu fällen. Dennoch erschien ihm Rákóczis Anspruch auf Siebenbürgen eine größere Gefahr als die momentane Bedrohung der Erblande. So setzte sich Herbeville am 22. August 1705 nach Siebenbürgen in Bewegung, nachdem während mehrerer Monate Vorräte aus den Erblanden und Ungarn zusammengetragen worden waren.[37] In der Tat hätte Josefs Entscheidung ihn fast das Leben gekostet. Als er Anfang September die Donau hinunter nach Maria-Hitzing fuhr, eröffnete auf der Höhe des Praters eine starke Kavallerietruppe der Kuruzzen das Feuer auf ihn. Allgemein war man der Ansicht, daß der Kaiser, wenn er den Landweg gewählt hätte, gefangengenommen worden wäre.[38]

Während Josef I. auf diese Art versuchte, seine Verhandlungsposition zu verbessern, war auch Rákóczi nicht untätig geblieben. Im Juli rief er den Adel zu einem Landtag in der Stadt Szécsény zusammen. Er hatte dafür mehrere Gründe. Zwar war er seit Beginn des Aufstandes der unangefochtene Führer der Rebellen, aber für die Verhandlungen mit dem Kaiser brauchte er ein formelles Mandat des ungarischen Adels. Er brauchte es auch, um der wachsenden Differenzen zwischen den verschiedenen Gruppen der Rebellen Herr zu werden. Die größte Gruppe bildeten die Protestanten. Sie forderten ungeduldig, daß ihnen endlich Religionsfreiheit gewährt und die Kirchen zurückgegeben würden, die ihnen unter Leopold widerrechtlich abgenommen worden waren. Eine andere Gruppe, die immer unzufriedener wurde, waren Rákóczis Bauernsoldaten, die zu Beginn der Revolution geglaubt hatten, sie würden nun für immer von der Leibeigenschaft befreit, und nun erleben mußten, daß sie zum Teil noch nicht einmal vorübergehend von der Robot dispensiert waren.[39] Rákóczi aber wollte den Landtag auch für ein offizielles Bündnis mit Frankreich gewinnen. Gleich nachdem er den Landtag zusammengerufen hatte, hatte er Ludwig XIV. geschrieben, ihm für die Erhöhung der Subsidien gedankt und ihm versprochen, daß das Geld dazu dienen sollte, die französischen Interessen beim kommenden Landtag zu stärken.[40] Rákóczi hatte nämlich vor, den Landtag dazu zu bringen, daß er das Interregnum ausrief und sich für eine offizielle Allianz mit Frankreich erklärte. Drei Wochen später schrieb er seinem Agenten in Versailles, Baron Vetes, er würde versuchen, Josefs Friedensbemühungen auszuweichen, und hoffe, daß Ludwig für eine Allianz mit den Rebellen zu gewinnen sein würde. Er wolle den Landtag erst dann auflösen, wenn die Antwort Ludwigs XIV. vorläge.[41]

Tatsächlich erfüllte der Landtag nicht alle Erwartungen, die Rákóczi in ihn gesetzt hatte. Zwar wählte ihn der versammelte Adel zum Führer der ungarischen „Konföderation" und beauftragte ihn, eine 24 Mitglieder zählende beratende Versammlung zu bilden, zwar ging der Landtag auf die Beschwerden der Protestanten ein, bestätigte ihnen Religionsfreiheit und leitete die Rückgabe ehemaliger protestantischer Kirchen und protestantischen Eigentums ein,[42] aber er weigerte sich, Rákóczis Bauernsoldaten bis zum Ende des Krieges von ihren Robotpflichten zu befreien.[43] Angesichts der Tatsache, daß von den 47 ungarischen Grafschaften nur 25 und auch nur eine Handvoll Magnaten anwesend waren und diese offensichtlich auf eine Einigung mit dem Kaiser vertrauten und niemals einem Interregnum zugestimmt hätten, entschloß sich Rákóczi in letzter Minute, diesen Plan fallenzulassen.[44] Tatsächlich war, als die Versammlung am 3. Oktober auseinanderging, noch keine Nachricht von Vetes eingetroffen. Schließlich schrieb er, Frankreich wolle lediglich ein Bündnis mit Siebenbürgen abschließen und erst dann, wenn Rákóczi offiziell als Herrscher anerkannt sei.[45] Rákóczi rief sofort für den 11. November einen Landtag in Weißenburg zusammen, der ihn zum Herrscher von Siebenbürgen küren sollte. Und inzwischen war er bereit, mit Josef I. zu verhandeln.

Am 20. Oktober wurde in Wien bekannt, Rákóczi habe Bercsényi zum Leiter einer Verhandlungskommission ernannt, und eine Woche später trafen die Verhandlungspartner schon zusammen. Während Bercsényi und seine Mitarbeiter in Tyrnau Quartier bezogen, wohnte Josefs Delegation, die von Wratislaw und Kardinal Széchényi geleitet wurde, 50 Kilometer westlich in Preßburg. Die Vermittler – Stepney für England, Rechteren und Hamel Bruynincx für Holland – hatten die Aufgabe, zwischen den beiden Parteien hin und her zu reiten, Botschaften zu übermitteln und Differenzen auszugleichen. Letzteres gestaltete sich allerdings schwierig. Obwohl Josef I. inzwischen dazu neigte, seine Bedingungen etwas zu mildern, gab es genügend Punkte, bei denen er jeden Kompromiß ablehnte.[46] Ein solcher Punkt waren die Erlässe des Preßburger Reichstages von 1687. Da er deutlich spürte, daß es zu keinem Frieden kommen würde, solange die Aufständischen das „ius resistendi" und das Wahlkönigtum wieder einführen wollten, forderte er von ihnen die Erklärung, daß sie die Streichung dieser beiden Punkte aus ihrer Verfassung anerkannten.[47] Außerdem hoffte er, daß, wenn erst Herbeville in Siebenbürgen eingetroffen sein würde, Rákóczi auf seine Ansprüche verzichten werde. Inzwischen aber hatte sich Bercsényis Haltung verhärtet. Der „ungarische Cromwell", wie er genannt wurde, forderte nun seinerseits eine Erklärung der Gegenseite, in der Josef I. sich zur Wiedereinsetzung des „ius resistendi" und zur Anerkennung konstitutionell begründeter Grenzen der königlichen Befehlsgewalt verpflichtete.⁴⁸ Er zeigte sich so unflexibel in seinen Forderungen, daß selbst der österreichfeindliche Stepney ihn rügte und für den Stillstand der Verhandlungen verantwortlich machte.⁴⁹

Anfang Dezember ließ Josef I. schließlich unter dem Druck der Vermittler seine Forderung einer Präliminarerklärung fallen und erklärte sich zugleich zu einer weiteren Konzession bereit, indem er die Beglaubigungsschreiben für seine Delegation durch die ungarische Kanzlei neu ausschreiben ließ. Da die ersten Vollmachten für Wratislaw und seine Kollegen ursprünglich vom Hofkriegsrat ausgestellt worden waren, bedeutete diese Neuausschreibung die stillschweigende Anerkennung der Autonomie des Königreiches und zugleich eine Bekräftigung der eigenen Ansprüche auf die ungarische Krone.⁵⁰ Am 14. Dezember folgte eine weitere Konzession, indem der Kaiser schriftlich der Forderung der Rebellen zustimmte, daß das Erbrecht einem König nicht das Recht gab, Ungarns Gesetze und Konstitution zu verletzen.⁵¹

Nachdem Josef I. auf diese Weise seine Kompromißbereitschaft demonstriert hatte, wartete er nun darauf, daß ihm Bercsényi ähnlich entgegenkommen würde, sei es durch die Vorlage einer formellen Beschwerdeliste oder wenigstens durch die Zustimmung zu einem Waffenstillstand.⁵² Aber der Rebellenführer ließ durch die Vermittler mitteilen, er sei zu keinem von beidem bevollmächtigt.⁵³ Der Kaiser war zwar enttäuscht, aber angesichts der Tatsache, daß Herbeville endlich in Siebenbürgen eingetroffen war, nicht allzu überrascht. Man konnte von den Rebellen zu diesem kritischen Zeitpunkt wohl kaum erwarten, daß sie geneigt waren, Friedensgespräche zu führen. Dabei wußte man in Wien nicht, ob Herbevilles Armee überhaupt erfolgreich war. Erst am 23. Dezember erfuhr man in Wien durch einen Offizier aus Herbevilles Armee über die Ereignisse in Siebenbürgen, die Bercsényi im übrigen schon seit Wochen bekannt waren.

Herbeville hatte erst Anfang November den Gebirgszug erreicht, der die Grenze nach Siebenbürgen bildete. Der Paß war durch Rákóczis Armee blockiert. Die Armee des Fürsten bestand aus 24.000 Mann und war der 20.000 Mann starken österreichischen Armee auch durch die Kavallerie überlegen. Glücklicherweise aber setzte sich der Fürst über den Rat seiner Offiziere hinweg und postierte seine Soldaten mitten auf dem Paß, womit er alle seine Vorteile, die er an Überzahl und Beweglichkeit besaß, wieder preisgab. Am 11. November – der Tag, an dem ursprünglich Rákóczis Wahl zum Herrscher von Siebenbürgen stattfinden sollte – griff Herbeville die Rebellen an und schlug sie in die Flucht. Die Verluste der Rebellen betrugen zwischen 4000 und 6000 Toten, etwa das Zehnfache der österreichischen Verluste, und Herbeville versäumte nicht, Rákóczi und den Rest seiner Armee bis nach Ungarn hinein zu verfolgen. Inzwischen wagten die österreichischen Garnisonen in Hermannstadt und anderen Städten, ermutigt durch die Nachricht von Herbevilles Sieg, erfolgreiche Ausfälle aus ihren Festungen, so daß am Ende des Monats praktisch ganz Siebenbürgen wieder in der Hand der Österreicher war. Tausende von Rebellen und deren Sympathisanten verließen fluchtartig das Land über die Grenzen nach Ungarn und in die türkische Provinz Moldau.[54]

Auf Grund dieser guten Nachrichten drängte nun Josef I. mehr denn je auf die Eröffnung von Friedensgesprächen. Aber Bercsényi war nicht aus seiner ablehnenden Haltung herauszulocken. Er bestand weiter auf der geforderten Präliminarerklärung des Kaisers und auf einer Reihe belangloser Formalitäten.[55] Damit beabsichtigte er wohl, den Beginn der Gespräche so lange hinauszuschieben, bis die Rebellenarmee einige Erfolge auf dem Schlachtfeld errungen hatte. Tatsächlich hatten die Aufständischen mit einer neuen Invasion in Südwestungarn begonnen, das nur durch ein paar Tausend kroatische Grenztruppen und steirische Miliz verteidigt wurde. Diese schwachen Kräfte waren Mitte Dezember über die Raab und Drau zurückgetrieben worden. Bercsényi verließ Tyrnau, um die militärischen Operationen westlich der Raab und die Belagerung Ödenburgs zu überwachen.

In Wien machte die euphorische Stimmung, die durch die Siege Herbevilles hervorgerufen worden war, sehr schnell einem abgrundtiefen Pessimismus Platz. Zwei Jahre hintereinander hatte die österreichische Armee nur gesiegt, um dann feststellen zu müssen, daß das gerade Eroberte wieder vom Feind zurückgewonnen worden war. Für viele der Untertanen Josefs I. wurde die Wiedergewinnung des weit entfernten Siebenbürgens durch die Verluste in Südwestungarn stark beschattet, schon allein deswegen, weil nun auch die Erblande erneut mit Überfällen der Kuruzzen zu rechnen hatten. Dennoch hatten der Kaiser und seine Minister guten Grund, zuversichtlich in die Zukunft zu blicken. Indem er Siebenbürgen wieder in seinen Besitz genommen hatte, hatte Josef I. auch die Gefahr einer türkischen Einmischung wenigstens vorläufig gebannt. Der junge Kaiser konnte nun hoffen, daß die Angelegenheit Siebenbürgen bereits in seinem Sinne geregelt war und die Verhandlungen mit den Rebellen nicht weiter belastete.[56]

Die Friedensverhandlungen in Tyrnau

In der Konferenz vom 19. Jänner herrschte die Stimmung vor, daß sich die Verhandlungsposition für den Kaiser immens gebessert hatte. So bereit die Konferenz war, sich an die Konzessionen des letzten Monats zu halten, sowenig wollte sie von irgendwelchen konstitutionellen Veränderungen wissen. Weder konnte davon die Rede sein, die Beschlüsse des Preßburger Reichstages rückgängig zu machen, noch von einer Abtretung Siebenbürgens an Rákóczi und schon gar nicht von der Garantie einer ausländischen Macht für den Friedensvertrag. Der Kaiser erklärte, er wolle, da Siebenbürgen nun wieder in seiner Macht sei, mit niemandem verhandeln, der sich als Repräsentant des Fürstentums ausgäbe, sondern nur mit der ungarischen „Konföderation".[57]

Inzwischen bereitete sich auch Rákóczi mit der beratenden Versammlung in Miskolc auf die Verhandlungen vor. Trotz des Verlustes Siebenbürgens hoffte der Fürst noch immer auf ein Bündnis mit Ludwig XIV.[58] Daher wollte er auf keinen Fall auf jene Garantien verzichten, die seiner Meinung nach für den Schutz von Ungarns Verfassung von wesentlicher Bedeutung waren. So beschloß die am 25. Jänner tagende Versammlung in Anwesenheit der schwedischen und preußischen Agenten sowie des immer gegenwärtigen Desalleurs, auf die schwedisch-preußische Friedensgarantie nicht zu verzichten, weiter auf der Wiedereinsetzung des „ius resistendi" zu bestehen und die Abtretung Siebenbürgens zu fordern. Dagegen wurde die Forderung, das Wahlkönigtum wieder herzustellen, fallengelassen, und zwar auf Grund des kürzlich vom Kaiser gemachten Zugeständnisses, daß auch die Erbfolge den König nicht von der Respektierung gewisser Begrenzungen seiner Macht befreie.[59]

Anfang März begannen die Sitzungen in Tyrnau und Preßburg für den Entwurf eines Friedensvertrages; während sich die Militärs auf jeder Seite bemühten, die Verluste des letzten Feldzuges wieder auszumerzen. Für den Kaiser war die Wiedereroberung Südwestungarns das dringlichste Ziel, es gelang jedoch Graf Pálffy, der die Offensive leitete, nur die Rückeroberung der Territorien westlich der Raab. Inzwischen versuchte Rákóczi, wieder einen Landtag zusammenzurufen, der ihn zum Herrscher von Siebenbürgen ausrufen sollte. Im Jänner aber hatte Rabutin den loyalen Adel in Schäßburg zusammengerufen, um die Beschlüsse des Weißenburger Landtages für null und nichtig zu erklären, und da Siebenbürgen fast ganz in österreichischer Hand war, mußte Rákóczi seinen Rumpflandtag in der nördlichsten Ecke des Fürstentums, in Huszt, zusammenrufen. Aber da es der Versammlung in Huszt selbst absurd vorkam, an diesem Ort den Herrscher Siebenbürgens auszurufen, beschränkte sie sich darauf, den Landtag in Schäßburg für ungültig zu erklären, eine Allianz mit der ungarischen Konföderation zu schließen und eine Delegation zu den Friedensverhandlungen zu schicken.[60]

Anfang Mai stimmten beide Seiten einem Waffenstillstand zu, der bis 12. Juli in ganz Ungarn und Siebenbürgen dauern sollte.[61] Der Friedenskongreß sollte am 25. Mai in Tyrnau zusammentreten. Die englisch-holländischen Vermittler setzten große Hoffnungen auf eine endgültige Regelung, Josef I. dagegen war sich bewußt, daß es zwischen ihm und den Rebellen in einigen Punkten noch immer grundsätzliche Meinungsverschiedenheiten gab, zum Beispiel über den zukünftigen Status Siebenbürgens. Und da ihm klar war, daß der Erfolg der Gespräche allein von Rákóczis Bereitschaft abhing, seine Ansprüche auf Siebenbürgen fallenzulassen, hatte er Rákóczis Frau zu ihm geschickt mit dem

Angebot, die Reichsmarkgrafschaft Burgau zum Ausgleich für seinen Verzicht auf Siebenbürgen zu akzeptieren.[62] Die Hoffnungen, daß dieses Angebot eine Wendung bringen könnte, sollten sich jedoch bald auflösen.[63]

Unmittelbar nach Beginn der Verhandlungen war bereits allen Beteiligten klar, daß die siebenbürgische Frage das größte Hindernis für einen erfolgreichen Abschluß der Gespräche darstellte. Es fing schon damit an, daß die Vertreter der „Konföderation" nach einigen Wochen noch immer keine offizielle Beschwerdeliste vorgelegt hatten und behaupteten, sie könnten erst dann ihre „postulata" formulieren, wenn die Friedensdelegation ihrer siebenbürgischen Verbündeten in Tyrnau eingetroffen wäre.[64] Als nun diese Dreimannkommission endlich einlangte, weigerte sich Josef I., sie als offizielle Teilnehmer der Gespräche anzuerkennen, da ja das Fürstentum seit Jänner wieder im Besitz der Krone war. Erst als die Vermittler darüber außer sich vor Zorn gerieten, demonstrierte Josef I. seine Kompromißbereitschaft, indem er erklärte, die Siebenbürger dürften sich unter die Konföderierten mischen, aber ohne unabhängigen Status.[65] Bercsényi hielt auch dieses Angebot für nicht akzeptabel, und Rákóczi erklärte in einer Unterredung mit den Vermittlern, zu der es in der Wohnung seiner Frau in der Festung Neuhäusel gekommen war, daß er auf dem unabhängigen Status der siebenbürgischen Delegation bestehen müsse. Vertraulich fügte er hinzu, sowohl die Siebenbürger als auch die Konföderation hätten sich dazu verpflichtet, die Unabhängigkeit Siebenbürgens wiederherzustellen.[66]

Nach der Ankunft der Siebenbürger aber konnte nun die Konföderation endlich ihre Beschwerdeliste vorlegen. Am 13. Juni überreichte sie den Vermittlern eine Abschrift der „postulata".[67] Sie enthielten 23 separate Artikel, und über die meisten ließ sich sehr wohl verhandeln. So ging es bei mehreren Artikeln um Gesetze, die Kaiser Leopold I. verletzt hatte, Josef I. aber bereits versprochen hatte, wiedereinzusetzen, zum Beispiel die freie Religionsausübung, unabhängige ungarische Kriegs- und Finanzministerien und die alleinige Befugnis des ungarischen Reichstages zur Steuereintreibung. Über andere Artikel wie den Antrag auf Abschaffung der „Commissio Neo Acquistica", auf Abzug fremder Truppen und Steuerbeamter aus dem Königreich und auf die Zulassung ungarischer Minister zu zukünftigen Friedenskonferenzen ließ sich verhandeln. Auch zu Artikel 20 der „postulata", der Generalamnestie und volle Entschädigung für Rákóczi und Bercsényi forderte, hatte Josef I. bereits seine Zustimmung erteilt. Nur die ersten drei Artikel der „postulata" waren problematisch: die Forderung erstens nach ausländischer Garantie, nicht nur Preußens und Schwedens, sondern auch Polens, Englands, Hollands und Venedigs, zweitens Siebenbürgens Unabhängigkeit und drittens Änderung der Beschlüsse des Preßburger Reichstages. Unter Punkt 3 fiel die Wiedereinsetzung des „ius resistendi" und eine genauere Definition des Prinzips des Erbkönigtums durch den nächsten ungarischen Reichstag. Die Aufständischen wollten sich mit diesen drei Punkten gegen die Tyrannei der Vergangenheit absichern. Möglicherweise waren sie bereit, ein oder sogar zwei zu opfern, aber niemals alle drei. Während sich am Beispiel des jetzigen Aufstands und an der Bereitschaft der Krone, die Generalamnestie auszusprechen, zeigte, daß sich die Nation auch ohne das „ius resistendi" behaupten konnte, war Siebenbürgen für die Rebellen nach wie vor von allergrößter Wichtigkeit; denn gerade die magyarischen Fürsten Siebenbürgens hatten sich als Pfeiler der ungarischen Verfassung erwiesen.

Ausgerechnet aber diesen Punkt konnte und wollte Josef I. unter keinen Umständen akzeptieren. Dieses wissend, hatte Wratislaw schon vor seiner Rückkehr nach Wien dem Fürsten Rákóczi vertraulich mitteilen lassen, daß der Kaiser niemals einwilligen würde, Siebenbürgen aufzugeben.[68] Und tatsächlich lehnte die Krone in ihrer formellen Antwort auf die Forderungen der Rebellen nicht nur die Abänderung der Preßburger Erlässe, sondern auch die Forderung auf Unabhängigkeit Siebenbürgens ab, während sie die Frage der ausländischen Garantie auf das Ende der Friedenskonferenz zu verschieben gedachte.[69] Die ablehnende Haltung des Kaisers angesichts Siebenbürgens ging auf seine Meinung zurück, daß, während das „ius resistendi" zu allgemeinem innenpolitischen Chaos führen und die europäische Friedensgarantie die Einmischung fremder Mächte in die inneren Angelegenheiten des Landes nach sich ziehen würde, die Unabhängigkeit Siebenbürgens beiden Übelständen, innerem Chaos und fremder Einmischung, Vorschub leisten würde. Abgesehen davon würde der Kaiser mit Siebenbürgen eines der reichsten ungarischen Kronländer verlieren.

Da war es von geringer Bedeutung, daß Josef I. sonst praktisch allen Bedingungen der „postulata" zugestimmt hatte. In seiner offiziellen, am 28. Juni den Vermittlern überreichten Antwort wiederholte Josef I. sein Versprechen, Ungarns Gesetze sowie seine Verfassung zu respektieren, die Religionsfreiheit wiederherzustellen, die ungarischen Regierungsorgane wieder in ihre Rechte einzusetzen und dem ungarischen Reichstag alle seine traditionellen Rechte und Privilegien zurückzugeben. Er versprach auch, sich in Zukunft mit den Ständen zu beraten, bevor er die Verhandlungsdelegation für eine Friedenskonferenz auswählte. Und obwohl er befürchtete, daß seine Milde einen „gefährlichen Präzedenzfall" darstellen könnte, erklärte sich Josef I. bereit, Rákóczi und Bercsényi für ihre Verluste voll zu entschädigen. Schließlich willigte er ein, die „Commissio Neo Acquistica" wieder aufzulösen, obwohl er sich ausdrücklich das Recht vorbehielt, sie nötigenfalls wiedereinzusetzen. Weniger entgegenkommend zeigte sich der Kaiser bezüglich des Abzugs „fremder" Truppen und Steuerbeamten. Er versprach zwar, die Disziplinlosigkeit der Truppen streng zu bestrafen, erklärte aber, die Anwesenheit der Truppen sei für die Aufrechterhaltung der inneren Ordnung und zum Schutz Ungarns vor den Türken unerläßlich, und es sei gesetzlich nicht statthaft, einen Unterschied zwischen einheimischen und ausländischen Steuerbeamten zu machen. Nichtsdestoweniger versprach er, demnächst einen Reichstag einzuberufen, der sich mit beiden Problemen auseinanderzusetzen habe, sowie mit einer zusätzlichen Forderung der Kuruzzen, den Jesuitenorden zu verbieten. Nur den relativ nebensächlichen Antrag auf Überführung der ungarischen Krone von Preßburg nach Murány lehnte der Kaiser kompromißlos ab.

An sich handelte es sich hier um beträchtliche Kompromisse. Aber durch die Ablehnung der Siebenbürgenfrage vernichtete die Wiener Regierung am 28. Juni alle Hoffnungen auf eine Einigung. Den Anlaß zum endgültigen Abbruch der Gespräche bot der Disput über die Zulassung der siebenbürgischen Delegation. Nachdem die Aufständischen abgelehnt hatten, weiter zu verhandeln, solange keine offizielle Anerkennung der Siebenbürger vorläge,[70] suchte Wratislaw selber Rákóczi in seinem Quartier in Neuhäusel auf, um ihm eine noch reichhaltigere Entschädigung als beim ersten Mal für seinen Verzicht auf Siebenbürgen anzubieten. Als der Fürst bei seiner Weigerung blieb, erinnerte Wratislaw ihn an das Schicksal Max Emanuels sowie seines Schwiegervaters Emmerich Thököly und warnte ihn davor, sich weiter der Krone zu widersetzen. Aber sei es, daß der Fürst sich seinem Land verpflichtet fühlte, sei es, daß er seinen eigenen Kräften übermäßig vertraute, er war nicht bereit, auf seine Ansprüche zu verzichten.[71]

In dem unheimlichen Gefühl, daß die Katastrophe nahe bevorstand, arbeiteten die Vermittler nun fieberhaft an einer Lösung für den Status der siebenbürgischen Delegation. Schließlich konnten sie die Konföderation zu dem Kompromiß bereden, daß die Siebenbürger zu den Gesprächen als „Deputati Confoederationis Transylvanicae" zugelassen würden.[72] Da dieser Titel die Siebenbürger lediglich als Konföderation von Malkontenten und nicht als Delegierte eines unabhängigen Fürstentums bezeichnete, würde ihre Teilnahme an den Gesprächen nicht den Ansprüchen Josefs I. auf Siebenbürgen widersprechen.

Die Vermittler hofften, daß nun auch Wien diesen Kompromiß akzeptieren würde, aber die Zeit für Kompromisse war in Wien vorüber. Nach dem Mißerfolg Wratislaws in Neuhäusel hatten Josef I. und seine Minister erkannt, daß eine Weiterführung der Gespräche keinen Sinn mehr hatte. Auch militärische Gründe sprachen gegen eine Verlängerung der Konferenz. Seit Monaten bereitete sich die österreichische Feldarmee auf ihren Rückmarsch von Siebenbürgen nach Wien vor. Aber vor dem Inkrafttreten des Waffenstillstands konnte sie das Land nicht verlassen. So mußte sie auf den festgesetzten Termin warten, obwohl die Vorräte knapp wurden und Rabutin, der inzwischen Herbeville abgelöst hatte, dringende Appelle nach Wien richtete. Josef I. hatte diese Appelle zunächst überhört und hatte sogar einer weiteren Ausdehnung des Waffenstillstandes um zwei Wochen zugestimmt; denn wie er Karl von Lothringen, dem Chef der österreichischen Delegation in Tyrnau, mitteilte, wollte er alles tun,

„was zu dem Frieden kontribuieren könne".[73] Nach dem Scheitern von Wratislaws Mission jedoch und der Erkenntnis, daß es zu keiner Einigung kommen würde, sah Josef I. nun keinen Grund mehr dafür, Rabutin zurückzuhalten. Gerade jetzt, da die Rebellenarmeen sich auflösten, um bei der Ernte mitzuhelfen, schien der Zeitpunkt für eine Offensive äußerst günstig. Der Kaiser zog 4000 Soldaten vom Oberrhein ab, befahl den Regimentern an der kroatischen Grenze, sich marschfertig zu machen,[74] und beschloß in der Konferenz am 11. Juli mit seinen Ministern, den letzten Kompromiß der Vermittler hinsichtlich der siebenbürgischen Verhandlungsdelegation abzulehnen ebenso wie den neuesten Antrag der Aufständischen auf eine unbegrenzte Ausdehnung des gegenwärtigen Waffenstillstandes.[75]

Der Kaiser hatte diese Beschlüsse nur schweren Herzens gefaßt. Wie seine englischen und holländischen Alliierten hatte er lange Zeit Verhandlungen für den besten, wenn nicht einzigen Weg zum Frieden gehalten. Noch in letzter Minute wollte er das Unvermeidliche umgehen, sandte diesmal Rákóczis Schwester Juliana zu ihm und erklärte den Rebellen, er wolle den Waffenstillstand verlängern, wenn sie auf ihre Ansprüche auf Siebenbürgen verzichten wollten.[76] Er erwartete jedoch in beiden Fällen keine positive Antwort und sah sich nicht getäuscht. Hin und her gerissen zwischen Zuversicht und Sorge wartete er nun auf die Entscheidungen, die die Waffen in dieser verfahrenen Situation bringen würden.

Nach der Beendigung des Waffenstillstandes am 24. Juli verließen die aufständischen Verhandlungspartner Tyrnau. Die ungehemmte Wut der englisch-holländischen Vermittler entlud sich nun über die Österreicher. In ihrer Ungeduld, zu einer Regelung zu kommen, hatten Josefs Alliierte übersehen, daß eine friedliche Lösung noch gar nicht im Bereich des Möglichen war. Nun warfen sie dem Wiener Hof vor, seine Unnachgiebigkeit zeige, wie wenig ihm an einem Frieden läge. Daß Tausende von österreichischen Soldaten anstatt im Westen nun in Ungarn eingesetzt wurden, erhöhte noch den Ärger der Alliierten.[77]

In gewissem Sinn war es als ein Erfolg der Rákóczi-Politik in Tyrnau zu werten, daß die volle Verantwortung am Mißlingen der Verhandlungen Josef I. und seinen Ministern zugeschoben wurde. Er war von Anfang an nicht so unter Zeitdruck gestanden wie sein habsburgischer Gegner, der auch noch an einer anderen Front zu kämpfen hatte. Als er für eine Verlängerung des Waffenstillstandes eintrat, wußte er, daß dadurch die Ernte eingebracht werden konnte, und als er sich den Anschein gab, in der Frage des Status der Siebenbürger Delegation kompromißbereit zu sein, wußte er, daß er damit den Schwarzen Peter dieses Spiels den Österreichern zuspielte.

Als feststand, daß der Waffenstillstand endgültig zu Ende ging, konzentrierte sich die Delegation der Konföderation mit ganzer Kraft auf die Diskriminierung des Gegners. Am 12. Juli, nachdem Josefs Ablehnung des von den Vermittlern vorgeschlagenen Kompromisses vorlag, erkannten die Rebellen endlich mit reichlicher Verspätung die Antwort Wiens auf ihre „postulata" als gültig an und vermittelten dadurch den Eindruck eines letzten verzweifelten Versuchs, die Gespräche zu retten.[78] Und am letzten Tag des Waffenstillstandes ließ Rákóczi die Vermittler wissen, daß er bereit gewesen war, die Konföderation in Szécsény wieder zusammenzurufen und von der kürzlich geschlossenen Allianz mit Siebenbürgen wieder abzurücken. Auf diese Art und Weise wäre die ungarische Konföderation fähig gewesen, die Verhandlungen mit der Krone wieder aufzunehmen. Dies aber sei nun, fügte Rákóczi hinzu, leider nicht mehr möglich, weil Josef I. dem Waffenstillstand ein Ende bereitet hätte.[79] Anstatt sich Gedanken über die Aufrichtigkeit des Fürsten zu machen, eilten die Vermittler nach Wien und bedrängten den Kaiser am 1. August, den Waffenstillstand zu verlängern. Josef I. ließ sich jedoch von diesem letzten Bluff Rákóczis nicht beeindrucken und lehnte abermals ab.[80]

Diese subtilen Manöver wurden von den Führern der Konföderation durch direkte Hilfsappelle ergänzt, die sich teils an die eigenen Landsleute, teils ans Ausland richteten. Kurz vor Ablauf des Waffenstillstandes gaben die Konföderierten ein Statement heraus, in dem sie ihr eigenes Verhalten verteidigten und das Mißlingen der Friedensgespräche der „grenzenlosen Machtgier" der Habsburger in die Schuhe schoben. Zugleich ließ Rákóczi überall im Königreich eine ähnliche Erklärung verteilen und wandte sich speziell an Holland, Königin Anne und den Herzog von Marlborough. Schließlich feuerten die Rebellen ihre letzte Salve ab, indem sie Josefs Antwort vom 28. Juni weitschweifig erwiderten und diese Erwiderung an allen Höfen Europas veröffentlichen ließen.[81]

Nicht ganz unerwartet kam die beste Propaganda für die Sache der Rebellen von seiten George Stepneys. Während des Gespräches Josefs I. mit den Vermittlern am 1. August hatte Stepney in Übereinstimmung mit seinen Kollegen die Meinung geäußert, daß Rákóczi es ernst gemeint hatte und daß die österreichischen Minister und Generäle für den Bruch zur Verantwortung zu ziehen seien. Diese Bemerkungen des Botschafters wurden Ende des Monats in der englischen und holländischen Presse veröffentlicht und in ganz Europa nachgedruckt.[82]

Die englisch-holländischen Vermittler und ihre Regierungen hatten somit im ganzen ihren Alliierten keinen guten Dienst erwiesen. Indem sie zuließen, daß die Rebellen sich die Ungeduld der Vermittler zunutze machten, hatten sie unabsichtlich den Widerstand gegen die Krone geschürt, und indem sie nicht erkannten, daß die bestehenden Meinungsverschiedenheiten über Siebenbürgen die Weiterführung der Gespräche sinnlos machten, gaben sie den Rebellen Gelegenheit, die letzten drei Wochen des Waffenstillstandes dazu zu benützen, die Habsburger schlechtzumachen. Das schlimmste Vergehen der Vermittler aber bestand in ihrer Bereitschaft, gutgläubig den Schmeicheleien der Rebellen zu vertrauen und nicht zu merken, daß Rákóczi längst beschlossen hatte, sich Frankreich in die Arme zu werfen. Zwar sprach die Anwesenheit Desalleurs bei allen Geheimgesprächen zwischen dem Fürsten und seinen Offizieren eine deutliche Sprache, aber für die Vermittler war sie anscheinend nicht deutlich genug. Rákóczi war sich vollkommen klar über das Risiko, das er einging. Bercsényi hatte ihn nur allzu oft davor gewarnt, nicht zuviel Vertrauen in die Versprechungen Ludwigs XIV. und Desalleurs zu setzen. Erst kürzlich hatte ihm Vetes zudem den Hinweis gegeben, Versailles sei einzig und allein an einer Verlängerung der Revolte in Ungarn interessiert, und hatte ihn dringend gebeten, sich mit Josef I. zu einigen, bevor Ludwig XIV. Frieden mit den Alliierten geschlossen hatte.[83] Sogar Wratislaw, der wenig über Rákóczis Pläne wußte, aber desto mehr über die Gepflogenheiten der europäischen Diplomatie, hatte sich am 30. Juni mit den prophetischen Worten in Neuhäusel verabschiedet: „Mein Fürst, Sie verlassen sich auf die Versprechungen jenes Frankreich, welches das Hospital der durch ihre Wortbrüchigkeit unglücklich gewordenen Fürsten ist. Sie werden deren Zahl vermehren und in diesem Hospital sterben."[84]

Der Wendepunkt

Rákóczi setzte dennoch seine Hoffnungen weiter auf Versailles. Selbst Ludwigs XIV. neueste Bedingungen für ein Bündnis konnten ihn nicht erschüttern. Ludwig XIV. forderte nun schon nicht mehr nur seine Thronbesteigung in Siebenbürgen, sondern die formelle Abdankung der Habsburger in ganz Ungarn. In der richtigen Annahme, daß seine Landsleute nicht für eine Absetzung Josefs I. zu gewinnen sein würden, hatte Rákóczi nur die Bedingung seiner Thronbesteigung in Siebenbürgen akzeptiert.[85] Zugleich begann er allerdings dennoch mit der Vorbereitung zum Umsturz des Habsburgregimes in Ungarn. Schon im April hatte er August dem Starken die ungarische Krone für ein Bündnis gegen Josef I. angeboten,[86] später, nach dem Abbruch der Tyrnauer Konferenz, Karl XII., dem er den Thron für 6000 schwedische Soldaten verkaufen wollte.[87] Obwohl sich keiner dieser Herrscher bereit erklärte, die Habsburger in Ungarn ersetzen zu wollen, gab Rákóczi seinen Plan, Josef I. zu entthronen, nicht auf. Umso weniger, als er Ende 1706 von Vetes hören mußte, daß Ludwig XIV. geheime Friedensgespräche mit den Alliierten begonnen hatte.[88] Obwohl Ludwigs Friedensfühler ergebnislos blieben, packte den Fürsten panische Furcht, Frankreich könne sich mit Ungarns Feinden einigen und die Rebellen im Stich lassen. Trotz Vetes' Warnung, Frankreich würde den Krieg „um keine Stunde zum Wohle (unseres) Vaterlandes verlängern", ging er daran, Ludwigs XIV. Bedingungen für eine formelle Allianz, so gut es ging, zu erfüllen.⁸⁹ Während er aufs neue Pläne für seine Inauguration in Siebenbürgen machte, richtete er einen Aufruf an den ungarischen Adel, sich Anfang Mai in der Stadt Ónod im Norden zusammenzufinden.⁹⁰

In dem Aufruf war mit keinem Wort davon die Rede, daß Rákóczi plante, auf diesem Landtag Josef I. zu entthronen und der Habsburgerherrschaft in Ungarn ein Ende zu bereiten. Josef I. und seine Minister aber waren über die wahren Absichten Rákóczis sehr wohl informiert. Durch den kaiserlichen Gesandten in Warschau und durch seinen britischen Alliierten war der Wiener Hof über Rákóczis Verhandlungen mit August dem Starken und Karl XII. auf dem laufenden gehalten worden.⁹¹ Josef I. blieben nun noch einige Monate, um dem geplanten Verrat durch das Angebot großzügigerer Friedensbedingungen zuvorzukommen. Seit dem Abbruch der Friedensgespräche hatte er sich um keinen Fußbreit den Rebellen genähert und im August eine Petition des betagten Palatins Fürst Paul Esterházy und der Grafen Pálffy und Erdödy abgelehnt, in der um eine Wiederaufnahme der Verhandlungen auf der Grundlage eines unabhängigen Siebenbürgens unter habsburgischer Herrschaft gebeten wurde. Der Kaiser wollte zunächst die Rückkehr Rabutins nach Westungarn abwarten, wo er sich mit serbischen und kroatischen Freischärlern unter Guido Starhemberg vereinen sollte.⁹² In den vergangenen Monaten aber hatte Rabutins Armee einige Rückschläge hinnehmen müssen. Nachdem sie einige Wochen vergebens die Festung Kaschau belagert hatte, war sie durch Krankheit und Kälte geschwächt nach Buda marschiert. Da sie erst im Jänner Buda erreichte, war es zu spät gewesen, sich mit Starhemberg zu vereinen. Auch dieser hatte in der Zwischenzeit wenig erreicht, während die Rebellen ungehindert in die Erblande eingefallen waren.

Wie in der Vergangenheit dienten auch diesmal die militärischen Rückschläge der Kaiserlichen den Rebellen dazu, ihre Forderungen zu erhöhen. Im Dezember wurden Josef I. die neuerlichen Forderungen der Rebellen nach einer ausländischen Garantie, der Abtretung Siebenbürgens und dem sofortigen Abzug aller deutschen Truppen aus Ungarn als Bedingungen für die Wiederaufnahme von Friedensverhandlungen vorgelegt.⁹³ Kein Monarch der Welt hätte diese Bedingungen akzeptieren können, aus denen allzu deutlich das Vertrauen der Rebellen auf ein anhaltendes militärisches Patt sprach. So lehnte Josef I. trotz der Gefahr, die der habsburgischen Herrschaft in Ungarn drohte, die Bedingungen ab, die die Ausübung der königlichen Macht in Ungarn schwer behindert hätte. Er bekräftigte diesen Entschluß noch einmal im März, als eine Gruppe loyaler Magnaten ihm einen Friedensplan vorlegte, der ebenfalls ein unabhängiges Siebenbürgen, aber unter einem freigewählten, tributpflichtigen Fürsten und natürlich die ausländische Garantie forderte.⁹⁴

Nach Josefs neuerlicher Ablehnung ging die Initiative wieder auf Rákóczi über. Bei einem Treffen Anfang April mit dem aufständischen siebenbürgischen

Adel in Maros-Vásárhely übernahm Rákóczi in aller Form die fürstliche Macht in Siebenbürgen und begann mit der Vorbereitungsarbeit für den kommenden ungarischen Landtag, auf dem der habsburgischen Herrschaft der Todesstoß versetzt werden sollte. Selbstverständlich machte sich der Fürst keine Illusionen darüber, daß die Absetzung der Habsburger auf starken Widerstand stoßen würde. Viele der aufständischen Adeligen sehnten sich wie ihre loyalen Standesgenossen nach Frieden; denn der Krieg hatte dem Land schwer zugesetzt. Nicht nur der Feind hatte seine Spuren hinterlassen, sondern auch die schlechtbezahlten und undisziplinierten konföderierten Truppen. Der ohnehin labilen Wirtschaft des Landes waren durch erhöhte Steuerlasten und die Ausgabe minderwärtigen Kupfergeldes schwere Schläge versetzt worden. Dazu kam die zunehmende Unzufriedenheit der Protestanten. Die Wiederherstellung der protestantischen Kirchen, die der Landtag in Szécsény versprochen hatte, war nicht völlig erledigt worden. In ihrer Verzweiflung richtete eine Synode in den nordöstlichen Grafschaften sogar Hilfeappelle an Preußen und Schweden.[95] Im Winter legte eine Gruppe von 16 Grafschaften des Südwestens, die unter den Kämpfen am meisten gelitten hatten, Rákóczi eine Petition vor, in der sie sich für unfähig erklärten, weitere Opfer zu bringen, und drohten, sich mit Wien ins Einvernehmen zu setzen, wenn er nicht endlich Frieden schließen wollte.[96] Zur selben Zeit ließen in den nordwestlichen Grafschaften die Adeligen Pál Okolicsanyi und Melchior Rakovsky aus Thurocz eine Beschwerdeliste gegen die Führung der Konföderation herumgehen, in der ebenfalls dringend um Frieden gebeten wurde.[97]

Am 27. April, einen Monat später als geplant, kamen die ungarischen Stände in Ónod zusammen. Da einige Magnatenfamilien es vorgezogen hatten, keine Stellvertreter zu entsenden, wurden sie auf der Stelle mit Geldstrafen belegt. Kardinal Széchényi und Baron Szirmay wurden wegen ihrer Dienste als königliche Kommissare bei den Tyrnauer Verhandlungen für enteignet erklärt. Aber wenn Rákóczi gehofft hatte, seine Gegner durch diese Aktionen einzuschüchtern, dann sah er sich getäuscht. Als er am 3. Juni ein Programm für eine Besteuerung des Adels und die Prägung weiterer minderwertiger Kupfermünzen vorlegte, stieß er auf unerwarteten Widerstand. Nach dreitägiger hitziger Debatte erklärte sich die Mehrheit der Delegierten gegen Rákóczis Vorschläge. Am vierten Tag gingen der Fürst und seine Gefolgsleute zur Offensive vor. Während ein Repräsentant der nordwestlichen Grafschaften eine Rede gegen die geplante Kupfermünzprägung hielt, erhob sich Rákóczi von seinem Sitz, um der Opposition persönliche Beleidigung und Verletzung seiner Person vorzuwerfen. Dann erwähnte er die „verräterische" Petition, die von den sieben nordwestlichen Grafschaften während des vergangenen Winters in Umlauf gebracht worden war und deutete zornig auf die Delegation aus Thurocz. Sofort standen Rakovsky und der Sohn des abwesenden Pál Okolicsanyi auf und versuchten zu erklären, warum sie gegen eine Fortführung des Krieges waren, was zu einer scharfen Erwiderung seitens Bercsényis führte, der den Landtag aufrief, die beiden Verräter zu bestrafen. Rákóczi schloß sich sofort dem Antrag Bercsényis an, aber die Versammlung rührte sich nicht und blieb stumm. Indem er laut den Landtag verwünschte, zog Bercsényi seinen Degen und hieb auf Rakovsky ein. Mit einem Sprung war Graf Károlyi an seiner Seite und versetzte dem am Boden liegenden Rakovsky den tödlichen Stoß. Nun zogen auch andere Adelige den Degen und hieben auf Okolicsanyi und den toten Rakovsky ein. Als nun Bercsényi laut die Arretierung und Bestrafung der restlichen Deputierten aus Thurocz forderte, war der Landtag bereits soweit eingeschüchtert, daß Okolicsanyi und seine Freunde ergriffen und aus dem Saal geschafft wurden. Okolicsanyi wurde am folgenden Tag zum Tode verurteilt und am 9. Juni in Anwesenheit aller Delegierten auf freiem Feld enthauptet. Die Grafschaft Thurocz wurde bei dieser Gelegenheit in aller Form aufgelöst und unter ihren Nachbarn aufgeteilt, das Thuroczer Wappenschild über der Leiche Melchior Rakovskys zertrümmert. Inzwischen waren bereits Haftbefehle für Pál Okolicsanyi und diejenigen Thuroczer Adeligen ausgeschrieben worden, die nicht beim Landtag erschienen waren. Damit war die Opposition praktisch ausgelöscht, und am Tag vor der Hinrichtung wurde das Steuer- und das Münzprägungsprogramm Rákóczis vom Landtag ratifiziert. Am 14. Juni faßte der Landtag den Beschluß, den ungarischen Thron für vakant zu erklären, und bot auf Empfehlung Desalleurs Max Emanuel die Krone an. Bis dieser seine Zustimmung erteilt hatte, sollte Rákóczi mit Bercsényi als Stellvertreter die Regierungsgeschäfte weiterführen. Jede Grafschaft oder Magnatenfamilie, die keinen Vertreter nach Ónod geschickt hatte, mußte sich innerhalb einer Frist von zwei Monaten mit dem Landtag solidarisieren oder verlor alle Rechte und Privilegien.[98]

Als Josef I. erfuhr, was in Ónod vorgefallen war, fühlte er sich in gewissem Sinn in seiner bisherigen Politik bestätigt. Zwar hatte er noch in letzter Minute den loyalen Gabriel Tolvay mit einem Waffenstillstandsangebot zu Rákóczi geschickt, aber dieser halbherzige Versuch, den endgültigen Bruch zu vermeiden, war fehlgeschlagen. Rákóczi ließ Tolvay sofort bei seiner Ankunft in Ónod verhaften.[99] Der Kaiser konnte nun mit gutem Grund die Vorfälle in Ónod als Beweis dafür anführen, daß man nie zu einem vernünftigen Kompromiß mit dem Rebellenführer gekommen wäre. Nachdem aber Rabutin mit seiner Armee Siebenbürgen verlassen hatte, war das Fürstentum wieder fast zur Gänze in die Hände der Aufständischen gefallen. Alles Land nördlich der Marosch war verlorengegangen, und die Hauptstadt Hermannstadt wurde erneut belagert. Um Siebenbürgen zurückzugewinnen, hätte sich wieder ein Herbeville auf den Weg machen müssen. Aber 1705 standen dem Kaiser nicht genug Truppen zur Verfügung, um einerseits Siebenbürgen zu erobern und zu besetzen und andererseits die Erblande vor räuberischen Überfällen zu beschützen. In der Konferenz am 2. August beratschlagten Josefs Minister und die Feldmarschälle Starhemberg und Rabutin über die zu wählende Strategie. Neun von zehn Anwesenden stimmten gegen eine zweite Expedition, mehrere sprachen sich sogar für einen weiteren Rückzug der verbleibenden Streitkräfte aus Siebenbürgen aus. Nur Rabutin, dem die Aufgabe übertragen werden sollte, die Expedition zu leiten, stimmte für die Wiedergewinnung Siebenbürgens. Als Fürst Salm dem Kaiser über das Ergebnis der Beratungen Bericht erstattet hatte, rief der Kaiser die Konferenz am nächsten Tag ein zweites Mal zusammen und verkündete seinen Entschluß, Rabutin losmarschieren zu lassen, um „Siebenbürgen noch in tempore zu securriren, imassen die aus dessen Verlust sonst besorgliche Consequenzien, wie Jedermann bekannt, einen unersetzlichen Schaden nach sich ziehen würden..."[100] Der Feldmarschall erhielt seine Befehle noch am folgenden Tag und begann 14 Tage später mit seinem Marsch nach Siebenbürgen. Die Aufständischen rächten sich, indem sie über die schlecht verteidigte steirische Grenze Reiterhorden in die Erblande einfallen ließen.[101]

Nördlich der Donau aber hatte sich die Situation zugunsten des Kaisers verändert. Rákóczi hatte einen Plan, in Schlesien einzufallen, aufgeben müssen, um Rabutin im Osten zu begegnen. So konnte Guido Starhemberg durch geschickte Auffächerung seiner bescheidenen Kräfte nicht nur Niederösterreich und die böhmischen Kronländer vor feindlichen Überfällen schützen, er konnte auch die ungarischen Kronländer zwischen March und Waag besetzen.[102] Während auch im Nordwesten österreichische Erfolge zu verzeichnen waren, traf im Dezember in Wien die Nachricht ein, daß Siebenbürgen vollständig zurückerobert war.[103] Rabutin war es gelungen, die Glanzleistung Herbevilles zu wiederholen. Ein dritter Feldzug sollte nicht mehr notwendig sein.

Der Erfolg Rabutins bewirkte, daß der Hof die Gewalt wieder als wirksames Friedensmittel ins Auge faßte. Zugleich aber boten sich neue Möglichkeiten, den Beistand des Volkes zu suchen. Denn dadurch, daß die Landtage von Ónod und Maros-Vásárhely jedes weitere Gespräch mit der aufständischen Führerschaft praktisch unmöglich gemacht hatten, konnte man nun die Gelegenheit nützen, direkten Kontakt mit dem ungarischen Volk aufzunehmen. Die meisten Anhänger Rákóczis und die überwältigende Mehrheit seiner Soldaten waren in den letzten vier Jahren ihm nur deshalb so treu gefolgt, weil sie auf die Einlösung seines Versprechens, das Los der Bauern und der religiösen Minderheiten zu bessern, gewartet hatten. Aber die Landtage von Ónod und Maros-Vásárhely hatten wie schon vorher stattgefundene Adelsversammlungen diese Versprechen ignoriert und allgemein den Eindruck hinterlassen, daß der Sieg der Kuruzzen die Situation der Bauern nicht verbessern würde.[104] Die Mehrheit der Nation war gegen den Sturz ihrer habsburgischen Könige und eigentlich nur daran interessiert, Frieden und Ordnung in ihrem verwüsteten Vaterland wiederherzustellen. Nach Ónod glaubte selbst mancher frühere Rebell und Sympathisant nicht mehr, diese Ziele unter Rákóczis Führerschaft erreichen zu können, und besann sich wieder auf jene Untertanenpflicht der Krone gegenüber. Gegen Ende des Jahres 1707 mehrten sich tatsächlich sowohl in Ungarn als auch in Siebenbürgen die Zeichen, die für eine wachsende Unterstützung der Krone innerhalb der Bevölkerung sprachen, und Bercsényi mußte sich eingestehen: „Wir haben den Beistand des Volkes verloren."[105]

Im Juli und August hatte sich Josef I. bereits an das ungarische Volk mit mehreren Erklärungen gewendet, in denen er den Ónoder Landtag und die dort gefaßten Beschlüsse verurteilte. Unter diese Erklärungen hatten über hundert Magnaten, Bischöfe, Kirchen- und Gemeindevertreter ihre Unterschrift gesetzt.[106]

Auch von Clemens XI. kam im September Hilfe: Als Antwort auf die in Ónod beschlossene Vertreibung der Jesuiten verbot der Papst jetzt dem ungarischen Klerus, sich weiter an der Rebellion zu beteiligen.[107]

Als der Feldzug zu Ende ging, legte Fürst Esterházy dem Kaiser nahe, in den kommenden Monaten nun seinen eigenen Reichstag zusammenzurufen, der das Volk um Hilfe ersuchen sollte und sich durch seine Seriosität vorteilhaft von dem in Ónod demonstrierten Raubrittertum Rákóczis und seiner Mannen abheben sollte. Josef I. stimmte zu und gab Esterházy den Auftrag, den ungarischen Adel Ende Februar nach Preßburg zusammenzurufen. Kurz danach kündigte er seinen Ministern an, daß er selbst bei der Eröffnung und der Schließung des Reichstages persönlich den Vorsitz übernehmen wolle.[108]

Die Preßburger Versammlung war seit über 20 Jahren der erste von der Krone einberufene Reichstag, und während sich Josefs deutsche Minister nicht allzu viel von ihm erwarteten, würde er doch immerhin Gelegenheit bieten, die ungarische Nation von der Aufrichtigkeit ihres jungen Königs zu überzeugen. Natürlich boten auch Josefs Versprechen keine Gewähr dafür, daß er der Politik seiner Vorfahren wirklich abgeschworen hatte. Und außerdem war und blieb er nun einmal ein ausländischer Herrscher. Dies bekamen schon Esterházy und seine ungarischen Kollegen schmerzlich zu spüren, als Josef I. sich wegen des kommenden ungarischen Reichstages fast ausschließlich mit seinen deutschen Ministern beriet. Noch frustrierender mußte auf sie der Beschluß des Kaisers wirken, mit dem Vorsitz den deutschen Kardinal Sachsen-Zeitz und nicht Esterházy zu betrauen. Gegen Esterházy aber sprach sein hohes Alter und vielleicht noch mehr die Tatsache, daß er von den meisten Rebellen gehaßt wurde. Noch dazu war Sachsen-Zeitz seit kurzem Erzbischof-Primas von Ungarn geworden. Trotzdem fühlte sich der stolze Palatin schwer beleidigt und lehnte die Einladung des jungen Kardinals ab, an den Präliminarverhandlungen für die Eröffnung des Reichstages teilzunehmen.[109]

Sonst gingen die Vorbereitungsarbeiten für den Reichstag zügig vonstatten.

Ende Dezember reiste Sachsen-Zeitz nach Preßburg ab, um sich durch mehrere Wochen hindurch mit dem loyalen Adel zu beraten. Wenn auch die kommende Versammlung keine Früchte tragen sollte, dann sollte Rákóczi und nicht der Kaiser dafür verantwortlich zu machen sein. Ende Februar kam es zu vielen Überfällen der Rebellen im Gebiet rund um Preßburg, daß der Kaiser schließlich auf Rat von Sachsen-Zeitz und des Prinzen Eugen darauf verzichtete, den Vorsitz über die Eröffnungssitzung zu übernehmen.[110] Schließlich mußte wegen der Überfälle die ganze Sitzung verschoben werden, bis man genügend Truppen aus ihren Winterquartieren geholt hatte.[111] Als der Reichstag schließlich Anfang April zusammentrat, war seine Zusammensetzung kaum repräsentativer als die Versammlungen der Konföderation in Szécsény und Ónod. Zwar waren insgesamt 77 Magnaten, 19 Bischöfe, 15 Grafschaften und 18 Städte in Preßburg anwesend oder vertreten, aber sie kamen alle aus jenen Gebieten des Königreiches, die sich gegenwärtig unter habsburgischer Kontrolle befanden. Die anderen waren wegen Feindschaft oder aus Furcht vor Rákóczis Rache der Versammlung ferngeblieben.[112]

Trotzdem zeichneten sich die Gespräche weder durch Einigkeit zwischen dem König und seinen Untertanen noch unter diesen selbst aus. Chaotische Debatten und vage gehaltene Resolutionen herrschten auch auf diesem Preßburger Reichstag (1708/09) vor. Schon in der ersten Sitzung kam es zu Zusammenstößen zwischen Katholiken und Protestanten. Während die katholische Mehrheit nur die Wiedereinführung der Religionsfreiheit fordern wollte, formulierte die protestantische Minderheit einen viel umfassenderen Forderungskatalog, in dem auch die vollständige Rückgabe aller unter Leopold I. konfiszierten Güter enthalten war.[113] Zu einem weiteren Konflikt kam es zwischen kirchlichen und weltlichen Delegierten, als die letzteren versuchten, Geistlichen den Zutritt zum Amt des ungarischen Hofkanzlers zu verwehren. Erst nachdem Sachsen-Zeitz und die 19 Bischöfe gedroht hatten, die Versammlung zu boykottieren, wurde der Antrag zurückgezogen.[114]

Währenddessen versuchte Josef I. den Reichstag zur Plattform seiner Reformvorschläge zu machen. Nachdem er nochmals sein Versprechen wiederholt hatte, sich an die Verfassung zu halten und die Religionsfreiheit einzuführen, erklärte er sich zum ersten Mal bereit, administrative Posten nur mit geborenen Ungarn zu besetzen, nach Beendigung des Krieges die ausländischen Truppen aus Ungarn abzuziehen und die zwangsweise Einquartierung der Truppen bei der Zivilbevölkerung zu beenden.[115] Als die Stände endlich mit ihrer Beschwerdeliste antworteten, waren die meisten „Gravamina" bereits von Josef I. positiv erledigt worden. Außer ihrer Forderung, dem Hofkriegsrat und der Hofkammer in Ungarn keine Rechte mehr einzuräumen und das von der „Commissio Neo Acquistica" konfiszierte Land zurückzugeben, unterschieden sich die Gravamina des Reichstages von den Reformvorschlägen des Königs nur in der ziemlich ominösen Erklärung, daß seine persönliche Garantie nicht genüge, um die Gesetze des Königreiches zu schützen.[116] Daß auch hier wieder der Wunsch nach Garantien geäußert wurde, verleitete Josef I. und seine Minister zu dem Schluß, daß die loyalen Delegierten „mit den sogenannten Rebellen fast überein kommen, dass also nur der blose nahme den Unterschied mache".[117] Auf Rat seiner deutschen Minister vertagte der Kaiser die Sitzung, bis er eine formelle Antwort auf ihre Gravamina vorlegen könne. Wenn man auf die ersten vier Monate dieses Reichstages zurückblickte, dann war herzlich wenig geleistet worden, was die Voraussetzung für einen zukünftigen Consensus geschaffen hätte. So neigten nahezu alle Minister Josefs I. dazu, sich der Meinung Sinzendorfs anzuschließen, der am 31. Juli dem Erzherzog schrieb, daß „die pacification schwer mit tractaten sich richten lassen, sondern mit waffen geschehen müsse".[118]

Sieg und Kompromiß

Für Rákóczi, der sich für die Entthronung Josefs I. in Ungarn und Siebenbürgen in der Erwartung eingesetzt hatte, daß Versailles sich endlich zu einem Bündnis gegen den gemeinsamen Feind entschließen würde, folgte nach dem Ónoder Landtag eine Zeit der großen Enttäuschungen. Ludwig XIV. und Desalleurs erfanden immer neue Gründe, den ersehnten Vertrag zu verschieben.[119] Auch mit Max Emanuel hatte der Fürst kein Glück. Als Vetes im Juli dem Kurfürsten im Exil das Angebot des Ónoder Landtags mit Rákóczis Forderung, daß er eine 15.000 Mann starke Kavallerietruppe quer durch Deutschland nach Böhmen führen und sich dort mit der von Osten einfallenden Armee der Konföderation vereinen sollte, überbrachte, zögerte Max Emanuel, sich auf ein so gefährliches Abenteuer einzulassen.[120] Und als Vetes sein Angebot im nächsten Januar wiederholte, lehnte Ludwig XIV. das ganze Projekt kurzerhand als unrealisierbar ab.[121]

Während Rákóczis Träume von einem Bündnis mit Frankreich dahinschwanden, zeichnete sich die Verschlechterung der militärischen Lage immer deutlicher ab. Die vom Ónoder Landtag genehmigten Steuern hatten kaum neue Einnahmequellen erschließen können, und das neu geprägte minderwertige Kupfergeld hatte der ungarischen Wirtschaft nur geschadet.[122] Und schließlich kamen nun auch keine Subsidien mehr aus Frankreich.[123] So war es für Desalleurs nicht weiter schwer, zu prophezeien, daß „der nächste (1708) Feldzug im Krieg in Ungarn die Entscheidung bringen wird".[124] Aber trotz dieser Rückschläge erwachte Rákóczi noch immer nicht aus seinen Träumen. So lehnte er es ab, die Warnungen Vetes' ernst zu nehmen, daß Ludwig XIV. niemals Max Emanuel erlauben würde, sich nach Ungarn zu begeben.[125] Statt dessen traf er im ersten Halbjahr des Jahres 1708 alle Vorbereitungen für eine Invasion in Böhmen, in der Hoffnung, Ludwig XIV. könnte sich plötzlich anders entschließen. Obwohl die Raubzüge entlang der steirischen Grenze in die Erblande hinein auf seinen Befehl weitergingen, zog er alle verfügbaren Kräfte für das böhmische Abenteuer zusammen. Selbst Siebenbürgen wurde geopfert. Die von Rabutin vertriebenen Truppen bekamen den Befehl, sich zu seinem Lager in der Nähe Erlaus auf den Weg zu machen.[126] Im Juli waren die Vorbereitungen beendet, Rákóczi setzte sich in Richtung Böhmen in Bewegung.

Obwohl der Fürst seine Absichten nur seinen nächsten Offizieren mitgeteilt hatte, war Wien genau über seine Pläne und über den Zustand seiner Armee unterrichtet.[127] Trotzdem war man sich nicht ganz sicher, ob die österreichische Armee stark genug war, um der Herausforderung zu begegnen, denn die Armee in Westungarn betrug zur Zeit nur noch 10.000 Mann.[128] Außerdem hatte Josef I. seine beiden besten Feldherren verloren. Auf Druck der Seemächte und Erzherzog Karls hatte er Guido Starhemberg nach Katalonien geschickt, während Graf Rabutin, der ihn hätte ersetzen sollen, aus Gesundheitsgründen den Abschied einreichen mußte. So mußte Josef I., um Starhembergs Stelle auszufüllen, Feldmarschall Heister zurückrufen. Dieser war durch die Ereignisse der letzten beiden Feldzüge in gewissem Sinn rehabilitiert worden. Im sechsten Jahr des Aufstandes hatte der Wiener Hof gelernt, die Schwierigkeiten, auf die man bei der Besetzung rebellischer Territorien traf, richtig einzuschätzen. Zugleich hatten die Grausamkeiten auf beiden Seiten den Eindruck gestärkt, daß in einem Bürgerkrieg kein Platz für Milde und Toleranz war. Trotzdem zögerte Josef I. in diesem Augenblick, da es ihm darum ging, die Bevölkerung für seine Sache zu gewinnen, einen Mann wie Heister nach Ungarn zu schicken. Er tat es nur, weil er keinen anderen General besaß, der es mit Heister in puncto Erfahrung und Tüchtigkeit aufnehmen konnte.[129]

Am 4. August schnitt Heister der Rebellenarmee bei Trentschin, kaum fünfzehn Kilometer von der mährischen Grenze entfernt, den Weg ab und bereitete der 22.000 Mann starken Rebellenarmee mit seiner kleinen Streitkraft von nur 7400 Mann eine vernichtende Niederlage. Als Heister nach seinem Sieg an die Besetzung der nordwestlichen Grafschaften ging, traf er kaum auf Widerstand. Am Ende des Feldzuges stand er an der Eipel. Nur die Festung Neuhäusel hatte seinem Angriff widerstanden. Obwohl die Rebellen immer noch halb Ungarn besetzt hielten, nämlich die nördlichen und nordöstlichen Grafschaften und einen Großteil des Südens und Südwestens, hatte sich das Blatt entscheidend gewendet. In Ónod war dem ungarischen Volk eingeredet worden, ohne Sieg gäbe es keinen Frieden. Nach Trentschin wußte nun jeder, daß es keinen Sieg geben würde und weitere Opfer daher sinnlos waren. Auf seinem Marsch durch den Nordwesten des Landes begegnete Heister daher keinem Widerstand mehr, und die Bevölkerung akzeptierte dankbar seine Amnestieangebote. Nach kurzer Zeit kamen aus allen benachbarten Grafschaften Delegationen in sein Lager, um ihre Ergebenheit zu geloben.[130]

Auch in den Reihen der Rebellen war die Kampflust erlahmt.[131] Einige Offiziere aus Rákóczis engstem Vertrautenkreis trafen sich bereits mit Graf Pálffy, um sich die Begnadigung des Kaisers zu sichern.[132] Auch Rákóczi selbst erfaßte langsam die Aussichtslosigkeit seiner Lage. Kurz nach der Niederlage bei Trentschin war Vetes' Bericht über ein Gespräch am 3. Juli mit dem französischen König und seinem Minister für Außenpolitik, Torcy, bei ihm eingetroffen. Als Vetes in diesem Gespräch nochmals um die von Ludwig XIV. versprochene Allianz gebeten hatte, mit der Drohung, Rákóczi würde mit Wien Frieden schließen, falls es nicht bald zu einem Bündnis käme, hatte Torcy brüsk geantwortet, daß der Fürst gar nicht mehr in der Position wäre, um mit Josef I. zu verhandeln.[133]

Rákóczi erkannte endlich, daß Vetes recht gehabt hatte, ihn vor Frankreich zu warnen, und streckte seine Fühler nach Schweden und Rußland aus.[134] Zugleich bat er Josefs Alliierte, die englisch-holländische Vermittlung wiederaufzunehmen,[135] setzte Gabriel Tolvay auf freien Fuß und schickte ihn nach Wien mit dem Angebot, die Verhandlungen wiederaufzunehmen. Der Zeitpunkt war gut gewählt; denn Josefs Alliierte drängten auf Frieden,[136] und auch der Kaiser selbst war trotz der schlechten Erfahrungen, die er gerade wieder in Preßburg hatte machen müssen, durchaus an Gesprächen interessiert. Tolvay beriet sich eine Woche lang mit den Ministern und danach einen ganzen Tag mit dem Kaiser.[137] Aber Rákóczi forderte immer noch zu viel. Trotz der erlittenen militärischen Rückschläge hielt er noch immer an einem unabhängigen Siebenbürgen fest, wenn auch unter habsburgischer Oberhoheit, sowie an einer englisch-holländischen Garantie.[138] Josef I. aber wollte sich noch nicht einmal mehr auf die Vermittlerdienste der Seemächte einlassen, damit sich die Rebellen nicht – berechtigt oder unberechtigt – in ihrem Widerstandsgeist gestärkt fühlen und neue Spannungen innerhalb der Allianz auftreten könnten.[139] Da man sich über diese Punkte nicht einigen konnte, wurden die Verhandlungen abermals abgebrochen.[140]

Wieder einmal waren alle Hoffnungen zerstört, auf dem Verhandlungsweg zu einer Friedenslösung zu kommen, und die Erwartungen des Wiener Hofes richteten sich auf die Ergebnisse des nächsten Feldzuges. Vorher aber rief Josef I., wie im vorigen Jahr, die ungarischen Stände nach Preßburg zusammen, um seine Antwort auf die Gravamina des vorjährigen Reichstages vorzulegen. Da sich die militärische Situation für ihn seither beträchtlich verbessert hatte, fühlte er sich nicht bemüßigt, zusätzliche Konzessionen anzubieten. Nicht nur lehnte er wie im Vorjahr ausländische Garantien ab, er weigerte sich auch, die ungarische Schatzkammer aus der Kontrolle der Hofkammer zu entlassen, mit dem Argument, die Unterstellung sei für eine Koordination der Staatsfinanzen unerläßlich. Über eine separate Liste der protestantischen Stände ging er kommentarlos hinweg und wiederholte lediglich seine Absicht, die Religionsfreiheit wiedereinzuführen.[141] Die veränderte militärische Situation spiegelte sich wohl am besten in der Tatsache wider, daß der Kaiser es nun wagen konnte, eine Maßnahme zur Abstimmung zu bringen, die im vorigen Jahr noch auf die heftigste Ablehnung gestoßen wäre: die Enteignung jedes ungarischen Untertans, der sich weigerte, seine Ergebenheit der Krone gegenüber zu beteuern.[142] Jetzt gaben die Stände dazu ihre Zustimmung und änderten nur Kleinigkeiten ab.[143]

Der Reichstag wurde auf Ende Juli vertagt, und der Kaiser wandte seine ganze Aufmerksamkeit wieder der systematischen Eroberung Mittelungarns zu. Heisters Vorbereitungen zu dem Feldzug 1709 waren durch die Verheerungen des vorigen Winters sowie durch den Ausbruch der Pest, die sich rapide in ganz Ungarn ausbreitete, erheblich behindert worden.[144] Aber auch die Aufständischen waren durch Krankheit und Desertion schwer geschwächt. Wer noch kämpfte, tat dies ohne Hoffnung auf Bezahlung und Sieg.[145] Heister eröffnete den Feldzug mit der Einnahme der südwestlichen Grafschaften. Damit war die letzte Basis für die Überfälle der Rebellen in die Erblande gefallen. Im September vereinte er sich mit Pálffys Streitkräften nördlich der Donau und konnte in den nächsten Monaten fast bis zur Theiß vorrücken. Selbst der vorher so skeptische Prinz Eugen lobte Heisters „bekannte Kriegsexperienz, obsorge, und tag- und nächtliche Mühe...".[146]

Nach den spektakulären Erfolgen dieser letzten beiden Feldzüge hatte Wien guten Grund zur Annahme, daß das Ende des Krieges gekommen war. Josefs unmittelbare Sorge bestand nun darin, alle Voraussetzungen für eine solide Friedensregelung zu schaffen und der Zivilbevölkerung unnötige Exzesse zu ersparen. So hatte er schon 1709 eine Kommission beauftragt, Klagen der Bevölkerung über Gewalttaten der österreichischen Soldaten entgegenzunehmen,[147] rief im Spätherbst eine Reihe von ungarischen Magnaten in das Allgemeine Kriegskommissariat und erteilte seinen Feldkommandanten strikte Order, Gewalttaten zu verhindern und für eine ausgewogene Verteilung der „Quartierlast" zu sorgen.[148] Zugleich kam er auch den Protestanten entgegen, verbot dem Militär jede religiöse Verfolgung und beauftragte königliche Beamte mit der Rückgabe von konfisziertem protestantischen Eigentum.[149]

Nach den Siegen und Ereignissen der letzten beiden Jahre bestand für den Kaiser nicht mehr die geringste Notwendigkeit, mit Rákóczi und dem rebellischen Regime zu verhandeln. Dagegen mußte die Unterstützung der breiten Masse gewonnen werden, um einen dauerhaften Frieden zu schaffen. So hatte er im Sommer 1709 abgelehnt, mit Rákóczi direkt in Friedensverhandlungen zu treten,[150] und lehnte drei Monate später auch Zar Peters Angebot einer Vermittlung ab.[151] Statt dessen verkündete er, daß er niemals wieder mit der

Führung der Konföderation verhandeln wolle, die für ihn überhaupt nicht mehr existiere. Wenn sie mit ihm Kontakt aufnehmen wolle, dann nur als einzelne, um Gnade bittende Individuen.[152] Nach der Ablehnung der russischen Vermittlung verließ Rákóczi Ungarn, um sich nach Polen zu begeben, wo er mit Bercsényi zusammentraf. Dieser hatte sich von hier aus monatelang um die Unterstützung des Zaren bemüht. Als am 22. Jänner 1710 bei Vadkert die letzte konföderierte Armee restlos aufgerieben wurde, wußten die beiden Männer, daß sie jetzt nur noch im Ausland Hilfe für ihre Sache finden konnten.

Auch Josef I. und seine Minister bemühten sich um die Freundschaft des Zaren. Aber während es dem Rebellenführer um Ungarn ging, ging es Josef I. um das Osmanische Reich. Zwar war die Pforte trotz aller französischer Intrigen während des letzten ungarischen Aufstandes neutral geblieben, aber nach der Niederlage Karls XII. bei Poltawa (28. Juni 1709) und nachdem sich die Schweden über die türkische Grenze ins Osmanische Reich zurückgezogen hatten, konnte man nicht mehr mit Sicherheit voraussagen, wie der Sultan sich verhalten würde. Um sich gegen die Gefahr eines Krieges mit den Türken zu sichern, unterzeichnete der Zar hastig einen 30jährigen Waffenstillstand mit dem Osmanischen Reich, der auch den sicheren Abzug der Schweden beinhaltete.[153] Die Nachricht von diesem Vertrag schlug in Wien wie eine Bombe ein. Denn nun mußte man nicht nur annehmen, daß die Türken düstere Pläne gegen die Monarchie aushecken, sondern auch, daß sich Rußland im Falle eines türkischen Angriffs neutral verhalten würde. In den beiden Konferenzen vom 15. und 16. Februar 1710 drängte daher Prinz Eugen auf den sofortigen Abschluß eines Verteidigungsbündnisses mit dem Zaren, das direkt gegen das Osmanische Reich gerichtet sein sollte.[154] Josef I. stimmte diesem Vorschlag umso lieber zu, als das Bündnis nicht nur ein Abschreckungsmittel für einen türkischen Angriff, sondern auch für eine türkische und russische Unterstützung der Rebellen bedeuten würde.[155] Auf der Stelle ritt ein Kurier mit dem Bündnisvorschlag nach Rußland ab, aber der Zar lehnte ab.

Schon nach einigen Monaten bereute jedoch der Zar seinen Entschluß. Trotz der Bemühungen des Sultans, Karl XII. zur Rückkehr nach Schweden zu bewegen, hielt sich der schwedische König nach wie vor in seinem Lager bei Bender auf und versuchte, zusammen mit den Franzosen die Türken zu einem Angriff auf Rußland zu bewegen. Im November erklärte tatsächlich das Osmanische Reich dem Zaren den Krieg, und Wien dankte dem Himmel, daß Peter der Große das letzte Allianzangebot abgelehnt hatte. Denn hätte er es akzeptiert, dann wäre der Kaiser jetzt in einen zweiten Konflikt verwickelt worden. So aber war im Moment nicht damit zu rechnen, daß die Pforte nun auch noch die Monarchie angreifen würde.[156] Trotzdem beschlossen Josef I. und seine Minister während einer Reihe von Konferenzen im Winter 1710/11, sich mit Venedig und Rom über die eventuelle Erneuerung der Heiligen Liga zu beraten. Und auch bei den Seemächten wurde angefragt, ob man sich wohl auf ihre Hilfe im Falle eines türkischen Angriffs verlassen könne.[157] Trotz dieser diplomatischen Vorsichtsmaßnahmen aber erwartete man, daß sich das drohende Gewitter im Süden nicht über Ungarn entladen würde.

Nicht so die Seemächte. Trotz der Versicherungen des eigenen Botschafters in Konstantinopel, der Sultan habe nicht die Absicht, den Kaiser anzugreifen, waren die Engländer aufs höchste beunruhigt und drängten zusammen mit den Holländern mehr denn je auf die sofortige Einigung mit den ungarischen Rebellen, damit sich nicht doch noch die Türken zum Eingreifen gezwungen sähen.[158] Josef I. aber, der die diesbezüglichen Ängste seiner Alliierten nicht teilte, war es langsam leid, daß seine Verbündeten ständig versuchten, Druck auf ihn auszuüben. Nach den Erfolgen des letzten Feldzuges hatte es der Kaiser nicht mehr nötig, Konzessionen zu machen. Denn die in Siebenbürgen freigewordenen österreichischen Truppen hatten die Region zwischen Donau und Theiß endgültig erobert. Auch Neuhäusel hatte im September kapituliert. Die Rebellen waren in einen nordöstlichen Winkel des Königreichs zurückgetrieben worden. Sie hielten nur noch Kaschau, Ungvár, Huszt und Munkács besetzt.[159] Als nun der beginnende Winter weitere Operationen unmöglich machte, konnte Josef I. mit Ruhe den nächsten Frühling abwarten, um den Rebellen den Gnadenstoß zu versetzen.[160]

Sowenig der Kaiser die Verhandlungen mit Rákóczi wieder aufnehmen wollte, sosehr war er bereit, allen verbleibenden Truppen der Rebellen Amnestie zu erteilen, sobald sie ihren Treueeid geschworen hatten, und erteilte Graf Pálffy, der den aus Gesundheitsgründen zurückgetretenen Heister ersetzt hatte, dementsprechende Vollmachten.[161] Da sowohl Rákóczi als auch Bercsényi sich immer noch in Polen aufhielten, hoffte Josef I., daß die letzten Truppen noch vor dem Frühling ihre Waffen niederlegen würden. Und zwar hoffte man das mit dem Abfall des Grafen Károlyi zu erreichen, dem Rákóczi den Oberbefehl über die Truppen der Rebellen übertragen hatte. Schon im November war ein Brief Pálffys an Károlyi abgegangen, in dem er ihn dringend bat, doch an das Schicksal seines Vaterlandes und seiner Familie zu denken und dem hoffnungslosen Kampf ein Ende zu bereiten. In seiner Antwort betonte Károlyi, er wolle zwar den Frieden, müsse aber für seine Familie fürchten, wenn seine Doppelrolle bekannt würde.[162] Daraufhin gab Josef I. Pálffy die Vollmacht, Károlyi sämtlichen Besitz und alle Titel wiederzugeben und ihm zu versichern, daß die beiden Söhne Rákóczis als Pfand für die Sicherheit seiner Familie zurückgehalten würden.[163]

Auf Grund dieser Garantien begab sich am 21. Jänner Károlyi ins Lager Pálffys, offiziell als Rákóczis Emissionär, inoffiziell zu Verhandlungen über seinen eigenen Abfall.[164] Tatsächlich gelang es ihm, auch Rákóczi zu einem Treffen mit Pálffy zu überreden. Die drei Männer trafen sich am 31. Jänner in der Nähe von Kalló und brachten Rákóczi dazu, dem Kaiser schriftlich seine Unterwerfung mitzuteilen. Als Gegenleistung bewilligte Pálffy einen dreiwöchigen Waffenstillstand, um die endgültigen Friedensvorbereitungen zu treffen. Aber selbst jetzt wollte der gestürzte Fürst nicht das demütige Gewand eines Büßers anziehen. Der Brief war eher eine Rechtfertigung als die Bitte um Verzeihung. Und obwohl er Josef I. als König von Ungarn apostrophierte, verzichtete er nicht auf seine eigenen Rechte als souveräner Herrscher und unterzeichnete den Brief mit „servitor" anstatt „subditos".[165]

In Wien wurde der Brief mit Mißbilligung aufgenommen. Nicht nur Rákóczi, auch Pálffy wurde mit herber Kritik bedacht. Wie konnte er ein so anmaßendes Schreiben überhaupt akzeptieren, wie konnte er einen Waffenstillstand gewähren, wo gar nicht bewiesen war, daß der Fürst kapitulieren wollte?[166] Der Kaiser verweigerte die Annahme und schickte den Brief seinem Oberbefehlshaber zurück.[167] Inzwischen erhielt man am Wiener Hof weitere Anzeichen, daß Rákóczi unaufrichtig und Pálffy naiv war. So schrieb der General dem Prinzen Eugen, er glaube nicht, daß Rákóczi seine restlichen Festungen und Garnisonen im Nordosten übergeben wolle,[168] und informierte zur selben Zeit den Hof, er habe der teilweisen Rückgabe der konfiszierten Güter an den aufständischen Adel zugestimmt.[169] Nun waren sich Josef I. und seine Minister schon seit längerem klar darüber geworden, daß sie wohl den größten Teil dieser Ländereien zurückgeben müßten, wenn in Ungarn wieder geordnete Verhältnisse herrschen sollten.[170] Aber jetzt erfüllte sie es doch mit Ärger, daß Pálffy Rákóczi in einem so wichtigen Punkt entgegenkam, ohne dafür irgendeinen Vorteil eingehandelt zu haben.[171] Die Konferenz am 14. Februar beschloß desungeachtet, die Gespräche fortzusetzen, schon allein, um englisch-niederländische Vorwürfe zu entkräften, einige Minister widersetzten sich der Einigung zwischen der Krone und den Rebellen, um sich selbst in den Besitz des konfiszierten Landes zu bringen.[172] Pálffy wurde wegen seiner allzu großen Nachsicht leicht getadelt, aber nicht abgesetzt.[173] Man schickte ihm zur Unterstützung das Hofkriegsratsmitglied Karl Locher von Lindenheim, der ihn von weiteren Konzessionen abhalten sollte. Außerdem wurde Pálffy von Josef I. in genauen Instruktionen daran erinnert, daß Rákóczi nicht als souveräner Herrscher und als Repräsentant der ungarischen Konföderation, sondern als demütiger Untertan um Vergebung bitten müsse. Erst nach der Übergabe aller restlichen Garnisonen dürfe dem Fürsten und seinen Gefolgsleuten die Amnestie gewährt werden. Sollte sich Rákóczi jedoch weiter obstinat verhalten, müßte man versuchen, ohne ihn zu einer Regelung zu kommen, indem man Károlyi dazu benutzte, einen Keil zwischen ihn und seine Anhänger zu treiben.[174]

Als Locher am Abend des 24. Februar in Pálffys Lager eintraf, mußte er feststellen, daß die Aussichten auf eine Spaltung zwischen den Rebellen zur Zeit besonders gut waren, da Rákóczi drei Tage vorher nach Polen abgereist war. So wurden sich jetzt Pálffy und Locher schnell einig, alles zu versuchen, um Károlyi zum Abfall zu bewegen.[175] Am 11. März traf man sich zu Verhandlungen mit dem Rebellenführer in Debreczen. Man einigte sich sehr schnell über die Umrisse einer Friedensregelung, und am 14. März legte Károlyi dem Kaiser seinen Treueeid ab. „Der koruzzische Beelzebub ist ausgetrieben und der gute Geist kommen", schrieb Locher an den Prinzen Eugen.[176] Károlyi reiste daraufhin zu Rákóczi nach Stryj in Polen, wo er zum letzten Mal versuchte, Rákóczi dazu zu bewegen, sich zu unterwerfen. Bercsényi und die anderen Rebellenführer forderten empört, daß er für seinen Verrat bestraft würde, aber Rákóczi war großzügig genug, keinen Racheakt an Károlyi zu verüben. Er lehnte jedoch ab, sich zu unterwerfen, bevor nicht die Konföderation zugestimmt habe. Um dies zu ermöglichen, schlug er eine Verlängerung des Waffenstillstandes vor, bis er einen Landtag nach Huszt einberufen hatte.[177]

Für Pálffy war dies ein klarer Vorwand, um den Friedensvertrag mit der Krone weiter hinauszuschieben. Wenn man bedachte, wie schwierig es sein würde, zu dieser Jahreszeit, während die Pest wütete und fast das ganze Land von kaiserlichen Truppen kontrolliert wurde, die Konföderierten zusammenzurufen, dann waren Pálffys Bedenken voll berechtigt. Da seine Instruktionen ihm ohnehin nicht erlaubten, mit den Konföderierten zu verhandeln, konnte er Rákóczis Vorschlag nicht beantworten und gab statt dessen Károlyi den Auftrag, den Adel der nordöstlichen Distrikte, die noch in der Hand der Rebellen waren, in die nahegelegene Stadt Szatmár zusammenzurufen. Rákóczi und seinen Anhängern stellte er ein Ultimatum bis zum 27. April. Wenn er sich bis dahin nicht der Krone ergeben hätte, würden wieder die Waffen sprechen. Damit wäre die letzte Chance einer Amnestie vorbei.[178] Obwohl die Anfang April in Szatmár versammelten Adeligen aus allen Teilen Ungarns stammten, reagierten alle einstimmig positiv auf Pálffys Angebot der vollen Amnestie für ihren Treueeid der Krone gegenüber.[179] Zwar sandten sie sofort eine Delegation nach Stryj, um Rákóczi aufzufordern, sich ebenfalls Pálffys Bedingungen zu unterwerfen, aber es war klar, daß die Rebellen auch ohne die Zustimmung ihres Führers ein Ende des Krieges herbeiführen wollten.

Als der Fürst wiederum ablehnte, sich zu ergeben, verhandelten die Rebellen tatsächlich ohne ihn mit der Krone. Am 27. April wurde von Pálffy, Locher und Károlyi der Friedensvertrag aufgesetzt. Die Krone versprach, die Verfassung des Königreiches und seine Religionsfreiheit zu respektieren. Alle von der „Commissio Neo Acquistica" konfiszierten Güter sollten ihren früheren Eigentümern zurückgegeben werden, und alle jene, die der Krone innerhalb von drei Wochen Treue schworen, sollten ihre Ländereien zurückbekommen ebenso wie alle Witwen und Waisen. Auch allen im Exil lebenden Rebellen wurde diese Frist für ihre Heimkehr und Loyalitätsbezeugung eingeräumt. Fürst Rákóczi dagegen sollte auch im Ausland im Besitz aller seiner Güter bleiben, unter der Bedingung, daß er den Treueeid schwor.[180] Am 29. April legte Károlyi den Ständen den Friedensvertrag vor, den sie feierlich ratifizierten. Am folgenden Tag stellte er 10.000 Kavalleristen auf einem Feld in der Nähe der kleinen Stadt Majtény auf. Als sich Graf Pálffy ihnen näherte, bildeten 149 fahnentragende Reiter einen Kreis um ihn, Károlyi und eine Gruppe von Kuruzzenoffizieren, und rammten ihre Fahnenstangen in die Erde. Nachdem Károlyi und die Offiziere ihren Treueeid abgelegt hatten und Pálffy ihnen geantwortet hatte, wurden die Fahnen von einer Formation österreichischer Dragoner entfernt. Nach diesem feierlichen Akt räumte die Armee der Rebellen das Feld. Der Krieg in Ungarn war zu Ende.

Nach acht Jahren unerbittlicher Kämpfe trug die Krone einen eindeutigen Sieg davon. Mit keinem Wort bezog sich das endgültige Friedensdokument auf jene Forderungen der Rebellen, die die vorausgehenden Verhandlungen hatten scheitern lassen und gegen die Josef I. sich während seiner ganzen Regierungszeit hartnäckig zur Wehr gesetzt hatte. Nur hinsichtlich der Rückgabe des von der „Commissio Neo Acquistica" konfiszierten Landes machte Josef I. eine Konzession, die über das hinausging, was er am 14. Mai 1705 versprochen hatte.

Angesichts der aussichtslosen Lage der Rebellen Anfang 1711 hätte der Kaiser wesentlich weniger großzügig sein können, ja, er hätte die Rebellen auch durch weitere Kampfhandlungen noch tiefer demütigen können. Aus den Instruktionen, die er Pálffy am 18. Februar zuschickte, geht deutlich hervor, daß er in der Tat die Absicht gehabt hat, weiterzukämpfen, wenn seine Bedingungen nicht akzeptiert worden wären.[181] So zäh er aber von Anfang an gewisse Forderungen zurückgewiesen hatte, so klar hatte er vom ersten Tag an erkannt, daß der Friedensvertrag auch für den ungarischen Adel akzeptierbar sein mußte. Daher war es ihm mit seinem Versprechen, die Verfassung des Königreiches und seine Autonomie innerhalb des habsburgischen Staatengebildes zu respektieren, durchaus ernst. Denn aus den Fehlern der leopoldinischen Regierung hatte er die Lehre gezogen, daß harte Friedensbedingungen oder von der Krone nicht eingehaltene Kompromisse von der brüchigen Loyalität der Ungarn nicht verdaut werden konnten. So war es Josef I. nicht nur um den Frieden zu tun gewesen, sondern um eine gerechte Lösung, die beiden Seiten zumutbar war.

Josefs politische Klugheit hob sich vorteilhaft von Rákóczis unrealistischen politischen Träumen ab. Im Verlauf des Krieges hatte er jedes Gefühl für die wirklichen Bedürfnisse seiner Landsleute verloren, vor allem, daß die meisten Ungarn den Sturz der Habsburger gar nicht wollten. Noch schlimmer aber war, daß er Josefs Worten keinen Glauben schenkte, aber Ludwigs XIV. blind vertraute. So ließ er es zu, daß die ungarische Revolution eine Beute der französischen Verführungskünste wurde.

Auch Josef I. war ein beträchtliches Risiko eingegangen, als er sich auf die Kämpfe in Ungarn einließ. Denn mit jedem Jahr stiegen die Chancen einer türkischen Einmischung zugunsten der Aufständischen. Erst im Dezember 1710, als das Osmanische Reich Rußland den Krieg erklärte und Wien eine Gesandtschaft mit friedlichen Absichten in Aussicht stellte, konnte der Kaiser relativ sicher sein, daß die Pforte an guten Beziehungen interessiert war.[182] Am 7. April 1711 traf tatsächlich Seifullah Aga in Wien ein, bestätigte dem Prinzen Eugen die friedlichen Absichten seines Herrn und bat um eine Verlängerung des 25jährigen Waffenstillstandes, der beim Frieden von Karlowitz vereinbart worden war.[183]

Die Grausamkeit und Zerstörungswut, mit der die ungarischen Aufständischen gegen die Zivilbevölkerung vorgegangen waren, hatte stark an die türkischen Kriege der letzten Jahrhunderte erinnert. Wie die Türken kämpften auch die Aufständischen am liebsten in lose organisierten Reitertrupps und offenbarten immer wieder ihre Schwäche auf dem Schlachtfeld. Selbst wenn sie zahlenmäßig überlegen waren, brachten sie sich selbst um den Sieg durch ihre Disziplinlosigkeit, mangelnde Ausbildung und inkompetenten Anführer.

Auch in seinen verheerenden Folgen konnte sich der Kampf der Aufständischen mit den Kriegen des letzten Jahrhunderts messen. Laut den Schätzungen des Historikers Ignácz Acsády waren 85.000 Ungarn auf dem Schlachtfeld gefallen, 410.000 an Seuchen gestorben. 1711 war die Bevölkerung auf die Hälfte der um 1500 gezählten fünf Millionen zurückgegangen.[184] Die Folgen der 1709 ausgebrochenen Pest waren so verheerend, daß Josef I. sich gezwungen sah, den Handel zwischen den Erblanden und Ungarn zu verbieten.[185]

Wie in den vergangenen Türkenkriegen mußte der Kaiser beträchtliche Truppenmengen von der Westfront gegen Frankreich abziehen. Durchschnittlich kämpften 20.000 bis 30.000 Soldaten im Königreich, Anfang 1711 mögen es sogar 52.000 gewesen sein, fast die Hälfte der gesamten österreichischen Armee.[186] Natürlich war das Heer in Ungarn weder so gut ausgerüstet noch ausgebildet wie die Armeen im Westen. Noch dazu mußte die einheimische Bevölkerung helfen, für den Unterhalt dieser Menschenmassen aufzukommen. Trotzdem bedeutete der Krieg in Ungarn eine gewaltige Belastung für die ohnehin fragilen Finanzen des habsburgischen Staates. In jedem Kriegsjahr gingen der Hofkammer ungefähr 4 Millionen Gulden Steuereinkünfte verloren. Durchschnittlich 7 Millionen Gulden mußten für den Unterhalt der Truppen in Ungarn, 4 Millionen für die Truppen in Deutschland und 10 Millionen für die in Italien aufgewendet werden.[187] Die Folgen der Raubzüge in Ungarn und in den Erbländern sind gar nicht genau zu berechnen, aber sie reichten aus, um die Forderungen der steirischen, niederösterreichischen und mährischen Stände nach Steuersenkung zu rechtfertigen.

Für die Wiederherstellung der königlichen Autorität in Ungarn aber hatte Josef I., abgesehen vom materiellen Schaden, auch einen hohen politischen Preis zu zahlen. Der Krieg in Ungarn war von Anfang dazu bestimmt, zwischen dem

Kaiser und seinen Alliierten Stoff zu dauernden Zwistigkeiten zu liefern. So sparten die Alliierten seit Ausbruch der Revolte nicht mit Ratschlägen und heftiger Kritik, was ihnen von Josefs Ministern und dem Kaiser selbst übel vermerkt wurde. Nach dem Scheitern der Tyrnauer Gespräche und dem tumultuösen Ónoder Landtag hielten sich zwar die Botschafter der Seemächte mit ihrer Kritik spürbar zurück, aber als der Krieg in sein Endstadium eintrat, begannen sie wieder auf die sofortige Einigung zu drängen. Ihre offensichtliche Sympathie für die religiösen und politischen Forderungen der Rebellen war genau dazu angetan, den Kaiser zu verärgern, umso mehr als er genau wußte, daß die Londoner Regierung niemals zu ähnlichen Konzessionen ihren irischen Untertanen gegenüber bereit gewesen wäre.[188] Am meisten aber warf Josef I. seinen Bündnispartnern vor, daß ihre dauernde Einmischung den Frieden in keiner Weise nähergebracht, sondern lediglich die Rebellen dazu ermuntert hatte, in ihren Forderungen hart zu bleiben. In einem vertraulichen Gespräch im März 1711 machte der Kaiser dem englischen Gesandten Palmes gegenüber die Bemerkung, der Friedensschluß sei durch die Einmischung der ausländischen Mächte um sechs Monate verzögert worden.[189]

Größer aber noch als die Sympathie der Seemächte für die Sache der ungarischen Protestanten, deren Bedeutung innerhalb der aufständischen Bewegung sie oft überschätzten, war ihre Entrüstung über Josefs scheinbare Mißachtung seiner Bündnispflichten. Schließlich hatten sie genügend Opfer für die habsburgischen Interessen in Deutschland und in Italien gebracht, um erwarten zu können, daß der Kaiser sich schnellstens mit den Rebellen einigte und seine ungeteilte Aufmerksamkeit wieder dem gemeinsamen Kampf gegen Ludwig XIV. zuwandte. Daß sie Rákóczis Verlangen als völlig berechtigt beurteilten, verstärkte immer mehr ihre Meinung, daß Josef verpflichtet war, einen schnellen Frieden zu schließen. Der Kaiser aber war entschlossen, seine Interessen in Ungarn wahrzunehmen, die er für existentieller hielt als die dynastischen Interessen in Spanien und in den Niederlanden. Als der Friede mit Ungarn endlich im April 1711 – ohne englische Mithilfe – unterzeichnet war, kam er den Engländern zu spät. „Ungarn war der Rachen, der alles verschlungen hat, was mit Hilfe der Königin und Hollands gewonnen werden konnte: die Einkünfte aus Bayern und Mantua, Mailand und Neapel und die Kontributionen der italienischen Fürsten",[190] äußerte der neue Staatssekretär Henry St. John voller Bitterkeit. Wie wir sehen werden, sollte er bald befriedigt feststellen können, daß alles im Leben seinen Preis hat.

VI.
DAS SPANISCHE ERBE:
Bündnispolitik

> „Ich fürchte, wenn der Krieg noch länger dauert,
> fügen uns unsere Alliierten
> mehr Schaden zu als unsere Feinde."
> *Leopold Fürst Trautson*

Zu Beginn des Jahres 1709 besaß die Monarchie im großen und ganzen wieder dieselbe geopolitische Position, die sie vor dem Tod Karls II. besessen hatte. Nach der Okkupation Sardiniens während des letzten Feldzugs war nun ganz Italien außer Sizilien und den Präsidien-Häfen Porto Ercole und Porto Longone in österreichischer Hand. Im Norden und Osten war durch Karls Einfall in Rußland und Rabutins Besetzung Siebenbürgens die Gefahr einer schwedischen und türkischen Gefahr vorläufig gebannt. Nach der Niederlage Rákóczis bei Trentschin war auch die Restauration der habsburgischen Herrschaft in Ungarn in greifbare Nähe gerückt, und im Westen waren durch die Wiedereinnahme Belgiens und durch die Besetzung Bayerns die Erblande und das Reich weitgehend vor einer französischen Invasion geschützt. Außer Sizilien, dessen Besetzung er allerdings als unentbehrlich für die Sicherheit Neapels und letztendlich der Monarchie selbst erachtete, hatte Josef I. seine vordringlichsten Ziele erreicht. Daher konnte er sich zum ersten Mal seit seiner Thronbesteigung den Luxus leisten, Spanien als dynastisches Ziel ins Auge zu fassen.

Spanien hatte bisher auf der Prioritätenliste der Wiener Regierung den letzten Platz eingenommen. Während der ersten Allianzverhandlungen im Jahr 1701 hatte Leopold I. noch nicht einmal auf der englisch-holländischen Anerkennung der habsburgischen Ansprüche auf Spanien bestanden. Es war König Peter II. von Portugal, der die Alliierten zwang, den österreichischen Erzherzog Karl anzuerkennen und auf den spanischen Thron zu setzen, indem er drohte, er würde sonst der Allianz nicht beitreten. Auch dann konnten die Engländer nur mit viel Überredungskunst Leopold I. dazu bringen, seinen jüngeren Sohn aus dem sicheren Wien in das spanische Abenteuer zu entlassen. Und sie mußten ihm versprechen, daß sie zusammen mit den Holländern die vollen Kosten des Krieges auf der Iberischen Halbinsel tragen würden. Auch Josef I. verhielt sich während der ersten zwei Jahre seiner Regierung dem Krieg in Spanien gegenüber sehr zurückhaltend, ja indifferent. Dadurch, daß er alle seine Kräfte auf Italien konzentrierte, ermöglichte er es Ludwig XIV., die Armee Philipps von Anjou rechtzeitig vor der Schlacht bei Almansa erheblich zu verstärken.

Erst nach der Besetzung Italiens fühlte sich Josef I. in der Lage, Spanien mehr

Aufmerksamkeit zuzuwenden. Im Juli 1707 entschloß er sich, Truppen nach Spanien zu schicken, was nicht hieß, daß er die Alliierten von ihrem Versprechen, die erzherzogliche Armee zu unterhalten, entbinden wollte.[1] So betonte er Ende des Jahres vor seinen Ministern, er hoffe, man könnte mit Hilfe der Alliierten jetzt zur Offensive übergehen,[2] und er zwang in dem im April 1708 zwischen Prinz Eugen und Marlborough ausgehandelten Vertrag die Alliierten nicht nur, den Transport der ersten 5000 Österreicher zu übernehmen, sondern auch für ihren Unterhalt bis zum Ende des Krieges zu sorgen und ihm 120.000 Gulden für Rekrutierungs- und Ausbildungskosten zu zahlen.[3]

Ebensowenig entgegenkommend zeigte sich Josef I. bei der Ernennung des Oberbefehlshabers der Armee des Erzherzogs. Die Engländer hatten Ende 1707 auf die Bestellung Prinz Eugens gedrängt, in der Hoffnung, daß diese starke Persönlichkeit den Kaiser dazu verleiten würde, sich mehr für seinen Bruder zu engagieren. Und tatsächlich war Josef I. geneigt, den Vorschlag zu akzeptieren und seine Absicht fallenzulassen, Eugen mit der Leitung des Feldzugs 1708 im Reich zu betrauen. Auch Fürst Salm unterstützte den englischen Vorschlag, einmal, weil er damit seinen alten Widersacher losgeworden wäre und Guido Starhemberg zu seinem Nachfolger als Präsident des Hofkriegsrates hätte vorschlagen können, zum anderen, weil er ein echtes Interesse an der Sache der Dynastie in Spanien hatte. Außer Wratislaw sprachen sich im übrigen alle Minister für die Entsendung Prinz Eugens aus.[4] Der Kaiser jedoch konnte sich am Ende doch nicht dazu entschließen, seinen besten General nach Spanien zu schicken – schließlich war die Gefahr eines osmanischen oder schwedischen Angriffes noch nicht gebannt –, und verkündete, Eugen übernähme wie geplant den Oberbefehl im Reich und Guido Starhemberg in Spanien.[5]

Die Engländer, die so viel zu Eugens Siegen in Italien beigetragen hatten, waren über Josefs Knausrigkeit mehr als verärgert. Josef I. konnte für sich geltend machen, daß ihm bis zu einem gewissen Grad tatsächlich die Hände gebunden waren. So schrieb er in einem Brief an Eugen: „Sie (die Seemächte) garwohl als ich aber noch besser bewusst wie zerstreuret meine Kriegsmacht hin- und wieder in Europa eingeteylt und gleichsamb zergliedert herumb liege; wie ich in Ungarn und Siebenbürgen stehe; wie hart mir fallen würde auf ein urplötzlich ausbrechende Gefahr, welche von Seiten Schweden noch nicht gar verschwunden eine Macht zu eigenem Schutz zusammen zu bringen; endlich, wie schwach Ich mich im Reich allwo Ich doch als das Haupt der Stärkheste sein sollte finde."[6] Josef I. hätte noch hinzufügen können, daß er über 10.000 Mann in Neapel stehen hatte, die er wegen der Gefahr eines Angriffs von Sizilien nicht abziehen konnte, und daß weitere 20.000 Mann unter Viktor Amadeus dienten, die er nicht, ohne den Vertrag von Turin zu brechen, abberufen konnte. Trotzdem waren es nicht die mangelnden Mittel, die Josef I. davon abhielten, seinem Bruder zu helfen, sondern es war die Einstellung, solange die Alliierten bereit waren zu zahlen, werde er sich nicht verausgaben. Als jedoch Josef I. im April 1708 mit der Tatsache konfrontiert wurde, daß die Engländer nicht mehr länger für die Ausgaben der erzherzoglichen Hofhaltung in Barcelona aufzukommen gedächten, griff er auf der Stelle einen vor zwei Jahren gemachten Vorschlag Salms wieder auf, dem Erzherzog jährlich 300.000 Gulden zur Deckung seiner Hofkosten und militärischen Ausgaben auszuzahlen.[7] So konnte Gundaker Starhemberg am 31. August 1708 – das heißt, kurz nach den Siegen bei Trentschin und Oudenaarde – Erzherzog Karl mitteilen, daß die Hofkammer die Summe bewilligt habe.[8] Außerdem schloß er einen zweiten Vertrag mit den Seemächten ab, in dem er sich zur Entsendung zusätzlicher 2500 Mann verpflichtete.[9] Andererseits gab es Josef I. auch nicht auf, die Engländer um ein vermehrtes Engagement auf der Halbinsel zu bitten, und schrieb in einem Brief an Königin Anne: „Spanien muß auf dem Boden Spaniens erobert werden."

Josef I. wußte natürlich, daß man Spanien auch in Frankreich erobern konnte, indem man Ludwig XIV. zwang, auf seine Ansprüche hinsichtlich der Halbinsel zu verzichten. Denn so wie früher die französischen Truppen an den Grenzen der Erblande aufmarschiert waren, so und noch drohender standen die alliierten Armeen nun an Frankreichs Grenzen. Wo aber auch immer die Schlacht um das spanische Erbe stattfinden sollte, auf den Schlachtfeldern Kastiliens oder Artois', es sprach alles dafür, daß es keine leichte Schlacht werden würde. Obwohl Ludwig XIV. von seinen deutschen und italienischen Verbündeten im Stich gelassen worden war und seine vorgeschobenen Basen im Reich hatte aufgeben müssen, befand er sich in einer ausgezeichneten Verteidigungsstellung. Daß er keine Armeen mehr jenseits des Rheins und der Alpen zu unterhalten hatte, erwies sich jetzt als Vorteil. Er konnte mit seinen Armeen innerhalb geschlossener Verteidigungslinien viel leichter manövrieren als die Alliierten. Diese Verteidigungslinien waren teils natürlich, teils von Menschenhand erbaut. Die Alpen bildeten im Süden die Grenze, im Norden waren die früheren holländischen Barrierefestungen in französischen Händen geblieben, und dahinter lag eine weitere Kette von Festungen, die Vauban in der zweiten Hälfte des letzten Jahrhunderts gebaut hatte. Von diesen Festungen waren nur Landau, Menin und Lille gefallen. Außerdem hatten die französischen Niederlagen der Jahre 1706 und 1708 zu Umbesetzungen im französischen Generalstab geführt. Villeroy, La Feuillade und Marsin waren durch fähigere und mutigere Generäle ersetzt worden. Und nicht zuletzt konnte sich der König jetzt, da der Krieg sich auf französisches Territorium zu verlagern drohte, direkt um Beistand an seine Untertanen wenden.

In Spanien selbst hatte sich das ganze Land mit Ausnahme Aragons auf die Seite Philipps von Anjou gestellt. Zwar verfügte Philipp nur über geringe spanische Streitkräfte, aber er konnte sicher sein, daß seine kastilischen Untertanen den verhaßten Katalanen, Portugiesen und ihren protestantischen

Alliierten niemals helfen würden. Dagegen konnte er jederzeit seinen Großvater um militärischen Beistand bitten. Wegen der Schwierigkeiten, welche die Verladung einer größeren Anzahl von Soldaten auf Schiffen bereitete, waren aber die Alliierten kaum in der Lage, einer plötzlichen Truppeninfiltration aus Frankreich wirksam zu begegnen. Tatsächlich waren sie sich kaum jemals über die wirkliche Stärke des Gegners im klaren. Das lag nicht nur an der Feindseligkeit der kastilischen Bevölkerung, das lag leider auch an der Unfähigkeit der alliierten Generäle, die sich untereinander heftig befehdeten und dabei auch noch glaubten, die Befehle ihrer Vorgesetzten und des jungen Erzherzogs ignorieren zu dürfen. Da war selbst für einen Guido Starhemberg wenig auszurichten.[10]

Spanien und die holländische Barriere

Aber nicht nur auf dem militärischen Sektor traten Schwierigkeiten auf, auch auf dem diplomatischen Sektor begann es zu kriseln. Die Große Allianz, die einst aus Angst vor dem Schreckgespenst einer französischen Hegemonie gebildet worden war, zeigte nun, da die Gefahr gebannt zu sein schien, erste Zerfallserscheinungen. Denn mit jedem Sieg hatte sich die Notwendigkeit, den Krieg fortzusetzen, verringert. Wenn sich Josef I. also weiter die Unterstützung seiner Alliierten für seine weitgesteckten dynastischen Ansprüche bewahren wollte, dann mußte er seinen Partnern die Überzeugung geben, daß eine Fortsetzung des Krieges auch ihren Interessen dienen würde.

Josef I. aber hatte bisher die „desiderata" seiner Verbündeten mehr als nachlässig behandelt, und die Beziehungen zu Preußen und Savoyen hatten sich dementsprechend verschlechtert. Beide Mächte gehörten mittlerweile nur noch deshalb der Allianz an, weil die englisch-holländischen Subsidien sie lockten und weil sie hofften, daß die Seemächte am Ende doch noch ihre territorialen Forderungen unterstützen würden. Aber auch die Seemächte selber übten, wie wir gesehen haben, an Josef I. herbe Kritik. Dennoch wollten sie ihr Vorhaben, das ganze spanische Erbe für Erzherzog Karl zu erobern, nicht aufgeben, aus dem einfachen Grund, weil sie hofften, die habsburgische Herrschaft in Spanisch-Amerika würde ihren kommerziellen Interessen am besten dienen. Sogar die Opposition der Tories stand geschlossen hinter dem Ruf „Kein Friede ohne Spanien", und das englische Parlament genehmigte für den Krieg in Spanien zuzeiten fast genausoviel Geld wie für die englische Armee in Belgien.[11]

Weit weniger engagiert waren dagegen die Holländer. Da sie weder so reich wie England noch so begeistert für den Krieg in Spanien waren, reduzierten sie kontinuierlich ihre Subsidien und Truppen, so daß bereits Ende 1708 das letzte holländische Truppenkontingent Katalonien verlassen hatte, während die verbleibenden Einheiten zur See unterbesetzt und schlecht ausgerüstet waren.[12]

Die Holländer hatten aber 37 Jahre fast ununterbrochen Krieg geführt und hatten, da sie längst nicht so wohlhabend wie England und Frankreich waren, wesentlich höhere wirtschaftliche Einbußen hinnehmen müssen. Eine Verlängerung des Krieges um Spanien und seine überseeischen Kolonien, deren Märkte zunehmend unter englischen Einfluß geraten waren, war nun wirklich nicht im Interesse Hollands. Nach dem Sieg bei Ramillies und der Eroberung Belgiens 1706 waren die meisten holländischen Politiker der Ansicht, daß Frankreich nun keine Gefahr mehr für das Gleichgewicht der Mächte darstelle und bereits wieder „zu dem reduziert worden war, was es eigentlich sein sollte".[13] Mit der Eroberung der spanischen Niederlande hatten ja auch die Holländer ihr eigentliches Kriegsziel erreicht: eine solide Festungsbarriere in Belgien als Schutz vor zukünftigen französischen Angriffen. Diese Barriere war ihnen in dem Allianzvertrag versprochen worden. Zwar war nicht genau ausgeführt worden, wie stark das neue System zu sein hatte, aber jedenfalls war den Holländern die Verwaltung über das eroberte belgische Territorium anvertraut worden, bis zu dem Zeitpunkt, da man mit Erzherzog Karl eine formelle Vereinbarung getroffen hatte. Tatsächlich kontrollierten die Holländer seither die gesamte zivile und militärische Verwaltung im Namen Karls III. und in der Form eines englisch-holländischen Kondominiums.

Unter solchen Umständen hatte Josef I. wenig Druckmittel zur Hand, um Holland zu zwingen, weiter mitzumachen. Ja, durch seine Versuche, ihren Ehrgeiz in Belgien, der sich auch auf die benachbarten Fürstentümer im Reich erstreckte, etwas zu dämpfen, verleitete er die Holländer nur noch mehr dazu, ihre vertraglich festgelegten Pflichten der Dynastie gegenüber nicht mehr ernstzunehmen. Im Prinzip billigte Josef I. durchaus das Recht seines Verbündeten, an der belgisch-französischen Grenze eine adäquate Festungsbarriere zu errichten. Die holländische Auffassung über eine adäquate Barriere ging aber weit über seine eigene Interpretation des Vertragsartikels hinaus. In den Monaten nach Ramillies hatten die Holländer nicht nur die spanischen Niederlande, sondern auch das benachbarte Bistum Lüttich besetzt, das der unglückselige Kurfürst Josef Clemens regierte. Die Beispiele Köln und Hildesheim vor Augen, übernahmen die Holländer nun auch die Verwaltung von Lüttich und erlaubten dem Domkapitel noch nicht einmal, seine Repräsentanten in den westfälischen Kreis oder zu den Reichstagen zu entsenden.[14] Inzwischen hatten die Holländer auch einen starken Verteidigungskordon an ihrer Ostgrenze angelegt. Hier hatte es immer gewisse politische Querverbindungen zu den calvinistischen Fürsten Nordwestdeutschlands und zu den Fürstenhäusern gegeben, die über enge Beziehungen mit dem Haus Oranien verfügten. Mehrere dieser Staaten unterhielten mit Holland auch Truppensubsidien-Verträge. Die Holländer aber strebten nun danach, sich in dieser nordwestlichen Ecke des Reiches fester zu etablieren, und hatten in den ersten Monaten nach dem Krieg eine Reihe von strategisch wichtigen Punkten entlang der Ems, der Mosel und am Niederrhein besetzt. Unmittelbar nach dem Tod Wilhelms III. hatten sie im März 1702 die oranischen Grafschaften Moers und Lingen besetzt, nach außen für den Fürsten von Nassau-Dietz, aber eigentlich, um Preußen davon abzuhalten, seine Stützpunkte am Niederrhein noch zu vermehren. Friedrich I. und der westfälische Kreis hatten heftig protestiert, und auch das Reichskammergericht hatte gegen die Ansprüche von Nassau-Dietz entschieden.[15] Trotzdem weigerten sich die Holländer abzuziehen und schlossen zur gleichen Zeit einen Beistandsvertrag mit Kurfürst Johann Hugo von Orsbeck von Trier, in dem sie das Recht erhielten, die strategisch wichtigen Festungen Ehrenbreitstein, Koblenz und Trier zu besetzen. In einem späteren Vertrag sicherte Orsbeck ihnen auch die Kontrolle über Koblenz und Ehrenbreitstein in einem zukünftigen Krieg zu.[16] Ihre östliche Festungsbarriere komplettierten die Holländer im Mai 1703 mit der Besetzung Bonns im Kurfürstentum Köln.

Sosehr der Kaiser bereit war, den Holländern das Recht zuzugestehen, sich gegen einen französischen Angriff zu schützen, sosehr hatten seine Minister und er den Eindruck, daß die Holländer die geplante Barriere für mehr als nur defensive Zwecke zu benutzen gedachten. Am meisten fürchteten sie den Einfluß, den die Holländer in der nordwestlichen Ecke des Reiches anstrebten, nicht nur bei den protestantischen Fürsten und calvinistischen Minderheiten, sondern auch bei den bisher als kaisertreu geltenden geistlichen Fürsten. Überdies war bekanntgeworden, daß die Holländer diese Gebiete auf steuerlicher und kommerzieller Basis ausbeuten wollten. Der westfälische Kreis hatte sie bereits der rücksichtslosen Steuerpolitik in Lüttich beschuldigt, während das Kölner Domkapitel Klage erhoben hatte, daß die Holländer ihre Garnison in Bonn dazu benutzten, um das Kurfürstentum kommerziell auszubeuten.[17] Schließlich hatten sie auch noch die Preußen erbittert, weil die gesamten Steuereinnahmen von Moers und Lingen in die holländischen Geldsäcke geflossen waren und sie Friedrich I. das Recht verweigerten, Geldern zu verwalten, wie es ihm Kaiser Leopold I. 1702 versprochen hatte.[18] Am krassesten aber offenbarte sich der holländische Imperialismus in Belgien, das die Holländer nicht nur steuerlich ausbeuteten, sondern auch als Exportmarkt für ihre Waren benutzten.

Zwei Versuche des Kaisers, den holländischen Expansionsdrang in der zweiten Hälfte des Jahres 1706 einzudämmen, hatten bereits zu Spannungen zwischen den beiden Alliierten geführt. Beim ersten Mal ging es um die Nachfolge in dem bedeutenden Bistum Münster, nachdem der hollandfreundliche Fürst, Friedrich Christian von Plettenberg, gestorben war. Gegen die Zahlung von 250.000 Gulden brachten die Holländer heimlich den Paderborner Bischof dazu, sich gegen Josefs Kandidaten, Karl von Lothringen, aufstellen zu lassen. Obwohl Josef I. drohte, kraft seiner Befugnisse Paderborn zu disqualifizieren, brachten die Holländer am Ende doch genügend Stimmen für ihren Kandidaten zusammen. Aber der Kaiser weigerte sich hartnäckig, den Paderborner Bischof in sein Amt in Münster einzusetzen, und überredete den Papst, auch die geistliche Investitur zu verweigern. Dennoch gaben schließlich im März des nächsten Jahres sowohl der Kaiser als auch der Papst nach, nachdem die Beziehungen zwischen Wien und Den Haag schon zum Zerreißen gespannt waren.[19] Der als Sieger hervorgegangene neue Bischof sollte während der nächsten vier Jahre alle Befürchtungen des Kaisers wahrmachen, indem er ein enges Verteidigungsbündnis mit den Holländern abschloß.[20]

Zur zweiten Konfrontation kam es anläßlich des ungeklärten Status der spanischen Niederlande. Josef I. erwartete, daß seinem Bruder die Verwaltung übertragen werden würde, wie es nach der Besetzung Limburgs 1703 gewesen war.[21] Statt dessen gaben die Holländer ihm noch nicht einmal eine Stimme in der Regierung und versprachen lediglich, in seinem Namen zu regieren und alle Steuern in den gemeinsamen Krieg zu stecken.[22] Dem Kaiser und seinen Ministern wurde klar, daß sie die Holländer nur mit der Unterstützung Englands kleinkriegen konnten. Daher ernannte Josef I. auf Rat Wratislaws den Herzog von Marlborough zum provisorischen Gouverneur von Belgien.[23] Das Prestige des Herzogs, so hoffte man in Wien, würde ihn befähigen, sich einen größeren Anteil an der Regierung zu sichern, als es jedem anderen gelungen wäre. Da der Erzherzog seinem Bruder alle Vollmachten für die Regierungsbildung in Belgien ausgestellt hatte, war von Barcelona kein Widerstand zu erwarten. Er kam aber von Den Haag. Die holländische Regierung verlangte, daß Marlborough auf der Stelle seine Nomination ablehne, die starken Anstoß in der Allianz erregt habe.[24] Zögernd gab der Herzog nach. Zwar wurde er bald darauf bestimmt, seine Regierung in dem englisch-holländischen Kondominium zu repräsentieren, aber dadurch, daß er ständig an der Front war und die Holländer innerhalb der Verwaltung bereits feste Positionen besetzt hielten, ging sein Einfluß bald stark zurück.

Die Entschiedenheit, mit der die Holländer Josefs diplomatischen Bemühungen in Münster und Belgien entgegengetreten waren, zeigt, wie wichtig ihnen ihre Barriere war und wie groß die Gefahr war, daß sie, wenn Josef I. und Karl ihnen nicht mehr entgegenkamen, sich womöglich mit Frankreich einigen könnten. Sowohl London als auch Wien waren sich dieser Gefahr bewußt. Für einen Augenblick prophezeite der Herzog von Marlborough, daß die Holländer nur mehr ein Jahr kämpfen würden und dann einen Separatfrieden schließen würden.[25]

Auch Ludwig XIV. erkannte die Möglichkeit, die Große Allianz zu spalten. Er hatte schon öfters europäische Koalitionen auseinandergebracht, indem er einem oder zwei seiner Feinde günstige Friedensbedingungen angeboten hatte. Auch 1705 hatte er zuerst den Seemächten günstige Bedingungen angeboten und später Josef I. ganz Italien für seinen Ausstieg aus der Allianz. In beiden Fällen war er aber abgeblitzt.[26] Einige Wochen nach der Niederlage bei Ramillies versuchte Ludwig XIV. es dennoch zum dritten Mal, jetzt bei den Holländern. Durch seinen Agenten in Rotterdam, den Holländer Hennequin, nahm Ludwig XIV. Ende Juli heimlich Beziehungen zu der holländischen Regierung auf und bot ihr einen günstigen Handelsvertrag und freie Hand in Belgien an. Zugleich erklärte er seine Bereitschaft zur Teilung des spanischen Erbes; Karl sollte Kastilien, die Kolonien, Neapel und Sizilien, Philipp aber Mailand, die aragonesischen Kronländer, Navarra und Guipúzcoa erhalten. Schließlich ging er so weit, Königin Anne als Königin von England und Schottland anerkennen zu wollen.[27] Natürlich wußte Ludwig XIV. ganz genau, daß diese Bedingungen für den Kaiser völlig unakzeptabel waren, da er Ansprüche auf ganz Italien und möglicherweise Spanien stellte, ebenso wie für die Engländer, die das französische Handelsmonopol in Spanisch-Amerika brechen wollten! Aber indem er die Holländer voll befriedigte, hoffte er, sie aus der Allianz herauszulocken oder sie zumindest dazu zu bringen, Druck auf England und den Kaiser auszuüben.

Die Holländer wären tatsächlich gern auf Ludwigs XIV. Angebot eingegangen. Da sie aber keinen Separatfrieden mit den Franzosen schließen wollten, bat ihr Ratspensionär Heinsius die Franzosen, günstigere Bedingungen für die Alliierten auszuarbeiten, zum Beispiel Mailand gegen Neapel und Sizilien zu tauschen, in der Hoffnung, daß durch ein gewisses Entgegenkommen die Engländer bewogen werden könnten, nicht mehr auf der Unteilbarkeit des spanischen Erbes zu bestehen. Heinsius versäumte auch nicht, Marlborough über die Vorschläge Ludwigs XIV. in Kenntnis zu setzen.[28] Aber die Regierung Godolphin ließ sich nicht beirren, und als die Nachricht über Eugens Triumph in Italien eintraf, wurden die Gespräche abgebrochen.[29] Ludwig XIV. versuchte nach einigen Wochen, die Gespräche durch den Mittelsmann Max Emanuel wieder aufzunehmen, aber die Engländer lehnten von neuem ab, sich in Verhandlungen ziehen zu lassen, welche die Spannungen zwischen ihren habsburgischen und holländischen Alliierten nur noch vergrößern würden. Um dem zuvorzukommen, schlug Godolphin ein Treffen der Repräsentanten der drei alliierten Mächte vor, bei dem eine Liste der alliierten Friedensbedingungen ausgearbeitet werden sollte, die dann den Franzosen vorgelegt werden könnte. Auf diese Weise könnte man alle Meinungsverschiedenheiten untereinander klären und dem Feind eine geschlossene Front präsentieren. Die Holländer, die ihren Sonderstatus sehr genossen hatten, beugten sich, wenn auch widerstrebend, den Wünschen Godolphins.[30]

In Wien dagegen wurde der Vorschlag Godolphins begeistert aufgenommen. Auf der Stelle wurde Graf Sinzendorf nach Den Haag geschickt, mit der Instruktion, die habsburgischen „desiderata" und die anschließenden Verhandlungen dem Herzog von Marlborough anzuvertrauen.[31] Das Vertrauen des

Kaisers sollte sich bezahlt machen. Die wichtigsten Punkte der kaiserlichen Liste kamen in den Gesprächen zwischen Marlborough, Heinsius und dem Amsterdamer Ratspensionär Wilhelm Buys voll zur Geltung! Unter diesen Punkten war nicht nur der Anspruch auf das gesamte spanische Erbe, sondern auch die Wiederherstellung des im Westfälischen Frieden definierten Zustandes der Reichsgrenzen. Auch Josefs Pläne für das Herzogtum Lothringen, welches zu Beginn des Krieges von den Franzosen überrollt worden war und sich daraufhin neutral erklären mußte, wurden von den Alliierten teilweise akzeptiert. Zwar lehnten sie ab, daß der Herzog von Lothringen für Savoyens bevorstehende Erwerbung Montferrats mit den drei benachbarten Festungen Metz, Toul und Verdun entschädigt werden sollte, aber man war sich einig, Max Emanuel und Josef Clemens in den Präliminarien nicht zu erwähnen, um ihre spätere Rehabilitierung an die Restaurierung Lothringens zu binden. In einem Punkt erlitt die Monarchie freilich einen empfindlichen Rückschlag. Heinsius und Buys nahmen in die Präliminarien einen Artikel auf, der ausdrücklich verbot, daß die Besitzungen der spanischen und österreichischen Habsburger jemals unter einem Herrscher vereint werden durften.[32]

Indem die Holländer ihre Geheimverhandlungen mit Hennequin beendet und den Präliminarien zugestimmt hatten, hatten sie vorläufig auf die Chance verzichtet, einen allgemeinen Frieden auf der Basis der Teilung des spanischen Erbes herbeizuführen. Zur Durchsetzung ihrer Barriereforderungen, so hofften sie, würde es genügen, mit ihrem Austritt aus der Allianz zu drohen. Aber auch hier ging ihre Rechnung nicht auf, besonders nicht bei den Engländern. Denn nicht nur der Kaiser war entschlossen, den holländischen Ehrgeiz in den Niederlanden zu beschneiden, auch die Engländer betrachteten die holländischen Forderungen mit Skepsis, unter anderem, weil sie fürchteten, daß eine so stark ausgebaute Barriere die belgischen Untertanen Erzherzog Karls befremden würde. Außerdem setzte sich Marlborough nicht zuletzt deshalb für die habsburgischen Interessen ein, weil er hoffte, den belgischen Statthalterposten für sich selbst reservieren zu können.[33] Die Holländer hatten schon Anfang Oktober gespürt, woher der Wind blies, als das Londoner Ministerium ihre Bitte ablehnte, im vorhinein die holländischen Barrierepläne zu genehmigen, die dem Erzherzog vorgelegt wurden.[34] Als sie sich daraufhin auch mit Sinzendorf nicht einigen konnten, machten die Holländer einen Rückzieher und schickten den Engländern eine Liste mit acht belgischen und acht französischen Städten. Zu ihrem großen Mißvergnügen lehnte Godolphin drei der belgischen Städte mit der Begründung ab, sie seien für die Barriere nicht notwendig.[35] Ohne englische Unterstützung aber war es für die Holländer aussichtslos, sich gegenüber dem Erzherzog und dem Kaiser durchzusetzen. Daher verschoben sie die Verhandlungen über einen Barrierevertrag auf später.

Indem sie Holland dazu gebracht hatte, den Präliminarien zuzustimmen, und indem sie ihre extravaganten Barriereforderungen abgelehnt hatte, hatte die englische Regierung den habsburgischen Interessen einen großen Dienst erwiesen. Die Holländer kämpften weiter in einem Krieg, der hauptsächlich für den Erzherzog und das sich ausdehnende englische Handelsimperium geführt wurde, ohne daß sie irgendeine Garantie besaßen, daß ihre eigenen Interessen in Belgien gefördert würden. Aber aus den Berichten des Herzogs von Marlborough geht hervor, daß die Holländer nicht untätig blieben und ihre Vorteile nützten, wo sie nur konnten.[36] Als Marlborough Anfang August 1706 seine Position in dem englisch-holländischen Kondominium zurücklegte, mit der Erklärung, er müsse sich ja schämen, in einer Regierung tätig zu sein, die letztendlich ins Verderben stürzen würde,[37] versuchte der Erzherzog die Situation zu retten, indem er Marlborough mit einem zweiten Patent die Regierung der Niederlande übertrug. Und wieder mußte Marlborough unter dem Hagel holländischer Proteste und „indezenter Beschimpfungen des Kaiserhofes und des Königs von Spanien"[38] die ehrenvolle und lukrative Berufung ausschlagen. Zwei Jahre genügten, daß die Bevölkerung aus Unmut über die holländische Mißwirtschaft den Franzosen die Tore von Gent und Brügge öffnete. Nach Oudenaarde mußte freilich die vorläufige Abtretung Belgiens an Holland als ein verhältnismäßig kleiner Preis für die weitere Beteiligung der Holländer am Krieg erscheinen. „Ist doch bey diesen bedürfftigen coniuncturen nichts anderes zu thuen als dass manco malo zu erwehlen, undt sich mit diesen zu vergnügen, dass sie ihren versprechen nach diese einkünfften zu aufrichtung einiger trupen, und vorthsetzung dess Kriegs zu verwenden versichern", schrieb Wratislaw in einem Brief an den Erzherzog.[39]

Tatsächlich stellte sich die politische Lage im achten Kriegsjahr äußerst günstig für das Haus Habsburg dar. Holland war immer noch als treuer, wenn auch schwieriger Bündnispartner anzusehen. Sowie in der Barrierefrage als auch beim endgültigen Friedensvertrag konnte Josef I. es sich leisten, geduldig und in gewissem Sinn unnachgiebig zu bleiben und sich bei allen schwierigen Verhandlungen auf England zu verlassen.[40]

Die Den Haager Gespräche

In den zwei Jahren, die auf die Abfassung der Friedenspräliminarien folgten, schrumpfte der Kontakt zwischen Frankreich und seinen Feinden auf ein Minimum. Zwar trafen sich die Holländer immer noch heimlich mit Ludwigs Agenten, aber die holländischen Minister benahmen sich wie ein launisches junges Mädchen, das einerseits mit seinem Verliebten durchgehen, andererseits nicht den Zorn der Familie auf sich ziehen will. Auch waren die Angebote der Franzosen ganz dazu angetan, den Wankelmut der Holländer zu erhöhen. Denn nachdem der französische König nach seinen Siegen 1707 und Anfang 1708 die

Holländer mit so geringen Zugeständnissen abspeisen wollte, daß sie ablehnen mußten, bot er ihnen umso mehr nach der Niederlage bei Oudenaarde und nach dem Fall von Lille.

Mitte Dezember wurden die Geheimverhandlungen durch den Vertreter Holstein-Gottorps in Den Haag, Hermann Petkum, wieder aufgenommen. Einige Wochen später schickte Philipp V. den belgischen Grafen Bergeyck nach Holland. Beide Versuche scheiterten, aber sie zeigten, daß Holland immer noch bereit war, zu einer Einigung auf der Basis der Teilung des spanischen Erbes zu kommen. Bei seinem letzten Gespräch mit Bergeyck am 15. Jänner 1709 präzisierte der Ratspensionär von Gouda, Bruno Vanderdussen, zu welchen Kompromissen sich seine Regierung bereiterklären würde, wenn es ihm nicht gelänge, daß Neapel und Sizilien dem Erzherzog zugesprochen würden.[41] Ludwig XIV. nahm Vanderdussens Wink zur Kenntnis.

Auch jetzt informierte Heinsius Marlborough über die Geheimverhandlungen in der Hoffnung, die Engländer für einen Kompromißfrieden gewinnen zu können. Bei dieser Gelegenheit aber erfuhr auch Josefs Botschafter in Den Haag, Baron Heems, von den Gesprächen und informierte auf der Stelle Wien.[42] Nun gab es für Josef I. wirklich kein Mittel, die Holländer von Separatverhandlungen fernzuhalten, im Gegenteil, eine scharfe Warnung nach Den Haag würde vielleicht nur den Effekt haben, die Holländer endgültig in die Arme Frankreichs zu treiben. Der Kaiser setzte also weiter seine Hoffnungen in die Geschicklichkeit der Engländer, mit der es ihnen auch bisher gelungen war, die Holländer bei der Stange zu halten. Zugleich aber bekam Prinz Eugen die Vollmacht, neue Präliminarien mit den Alliierten auszuhandeln.[43]

Zwischen dem 27. Februar und 20. März 1709 wurden in der neuen Geheimen Konferenz die Instruktionen für die Verhandlungen ausgearbeitet.[44] Regelmäßig nahmen an den Sitzungen nur Trautson, Prinz Eugen und die drei Kanzler teil, während Josef I. sich darauf beschränkte, ihre Vorschläge gutzuheißen oder abzulehnen. Fürst Salm war im Februar krank geworden und nahm daher nur an der letzten Sitzung teil. Graf Schönborn war von allen Sitzungen ausgeschlossen wie schon von den kritischen Dezember- und Jännersitzungen, als es um den Frieden mit dem Papst ging.

Schon in der ersten Sitzung, die von Prinz Eugen geleitet wurde, betonte die Konferenz, daß von einer Teilung des spanischen Erbes zwischen dem Erzherzog und Philipp von Anjou keine Rede sein könne. Auch eine Entschädigung Philipps in Italien war aus mehreren Gründen nicht ratsam. Erstens wurde mit einiger Berechtigung darauf hingewiesen, daß Sizilien und Neapel in bourbonischer Hand die adriatische Küste gefährlich exponieren würden und daß dies außerdem Gelegenheit zu unerwünschter Kooperation zwischen Franzosen und Türken bieten würde. Mehr Gewicht hatte zweifellos das Argument, daß Italien das unerläßliche geographische Bindemittel zwischen den beiden Zweigen der

Dynastie darstelle. Taktvoll ging man darüber hinweg, warum die Kommunikation zwischen Madrid und Wien so notwendig war. Offensichtlich war es jedem der Anwesenden klar. Nach zehnjähriger Ehe war Josef und Amalie immer noch kein männlicher Erbe geboren worden, und mit jedem Monat wurden die Aussichten geringer. Wieweit Josefs Minister über Amalies Geschlechtskrankheit informiert waren, ist nicht mit Sicherheit zu sagen. Feststeht, daß die, die Josef am nächsten standen, sich sehr pessimistisch äußerten. So hatte schon 1706 Graf Wratislaw nach Barcelona berichtet: „Man hat hier kein Hoffnung von einer succession." Und Anfang 1708 machte Trautson voller Sorge Moles darauf aufmerksam, daß der Erzherzog einen Erben für den österreichischen Zweig der Dynastie liefern müsse.[45] Angesichts dieser Gefahr hatte der Hof bereits eine Frau für Karl ausgesucht, nämlich Amalies Cousine Elisabeth Christine von Braunschweig. So wie die Dinge standen, würde aber Erzherzog Karl vor Josefs Tod zwei männliche Erben hervorbringen müssen. Würde einer der beiden Brüder sterben, bevor Elisabeth ein Kind geboren hätte, würde der überlebende Bruder in Madrid und in Wien regieren müssen. Für Josef würde es schwer werden, seine Ansprüche in einem Land geltend zu machen, das sich so für Philipp von Anjou eingesetzt hatte. Und andererseits würden die deutschen Fürsten, wie Graf Schönborn seine Kollegen in Wien belehrte, niemals gestatten, daß Karl seinem Bruder als Heiliger Römischer Kaiser nachfolge, solange er noch König von Spanien war.[46] Angesichts dieser komplizierten Verhältnisse war es freilich eine Existenzfrage, daß man die Bourbonen davon abhielt, in Italien Fuß zu fassen. Denn dann hätten sie es leicht, die Versuche eines Habsburgers, sich auf zwei Thronen zu halten, zu vereiteln. „Bey welchen Umständen", schrieb Wratislaw im Jänner 1706, „wan man ja ein partage eingehen solle, dir theil von Italien absolute zu preferiren."[47] Trotz seiner zunehmenden Bindung an Spanien stimmte sogar der Erzherzog zu, daß der Besitz Italiens Vorrang haben mußte.[48]

Da die Seemächte ganz und gar nichts davon hielten, die Monarchie Karls V. wiederaufleben zu lassen, hielt es der Wiener Hof für weiser, sie über das wahre Motiv der ablehnenden Haltung der Wiener Regierung, wenn es um die Kompensation für Philipp in Italien ging, im unklaren zu lassen. Man beschränkte sich statt dessen auf den Hinweis, die bourbonische Herrschaft in Neapel und Sizilien bedeute eine Gefahr für die lukrative Handelsstraße in die Levante. Im übrigen vertraute man darauf, daß die Engländer ihrem Standpunkt, das gesamte spanische Erbe gehöre in die Hände Erzherzog Karls, weiter treubleiben würden.[49] Sollten nun die Holländer auf einer Teilung bestehen, dann sollte Eugen vorschlagen, Belgien Philipp zu überlassen. Damit hoffte man die Holländer derartig zu erschrecken, daß sie die Teilung fallen ließen. Um ferner sicherzugehen, daß die Bourbonen nach dem Erlöschen der Linie Karls oder Josefs sich nicht etwa der spanischen Krone bemächtigten, sollte Eugen beantragen, daß jener Artikel der Friedenspräliminarien von 1706 außer Kraft gesetzt würde, der die zukünftige Zusammenlegung der spanischen und österreichischen Besitzungen der Habsburger verbot. Sollten sich die Alliierten weigern, diesen Artikel zu streichen, dann sollte Eugen eine Klausel vorschlagen, welche eine vorübergehende Union erlaubte, bis sich wieder zwei legitime habsburgische Erben die Kronen teilen könnten. Sollte auch dieser Vorschlag nicht akzeptiert werden, dann müßte Eugen auf einem Artikel bestehen, in dem Ludwig XIV. für alle Zeiten auf die Rechte seiner Dynastie hinsichtlich Spaniens verzichtete.

In der Konferenz vom 27. Februar wurden außerdem die Friedensbedingungen der Alliierten und des Reiches erörtert. Ein Entschluß in dieser Frage wurde allerdings erst im März gefaßt. Einige englische Forderungen stießen deshalb auf Widerstand, weil man der Meinung war, daß sie niemals von Frankreich akzeptiert werden würden. Am 20. März setzte sich Josef I. über die Mehrheit hinweg und bestimmte, daß man die umstrittenen englischen Forderungen – Anerkennung Königin Annes durch Ludwig XIV. und Schleifung der Dünkirchener Schanzen – voll unterstützen würde. Angesichts der Bereitwilligkeit, mit der London die habsburgischen Forderungen unterstützte, wäre eine Ablehnung höchst ungeschickt gewesen. Wesentlich leichter tat sich die Konferenz mit den holländischen Forderungen an Frankreich. So unterstützte sie großzügig den holländischen Antrag auf zusätzliche Barrierestädte im französischen Teil von Flandern in der Hoffnung, daß die Holländer dann keine weiteren Festungen in den spanischen Niederlanden beanspruchen würden. Auch für den Abschluß vorteilhafter Handelsverträge zwischen England, Holland und Frankreich setzte sich die Konferenz ein, gab aber zugleich Eugen zu verstehen, er solle versuchen, den wirtschaftlichen Würgegriff der Holländer in Belgien zu lockern. Die Konferenz warnte zudem davor, den endgültigen Barrierevertrag schon bei der Friedenskonferenz zu verhandeln. Denn es bestünde Gefahr, daß sich Frankreich und Holland gegen die Alliierten in dieser Frage zusammentun könnten. Ratsamer sei, diese Sache separat von Repräsentanten des Erzherzogs und der holländischen Regierung später zu erörtern.

Hinsichtlich des Reiches empfahl die Konferenz in ihrer ersten Sitzung, daß hier die Rückgabe aller von Frankreich besetzten Gebiete seit der Thronbesteigung Karls V. zu fordern sei. Natürlich nahm keiner der Minister diese Forderung wirklich ernst, sie war lediglich als Ausgangsposition für die Verhandlungen gemeint. Man einigte sich, eine Regelung auf der Basis des Westfälischen Friedens anzustreben. Das hieß: Abtretung gewisser lothringischer Gebiete und des ganzen Elsaß, einschließlich Straßburgs und jener zehn Reichsstädte, die beim Westfälischen Frieden unter französischen Schutz gestellt worden waren, aber formell weiter zum Reich gehörten. Frankreich sollte nur die früheren habsburgischen Besitzungen im Elsaß und die drei

Bistümer Metz, Toul und Verdun behalten, weil es diese Gebiete 1648 zugesprochen erhalten hatte.[50]

In der Hoffnung auf weitere Erwerbungen für das Reich empfahl die Konferenz, der Strategie von 1706 treu zu bleiben und keine Erwähnung der beiden unter Reichsacht stehenden Kurfürsten Max Emanuel und Josef Clemens zu machen, solange sich aus ihrer Rehabilitierung nicht irgendwelche Vorteile schlagen ließen. Auf gar keinen Fall sollte Max Emanuel wieder in den Besitz der Oberpfalz oder gewisser anderer Gebiete gebracht werden, die bereits anderen zugesprochen worden waren. Aus der Konferenz vom 12. März geht klar hervor, daß Josef I. noch immer die Absicht hatte, die Rehabilitierung der beiden Wittelsbacher an die Stärkung der Grenze Lothringens mit Frankreich zu knüpfen. Um eine weitere Stärkung des westlichen Verteidigungssystems des Reiches zu erreichen, wollte man auf die Abtretung jener Festungen drängen, die 1648 vom Reich aufgegeben worden waren. Wenn sich aber die Seemächte nicht für die Stärkung der „Reichsbarriere" gegen Frankreich einsetzen wollten, ja möglicherweise nicht einmal für die Wiederherstellung der Grenze von 1648, dann müßte man eben die Forderungen modifizieren.

Diese im Februar und März ausgearbeitete Verhandlungsstrategie entsprach im Grunde genau der seit Josefs Regierungsantritt betriebenen militärischen Strategie. Bei minimaler Konformität mit den Friedensbedingungen der Alliierten, besonders wenn sie die eigenen Ziele zu gefährden schienen, standen die Interessen der Monarchie in Italien und die dynastischen Ansprüche in Spanien weit vor der Sorge für das Reich. Das heißt nicht, daß sich Wien nicht bemühte, die Verluste des Reiches während der letzten 50 Jahre wieder wettzumachen. Nicht nur der Kaiser selbst setzte sich energisch für die Unabhängigkeit Lothringens und seiner kleineren Nachbarstaaten und für eine Stärkung der Westgrenze ein, auch andere Minister, unter ihnen die beiden österreichischen Kanzler und der zukünftige Oberhofmeister Trautson, machten, auch in der Abwesenheit Schönborns und Salms, aus ihrer Überzeugung keinen Hehl, daß man sich für befriedigende Bedingungen für das Reich engagieren müsse. Wenn man bedachte, daß der Reichsarmee nur Landau als Kriegsbeute zugefallen war und daß Trier, Breisach und Kehl, ein großer Teil Südbelgiens und ganz Lothringen noch immer in französischen Händen waren, dann war eine Regelung auf der Basis des Westfälischen Friedens eine sehr günstige Regelung für Deutschland. Überdies muß man Wien zugestehen, daß es Frankreich selbstloserweise nur jene elsässischen Gebiete abverlangen wollte, die 1648 formell zum Reichsgebiet erklärt worden waren, und nicht die zahlreichen habsburgischen Enklaven, die im selben Jahr verlorengegangen waren. Dennoch ist bezeichnend, daß die Konferenz ihren Besitzanspruch auf das ungeteilte spanische Erbe als „conditio sine qua non" betrachtete, in ihren Forderungen hinsichtlich des Reiches aber zu allen möglichen Konzessionen bereit war.

Ursprünglich hatte Ludwig XIV. geplant, den Feldzug 1709 mit der Wiedereroberung Lilles zu beginnen. Zu diesem Zweck hatten seine Generäle während des Winters eine Armee von 150.000 Mann unter Vendômes Nachfolger Marschall Villars aufgestellt. Ende Februar aber hatte der König nur noch einen Wunsch: so bald wie möglich Frieden zu schließen; denn in ganz Europa herrschte seit Anfang Dezember ein extrem harter Winter. Die Kanäle in Venedig wurden Anfang Jänner durch eine Eisschicht begehbar, in Spanien fror die breite Mündung des Tajo zu, und selbst die schnellfließende Rhône war fast zur Gänze mit Eis bedeckt. Tatsächlich war die Kälte nirgendwo so grimmig wie in Frankreich, wo die Weinstöcke erfroren und das Vieh reihenweise umfiel. Anfang Februar wußte man bereits, daß die Wintersaat in der Erde erfroren war, und die Chancen, Korn aus Afrika und der Levante zu importieren, waren durch die Blockade der britischen Flotte von ihrer neuen Winterbasis Port Mahón aus stark verringert.[51] Angesichts der drohenden Gefahr einer verheerenden Hungersnot entschied sich der König zu sofortigen Friedensverhandlungen. Und da er sich an die Indiskretion Vanderdussens erinnerte, schickte er Anfang März den Präsidenten des Pariser Parlaments, Pierre Rouillé de Marbeuf, nach Holland. Getreu seinen Instruktionen machte Rouillé aus seiner Identität und dem Zweck seiner Reise kein Geheimnis. In ganz Holland verbreiteten französische Agenten die Nachricht, daß die Franzosen Frieden schließen wollten.[52] Unter dem Druck der Bevölkerung, aber auch auf eigenen Wunsch trafen sich Buys und Vanderdussen mit Rouillé in Moerdijk.

Als Prinz Eugen in Den Haag eintraf, waren diese Gespräche bereits seit drei Wochen im Gange. Obwohl die vollständigen Instruktionen von Wien noch immer ausstanden, machte er sich sofort daran, die habsburgischen Interessen zu verteidigen. Am 7. April stattete er Heinsius einen offiziellen Besuch ab und informierte ihn über den Willen des Kaisers, die gesamte spanische Monarchie einschließlich Neapels und Siziliens für sein Haus zu beanspruchen.[53] Da er nicht die Absicht hatte, die Allianz zu verlassen, stand nun Heinsius wieder vor derselben Entscheidung, mit der er schon im Herbst 1706 konfrontiert gewesen war: entweder die Engländer für die Teilung umzustimmen oder sich den Alliierten anzuschließen und die neuesten französischen Ouvertüren abzulehnen. England war einmal wieder das Zünglein an der Waage. Eine Woche früher war Eugen von dem englischen General Cadogan die Versicherung ausgesprochen worden, daß die Königin weiter an der Unteilbarkeit des spanischen Erbes festhielte.[54] Trotzdem war Eugen unter den ersten, die Marlborough am Abend des 9. April begrüßten, als sein Schiff von London kommend an der holländischen Küste anlegte.

Zum Glück für die Monarchie hatte das Ministerium Godolphin sehr verärgert auf den letzten holländischen Schwächeanfall reagiert und stand nach wie vor fest zu den einmal gefaßten Entschlüssen. So konnte Marlborough seinem alten Kampfgefährten Eugen mitteilen, daß er den Auftrag hätte, mit ihm zusammenzuarbeiten, um die Entfernung Rouillés und die holländische Anerkennung der Präliminarien von 1706 zu erreichen.[55] Und Eugen eröffnete ihm seinerseits, daß er vom Kaiser die Weisung bekommen habe, sich mit ihm über alle Fragen ins Einvernehmen zu setzen.[56] So legten sie gemeinsam bei Heinsius und Buys Protest gegen die Verhandlungen mit Rouillé ein[57] und erreichten am Ende, daß die Holländer Rouillé eine umfassende Liste der alliierten Forderungen überreichten mit der Wahl, sie zu akzeptieren oder abzureisen.

Einmal mehr war es gelungen, die Holländer bei der Stange zu halten. Während Rouillé auf neue Instruktionen aus Versailles wartete, bereiteten die Holländer gemeinsam mit Marlborough und Eugen den nächsten Feldzug vor. Für Ludwig XIV. stellte jedoch eine Wiederaufnahme der Feindseligkeiten ein zu großes Risiko dar. Bevor er mitansah, wie sein Volk verhungerte und seine Armeen sich auflösten, wollte er sich lieber den Friedensbedingungen der Alliierten beugen. Dennoch brach er in Tränen aus, als sie ihm vorgelegt wurden. Torcy bot an, persönlich nach Den Haag zu reisen und zu versuchen, die Forderungen etwas zu reduzieren. Aber auch wenn ihm das nicht gelang, wollte Ludwig XIV. jetzt den Frieden schließen, nach dem sich Frankreich sehnte. Als Ludwigs Außenminister am 6. Mai in der holländischen Hauptstadt eintraf, mußte er feststellen, daß die Alliierten in keiner kompromißbereiten Stimmung waren. In der berechtigten Annahme, daß der Hunger ihren Feind in die Knie zwingen würde, bereiteten die Engländer die totale Nahrungsmittelblockade Frankreichs vor. Sogar die Holländer konnten schließlich dazu gebracht werden, auf ihren lukrativen Handel mit Frankreich zu verzichten, und der Kaiser stoppte alle Nahrungsmittellieferungen aus dem Reich.[58] Die englischen Gesandten in Dänemark und Schweden bekamen den Auftrag, davor zu warnen, Schiffe mit polnischem Korn nach Frankreich zu schicken. Sie würden durch die Blockade nicht durchkommen und beschlagnahmt werden.[59] Allein die Tatsache, daß Torcy selbst gekommen war, um Ludwigs Friedensangebot zu unterbreiten, bestärkte die Alliierten in der Annahme, daß der einst so mächtige König seinen Kanossagang angetreten hatte.

Als Eugen und Marlborough einmal für kurze Zeit Den Haag verließen, nutzte Torcy ihre Abwesenheit, um noch einmal zu versuchen, separate Verhandlungen mit den Holländern zu führen. Er mußte aber schnell feststellen, daß inzwischen auch die Holländer zu der Überzeugung gekommen waren, daß Frankreich sowieso kapitulieren müsse. So wich man um keinen Deut von den Bedingungen ab, die vor zwei Wochen Rouillé übergeben worden waren. Auch Torcys Bitte um einen Waffenstillstand wurde von Heinsius abgelehnt.[60] Als Eugen und Marlborough zurückkehrten, brach Heinsius die Gespräche mit dem Hinweis ab, daß weitere Verhandlungen mit den anderen Mitgliedern der Allianz gemeinsam geführt werden müßten. In Den Haag hatten sich bereits die

Vertreter Preußens, Savoyens und Portugals versammelt, um die Interessen ihrer Herrscher bei den Verhandlungen zu vertreten. Auch zwei Deputierte der Nördlinger Assoziation waren eingetroffen mit dem Auftrag des Reichstages, die Ansprüche des Reiches vorzubringen. Nichtsdestoweniger wurden, als am 20. Mai die Verhandlungen offiziell begannen, die Interessen der Großen Allianz allein vom Triumvirat Eugen, Marlborough und Heinsius vertreten, denen Buys, Vanderdussen und Lord Townshend beratend zur Seite standen. Weder Marlborough noch Heinsius stießen mit ihren Forderungen bei Torcy, dem Rouillé assistierend zur Seite stand, auf Schwierigkeiten. Auch als Eugen für den Kaiser Ansprüche auf das ungeteilte spanische Erbe stellte, erhob Torcy keinen Einwand. Auf den ersten Widerspruch stieß erst Eugens Forderung auf Abtretung des Elsaß an das Reich. Und als Buys die Ansprüche Viktor Amadeus' auf die kürzlich eroberten Festungen der Dauphiné, Fenestrelle und Exilles, vorbrachte, waren die Gespräche auf einem toten Punkt angekommen. Da die Franzosen noch Savoyen und Nizza besetzt hielten, bestand Torcy auf der Wiederherstellung des Status quo ante bellum.[61]

Tatsächlich hatte Ludwig XIV. Torcy bevollmächtigt, beide Festungen an Savoyen abzutreten, ebenso wie den größten Teil des Elsaß an das Reich.[62] Er hoffte aber, daß das Triumvirat, sobald einmal alle seine eigenen Wünsche erfüllt waren, die Ansprüche ihrer Protegés reduzieren würde. Torcy hatte aber nicht bedacht, daß die Alliierten von der Überzeugung ausgingen, daß Frankreich unmöglich den Krieg weiterführen konnte und daher gezwungen war, alle ihre Bedingungen zu akzeptieren. Aus diesem Grund gingen Eugens erste Forderungen, das Reich betreffend, bereits über die Minimalforderungen seiner Instruktionen hinaus. Und als Torcy am ersten Tag die Gespräche abbrach und um Genehmigung für die Heimreise bat, glaubten Marlborough und Eugen, daß er nur blüffte.[63] So wandte sich Eugen an die Deputierten der Nördlinger Assoziation mit der Bitte, sie sollten ihm helfen, Heinsius davon abzuhalten, in der elsässischen Frage nachzugeben.[64] Und als die beiden französischen Diplomaten sich am folgenden Tag wieder an den Verhandlungstisch setzten, mußten sie feststellen, daß die Gegenseite fest zu ihren Bedingungen des Vortages stand.

Torcy dagegen bot an, das ganze Elsaß abzutreten unter der Bedingung, daß Philipp von Anjou Neapel erhielt.[65] Da aber Eugen lediglich bevollmächtigt war, in der elsässischen Frage Entgegenkommen zu zeigen, war über Neapel nicht zu verhandeln. Angesichts der Verfahrenheit der Situation kündigte Torcy am Abend des 22. Mai Heinsius seine Abreise an. Zwar konnte der Pensionär ihn zum Bleiben überreden, aber als die Verhandlungspartner sich am nächsten Morgen trafen, bat Torcy die Alliierten um eine Liste ihrer Forderungen. Er wolle sie dem König vorlegen. Die Alliierten stimmten zu und machten sich sofort an die Ausarbeitung des Dokuments.

Mit diesem Schachzug wollte Torcy erreichen, daß die Alliierten, da es sich ja doch sozusagen um ein Ultimatum handelte, noch einmal ihre Forderungen überlegten. Und Torcy hatte richtig gerechnet. Heinsius begann Eugen zum Nachgeben in Reichsangelegenheiten zu überreden.⁶⁶ Am 23. Mai traf Graf Sinzendorf zu Eugens Unterstützung in Den Haag ein. Der Kaiser hatte lange gezögert, die dringenden Appelle Eugens um Unterstützung mit der Entsendung des biegsamen Sinzendorf zu beantworten.⁶⁷ Aber gerade durch Sinzendorf kam wieder frischer Wind in die müden Verhandlungen. Zwei Tage lang führte Sinzendorf einen harten Kampf um eine feste Reichsbarriere und verlangte nicht nur, daß das Elsaß, sondern auch, daß Lothringen seine Grenzen von 1648 wieder bekam, einschließlich der Städte Metz, Toul und Verdun.⁶⁸ Als am Abend des 25. Mai die holländischen Unterhändler ihren Kollegen einen Vertragsentwurf vorlegten, in dem diese Bedingungen nicht enthalten waren, legten Sinzendorf und Eugen scharfen Protest ein. Aber die Holländer wollten sich nicht die Aussichten auf Frieden aus Rücksicht auf ein lethargisches Reich und einen neutralen Herzog von Lothringen verderben lassen. Nach hitzigen Diskussionen akzeptierten Eugen und Sinzendorf ihre Vorschläge fast ohne Abstrich.

Die neuen Friedenspräliminarien gaben dem Reich nur jenen Teil des Elsaß zurück, der ihm 1648 zugesprochen worden war. Die zehn umstrittenen Reichsstädte blieben daher mit Ausnahme Landaus unter französischer Herrschaft. Dagegen durfte Deutschland Breisach behalten, obwohl die Stadt 1648 an Frankreich abgetreten worden war. Frankreich sollte sich verpflichten, die linksrheinischen Festungen Hüningen, Fort Louis und Neu-Breisach und alle seit 1648 im Elsaß errichteten Festungen zu schleifen. Wieder hofften Eugen und Sinzendorf durch eine spätere Rehabilitierung der beiden Wittelsbacher Vorteile für das Reich herausschlagen zu können, daher erwähnte das Dokument nur die Gebietsverluste Bayerns, ohne die eventuelle Rehabilitierung der Kurfürsten zu erwähnen.⁶⁹ Daß es ihnen mißlingen sollte, eine starke Reichsbarriere zu errichten, deprimierte die Stellvertreter des Kaisers außerordentlich.

Die restlichen Artikel entsprachen jedoch ziemlich genau den Erwartungen der Wiener Regierung. So war klar herausgearbeitet, daß Erzherzog Karl das ungeteilte Erbe Karls II. übernehmen sollte, außer jenen Gebieten, die an seine Alliierten abzutreten waren. Artikel 6 hielt für alle Zeiten die Rechte der österreichischen Habsburger auf die spanische Krone fest, während Frankreich alle Rechte abgesprochen wurden. Mit nur einer Ausnahme, nämlich Geldern, blieb ungeklärt, welche Territorialansprüche Savoyen, Portugal und Holland an Erzherzog Karl zu stellen hatten. Dieses sollte in späteren Verhandlungen geklärt werden. Geldern aber hatte Holland schon lange in seinen Besitz bringen wollen, in diesem Vertrag schien es nun endlich geglückt.⁷⁰ Auch für die Barriere war von den Holländern gut vorgesorgt worden. Sie sollte die acht französischen Festungen – Furnes, Knocke, Condé, Ypres, Menin, Tournai, Lille und

Maubeuge – umfassen, und da man in Belgien die endgültige Regelung mit Erzherzog Karl abwarten mußte, verlangten die Holländer, daß sie bis zu dieser Regelung das Land regieren durften. Trotz der vehementen Proteste Eugens und Sinzendorfs brachten sie in den Präliminarien außerdem noch eine Klausel unter, die ihnen gestattete, die Hauptstädte Josef Clemens', nämlich Bonn und Lüttich, sowie Huy mit Garnisonen zu belegen bis zum Abschluß eines Barrierevertrages. Ein weiterer Artikel bestätigte dem Protegé der Holländer, dem Landgrafen von Hessen-Kassel, das Recht, die strategisch wichtige Festung Rheinfels mit einer Garnison zu besetzen. Die Engländer stellten zusätzlich zu ihren alten Bedingungen eine neue, indem sie Neufundland für sich beanspruchten. Von den anderen Alliierten wurde Ludwig XIV. die Anerkennung der preußischen Krone und der hannoveranischen Kurfürstenwürde abverlangt, die Vergabe von Handelsprivilegien an die Seemächte und Portugal, die Räumung Neuchâtels und – trotz der Proteste Torcys – die Abtretung von Fenestrelle und Exilles an Savoyen.

Merkwürdigerweise zweifelte niemand daran, daß der französische König diese lange Liste von Bedingungen akzeptieren würde. Zweifelhafter war schon, wie und ob er sie erfüllen würde. Daher hatten die Holländer noch eine Anzahl von zusätzlichen Bedingungen in den Präliminarien untergebracht. Danach waren dem König zwei Monate gegeben, um seine Truppen aus Spanien und aus den anderen Gebieten zurückzuziehen, die er jetzt an die Alliierten zurückzugeben oder abzutreten hatte. Innerhalb derselben Frist hatte er dafür zu sorgen, daß Philipp von Anjou auf den spanischen Thron verzichtete und die Halbinsel verließ. Erst nach der Erfüllung dieser Bedingungen und nach der Thronbesteigung Erzherzog Karls würde Artikel 37 in Kraft treten, der die Fortdauer des Waffenstillstands bis zum Abschluß eines offiziellen Friedensvertrages garantierte. Wenn aber Philipp nicht verzichten wolle, sei Ludwig XIV. durch Artikel 4 gezwungen, ihn am Ende der zwei Monate zusammen mit den Alliierten mit Gewalt von der Halbinsel zu vertreiben.[71]

Die Holländer hielten diese Sicherheitsklauseln bei einem Mann, der praktisch jeden Vertrag seiner mehr als 50jährigen Regierung gebrochen hatte, für absolut notwendig. Wenn man ihn nicht zwang, Philipp notfalls mit Gewalt aus Spanien zu vertreiben, dann bestand die Gefahr, daß er heimlich seinen Enkel ermunterte, den Kampf fortzusetzen. Tatsächlich hatte ein holländischer Agent kürzlich berichtet, der König bereite die Entsendung französischer „Deserteure" nach Spanien vor, die seinem Enkel nach der Unterzeichnung des Friedensvertrags beistehen sollten.[72] Jedenfalls wollten die Holländer vermeiden, daß Ludwig XIV. den Frieden benutzte, um wieder zu Kräften zu kommen, während sie den Krieg gegen Philipp weiterführen mußten. Die englischen und österreichischen Unterhändler waren zwar bereit, notfalls auch ohne die Franzosen in Spanien zu kämpfen, aber sie sahen in der Klausel keine Gefahr für die Ratifizierung des Vertrags. Man vertraute allgemein darauf, daß es Ludwig XIV. gelingen würde, seinen Enkel zum Verzicht zu bewegen, zumal aus dem Artikel 4 der Präliminarien hervorging, daß weiterer Widerstand nutzlos sei.[73]

Am Morgen des 27. Mai legten die sieben alliierten Diplomaten Torcy und Rouillé ihre Friedensbedingungen vor. Die beiden Franzosen lasen das Dokument einmal durch und zogen sich daraufhin zur Beratung zurück. Am frühen Nachmittag gaben sie bekannt, daß sie drei Punkten unmöglich zustimmen könnten: daß Breisach beim Reich bleiben sollte, daß die französischen Festungen auf linksrheinischem Ufer geschleift werden sollten und daß Frankreich Fenestrelle und Exilles abtreten sollte. Solange die Präliminarien diese drei Forderungen enthielten, könnten sie keine Unterschrift leisten und müßten sie erst dem König vorlegen. Torcy wetterte außerdem gegen die von den Alliierten geforderte Garantie. Vor vier Tagen hatte er nämlich Heinsius' Forderung zurückgewiesen, daß Frankreich zum Beweis seines guten Willens sechs Kautionsstädte stellen sollte: drei Festungen in Frankreich und drei mit französischen Garnisonen besetzte Festungen in Spanien.[74] Statt dessen wollte man nun von Ludwig XIV. eine Garantie in der Form, daß er sich bereit erklärte, notfalls gegen seinen eigenen Enkel Krieg zu führen.[75] In den frühen Morgenstunden des nächsten Tages reiste Torcy nach Frankreich ab, während Rouillé zurückblieb, um die Antwort des Königs entgegenzunehmen. Als der Wagen des Außenministers im Dunkel der Nacht verschwand, glaubten die alliierten Diplomaten noch immer, Ludwig XIV. würde ihre Bedingungen erfüllen und setzten vertrauensvoll ihre Unterschriften unter die Präliminarien.

Am 5. Juni schlug die Nachricht von Ludwigs Ablehnung in Den Haag wie eine Bombe ein. Nachdem sie sich von ihrer Betäubung erholt hatten, versuchten die alliierten Diplomaten hektisch eine Wiederaufnahme der Gespräche zu erreichen, indem sie zu erkennen gaben, daß sie zu gewissen Modifikationen bereit seien, aber Rouillé konnte nur sagen, er habe keine Vollmacht, weiter zu verhandeln. Bevor er jedoch seinerseits nach Frankreich zurückkehrte, wies er auf die fünf Artikel hin, welche die Ablehnung des Königs verursacht hatten: Es handelte sich um die Artikel, die sich auf das Elsaß bezogen (10 und 11), auf die portugiesischen Handelsrechte (20), die unter Reichsacht stehenden Kurfürsten (29) und die Garantieklauseln (37).[76] Kleinmütig meinten nun auch die Alliierten, daß sie zu weit gegangen waren. Der holländische Deputierte Goslinga gab freimütig zu, er hätte ohne Artikel 37 abgeschlossen. Und auch Marlborough, der diesen Artikel nie unterstützt hatte, weil er Ludwig XIV. zu militärischen Aktionen gegen Philipp zwang, fand Ludwigs Ablehnung durchaus gerechtfertigt.[77] Nur Prinz Eugen hatte nicht den Eindruck, daß die Garantieforderung schuld an Ludwigs Weigerung war. In einem Brief an Josef I. gab er den Forderungen des Reiches, das Elsaß betreffend, die ganze Schuld.[78] Eine Woche später allerdings gab auch er seiner Meinung Ausdruck, daß die sechs Kautionsstädte als Garantie vollauf genügt hätten.[79]

In Wahrheit verhielt es sich so, daß es nicht die Artikel 4 und 37 waren, die Ludwig XIV. bewogen hatten, die Präliminarien abzulehnen; denn wie seine Feinde war der französische König davon überzeugt, seinen Enkel, ohne Gewalt anzuwenden, zum Verlassen Spaniens bewegen zu können. Aus den Protokollen der Ratsversammlungen vom 1. und 2. Juni geht klar hervor, daß der König und seine Minister sich bereits entschieden hatten, die Präliminarien zu unterzeichnen, als sie im letzten Moment durch die leidenschaftliche Rede des Dauphins zugunsten der Rechte seines Sohnes Philipps zur Umkehr bewogen wurden.[80] So war es am Ende doch wieder das Bestehen der Alliierten auf dem ungeteilten spanischen Erbe, das alle Friedensbemühungen zunichte machte. Wären sie nur bereit gewesen, Philipp mit einem Stückchen dieses Riesenreiches zu entschädigen, dann hätte Ludwig XIV. höchstwahrscheinlich unterzeichnet. So aber mußte er die Gewißheit gewinnen, daß die Alliierten niemals zu einem Kompromiß bereit sein würden: Josef I. wollte Italien, die Holländer wollten Belgien, die Engländer Spanien und die Kolonien haben. Was blieb ihm anderes übrig, als Rouillé zurückzurufen?

Vielleicht aber wäre Ludwig XIV. trotz des Verlustes der gesamten spanischen Monarchie noch zu einer Einigung zu gewinnen gewesen, wenn man ihm nicht noch zusätzlich so viele französische Territorien abverlangt hätte, besonders im Elsaß. Die spanischen Besitzungen stellten für den französischen König doch mehr oder weniger nur Anhängsel dar, die kaum noch unter Kontrolle zu halten waren, während das Elsaß nach nunmehr 75jähriger französischer Herrschaft für Frankreich zu Fleisch und Blut geworden war. Hätten die Alliierten ihrerseits gewußt, daß der Friede davon abhing, hätten sie sicher versucht, den König im Elsaß zufriedenzustellen, und in diesem Fall hätte Torcy sicher seinen Namen, noch während er in Den Haag war, unter die Präliminarien gesetzt. Aber Eugen und Sinzendorf waren so sicher, daß Ludwig XIV. alle Friedensbedingungen akzeptieren würde, daß sie sich außerordentlich hart für die Interessen des Reiches eingesetzt hatten. Unglücklicherweise hatten die Alliierten sich ihren Wünschen gebeugt, so daß ihnen nun, weil sie für das Reich zu viel verlangt hatten, weder Sieg noch Frieden vergönnt war.

Sonnenwende

Während im Frühling 1709 in Den Haag Geschichte gemacht wurde, gingen die Intrigen am Wiener Hof weiter. Und während Josef I. begierig auf Nachrichten von den Friedensverhandlungen wartete, mußte er sich mit den neuesten Personalschwierigkeiten in seiner Regierung auseinandersetzen. Durch die Berufung Wratislaws in die neue Geheimkonferenz im Februar hatte er die Eifersucht all jener erweckt, die den Aufstieg des böhmischen Kanzlers zum nächsten Vertrauten des Kaisers mit größtem Mißvergnügen verfolgt hatten. Um die beiden Kaiserinnen hatte sich schnell ein Kreis von Ministern und Höflingen gebildet, die mit aller Kraft danach strebten, ebenfalls in die neue Konferenz zugelassen zu werden. Unter ihnen waren etliche frühere Mitglieder der alten Konferenz, zum Beispiel Gundaker Starhemberg, Schönborn, Kinsky, Martinitz, Waldstein und Kardinal Sachsen-Zeitz.[81]

Angesichts dieser sowieso schon komplizierten Situation mußte dem Kaiser der bevorstehende Rücktritt Fürst Salms als zusätzliche Belastung erscheinen. Schon im letzten Herbst hatte der kränkliche Obersthofmeister um die Erlaubnis angesucht, sich auf seine Güter zurückziehen zu dürfen. Da man sich damals noch mitten im Krieg mit dem Papst befand, hatte Josef I. ihn gebeten, wenigstens bis zum Frühling zu warten, in der Hoffnung, daß dann Frieden sein würde.[82] Schon im Jänner äußerte Salm aufs neue den Wunsch, Wien verlassen zu dürfen.[83] Und nachdem er im Februar und März an den wichtigsten Konferenzen nicht teilnehmen konnte, klagte er in einem Brief an den Erzherzog, er sei kaum mehr in der Lage, die Post zu erledigen, die sich auf seinem Schreibtisch türme.[84] Ende April mußte er seinen schon fixierten Abreisetermin nochmals verschieben, weil der Kaiser ihn bat, den nächsten Kurier aus Den Haag abzuwarten.[85] Als die Nachricht kam, daß Ludwig XIV. Torcy nach Den Haag geschickt hatte, beschloß nun Salm aus freien Stücken, noch länger im Amt zu bleiben, was Wratislaw zu der sarkastischen Bemerkung hinriß: „Ob der Salm gehet oder nicht noch niemand weiß undt scheinet er weiß es selbst nicht."[86]

Tatsache war aber, daß der Tag von Salms Abreise immer näher rückte und der Machtkampf in vollem Gange war. Neben dem Kreis um die Kaiserin Amalie hatte sich noch eine weitere Gruppe gebildet, die nach dem Rücktritt Salms die Macht übernehmen wollte. Die führende Persönlichkeit dieser Gruppe war Kardinal Lamberg, der Onkel von Josefs Günstling und kaiserlicher Repräsentant beim Regensburger Reichstag. Obwohl er sich in dieser letzteren Funktion durchaus bewährt hatte, war Lamberg ein undurchschaubarer Charakter. Fest stand nur, daß er wie sein Neffe eine entschiedene Schwäche für Alkohol, Frauen und politische Intrigen hatte. In den ersten Kriegsjahren war er zweimal an Max Emanuel herangetreten, um seine Besitzrechte des Bistums Passau zu sichern und seine Position in Süddeutschland erheblich zu stärken. Obwohl diese Machenschaften großen Ärger in Wien hervorriefen, zögerte er nicht, sich zwei Jahre später sehr aktiv um den Posten des militärischen Statthalters in Bayern und darauf um den Posten des Reichsvizekanzlers zu bewerben.[87] Nach Josefs Thronbesteigung bedrängte er die verwitwete Kaiserin Eleonore, ihm den Posten des Obersthofmeisters zu übertragen. Dieses Ansinnen befremdete nicht nur die Kaiserin, sondern noch mehr den Fürsten Salm.[88] Als nun Salm von seinem Abschied zu sprechen begann, offerierte sich Lamberg wieder als geeigneter Kandidat. Unter dem Vorwand einer Kur in Baden bei Wien tauchte er Ende 1707 am Wiener Hof auf, um sich – vergeblich – die Unterstützung des scheidenden Obersthofmeisters zu sichern.[89] Auch als Josef I. Trautson zum designierten Nachfolger Salms bestimmte, gab Lamberg nicht auf. Salm brauchte im nächsten Herbst nur sein Rücktrittsgesuch zu erneuern, und Lamberg war erneut zur Stelle, meinte er doch, einige Hoffnung auf seine und seines Neffen langjährige Freundschaft mit dem Kaiser setzen zu können. Als Josef I. sich weigerte, ihn für den Posten in Betracht zu ziehen, schlug der Kardinal vor, er könne ja auch den Posten des verstorbenen Grafen Öttingen als Reichshofratspräsident übernehmen.[90] Erst als ihm Josef I. ausdrücklich befahl, auf seinen Posten beim Regensburger Reichstag zurückzukehren, verließ Lamberg endlich den Wiener Hof.[91] Nicht jedoch freilich, ohne seinem Neffen Leopold den Auftrag zu erteilen, in seiner Abwesenheit für ihn zu arbeiten.

Anfang des Jahres 1709 aber arbeitete bereits eine Front von erklärten Lamberg-Feinden an seiner politischen Vernichtung. Zu Wratislaw und Eugen, die ihn von jeher verachtet hatten, gesellten sich Trautson und Seilern. Seilerns Antipathie datierte aus der Zeit, da er Lamberg als Assistent in Regensburg gedient hatte.

So kam es, daß Wratislaws Feinde und Salms Freunde zwei neue politische Lager am Hof bildeten.[92] Die beiden Kaiserinnen, Mansfeld und Salm opponierten gegen den Kardinal, nicht zuletzt gerade wegen seiner Beziehung zu seinem Neffen, dem liederlichen Günstling des Kaisers.[93] Auch setzte sich der Bischof von Wien, Franz Ferdinand von Rummel, für seinen ehemaligen Wohltäter ein, um sowohl Trautson als auch Lamberg vom Obersthofmeisteramt fernzuhalten.[94] Dagegen unterstützte eine kleine Gruppe von Ministern die Bemühungen des Favoriten für seinen Onkel. Schönborn und Starhemberg traten an die Seite Lambergs in der Hoffnung, dafür einen Platz in der neuen Konferenz zu erhalten. Auch betrachtete Graf Windischgrätz seinen Haß Wratislaw gegenüber als ausreichendes Motiv, die Lambergs zu unterstützen, auch wenn darüber die Freundschaft mit Salm zerbrechen sollte.[95]

Mit Wratislaw und Salm als Gegner hatte die Lamberg-Partei nur mehr wenig Erfolgschancen. Umso weniger, als Josef I. nach wie vor nichts mit dem Kardinal im Sinne hatte. Zwar räumte er ihm eine praktisch bedeutungslose Position in der neuen Konferenz ein, aber er dachte gar nicht daran, den beiden Lambergs den politischen Einfluß zu übertragen, nach dem sie sich sehnten. Als man ihm hinterbrachte, daß der Kardinal Anfang Juni abermals eine Kur in Baden antreten würde, sicherte der Kaiser Wratislaw zu, daß er keine „Innovation" vornehmen würde. Lambergs Intrigen seien für ihn nichts als eine „comédie des partisans".[96] Tatsächlich mußte der Kardinal nach vier Wochen mit leeren Händen auf seinen Posten in Regensburg zurückkehren. Vor seiner Abreise ließ er aber verlauten, er verzichte auf den Posten eines Premierministers des Kaisers, denn er wolle nicht an einem Hof dienen, „wo jeder seinen eigenen Interessen nachjage".[97] Dem alten Trinker war der Wein jetzt plötzlich zu sauer.

Die beiden Parteien unter Wratislaw und Salm konnten sich nun wieder den Luxus leisten, den Kampf um die Stellenbesetzung in der Geheimen Konferenz aufzunehmen. Zu den Protegés der Kaiserin gehörte auch Schönborn, für den sich auch Salm und in zahlreichen Petitionen Reichskanzler Lothar Franz einsetzten.[98] Obwohl die Unverfrorenheit Schönborns den Kaiser peinlich berührte, ließ er sich doch langsam erweichen, erklärte aber, bevor Salm nicht endgültig zurückgetreten sei, würde er über Schönborns Kandidatur keine Entscheidung fällen.[99]

Nun, der Rücktritt Salms stand ja nahe bevor. Ironischerweise brauchte Wratislaw, der vier Jahre lang auf den Sturz des Obersthofmeisters hingearbeitet hatte, nun nur noch zuzusehen, wie sich Salm durch seine Eitelkeit und seinen Stolz selbst zu Fall brachte. In den letzten Monaten hatte er nämlich versucht, Josef I. davon abzubringen, seinem Günstling die bayrische Landgrafschaft Leuchtenberg zu übertragen und ihn damit zum Reichsfürsten zu machen, hauptsächlich, weil Lamberg ihm mit seinem neuen Titel den ersten Platz bei allen Hofzeremonien wegnehmen würde.[100] Nachdem Salm aufs neue mit seinem Rücktritt gedroht hatte, wenn es tatsächlich zu dieser Investitur käme, machte Amalie Josef I. den Vorschlag, den verhaßten Lamberg nur in den Rang eines Fürsten zu erheben. Diese Konzession schien den Obersthofmeister zu beruhigen, denn er ließ bald darauf verlauten, er würde bis zum Abschluß eines Friedens auf seinem Posten ausharren.[101] Die Investitur aber ließ ihm keine Ruhe, und er schickte heimlich einen Agenten nach Regensburg, der oppositionelle Stimmen gegen Lamberg sammeln sollte.[102] In der Tat gelang es diesem Agenten sehr schnell, Preußen und Mecklenburg auf seine Seite zu bringen, die selber Ansprüche auf Leuchtenberg stellen wollten, sowie mehrere andere Staaten, welche sich darüber ärgerten, daß der Kaiser sie nicht früher konsultiert hatte. Jedenfalls, als Kardinal Lamberg dem Reichstag Josefs Antrag auf Ratifizierung der Investitur vorlegte, brach die Versammlung in laute Protestrufe aus.[103]

Als der Kaiser über die Machinationen seines Obersthofmeisters unterrichtet wurde, zitierte er ihn zu sich und erteilte ihm eine heftige Abreibung.[104] Wie nicht anders zu erwarten, bat darauf der in seinem Stolz gekränkte Salm abermals um seinen Abschied, und diesmal wurde er ihm tatsächlich erteilt. Salm ließ die anderen Minister wissen, er reise für einige Tage zur Kur ins rheinische Schlangenbad; denn daß er über Lamberg gestolpert war, diesen Triumph wollte er denn doch seinen Kollegen nicht gönnen. Erst nach seiner Abreise am 26. August ließ der Kaiser bekanntwerden, daß Salm alle seine Ämter zurückgelegt hatte.[105] So brachte eine charakterliche Schwäche diesen Mann zu Fall, der sehr viel zu den Erfolgen dieser Regierung beigetragen hatte. Als

Mentor des jungen Josef und als Verantwortlicher für seine Erziehung hatte er mehr als jeder andere die Gesinnung des jungen Fürsten beeinflußt, und es war letzten Endes sein Verdienst, daß Josef I. sich zu einem so realistisch denkenden Politiker entwickelt hatte. Er verstand es, die Aufmerksamkeit des Thronprätendenten auf die notwendigen Reformen zu lenken, so daß Josef mit aller Energie daran ging, den „jungen Hof" um sich zu scharen, der später einmal sein Kabinett bilden und letzten Endes die Autorität des Obersthofmeisters untergraben sollte. Die Rolle, die Salm in diesen wichtigen Jahren gespielt hat, darf nicht unterschätzt werden. Sie war mindestens so wichtig wie Eugens große Siege, Wratislaws brillante Bündnispolitik und Starhembergs Finanzpolitik. Wir sollten aber auch nicht den Fehler begehen, nur die Verdienste Salms bis zu Josefs Regierungsantritt aufzuzählen. Auch danach zeigte er oft genug bemerkenswerten politischen Scharfsinn, auch wenn er nicht immer mit Prinz Eugen oder Wratislaw übereinstimmte. Denn gerade im Fall Eugens neigen die Historiker dazu, über seiner Größe als Feldherr, Minister und Diplomat zu vergessen, daß auch er in Irrtümer verfiel. Die Legende seiner Unfehlbarkeit konnte deshalb so üppig wuchern, weil er trotz seiner fast ständigen Abwesenheit vom Hof in allen Fragen der Politik aufs engste mit dem brillanten Wratislaw zusammenarbeitete. Aber wenn wir etwas aus der Geschichte gelernt haben, dann das, daß auch der Genius nicht immer die beste oder einzige Lösung des Problems erkennt. Und im nachhinein können wir uns durchaus Salms Meinung anschließen, daß das Comacchio-Abenteuer das Risiko wert war und die Entsendung Eugens nach Spanien ein notwendiges Opfer, wenn die Dynastie ihre Kriegsziele erreichen wollte. Der Kaiser schätzte denn auch Salms Intelligenz und hielt ihn am Hofe, auch als seine Kräfte schon nachließen. Als er Wien verließ, war er ein verbrauchter Mann, der nur noch ein Jahr lang zu leben hatte.

Nach Salms Rücktritt gab Josef I. am 28. August die formelle Zulassung Schönborns, Waldsteins und Gundaker Starhembergs in die Geheime Konferenz bekannt. Die soeben noch triumphierende Wratislaw-Partei war durch diese Niederlage tief geschockt. Vergeblich bat Graf Trautson, der am nächsten Morgen als neuer Obersthofmeister in sein Amt eingeführt werden sollte, den Kaiser, seine Entscheidung zurückzuziehen.[106] Sosehr Wratislaw bereit war, Starhembergs Ernennung einer gewissen Tüchtigkeit zuzuschreiben und die Schönborns der Notwendigkeit, Lothar Franz zu beschwichtigen, so heftig kritisierte Wratislaw die Ernennung des unerfahrenen Waldstein.[107]

Was jedoch beide Männer nicht wußten, war die Tatsache, daß Josef I. alle drei Ernennungen als bedeutungslose Konzessionen dem Reichskanzler Franz Lothar und den beiden Kaiserinnen gegenüber verstand. Er hatte in keiner Weise die Absicht, diese Männer in den engsten Beraterkreis zu ziehen. Zwei Tage später bekam Wratislaw einen diesbezüglichen Wink des Kaisers. Als nämlich

Baron Heems in Wien mit den neuesten Nachrichten aus Den Haag eintraf, ließ Josef I. den überraschten Wratislaw wissen, daß er, Seilern und Trautson sich allein mit dem Baron zu treffen hätten, um die neuen Friedensprioritäten der Monarchie auszuarbeiten.[108] Als ein ebenso deutlicher Wink war die Einberufung einer Sitzung zu verstehen, die sich mit dem Streit zwischen Kardinal Grimani und dem General Hessen-Darmstadt auseinandersetzen sollte und zu der Josef I. am 31. August nur Wratislaw, Seilern und Trautson zusammen mit dem Hofkriegsratsvizepräsidenten einlud. Zwei Tage später durfte die gesamte Konferenz die Angelegenheit diskutieren. Bei dieser Sitzung waren zum ersten Mal die drei neuen Mitglieder vertreten.[109]

Jetzt, da er gerade die Konferenz um einige Mitglieder vergrößert hatte, neigte Josef I. dazu, sie so oft wie möglich zu umgehen und die wirkliche Macht einem kleineren Kreis seiner fähigsten Minister anzuvertrauen. Nicht nur die drei neuen Mitglieder waren von diesem inneren Kreis ausgeschlossen, auch Windischgrätz, Mansfeld und natürlich Kardinal Lamberg. Im Grunde schloß Josef I. damit die administrative Reform vom Februar mit einer politischen Säuberungsaktion noch größerer Bedeutung ab. Mit den Worten eines Historikers war diese neueste Konferenzreform „der letzte und entscheidendste Schritt zur Loslösung der kaiserlichen Politik von der des Reiches".[110] Mit dem Ausschluß Schönborns und seines Freundes Windischgrätz und nach dem endlich erfolgten Rücktritt Salms war das prodeutsche Element in der Konferenz tatsächlich schwach vertreten. Dies kam nicht von ungefähr. Waren die Reichsinteressen nicht gerade auch im Friedensvertrag mit dem Papst und in den Haager Präliminarien quasi aufgeopfert worden? Die Entscheidung Josefs I., mit dem Triumvirat Wratislaw, Seilern und Trautson zu regieren, dem sich nach ihrer Rückkehr aus Den Haag Prinz Eugen und Sinzendorf anschließen sollten, schuf im Grunde schon die Voraussetzung für die politische Hegemonie von Wratislaw, die so lange andauern sollte, bis der unerfahrene und unambitiöse Trautson genügend Routine in der Führung der Staatsgeschäfte gesammelt hatte.

Während der nächsten Wochen nahm das neue System Formen an. In der engeren oder inneren Konferenz, der Wratislaw, Seilern und Trautson angehörten, wurden alle anfallenden politischen Fragen zum ersten Mal erörtert. Danach setzte sie sich direkt mit dem Kaiser in Verbindung oder legte ihm das Ergebnis ihrer Beratungen vor. Erst nachdem die innere Konferenz einen zumindest vorläufigen Entschluß gefaßt hatte, wurde die normale Konferenz einberufen, ausnahmslos in Anwesenheit des Kaisers. Wie wir gesehen haben, ging man zum Beispiel so im März und April 1711 vor, als die Rückgabe Comacchios an den Papst erwogen wurde. Die Regel hatte allerdings auch Ausnahmen. Wenn es um Reichsangelegenheiten ging, wurden zum Beispiel Schönborn und Windischgrätz zu den Beratungen der inneren Konferenz zugezogen; wenn militärische Finanzfragen erörtert wurden, dann lud man Hofkammerpräsident Starhemberg, Hofkriegsratsvizepräsident Herberstein und den Kommissionär General Schlick ein. Dagegen wurden Angelegenheiten rein dynastischer Natur niemals im größeren Kreis, sondern nur im kleinsten Kreis beraten und beschlossen. Damit über diese Sitzungen nichts verlautbarte, instruierte Josef I. Sinzendorf, er möge alle Nachrichten, die nach seinem Gefühl nicht vor ein großes Gremium gehörten, als geheime Post nach Wien schicken; denn „wenn die anderen entdecken, daß wir etwas vor ihnen verbergen, wird das zu Klagen und Spaltung am Hof führen".[111] Für Wratislaw und seine Anhänger war dies freilich eine ideale Situation. In einem Brief an Sinzendorf schreibt er denn auch: „Da Fürst Salm nicht mehr da ist, können wir nur noch Schönborn am Hof bekämpfen. Daneben arbeiten wir mit der Kerntruppe weiter... und obwohl Seilern mit seiner Weitschweifigkeit die Zeit überzieht, muß ich sagen, daß er weniger schwierig ist, wenn es sich um Fragen handelt, die ich aufgeworfen habe."[112]

Trotz aller Vorsichtsmaßnahmen wurde selbstverständlich weiter intrigiert. Besonders aktiv war in dieser Hinsicht der Günstling, der nicht aufhörte, gegen die Wratislaw-Partei Komplotte zu schmieden, und auch sein Onkel stattete dem Wiener Hof vor Ende des Jahres mindestens noch einen, wenn nicht mehrere Überraschungsbesuche ab.[113] Dennoch hatte die Säuberungsaktion vom August 1709 die Günstlingspartei stark geschwächt. Im Herbst schlossen Gundaker Starhemberg und sogar Graf Windischgrätz ihren Frieden mit Wratislaw und seinen Freunden.[114] Auch Schönborn distanzierte sich immer mehr von den Lambergs, er verlor wohl langsam die Hoffnung, an diesem Hof jemals zu Macht kommen zu können.[115] Die beiden Kaiserinnen bemühten sich vergeblich, ihre immer kleiner werdende Herde zusammenzuhalten. Eleonore wollte sogar in ein Kloster gehen, wenn die „Intrigen gegen ihre Schützlinge nicht eingestellt würden". Mit dieser Drohung kam sie freilich bei Wratislaw an den Falschen, der sofort mit der wenig schmeichelhaften Bemerkung konterte: „Dieses könte vielleicht dem kayser anlas geben, die freundin dahier zu behalten und die sach zu declariren oder eine andere Maîtresse zu nehmen."[116] Tatsächlich verbrachte Josef I. immer mehr Zeit mit seiner momentanen Geliebten, der jungen Gräfin Marianne Pálffy. Für die Beziehung zu den beiden Kaiserinnen war diese Liaison eine starke Belastung.

Der neuen inneren Konferenz fiel nun gleich anfangs die Aufgabe zu, die Friedensbedingungen der Monarchie neu zu durchdenken. Schon im Sommer hatte sich bereits die Konferenz damit beschäftigt, die Position der Monarchie neu zu definieren. Als der Inhalt der Präliminarien vom 27. Mai bekannt wurde, hatte sich zwar Josef I. mit den Vorteilen zufriedengegeben, die Eugen und Sinzendorf der Monarchie verschafft hatten,[117] die Mehrheit der Konferenz jedoch hatte die Leistungen der beiden Männer heftig kritisiert. Die Deutschen

Schönborn, Salm und Seilern warfen ihnen vor, das Elsaß geopfert zu haben, und der Vizekanzler ließ sich zu der bitteren Bemerkung hinreißen, die Monarchie und die Seemächte hätten alle ihre Forderungen durchgebracht, das Reich aber stehe mit leeren Händen da.[118] Angestachelt von Mansfeld gaben mehrere Minister ihrem Mißfallen über die Gewinne der Holländer auf Kosten Spaniens und des Reiches Ausdruck.[119]

In ihren Berichten nach Wien hatten Eugen und Sinzendorf die den Holländern in Belgien zugestandenen Konzessionen bereits mit dem Argument verteidigt, dies sei der Preis, welchen die Dynastie für das ungeteilte spanische Erbe zu zahlen habe. So hatten sie auch darauf hingewiesen, daß in den Präliminarien nur die französischen und nicht etwa belgische Barrierestädte genauer bezeichnet worden seien und daß es wenig Unterschied mache, ob man nun Geldern an die Holländer oder an die Preußen verliere.[120] Es war auch nicht dieses Dokument, welches am Wiener Hof Ärger erregte, sondern eines, das kurze Zeit danach von Eugen nach Wien geschickt wurde. Es handelte sich dabei um das neueste Barriereprojekt, welches die Holländer Marlborough vorgelegt hatten. Dieser hatte heimlich eine Kopie für Eugen anfertigen lassen.[121] Dieses Projekt, das die totale wirtschaftliche Ausbeutung Belgiens im Sinn hatte, stellte den Preis der Holländer für ihre weitere Mitgliedschaft in der Großen Allianz und für die habsburgische Inbesitznahme des ungeteilten spanischen Erbes dar. Das Dokument erhöhte nicht nur die Anzahl der belgischen Barrierestädte, es konzentrierte sie auch bewußt im westlichen wohlhabenderen Teil des Landes und gab der holländischen Regierung die Erlaubnis, in Krisenzeiten ganz Belgien zu besetzen und von Spanien jährlich runde 3,5 Millionen Gulden für den Unterhalt ihrer Garnisonen zu kassieren. Zwar wurde dieses Projekt nicht in die Haager Präliminarien aufgenommen, aber der Konferenz genügten schon die Absichten der Holländer, um sich aufzuregen. Überhaupt war zu befürchten, daß diese Barriere noch viel Ärger bereiten würde. Auch ihre nur ungenaue Erwähnung in den Präliminarien würde den Franzosen die Möglichkeit geben, sich als Garanten einer zwischen Erzherzog Karl und Holland ausgearbeiteten Regelung aufzuspielen.[122]

Die größte Mißbilligung aber riefen bei den Ministern die Gewinne hervor, welche die Holländer im Reich einstreichen wollten. Denn hier ging es nicht um spanisch-habsburgische Interessen, sondern um österreichisch-habsburgische. Hatten die Holländer etwa vor, Lüttich, Huy und Bonn permanent und nicht nur bis zum Abschluß eines formellen Barrierevertrages zu besetzen? Wratislaw warnte Sinzendorf in einem Brief, „durch Bonn sind die Holländer die Herren der vier rheinischen Kurfürsten und des ganzen Reiches".[123] Es geht auch aus der späteren Korrespondenz Wratislaws hervor, daß man in Wien fürchtete, die Holländer könnten zu entscheidendem Einfluß bei der Wahl der geistlichen Kurfürsten gelangen und im Falle von Josefs Tod ohne männlichem Erben womöglich in der Position sein, einen spanischen Habsburger oder gar einen Katholiken als Nachfolger zu verhindern.[124]

Wegen dieser den Holländern zugestandenen Vorteile zögerte Josef I. ernstlich, die Haager Präliminarien zu unterzeichnen.[125] Als nun bekannt wurde, daß Ludwig XIV. die Vorschläge abgelehnt hatte, ging die Konferenz sofort an die Revidierung mancher Bedingungen. Während man hinsichtlich des Reiches zu Konzessionen bereit war – so wollte man Frankreich alle Festungen im Elsaß außer Neu-Breisach überlassen –,[126] blieb man Holland gegenüber hart und verlangte, daß die Barriere nur auf Kosten Frankreichs ausgedehnt werden sollte und Frankreich von allen späteren Territorialvereinbarungen zwischen der Dynastie und ihren holländischen, savoyischen und portugiesischen Verbündeten ausgeschlossen sein sollte. Auch die Abtretung Gelderns an Holland lehnte die Konferenz entschieden ab und riet dem Kaiser dringend, sich in diesem Fall mit Preußen zusammenzutun. Ansonsten empfahl die Konferenz, weiter gemeinsame Front mit Marlborough und der Londoner Regierung gegen das Barriereprojekt der Holländer zu machen.[127]

Zwei Monate später jedoch waren diese Überlegungen schon wieder überholt. Denn Ende August kam ein Schreiben des Prinzen Eugen aus Den Haag, daß sich in Holland eine starke Friedenspartei gebildet habe, die lieber den Herzog von Anjou entsprechend entschädigen als einen neuen Krieg gegen Frankreich anfangen wollte. Unterstützt von Sinzendorf und Heems bat der Prinz inständig um Mäßigung in der Abfassung der Friedensbedingungen, damit die Holländer nicht eigene Wege gingen.[128] Damit meinte Eugen, daß der geplante Widerstand gegen die holländischen Barriere-Forderungen gefälligst zu unterbleiben habe.

Als Trautson, Wratislaw und Seilern ihre geheimen Konsultationen mit Heems am 4. September aufnahmen, war ihnen die prekäre diplomatische Situation, in der sich die Monarchie momentan befand, voll bewußt. Sieben Jahre Krieg lagen hinter ihr, die ihr beträchtliche Gewinne eingebracht hatten. Bei den Haager Verhandlungen war sogar das ersehnte Endziel, das ungeteilte spanische Erbe, in greifbare Nähe gerückt. Eine Fortführung des Krieges dagegen würde kaum weitere Vorteile, wohl aber der Monarchie und der Dynastie zweifellos schwere Opfer abverlangen. Die harten Steuern der letzten Jahre hatten die Erblande total erschöpft. Wer sollte die Kosten eines neuen Feldzuges tragen, der dank der starken französischen Verteidigungsposition schwieriger als die vorherigen zu werden versprach? Auch der Krieg in Ungarn war noch immer nicht zu Ende und verschlang beträchtliche Geldsummen. Zum ersten Mal erkannte man auch klar, daß mit jedem weiteren Tag die Monarchie für den Frieden teuer zu bezahlen haben würde. Denn mit jedem Tag stieg die Schuld der Monarchie ihren Verbündeten gegenüber, ebenso wie die Furcht, daß einer der Alliierten einen Separatfrieden mit Frankreich schließen könnte. Kein Wunder, daß die Minister ihrem Kaiser schrieben: „Fortuna Belli nicht in eigenen, sondern fremden Händen steht... die Fortuna Belli fast allein in der Alliierten Macht und Willkuhr steht..."[129] Je eher man Frieden schloß, umso weniger verlor man an die Alliierten.

Nachdem die innere Konferenz eine Woche lang beraten hatte, kam sie zu folgendem Resümee: Da sich Ludwig XIV. offenbar an den Artikeln 4 und 37 gestoßen habe, sollten lediglich Kautionsstädte von Frankreich verlangt werden, und zwar drei an seiner Nordgrenze (Douai, Thionville und Arras) und drei entlang der Pyrenäengrenze mit Spanien (Collaire, Mont Louis und Bellegarde).[130] An Stelle der zweimonatigen Waffenruhe sollte dem französischen König ein Waffenstillstand unbegrenzter Dauer zugesagt werden, und er sollte auch nicht gezwungen werden, sich an der Vertreibung Philipps aus Spanien zu beteiligen. Selbst wenn der König seine Neutralität aufgeben und heimlich seinem Enkel helfen würde, sollte der Waffenstillstand bis Mitte April, also bis zum Beginn des neuen Feldzuges, andauern.[131]

Frankreich gegenüber zeigte man sich also jetzt sehr großzügig, und auch den Holländern wollte man entgegenkommen. Zum ersten Mal erkannte man den holländischen Wunsch auf eine erweiterte Barriere innerhalb Belgiens an. Zwar wurde der letzte Vorschlag der Holländer als übertrieben abgelehnt, aber Sinzendorf bekam den Auftrag, mit den Holländern auf der Basis des vernünftigeren englischen Plans zu verhandeln. Auch auf die Hoffnung, Geldern dem Erzherzog bewahren zu können, wurde nun verzichtet, weil man sich statt dessen Hoffnungen auf kleine Zugeständnisse der Holländer machte. Indem die Minister die Zusammenarbeit mit den holländischen Verbündeten empfahlen, schrieben sie: „Diese Sicherheit wäre auch das einzige, so sie in diesem so kostbaren Krieg suchten und ihnen selbsten ferschaffen müßten, die sie aber außer einer starken Barriere nirgends anderstwo finden könnten."[132]

Nachdem man sich also solcherart für eine Revision der Sicherheitsklauseln und zu gewissen Opfern innerhalb Belgiens entschlossen hatte, ging die innere Konferenz daran, die Ansprüche des Reiches neu zu überdenken. Auf Wunsch des Kaisers zogen die vier Minister Schönborn zu ihren letzten Sitzungen zu. Da sie die Angelegenheit bereits gründlich miteinander diskutiert hatten, war die Teilnahme des Reichsvizekanzlers nur mehr eine Formalität.[133] Ganz sinnlos war sie aber insofern nicht, als gerade während dieser Sitzungen in Flandern die große Wende des Krieges eintrat.

Der verspielte Sieg

Noch vor dem Scheitern der Haager Verhandlungen hatten sich die Alliierten bereits auf den nächsten Feldzug vorbereitet. Denn Eugen und Marlborough waren der Ansicht, daß nur eine weitere Niederlage auf dem Schlachtfeld

Ludwig XIV. zwingen würde, auf dem schnellsten Weg Frieden zu schließen, vorausgesetzt, daß auf die bewußten Sicherheitsartikel verzichtet wurde. Sosehr freilich galt, daß ein Sieg auf dem Schlachtfeld zum Sieg am grünen Tisch führen werde, so sehr galt andererseits, daß jede Niederlage, die die Alliierten womöglich einstecken mußten, eine Verschlechterung der alliierten Verhandlungsposition zur Folge haben würde. Prinz Eugen war sich dieser Situation bewußt, als er am 11. Juni an Sinzendorf schrieb: „Es ist wahr, eine glückliche Schlacht kann unsere Bedingungen noch verbessern. Die Änderung wird aber stets nur eine geringe sein; denn es ist nicht zu bezweifeln, dass die Holländer Frankreichs gänzliche Erniedrigung nicht wollen. Wenn die kriegerischen Unternehmungen nicht gleich anfangs die günstigen Resultate liefern, welche man von ihnen erwartet, so fürchte ich sehr, dass die bisherige grosse Standhaftigkeit sich in ihr Gegenteil verwandeln und man weit mehr verlieren werde als gewinnen könne. Oft habe ich es schon gesagt, Frankreichs Glück besteht in dem, dass, wenn es die Oberhand erhalten hat, es ohne alle Rücksicht seine Eroberungen so weit als nur immer möglich ausdehnt. Ist es aber mit einem unglaublichen Aufwande von Anstrengung und von Blut in einen Zustand wie der gegenwärtige versetzt, so fürchten alle oder doch die Mehrzahl seiner Gegner, es zu tief zu erniedrigen, ohne zu bedenken, daß es binnen Jahren sich ohne allen Zweifel erholen und von neuem beginnen wird seine Nachbarn zu quälen. Ich kenne die Leute, mit denen wir hier zu tun haben, und ich stehe nicht an zu sagen, dass wir weit mehr wagen als wir gewinnen können."[134]

Außer in Flandern, wo sich die Holländer vielleicht durch ein Vorrücken der Front noch eine weitere Barrierefestung sichern konnten, waren, das war allen Alliierten klar, selbst durch einen erfolgreichen Feldzug keine größeren Vorteile mehr zu erringen. An der verfahrenen Situation am Oberrhein würde sich so schnell nichts mehr ändern. Fast alle englisch-holländischen Söldner waren von der Reichsarmee abgezogen worden, und auch die deutschen Fürsten, die zwar laut darüber schimpften, daß für das Reich in Den Haag so wenig herausschaue, verlagerten ihre Regimenter vom Rhein nach Flandern, mit der Absicht, dafür englisch-holländische Subsidien kassieren zu können. Kurfürst Georg Ludwig von Hannover, der Hauptverantwortliche für die Sackgasse am Oberrhein, hatte sich schmollend nach Hannover zurückgezogen und zeigte sich erst wieder Anfang August.[135] Aber auch an der Front in Südostfrankreich sah es nicht sehr vielversprechend aus. Zwar war es im letzten Feldzug Viktor Amadeus gelungen, Exilles und Fenestrelle zu erobern, aber die Alpen stellten sich für die Armee der Österreicher und Savoyer als ein äußerst ungünstiges Terrain heraus. Angesichts der geringen Aussicht auf weitere Erfolge hatte Viktor Amadeus denn auch seine Aufmerksamkeit bereits weiter ostwärts einem anderen Punkt zugewandt, nämlich Vigevano, auf das er ja schon früher Ansprüche gestellt hatte. In Spanien selbst verbesserte sich langsam die Situation des Erzherzogs.

Ludwig XIV. hatte bereits seine Armeen aus Spanien abgezogen, teils um Villars zu stärken, teils um den Alliierten seine guten Absichten zu beweisen. Zur gleichen Zeit kamen Verstärkungen für Starhembergs Armee in Barcelona aus Italien. Trotzdem waren die Armeen der Alliierten in Portugal und Katalonien zu schwach, um eine Offensive starten zu können. Und weil die österreichische Armee in Neapel unfähig war, ihre Invasionspläne mit der englischen Flotte zu koordinieren, konnte sich auch das isolierte Sizilien weiter halten.[136]

Nur in Flandern war also allenfalls noch ein alliierter Sieg zu erkämpfen. Aber Marschall Villars befolgte gewissenhaft die Order aus Versailles, jeder Feindberührung aus dem Weg zu gehen. Als Marlborough und Prinz Eugen Ende Juni an die Belagerung Tournais gingen, machte Villars keinen Versuch, die Stadt zu retten. Als sie nach dem Fall Tournais Mons belagerten, hielt sich Villars abermals in Distanz und verbarrikadierte sich in einem Wald zirka 16 Kilometer südwestlich der Stadt. Obwohl er sich hier in einer ausgezeichneten Verteidigungsposition befand, beschlossen die beiden alliierten Generäle trotzdem, ihn anzugreifen, in der Hoffnung, ihm damit den Gnadenstoß versetzen zu können. Nachdem 110.000 alliierte Soldaten einen ganzen Tag erbittert gegen 90.000 Franzosen gekämpft hatten, räumte die französische Armee das Schlachtfeld. Aber der Preis, den Marlborough und Eugen für ihren kühnen Angriff zu bezahlen hatten, war hoch: 8000 tote und 16.000 verletzte alliierte Soldaten. Die Verluste waren grob geschätzt doppelt so hoch wie die des Gegners. Denn die französische Armee war nicht zerstört worden, wohl aber der Mythos von der Unbesiegbarkeit der Alliierten.

Die blutige Schlacht von Malplaquet hatte am 11. September stattgefunden, an dem Tag, an dem die innere Konferenz eine erste Reihe von Beratungen mit Baron Heems abschloß. Erst am 19. kam die erste Nachricht von der Schlacht nach Wien, die ebenso wie die ersten in Versailles, London und Den Haag einlaufenden Berichte einen Sieg der alliierten Armee vortäuschte. In der Annahme, daß Frankreich nun eine weitere demütigende Niederlage erlitten hatte, blühten die Hoffnungen auf einen baldigen Frieden am Wiener Hof wieder auf. In einem Brief an Sinzendorf meinte Wratislaw optimistisch, Spanien und das Reich könnten sich jetzt territoriale Vorteile verschaffen, die über die Haager Präliminarien noch hinausgingen.[137] Diese Hoffnung schien sich zu bewahrheiten, als aus Den Haag zu hören war, daß die Holländer nach Malplaquet wieder mehr Festigkeit an den Tag legten.[138]

Unter dem Eindruck dieser positiven Nachrichten warf die innere Konferenz ihren bisherigen Pessimismus über Bord und ging daran, ihre Forderungen für das Reich zu erhöhen. In zwei geheimen Sitzungen mit Trautson, Seilern und Wratislaw äußerte Josef I. aufs neue den Wunsch, den Herzog von Lothringen für den Verlust Montferrats zu entschädigen.[139] So arbeiteten die drei Minister zusammen mit Schönborn und Heems eine neue Forderung, die drei Bistümer betreffend, aus und forderten, daß die Grenze Lothringens mit Frankreich auf den Status von 1624 gebracht wurde. Während der Sitzungen mit dem Reichsvizekanzler erwog die innere Konferenz auch die Möglichkeit, das ganze Elsaß in deutschen Besitz zu bringen und Dünkirchen an Belgien anzuschließen (anstatt wie bisher nur seine Demilitarisierung zu fordern). Hinsichtlich der holländischen Garnisonen in Lüttich, Huy, Bonn und Rheinfels vertraten die Minister denselben Standpunkt wie im Sommer. Die vier Namen sollten in künftigen Präliminarien überhaupt nicht aufscheinen. Man war der Meinung, daß die Festungen Lüttich, Huy und Bonn mindestens geschleift oder mit kaiserlichen Truppen besetzt werden sollten.[140]

Erst am 2. Oktober wurden in Wien die Einzelheiten der Schlacht von Malplaquet bekannt. Nachdem man sich nun zwei Wochen lang in den optimistischsten Erwartungen gewiegt hatte, wirkte die Wahrheit wie eine kalte Dusche. Denn nun war jedermann am Hofe klar, „daß wir so viel darbey verlohren, als der feindt", wie es Graf Trautson ausdrückte.[141] Von den reichen Perspektiven waren nur die Aussichten auf einen langen und schwierigen Krieg und einen von den Alliierten diktierten Frieden geblieben. Daher legten schon am 9. Oktober die Minister dem Kaiser ein Gutachten vor, in dem sie ihm empfahlen, die Ansprüche des Reiches weitgehend zurückzuschrauben, um die kriegsmüden Holländer zu beschwichtigen. Zwar wies das Gutachten noch einmal auf die Notwendigkeit einer starken Reichsbarriere hin und hob lobend die militärischen Leistungen der Nördlinger Assoziation hervor, aber was zählte dies schon im Vergleich mit den 44 bis 45 Millionen Gulden, die die Holländer jährlich der gemeinsamen Sache hatten zukommen lassen? Immerhin hatten sie damit ungefähr hundertmal soviel wie das Reich für den Krieg ausgegeben. War dies ein Partner, den man ignorieren durfte? Möglicherweise konnte man jetzt nur noch auf Straßburg und Breisach bestehen. Und es blieb nur wenig Hoffnung, daß man durch eine spätere Rehabilitierung Max Emanuels einige Gebiete im Elsaß für das Reich und ein, zwei Enklaven für Lothringen gewinnen könne. Nur Josef I. gab die Hoffnung nicht auf, substantielle Gewinne für das Reich und besonders Lothringen herausholen zu können. Als Heems am 19. Oktober wieder nach Den Haag aufbrach, schrieb der Kaiser an Sinzendorf, er möge zu erreichen versuchen, daß die Grenze Lothringens mit Frankreich gestärkt werde; denn dies sei ein Ziel, „welches nit allein ihm und seinen haus wohl zu gönnen sondern auch vor daß die ruhe des Römischen Reichs und gemeinen wesen höchst erspriesslich sein wirdt".[142] Aber auch diese Worte des Kaisers konnten nicht darüber hinwegtäuschen, daß er und seine Minister die Interessen des Reiches aufs neue auf dem Altar der habsburgischen Dynastie geopfert hatten.

Die demonstrative Bereitschaft des Kaisers, die Ansprüche des Reiches auf das Elsaß zurückzunehmen, zog nun keineswegs automatisch die Erreichung der dynastischen Zielvorstellungen nach sich. Mit dem Pyrrhussieg von Malplaquet war die Gefahr gestiegen, daß die Holländer eine Teilung des spanischen Erbes erzwingen würden, indem sie entweder mit Ludwig XIV. einen Separatfrieden schlossen oder die Alliierten dazu brachten, Kompromisse zu machen. Fest stand jedenfalls schon jetzt, daß die Holländer Josef I. erpressen würden, einer beträchtlichen Erweiterung ihrer Barriere in Belgien und im Hoheitsgebiet von Josef Clemens zuzustimmen.

Tatsächlich gingen die Holländer bereits daran, die ersten Früchte des „Sieges" bei Malplaquet zu ernten. Seit April hatten sie vergeblich versucht, die Engländer für ihre Barriereforderungen zu gewinnen. Marlborough, der die ersten Gespräche mit ihnen geführt hatte, war so vorsichtig gewesen, die weiteren Verhandlungen Lord Townshend anzuvertrauen, weil er vor seinen Wiener Partnern nicht als der dastehen wollte, der eine solche Vereinbarung getroffen hatte. Die inzwischen an die Regierung gelangte Whig-Partei aber war äußerst erpicht darauf, mit den Holländern einen Barrierevertrag abzuschließen, teils weil sie damit einer Garantie der protestantischen Thronfolge näherzukommen hoffte, teils weil sie – anders als Marlborough und seine Tory-Kollegen – durch die Zubilligung einer starken Barriere die Holländer wieder mehr an die Allianz zu binden hoffte. Allerdings erschienen ihnen die letzten holländischen Forderungen dann doch als zu hoch, so daß die Regierung Godolphin Townshend die Instruktion erteilte, sich bei allen Verhandlungen auf das Londoner Projekt zu stützen. Und um sicherzugehen, daß die Holländer nicht doch noch die Allianz vorzeitig verließen, sollte Townshend keine Vereinbarung treffen, die nicht eine Klausel enthielt, durch die die Holländer sich verpflichteten, keinen Frieden zu schließen, bevor nicht das ungeteilte spanische Erbe für den Erzherzog gesichert war.[143]

In diesem Stadium hatten sich die Gespräche festgefahren, als die Holländer im August einige Entdeckungen machten, welche die englische Verhandlungsposition schwer kompromittierten. Als erstes wurde ihnen hintertragen, daß die Engländer den Erzherzog heimlich zu überreden versuchten, der englischen Krone Port Mahón abzutreten. Eine Woche später wurden ihnen Gerüchte bestätigt, daß die Londoner Regierung in den dunklen Monaten nach Almansa Erzherzog Karl einen Handelsvertrag für erhöhte Militärhilfe abgerungen hatte.[144] Die Engländer betrachteten beide Konzessionen wahrscheinlich nur als gerechte Entschädigungen für ihr steigendes Engagement auf der spanischen Halbinsel. Andererseits waren diese Aktionen klare Verletzungen des Allianzvertrages. Denn dieser versprach den Seemächten gleiche Handelsvorteile im spanischen Reich. Nun standen die Engländer vor aller Welt als Heuchler da, welche den Holländern ihre Gewinne in Belgien streitig machen wollten und sich dabei selber in aller Heimlichkeit Vorteile woanders verschafft hatten. Das Kabinett Godolphin beeilte sich natürlich, den verärgerten Verbündeten zu beruhigen, indem es ihm gleiche Handelsvorrechte in Spanisch-Amerika versprach und zugleich die Annexion von Port Mahón auf unbestimmte Zeit verschob. Aber diese Heilmethoden waren kaum in der Lage, Englands stark verletztes Image als treuer Alliierter wiederherzustellen. Angesichts dieser Enthüllungen fragten sich die Holländer, wieweit sie sich einem solchen Bündnispartner gegenüber überhaupt noch verpflichtet fühlen mußten. Waren sie nicht im Gegenteil geradezu gezwungen, nur noch den eigenen Vorteil anzustreben? Nur noch durch die restlose Erfüllung ihrer letzten Barriereforderungen konnte das Kabinett Godolphin das angeschlagene Bündnis retten. Als die Verhandlungen zwischen Townshend und den holländischen Deputierten am 24. Oktober wiederaufgenommen wurden, hatten es beide Seiten so eilig, daß schon nach fünf Tagen ein Abkommen unterzeichnet wurde.

Dieses Abkommen war für die Herrschaft der Habsburger in Belgien ein vernichtender Schlag. Die Holländer wurden autorisiert, 13 belgische Orte mit Garnisonen zu belegen, und diese Garnisonen sollten von der Regierung in Brüssel vollkommen unabhängig sein und das Recht haben, 1 Million Gulden jährlich an Steuern einziehen zu dürfen. Im Falle irgendeines Krieges durften zusätzliche Städte besetzt werden. Das französische Flandern sollte sieben Städte an die Holländer abtreten sowie alle Plätze, die in der Folge noch von den alliierten Armeen erobert werden würden. Weiters wurde die Annexion Gelderns ohne irgendeinen Schadenersatz und die provisorische Besetzung Lüttichs, Huys und Bonns gefordert.[145] Das ursprünglich als Barriere gedachte Belgien wurde auf diese Art eine holländische Festung und ein holländischer Warenumschlagplatz.

Aber auch die Engländer verstanden es, quasi als Gegenleistung für ihre totale Kapitulation, einige Vorteile für sich herauszuholen. Sie konnten die Holländer dazu verpflichten, die Garantie über die Demilitarisierung Dünkirchens zu übernehmen und im Tausch gegen das Handelszentrum Dendermonde den Hafen Ostende aus der Liste ihrer Barrierefestungen zu streichen. Wichtiger aber war noch, daß sie versprachen, England militärisch zur Seite zu treten, falls eine ausländische Macht versuchten sollte, den protestantischen Herrscher zu stürzen. Dieses Versprechen war den Engländern einige Konzessionen wert, vor der Unterzeichnung der Zusatzartikel scheuten sie denn doch zurück, und zwar weil sie den Zorn Preußens über den Verlust Gelderns fürchteten.[146] In der Tat waren die einzig wirklich Benachteiligten des Townshend-Vertrages die Brüder Habsburg. Sogar die englische Forderung, keinen Frieden zu schließen, bevor nicht das ungeteilte spanische Erbe zurückerobert war, hatten die Holländer aus dem endgültigen Vertrag gestrichen. Josef I. und Erzherzog Karl konnten sich noch nicht einmal trösten, daß Holland nun loyal bleiben würde.

Zum gegenwärtigen Zeitpunkt hielt das Godolphin-Kabinett es für klüger, den Vertrag vor den Brüdern geheimzuhalten. Daher glaubte Wien noch immer, daß die Verhandlungen noch im Gange waren und die Engländer die Interessen der Dynastie verteidigten. Selbst Eugen und Sinzendorf merkten nicht, daß ihr Freund Marlborough sich distanziert hatte. In dem Glauben, daß der Herzog noch immer der englische Chefverhandler war, stellte der Kaiser sogar Überlegungen an, wie er sich seine Loyalität in Zukunft erhalten könne. Da Marlborough vor kurzem seine Kandidatur für den Statthalterposten in Belgien zurückgezogen hatte,[147] mußte man sich etwas anderes einfallen lassen. Am 14. September wurde in der inneren Konferenz beschlossen, die drei Töchter des Herzogs zu Erbinnen des Reichsfürstentums Mindelheim zu machen. Mindelheim war dem Herzog nach seinem Sieg bei Höchstädt übertragen worden, was nach Salischem Recht nicht ganz korrekt gewesen war.[148] Am 18. Oktober teilte Wratislaw dem Herzog die Entscheidung des Kaisers mit, und parallel dazu bat Josef I. den Herzog in einer Note, ihm weiter behilflich zu sein, den holländischen Expansionsdrang in Belgien einzudämmen.[149] In der Tat, dies war kein Glanzstück der Wratislawschen Diplomatie.

So wie die ehemals so treue Regierung Godolphin es aufgegeben hatte, die habsburgischen Interessen wahrzunehmen und statt dessen die eigenen verfolgte, genauso hatte auch Marlborough sie zugunsten seiner Karriere und seines Rufes verraten. Dennoch bewogen ihn alte Loyalitätsgefühle, 14 Tage nach Abschluß des Townshend-Vertrages Eugen und Sinzendorf in Den Haag zu besuchen, um ihnen diskret den Inhalt des Vertrages mitzuteilen.[150]

Nach seiner Rückkehr von der Front traf sich Eugen mit Trautson, Wratislaw und Seilern zu einer Lagebesprechung. Daß die Londoner Regierung so rückhaltlos alle Forderungen der Holländer anerkannt hatte und noch nicht einmal mehr auf der holländischen Garantie der Unteilbarkeit des spanischen Erbes bestanden hatte, war für diesen Kreis ein schwerer Schock, der das Gefühl der Ohnmacht verstärkte. Als die vier eine Woche später, am 23. Dezember, mit Josef I. zusammenkamen, rieten sie nur, daß Sinzendorf nochmals versuchen sollte, von Heinsius akzeptablere Bedingungen zu erlangen. Besonders die Garnisonen in den Besitzungen von Josef Clemens und in Rheinfels waren ihnen ein Dorn im Auge.[151] Aber angesichts der Tatsache, daß die Regierung Godolphin sich neuerdings für die Interessen der Holländer einsetzte, waren die Aussichten gering, irgendwelche bedeutungsvollen Revisionen des Townshend-Vertrages zu erreichen. Selbst Eugen, der sich früher immer für direkte Verhandlungen mit den Holländern ausgesprochen hatte, schrieb dem Erzherzog, es hätte wenig Sinn, weiter zu verhandeln.[152]

Auch bei den anderen Ministern folgte auf die erste Empörung über den Verrat der Engländer bald das Gefühl der bittersten Desillusionierung. Anfang Jänner schrieb Wratislaw an Erzherzog Karl, der englisch-holländische Vertrag solle „zu einer wahrnung dienen, wie gefehrlich es ist mit diesen Potentzien sich in einige tractat ein zu lasen".[153] Einige Wochen später betonte die Konferenz in einem schriftlichen, an den Kaiser gerichteten Report, daß die Minister jedes Vertrauen an die Loyalität ihrer beiden wichtigsten Verbündeten verloren hätten.[154] Daß die Minister so reagierten, ist ohne weiteres verständlich. Unverständlich bleibt, daß sie diese Entwicklung nicht längst vorausgesehen und sich dementsprechend verhalten hatten. Die Seemächte hatten ja, indem sie sich über die Barriere einigten, nur in ihrem eigenen Interesse gehandelt, ohne damit irgendeinen vorher geschlossenen Vertrag innerhalb der Allianz zu verletzen. Im Grunde war dies der erste Versuch, sich für die der Dynastie geleisteten Dienste selbsttätig zu entschädigen, die Holländer in Belgien, die Engländer im Mittelmeer und in Amerika. Angesichts der weitgesteckten Ziele der Dynastie schien der Preis in keiner Weise maßlos. Josef I. und seine Minister waren so erfüllt von ihren eigenen Zielen gewesen, daß sie es eigentlich nie recht für möglich gehalten hatten, auch ihre Verbündeten könnten eigene und andere Ansprüche stellen. Noch im August 1709 glaubten sie, den Holländern alle Gebietsansprüche stolz verweigern zu können, ebenso wie die geringste Konzession an den Herzog von Anjou. Dabei hätten sie schon zu diesem Zeitpunkt realisieren müssen, daß die Alliierten versuchen würden, das wenige, was aus dem besiegten Frankreich herauszuholen war, durch Gewinne im spanischen Reich zu kompensieren.

Hätte man schon im Frühling 1709 in Den Haag Frieden geschlossen, dann hätte Josef I. noch mäßigend auf die holländischen Forderungen einwirken können, besonders die Barriere betreffend. Aber keiner der kaiserlichen Minister hatte im Mai 1709 die Vorteile eines frühen Friedensvertrages erkannt. Nur die Holländer hatten in ihren Verhandlungen mit Forcy darauf gedrängt, Frieden zu schließen, nicht Eugen und nicht Sinzendorf. Es war wie im Märchen. Man hatte die Gelegenheit vorübergehen lassen, ohne sie zu nützen, und nun schien alles verloren. Belgien mußte geopfert werden, Sizilien womöglich auch. Um den Rest des spanischen Erbes zu retten, war der Kaiser wieder auf die Hilfe seiner Verbündeten angewiesen. Als er sich jedoch beistandheischend umsah, blickte er in die Gesichter von Gegnern.

Die zerbröckelnde Allianz

Wenn es Ende 1709 überhaupt noch eine Hoffnung gab, das ungeteilte spanische Erbe für die Monarchie zu retten, dann knüpfte sie sich an den nächsten Feldzug, und man hoffte inständig, daß Marlborough und Prinz Eugen in diesem Jahr den entscheidenden Sieg erringen würden, der ihnen bei Malplaquet entgangen war. Nun, das Jahr 1710 brachte nicht den ersehnten Triumph, und was noch schlimmer war, der Kaiser hatte alle Hände voll zu tun, um die antibourbonische Koalition zusammenzuhalten.

Die erste Krise ließ nicht lange auf sich warten. Bevor der Feldzug überhaupt begonnen hatte, drohten neue Entwicklungen im Osten die Alliierten sämtlicher militärischer Vorteile in Flandern zu berauben. Nach der Niederlage Karls XII. bei Poltawa hatten Dänemark und Sachsen ein neues Bündnis mit dem Zaren geschlossen und waren in den Nordischen Krieg eingetreten. Anfang 1710 landeten die Dänen in Schonen, und die Russen fielen wieder einmal im Namen Augusts des Starken in Polen ein. Josef I. berührten die Siegesaussichten der Sachsen und Dänen durchaus nicht nur positiv. Denn als es ihm schlecht ging, hatte sich August als der bravste aller deutschen Fürsten gezeigt, abhängig wie er nun einmal vom Kaiser war. Auch der neue polnische König Stanislaus Leszczyński hatte sich um freundliche Beziehungen zu Wien bemüht und hatte sogar die Annäherungsversuche des Fürsten Rákóczi geflissentlich übersehen. Sollte August wieder den polnischen Thron besteigen, würde er sich wahrscheinlich ähnlich wie Max Emanuel und Friedrich von Preußen benehmen. Es war sogar zu befürchten, daß er sich um die Kaiserkrone bewerben könnte.[155] Schwedens Niederlage konnte aber auch zur weiteren Expansion Preußens führen, und der Horror vor einer solchen war in Wien größer als die Freude über die Schwächung Schwedens.[156] Als unmittelbare Folge des sich ausweitenden Nordischen Krieges aber war die Gefahr, daß Sachsen, Dänemark, Preußen und vielleicht auch Hannover und Wolfenbüttel ihre Söldnertruppen aus Flandern abziehen könnten. Obwohl sie vorläufig noch die englisch-holländischen Subsidien lockten, war es möglich, daß die Gefahr eines schwedischen Einfalls ins Reich sie veranlassen würde, ihre Truppen zurückzurufen. Erst vor kurzem hatte der schwedische General Crassow seine kleine Armee ins Reich zurückgeholt, um es vor den heranrückenden Russen zu schützen. Es war nicht ausgeschlossen, daß Crassow plötzlich von seinem Quartier in Pommern gegen Sachsen und die dänischen Besitzungen in Holstein losschlug. Und was schlimmer war, es bestand die Gefahr, daß die Russen ihm über die Grenzen nach Deutschland hinein nachfolgten. Tatsächlich gab es Gerüchte, der Sultan wolle Karl XII. eine Eskorte von 50.000 tatarischen Reitern für seinen Zug quer durch das Reich mitgeben.[157]

Angesichts dieser explosiven Situation war der Kaiser zu einem äußerst vorsichtigen Taktieren gezwungen. Auf der einen Seite vermied er alles, was Karl XII. provozieren könnte, besonders solange der exzentrische Monarch das Ohr des Sultans besaß. Dazu gehörte, daß er sich weiter an die religiösen Klauseln des zweiten Vertrages von Altranstädt hielt, obwohl der Druck der schlesischen Katholiken immer stärker wurde.[158] Zugleich aber war er mit seinen Ministern einer Meinung, daß durch das veränderte Gleichgewicht im Osten eine Politik wohlwollender Neutralität den Feinden Karls XII. gegenüber durchaus gerechtfertigt war. Er erkannte also August den Starken als König von Polen an, versuchte den schwedischen König davon abzubringen, den Heimweg durch habsburgisches Territorium zu legen, und lehnte es ab, russischen Kosaken, die gegen den Zar gekämpft hatten, Asyl zu gewähren.[159] Wie ein Seiltänzer auf schwankendem Seil balancierte er zwischen dem schwedischen König und seinen Feinden hin und her. Damit das Reich kein Schlachtfeld wurde, forderte Josef I. im Dezember 1709 den Reichstag auf, die Besitzungen Schwedens und seiner Feinde im Reich für neutral zu erklären. Zwar ließ sich der Reichstag drei Monate Zeit, um über diese Frage zu debattieren, aber schließlich stimmte er zu, zwei Tage nachdem Josef in Den Haag eine Konvention unterzeichnet hatte, in der England und Holland die Garantie für die Neutralität des Reiches übernahmen. Dieser Konvention schlossen sich innerhalb der nächsten Wochen Preußen, Sachsen, Hannover und Dänemark an, und auch der schwedische Regierungsrat gab seine provisorische Einwilligung. Die Alliierten verhandelten inzwischen mit der schwedischen Regierung über die Eingliederung der Crassowschen Truppen als Söldner in Marlboroughs Armee.[160]

Im Frühsommer 1710 sah es so aus, als hätte der Kaiser durch seine umsichtige Politik die Gefahr eines neuen Krieges vorläufig gebannt. Auch war der Schrumpfungsprozeß der Armee in Flandern einigermaßen gestoppt worden. Weit mehr aber mußte nun getan werden, damit sich nicht mehrere Alliierte aus dem Krieg gegen Frankreich zurückzogen, fragten sich diese doch ernsthaft, welchen Sinn die Große Allianz überhaupt noch hatte. Weder stellte Ludwig XIV. noch eine Gefahr für das Gleichgewicht der Mächte dar, noch konnten sich die meisten von der Weiterführung des Krieges lohnende Gewinne versprechen. An dieser Haltung war der Kaiser selbst nicht ganz schuldlos, da er von Anfang an wenig Verständnis für die Kriegsziele seiner Verbündeten aufgebracht hatte. Zum gegenwärtigen Zeitpunkt schienen nur die Holländer auf ihre Kosten gekommen zu sein. Es wurde höchste Zeit, sich um die Bedürfnisse der anderen Verbündeten zu kümmern und die Risse zu kitten, die sich in der Fassade der Allianz abzuzeichnen begannen.

Zu Anfang des Jahres 1710 drohte der schlummernde Konflikt mit Viktor Amadeus über das Schicksal Vigevanos zu einem Bruch in den Beziehungen zwischen der Monarchie und Savoyen zu führen. Im vergangenen Jahr hatte die Konferenz dringend geraten, dem Herzog gegenüber nicht nachzugeben. Der Kaiser stimmte zwar mit seinen Ministern überein, daß die Drohungen des Herzogs lediglich als „Schreckschuss" gedacht waren, aber er fürchtete, daß diese Kontroverse auf die Seemächte einen schlechten Eindruck machen würde. Daher akzeptierte er das Angebot der Alliierten, in diesem Streitfall zu vermitteln, und teilte der Konferenz mit, er sei bereit, für Vigevano ein Äquivalent zu erbringen.[161] Zur selben Zeit freilich griff er wieder auf die Praktik zurück, die kaiserliche Macht zu benützen, um seine Verhandlungsposition zu verbessern. So kam ihm im Sommer 1709 das Urteil des Hofrates sehr gelegen, das Savoyen dazu verdonnerte, einen Teil der Schulden Mailands zu übernehmen und die Kriegssteuer Montferrats zu zahlen. Dazu veröffentlichte er zwei „conclusae", in denen darauf hingewiesen wurde, daß das unter Montferrats Protektorat stehende Langhe juristisch nicht zu dem Gebiet gehöre, das Savoyen im Vertrag von Turin zugeschrieben worden sei.[162] Zwei Monate später wurden in Langhe Proklamationen angeschlagen, in denen die Einwohner aufgerufen wurden, dem Kaiser und nicht dem Haus Savoyen Treue zu schwören.[163]

Diese Aktionen waren ganz dazu angetan, Viktor Amadeus in Rage zu bringen.[164] Nach einigen Wochen schon stand er in Kontakt mit französischen Agenten in Genua und verhandelte über die Möglichkeit eines Separatfriedens.[165] In ihrer Angst, er könne tatsächlich aus der Großen Allianz ausscheiden, beeilten sich die Seemächte, Savoyen an die Seite zu treten, so daß Mitte Jänner der österreichische Chefverhandler in Turin, Graf Nesselrode, nach Wien berichtete, daß die englisch-holländischen Vermittler in allen strittigen Punkten zugunsten Savoyens entschieden hätten.[166] Das hieß, daß Josef I. kapitulieren und die zu Mailand gehörende Provinz Novara als Ausgleich anbieten mußte.[167]

Während die Verhandlungen mit Viktor Amadeus und den alliierten Vermittlern noch voll im Gange waren, mußte Josef I. bereits seine Aufmerksamkeit den neuesten Forderungen des preußischen Königs zuwenden. Da er aus seiner ersten Allianz mit dem Kaiser keinen Nutzen gezogen hatte, wandte sich Friedrich 1706 mit der Hoffnung, hier mehr zu erreichen, an die Seemächte. Aber auch von diesen wurde er bitter enttäuscht. Weder war es England gelungen, der holländischen Regierung Moers und Lingen zu entreißen, noch hatte sich einer der Alliierten bei den Haager Gesprächen für die Rückgewinnung der Besitzungen des Hauses Oranien in Frankreich eingesetzt. Und schließlich hatte England im Townshend-Vertrag den preußischen Anspruch auf Geldern unter den Tisch fallen lassen. Deshalb erwog Friedrich I. im Herbst 1709 ernsthaft, sich aus dem nicht sehr profitablen Krieg gegen Frankreich zurückzuziehen und seine Soldaten gegen Schweden ins Feld zu schicken. So näherte er sich der neuen russisch-sächsisch-dänischen Allianz an und verhandelte im Oktober 1709 im geheimen mit den Franzosen über den Abzug aller preußischen Truppen von der Westfront.[168] Aber wie vor vier Jahren scheute er doch vor dem endgültigen Bruch zurück und gab Anfang 1710 den Alliierten aufs neue die Chance, auf seine Territorialansprüche einzugehen, indem er sie mit der Drohung, seine Truppen aus Italien und Belgien abzuziehen, zu erpressen versuchte.[169] Als er auch damit keinen Erfolg hatte, versuchte er es noch einmal mit dem alten Trick von 1706. Damals hatte er die Information durchsickern lassen, er träfe sich heimlich mit den Franzosen. Diesmal aber ließ er die Information um der Echtheit willen aus einer inoffiziellen Stelle kommen. Wenige Wochen später folgte ein Brief des preußischen Generals Grumbkow an seinen Freund Eugen, der scheinbar ohne Wissen des Königs geschrieben worden war, von einem bevorstehenden Unheil sprach und Eugen dringend aufforderte, nach Berlin zu kommen.[170]

In der Sitzung der inneren Konferenz am 15. Februar 1710 bestimmte Josef I., daß Eugen auf seinem Weg zur Front Berlin aufsuchen sollte, um eine Versöhnung mit dem König herbeizuführen.[171] Die Begegnung fand am 3. April statt. Eugen bewilligte dem König eine Erhöhung der jährlichen Hofkammersubsidien für die preußischen Truppen in Italien von 30.000 auf 100.000 Taler.[172] Der König dagegen versprach, seine Truppen nicht von der Westfront abzuziehen. Für den Kaiser war dies kein zu hoher Preis für die 30.000 preußischen Söldner, und einmal mehr war es dem preußischen König nicht gelungen, sich konkrete politische und territoriale Vorteile zu verschaffen.

Mit den Ansprüchen, die der Reichskanzler, Kurfürst Lothar Franz von Mainz, stellte, war es schon schwieriger. Wie der Herzog von Savoyen und der König von Preußen war auch der Kurfürst von Mainz aufs höchste erbost über die Vorgangsweise des Kaisers. Vertrat Josef I. nicht einzig und allein die eigenen Interessen und vernachlässigte gröblich die des Reiches und der Nördlinger Assoziation? Der magere Gewinn, der für das Reich bei den Haager Gesprächen abfiel, brachte den Kanzler dazu, sich nach neuen Freunden umzusehen, und als ihm der holländische Diplomat Adolf Hendrik Graf Rechteren drei Monate später eine Allianz zwischen der Assoziation und der holländischen Regierung anbot, packte Kurfürst Lothar Franz die Gelegenheit beim Schopfe. Denn gegenüber der Nonchalance, mit der die Wiener Regierung bisher über die militärischen und territorialen Ansprüche der Assoziation hinweggegangen war, versprach Rechterens Plan eines „foedus perpetuum" holländische Truppen und Subsidien und die Stärkung der Reichsbarriere.[173]

Am Kaiserhof erfuhr man erst Anfang März von der geplanten Allianz. Kanzler Lothar Franz war zu diesem Zeitpunkt eifrig dabei, um die Zustimmung der Mitglieder der Assoziation zu werben. Die Konferenzminister waren nun verständlicherweise höchst besorgt, daß die Holländer mit Hilfe des Kurfürsten von Mainz und der Nördlinger Assoziation bestimmte Friedensbedingungen durchzusetzen versuchen würden, zum Beispiel die Abtretung Siziliens. Wie zahlreiche andere Kurfürsten hatte auch Lothar Franz bereits zu erkennen gegeben, daß er lieber Sizilien opfern als den Krieg fortsetzen wolle.[174] Das Bündnis mit den Holländern würde die deutschen Fürsten in diesem Punkt sicher noch nachgiebiger machen, besonders wenn ihnen dafür die Holländer das Elsaß versprachen.

Um sich die Vasallentreue der Nördlinger Assoziation zu erhalten, mußte der Kaiser nun Kurfürst Lothar Franz davon überzeugen, daß er alles tun würde, um den Franzosen eine wesentlich erweiterte Reichsbarriere abzuringen. Und dies war auch durchaus seine ehrliche Absicht. Denn nach wie vor war die Stärkung der Westgrenze und besonders des Herzogtums Lothringen eines seiner größten Anliegen. Während des letzten Jahres hatte er bereits mit der Idee gespielt, die früheren habsburgischen Besitzungen im Elsaß an Lothringen abzutreten, wenn man dafür Frankreichs Zustimmung bei der nächsten Friedenskonferenz gewinnen könnte.[175] So stand nun nicht mehr sosehr das Problem zur Debatte, daß die Holländer größeren Gebietsgewinnen für das Reich nicht zustimmen könnten, sondern daß die Holländer – und Franzosen – wahrscheinlich nicht dafür zu gewinnen sein würden, das Elsaß und das ungeteilte spanische Erbe zu beanspruchen. Es sah ganz so aus, als würden nun doch die Reichsinteressen Vorrang vor den dynastischen bekommen.

Als die neuen Friedensgespräche in Geertruidenberg begannen, befand sich Josef I. in einem echten Dilemma. Die Zeit, da man den Frieden hätte diktieren können, war vorbei. Ludwig XIV. wußte nur zu genau, daß sich seine Verhandlungsposition seit Mai 1709 stark verbessert hatte. Die Schlacht bei Malplaquet hatte seinen Glauben an die französischen Waffen wiederhergestellt. Auch die Wirkung, die die Schlacht auf die englische und holländische Öffentlichkeit ausübte, nahm er sehr wohl zur Kenntnis. Zudem hoffte er noch immer, daß Karl XII. seine Aufmerksamkeit wieder nach Westen wenden würde und möglicherweise sogar die Türken für einen neuen Krieg gegen die habsburgische Monarchie gewinnen könnte. So hatte er im Winter den alliierten Bemühungen, auf der Basis der Haager Präliminarien neue Gespräche zu führen, die kalte Schulter gezeigt und statt dessen darauf bestanden, daß die Gespräche ganz von vorne beginnen sollten. Erst nach der Unterzeichnung des russisch-türkischen Waffenstillstandes hatte er sich etwas entgegenkommender gezeigt und der Aufnahme direkter Friedensverhandlungen zugestimmt.[176] Die harten Bedingungen vom Vorjahr war er freilich immer noch nicht bereit zu akzeptieren. In seinen Instruktionen für Marschall D'Huxelles und Polignac forderte Ludwig XIV. nicht nur entsprechende Kompensation für seinen Enkel, sondern auch die Streichung der Artikel 4 und 37. Als Gegenleistung bot er vier französische Kautionsstädte und sein Neutralitätsversprechen an.[177]

Angesichts der momentanen militärischen Situation in Spanien waren Ludwigs Bedingungen keineswegs unmäßig. Philipp hielt noch immer den größeren Teil der Halbinsel besetzt und dachte nicht daran, den Kampf aufzugeben. Während der französische König noch gerade ein Zwangsexil Philipps in Sizilien oder sonstwo akzeptieren konnte, konnte er doch unmöglich die schändliche Aufgabe übernehmen, seinen Enkel selbst aus Spanien hinauszuwerfen. Andererseits waren weder der Kaiser noch die Holländer bereit, beiden Bedingungen Ludwigs zuzustimmen. Josef I. fand zwar das französische Angebot der Kautionsstädte durchaus akzeptabel,[178] sah auch ein, daß den Franzosen gewisse territoriale Zugeständnisse gemacht werden mußten – so schrieb er in einem Brief an Eugen, es sei nicht länger möglich, Königreiche willkürlich zu zerstückeln und aufzuteilen –,[179] aber gerade in Italien war er nicht bereit, weitere Opfer zu bringen, und das ungeteilte spanische Erbe blieb nach wie vor sein Hauptanliegen. Die Holländer dagegen waren wie immer durchaus bereit, Sizilien an Philipp abzutreten, weigerten sich aber hartnäckig, die Artikel 4 und 37 aus den Präliminarien zu streichen. Warum sollte Frankreich bereits in den Genuß des Friedens kommen, während sie mit ihren Alliierten weiter gegen Philipp kämpfen sollten? Nur die Engländer wollten beide Bedingungen Ludwigs XIV. akzeptieren, allerdings nicht, wenn sie damit in Widerspruch zu ihren Alliierten gerieten. Ihrer Konzilianz war es immerhin zu verdanken, daß die Haager Präliminarien überhaupt wieder erörtert wurden.

Die Gefahr war groß, daß die Holländer beim ersten Anzeichen französischen Widerstandes Sizilien fallenlassen würden. Und Townshend und Sinzendorf hatten diese Gefahr noch vergrößert, indem sie im Februar eingewilligt hatten, daß sich Buys und Vanderdussen allein mit den französischen Diplomaten trafen. Sie begründeten dies damit, daß ihrer Meinung nach einseitige Verhandlungen leichter zu führen seien und zudem dem Feind den Eindruck einer einheitlichen gegnerischen Front vermittelten. Tatsächlich aber hatten die Holländer schon im Winter Anzeichen von Schwäche gezeigt.[180] Townshend ermahnte daraufhin noch einmal Buys, Vanderdussen und Heinsius, mit den Franzosen keine Regelung zu treffen, die nicht den Haager Präliminarien entspräche.[181] Aber im Grunde waren die Engländer den Holländern gegenüber genauso hilflos wie die Österreicher. Im letzten Barrierevertrag hatte sich gezeigt, wie verwundbar auch sie waren. Und dazu kam, daß steigende Steuern und die erlittenen Verluste bei Malplaquet die Kriegsbegeisterung der englischen Öffentlichkeit stark gedämpft hatten.

In ihren ersten Sitzungen Anfang März mit D'Huxelles und Polignac in Geertruidenberg hielten sich die holländischen Verhandler denn auch strikt an ihre Verpflichtungen und verlangten, daß Ludwig XIV. das spanische Erbe ungeteilt übergäbe. Als Josef I. die Nachricht über die Festigkeit seiner Alliierten erhielt, empfand er zugleich Erleichterung und Dankbarkeit.[182] Als aber die Franzosen sich weiter hartnäckig weigerten, ihre Forderungen Sizilien betreffend zurückzuziehen, wuchs in Wien wieder die Sorge, die Holländer könnten doch wieder umfallen. Ende März war diese Sorge so stark geworden, daß die Konferenz die Beiziehung Sinzendorfs und Eugens zu den Verhandlungen in Geertruidenberg beantragte.[183] Auch Versicherungen von englischer Seite nutzten wenig, da man ja in Wien damit rechnen mußte, daß das Kabinett Godolphin nicht mehr länger in der Lage oder willens sein würde, die Holländer bei der Stange zu halten.[184]

Josef I. aber bestand immer noch darauf, Philipp „gar nichts zu lassen, absonderlich nichts auf Italien".[185] Um dem unvermeidlichen holländischen Verzicht auf Sizilien vorzubeugen, drängte er noch einmal darauf, die Artikel 4 und 37 zu streichen. Denn er teilte Marlboroughs Ansicht, daß die Alliierten Spanien auch alleine erobern konnten, wenn sie sich erst Frankreichs Neutralität gesichert hatten. In einer Sitzung der inneren Konferenz am 7. März war auch die Idee eines Separatfriedens mit Versailles erörtert worden. Sobald Philipp durch die französische Neutralität isoliert sei, wolle er 6000 österreichische Soldaten als Teil einer 20.000 Mann starken alliierten Expeditionsarmee nach Spanien schicken.[186] Auch in seinen Briefen vom 27. März 1710 an Königin Anne und die holländische Regierung bietet Josef I. seine Hilfe bei der Wiedereroberung Spaniens an, sobald man einen Separatfrieden mit Frankreich geschlossen habe.[187] Einige Tage später bekam auch Sinzendorf die entsprechende Anweisung.[188]

In seinem Brief an die englische Königin hatte Josef I. seine Ansicht erläutert, daß man den Frieden nur dadurch erreichen könnte, wenn man entweder die Kautionsstädte akzeptiere oder Philipp eine Abfindung zukommen lasse. Er aber, so betonte er, würde niemals die zweite, von den Holländern favorisierte Lösung akzeptieren. Er irrte sich aber in der Annahme, daß die Alliierten die Wahl zwischen diesen beiden Alternativen besaßen; denn Ludwig XIV. war entschlossen, auf beiden Bedingungen zu bestehen. Josef I. sah erst am 4. April seinen Fehler ein, als nämlich aus den neuesten Depeschen Sinzendorfs hervorging, daß Ludwig XIV. wahrscheinlich keinen Separatfrieden unterzeichnen würde, bevor nicht sein Enkel entschädigt worden sei. Der Bericht Sinzendorfs enthielt auch, wie zu erwarten war, die holländische Forderung, Philipp sei mit einem Teil des spanischen Erbes zu entschädigen. Mit gleicher Konsequenz lehnte Josef I. den Vorschlag seines Alliierten ab und verkündete seinen Ministern, er sei nun für einen Abbruch der Verhandlungen, da sie der Dynastie keine Vorteile zu bringen schienen.[189]

Es war in der Tat nicht zu erwarten, daß die Holländer sich Josefs Verdikt beugen würden. Sie waren im Gegenteil fest entschlossen, Sizilien nicht zum Hindernis in den Friedensverhandlungen werden zu lassen. Buys und Vanderdussen setzten ihre Verhandlungen mit den Franzosen fort und konterten die Proteste aus Wien mit der Forderung, Sizilien zu opfern. Indem sie die Gespräche fortsetzten, ignorierten sie auch den Rat Marlboroughs, der besagte, daß die Franzosen nicht wirklich am Frieden interessiert seien.[190] Die Holländer wußten nämlich ganz genau, daß Marlboroughs Einfluß bei den Whigs und der Königin selbst zurückgegangen war und daß das Kabinett Godolphin bereits entschieden hatte, die holländische Forderung zu akzeptieren, wenn man durch eine solche Konzession dem Frieden näherkäme.[191]

Am 24. April kapitulierten Buys und Vanderdussen vor den Franzosen und informierten D'Huxelles und Polignac, daß die Alliierten bereit seien, Sizilien und möglicherweise Sardinien an Philipp abzutreten. Dafür forderten die Holländer ihrerseits eine Garantie Ludwigs XIV., daß sein Enkel auf den spanischen Thron verzichte, gemäß den Haager Präliminarien. Wie erwartet, wiesen sie darauf hin, daß das ganze Elsaß an das Reich für die teilweise Rehabilitierung Max Emanuels und Josef Clemens' zurückzugeben sei.[192] In den vergangenen Jahren hatte Ludwig XIV. ja bereits angeboten, eventuell das Elsaß gegen Neapel zu tauschen. Es war jedoch nicht klar, ob er bereit sein würde, die Verantwortung für Philipps Verzicht zu übernehmen, jetzt, da man ihm Sizilien als Exil anbot. Die Holländer waren jedoch entschlossen, sich in diesem Punkt auf keine Kompromisse einzulassen. Als Ludwig XIV. ihr Angebot ablehnte, erklärten sie daher auf der Stelle, weitere Verhandlungen seien sinnlos und stürzten sich in ihre Vorbereitungen für den nächsten Feldzug.

Als einige Wochen darauf Eugen und Marlborough die strategisch wichtige Festung Douai belagerten, wurde der französische König tatsächlich wankend und schickte am 17. Juni erneut D'Huxelles und Polignac zu den Holländern. Die schlugen vor, man solle Ludwig XIV. eine Frist von vier Monaten einräumen, um die Abdankung seines Enkels herbeizuführen. Sollte er damit keinen Erfolg haben, würde der König die daraufhin einsetzenden militärischen Operationen auf der Halbinsel unterstützen.[193] Die Holländer blieben jedoch bei ihrer Forderung, daß Ludwig XIV. zuerst Philipp aus Spanien entfernen müsse, bevor an einen Friedensschluß zu denken sei.

Mit dieser Forderung gingen die Holländer in der Tat über die Haager Präliminarien hinaus. Und sie rief denn auch die größte Entrüstung in Versailles hervor. Der König ließ stolz verlauten, wenn er schon gezwungen sei, Krieg zu führen, dann lieber mit seinen Feinden als mit seinen Kindern. In Wien aber wurden die neuesten holländischen Forderungen gut aufgenommen. Dem Wiener Hof war in den letzten beiden Monaten klargeworden, daß der Verlust eines Teils der spanischen Erbschaft für jede Friedensregelung unvermeidlich war.[194] Nun hatten die Holländer selbst diesen Verlust wieder verhindert, dadurch daß sie ihr Sicherheitsbedürfnis zu sehr in den Vordergrund geschoben hatten. Obwohl die Friedensgespräche noch einen Monat weitergingen, war es bereits allen klar, daß sie scheitern würden.

So verließen die alliierten Unterhändler den Verhandlungstisch in Geertruidenberg wenigstens als einige Front. Königin Anne versprach sofort, den Kampf mit neuer Kraft wieder aufzunehmen, und auch die Holländer begannen eifrig aufzurüsten, während sie zugleich Ludwig XIV. unterstellten, er sei nicht mit ehrlichen Friedensabsichten an den Verhandlungstisch gekommen.[195] Den Kaiser erfreute diese neue Entschlossenheit seiner holländischen Verbündeten außerordentlich; denn nach Abschluß des Townshend-Vertrages hatten er und seine Minister schon damit gerechnet, daß die Holländer demnächst aus der Allianz ausscheiden würden. Aber die Holländer hatten sich trotz ihrer Bereitschaft, Sizilien aufzugeben, in ihrem hartnäckigen Bestehen auf den Sicherheitsklauseln als treue Alliierte erwiesen. Nie wieder zweifelte der Kaiser an der Loyalität der Holländer. Es war in der Tat nicht ohne Ironie, daß die zu Beginn so wankelmütigen Holländer am Ende unter den letzten waren, die die Habsburger Sache aufgaben.

Die größte Gefahr für die antibourbonische Koalition war nach wie vor das drohende militärische Patt an allen Fronten. Entlang der Grenzen Frankreichs wurde ein Zermürbungskrieg geführt, der wenig Aussicht auf Veränderung bot, in der Dauphiné brachte auch das zweite Kriegsjahr offensichtlich keine Erfolge, und am Oberrhein ging der Schrumpfungsprozeß der Reichsarmee unverändert weiter. Erst vor kurzem hatte Georg Ludwig von Hannover sein Kommando niedergelegt und war mit seinen Truppen abgezogen.[196] Zwar trat auf der Stelle Prinz Eugen seine Nachfolge an, aber er hatte nicht die Absicht, deshalb die so entscheidende Front in Flandern zu verlassen, sondern beauftragte den eher mittelmäßigen General Gronsfeld, das Kommando in seiner Abwesenheit zu übernehmen. Zugleich benutzte er seine Autorität als oberster Befehlshaber, um noch mehr österreichische und deutsche Truppen vom Oberrhein abzuziehen.[197] Denn mit Hilfe dieser Truppen konnte er in Flandern das zahlenmäßige Übergewicht der Alliierten gegenüber Marschall Villars halten. Nach dem Fall Douais schritten Marlborough und Eugen zur Eroberung Béthunes, Aires und Saint Venants. Aber Villars machte immer wieder ihre Hoffnungen auf die Entscheidungsschlacht zunichte, indem er es vorzog, seine Armee noch nicht ins Treffen zu führen.

Während der Belagerungskrieg in Flandern immer mehr ins Stocken geriet, machten sich in der Allianz starke Zerfallserscheinungen bemerkbar. Die ohnehin schwierigen Beziehungen mit Viktor Amadeus hatten sich aufs neue abrupt verschlechtert, als der Kaiser im Juli verkündete, Novara könne erst dann an Savoyen angeschlossen werden, wenn der Reichshofrat sein letztes Wort gesprochen habe. Zugleich verschob er auch die Abtretung Langhes an den Herzog, ebenfalls unter dem Vorwand, das Urteil des Reichshofrates abwarten zu wollen. Über diese Verschiebung informierte der Kaiser Turin erst im September 1710.[198] Aber da war der Herzog schon selber aktiv geworden und hatte bereits angefangen, mit dem französischen Kommandanten in der Dauphiné, dem Marschall Berwick, über einen Separatfrieden zu verhandeln.[199] Obwohl Gerüchte darüber nach Wien drangen, hielt der Kaiser es für unwahrscheinlich, daß Viktor Amadeus die Koalition verlassen könnte.[200]

Denn im Sommer 1710 waren es nicht Holland, Preußen oder Savoyen, um deren Loyalität sich der Kaiser Sorgen machte, es war England, der bisher stärkste Partner innerhalb der Koalition, über dessen Intentionen er sich nicht ganz im klaren war. Noch vor dem Scheitern der Geertruidenberger Gespräche war bekannt geworden, daß Königin Anne einige Minister aus ihrem Kabinett entfernen wollte. Sie war von tiefer Antipathie gegenüber den Whigs erfüllt, die aber 1708 einen überwältigenden Wahlsieg über die Tories errungen hatten.

Wohl oder übel mußte sie nun mit ihnen auskommen, verließ sich aber weiter auf den Rat der beiden gemäßigten Tories Godolphin und Marlborough und ihrer nahen Vertrauten, Marlboroughs Frau Sarah. Im Frühling 1710 aber fielen die Marlboroughs in Ungnade. Inzwischen hatten die Whigs durch ihren politischen Prozeß gegen den Tory Dr. Henry Sacheverell, einem religiösen Fanatiker, erheblich an Popularität eingebüßt, und die Königin beschloß, den Krieg, der bis dahin keine Rolle in der Rivalität zwischen Whigs und Tories gespielt hatte, als Waffe gegen die Whigs einzusetzen. Denn das englische Volk war dieses Krieges schon längst überdrüssig. Kurz nachdem die Geertruidenberger Verhandlungen geplatzt waren, strichen daher die Tories die Parole „Kein Friede ohne Spanien" aus ihrem politischen Repertoire, teils aus Überzeugung, teils aus politischer Berechnung.

Das erste Opfer der königlichen Säuberungsaktion war am 24. Juni Graf Sunderland, Marlboroughs Schwiegersohn und einflußreiches Mitglied der Whig-Partei. Zwar versicherte die Königin gleich darauf ihren Alliierten, daß Sunderland aus rein persönlichen Gründen hatte gehen müssen und daß sie entschlossen sei, den Krieg weiterzuführen, aber Graf Gallas wußte nach Wien zu berichten, daß die Tory-Gefolgschaft der Königin nur noch über den Frieden spräche.[201] Außerdem würde die Königin demnächst das Parlament auflösen und Neuwahlen ausschreiben, und wenn die Tories siegten, was eigentlich zu erwarten war, dann würde nichts mehr einer baldigen englisch-französischen Vereinbarung im Wege stehen. Am 11. Juli sprach der holländische Gesandte Vryberg bei der Königin vor und bat sie inständig, das Parlament nicht aufzulösen. Worauf sie ihm nur ärgerlich antwortete, er möge sich nicht in ihre Regierungsangelegenheiten mischen.[202] Am 16. Juli folgte Josef I. mit einem taktvoll formulierten Brief, in dem er andeutete, weitere Veränderungen innerhalb des Kabinetts und gar eine Auflösung des Parlaments könnten möglicherweise negative Wirkungen auf die Allianz haben.[203] Die innere Konferenz hatte geraten, den Brief zuerst an Eugen und Marlborough zu senden, die ihn vorsichtig prüften, bevor sie ihn nach London schickten.[204] Trotz dieser Vorsichtsmaßregeln ging es Gallas in keiner Weise besser als Vryberg. Als er am 11. August seinen Brief präsentierte, wurde er von den neuen Ratgebern der Königin in heftige Wortgefechte verwickelt, die ihn zu der pessimistischen Bemerkung veranlaßten, seine Furcht sei größer als seine Hoffnung.[205]

Die Königin ließ Josef I. nicht lange mit ihrer Antwort auf seinen Brief warten. Am 19. August entließ sie Godolphin und ersetzte ihn durch den Tory Robert Harley, einem Meister der politischen Intrige. Eine Woche später berichtete Gallas nach Wien, daß die Königin einen Agenten nach Hannover gesandt habe mit dem Angebot, Kurfürst Georg Ludwig den Befehl über die englische Armee in den Niederlanden zu übertragen, wenn Marlborough aus dem Dienst geschieden sei.[206] Vorläufig jedoch durfte der Herzog noch weiter seinem Amt nachgehen. Er war der einzige Überlebende. Einer nach dem anderen waren die verbleibenden Whigminister aus ihren Ämtern entlassen worden, und schließlich löste die Königin Ende September das Parlament auf und rief zu Neuwahlen auf. Der Wahlkampf gab ziemlich genau Auskunft über die Art und Weise, mit der in Zukunft Kriegspolitik betrieben würde. Die Tories benutzten die wachsende Kriegsmüdigkeit der Bevölkerung und bezeichneten Marlborough als den „Schlächter von Malplaquet", der mit den Whigs den Krieg unnötig in die Länge zog. Auch die Alliierten dienten den Breitseiten der Tories als willkommenes Kanonenfutter. So wiesen sie hämisch auf den kürzlich veröffentlichten Townshend-Vertrag als bestes Beweismittel für holländische Besitzgier und Whigsche Nachgiebigkeit hin. Dem Kaiser warfen sie vor, seine militärischen Pflichten zu vernachlässigen, und kritisierten die Whig-Regierung, die sich eine noch größere militärische Bürde hatte aufhalsen lassen. Als Beweismittel zitierten die Tories Godolphins Zusage auf Gallas' Bitte, die dem preußischen König kürzlich versprochene Subsidienerhöhung um 70.000 Taler zu übernehmen.[207] Die Wahl brachte den Tories zwei Drittel der Unterhaussitze.

Wie Eugen in einem Brief an Gallas richtig vermutete, verhandelten die Tories bereits heimlich mit den Franzosen.[208] Der französische Agent Gualtier, der in seinem Hauptberuf Kaplan bei Gallas war, hatte schon Kontakt mit dem Tory Graf Jersey aufgenommen. Die Engländer wollten durch diese Separatverhandlungen nicht nur einen schnellen Frieden, sondern auch Vorteile für sich selbst herausholen, wie nicht anders zu erwarten, auf Kosten ihrer holländischen und habsburgischen Alliierten. Dabei demonstrierten sie aber nach außen weiter ihren Willen, den Kampf fortzusetzen, einerseits um genügend Druck bei ihren Verhandlungen ausüben zu können, andererseits um ihre Bündnispartner davon abzuhalten, ihrerseits zum Verhandlungstisch zu eilen, und bewilligten, als sich das Unterhaus zum ersten Mal zusammensetzte, prompt die üblichen sechs Millionen Pfund für den nächsten Feldzug.[209] Trotz ihrer Geheimdiplomatie brachten sie es fertig, ihre Sorge um den Zusammenhalt der Allianz überzeugend zum Ausdruck zu bringen. So trat die Königin auf der Stelle an die Seite ihrer Alliierten, als bekannt wurde, daß Karl XII. die Haager Konvention abgelehnt hatte und nicht zulassen wollte, daß Crassows Korps in die Reichsarmee aufgenommen wurde. Um Viktor Amadeus von einem Separatfrieden abzuhalten, machte sie ihm das Geschenk von 100.000 Pfund „für besonderen Dienst im Krieg gegen Frankreich".[210] In Wien äußerte man sich verächtlich über dieses neueste Zeichen Londoner Servilität dem Haus Savoyen gegenüber.[211] Dabei war es nur der englischen Diplomatie zu verdanken, daß Viktor Amadeus nicht aus der Großen Allianz austrat.

Die Politik der neuen Tory-Regierung sollte sich heilsam auf die Kriegsmoral des Wiener Hofes auswirken. Auf der einen Seite fühlte sich der Kaiser durch Londons anhaltende finanzielle und diplomatische Bemühungen ermutigt, auf der anderen stachelte ihn die dauernde Angst vor Verrat dazu auf, das militärische Engagement der Monarchie zu erhöhen. So stimmte er auf Sinzendorfs Drängen zu, der Bitte der Königin nachzukommen und die österreichischen Truppen in Spanien zu verstärken.[212] Damit hoffte er, sowohl die Kritik der Torys bezüglich seiner Lethargie zu entkräften als auch die Situation in Spanien positiv zu beeinflussen. Die neuesten Nachrichten von der Halbinsel schienen diese Erwartungen zu rechtfertigen. Auf Grund von zwei neuen Truppenkonventionen mit Godolphin war die österreichische Armee in Spanien auf über 12.000 Mann angewachsen.[213] Guido Starhemberg war daraufhin zur Offensive übergegangen und hatte Philipp bei Almenara und Saragossa besiegt. Nun war er auf dem Weg nach Madrid, und da das Ende des Krieges in Ungarn abzusehen war, würde man bald noch mehr Truppen nach Spanien senden können. Allerdings war es nicht möglich, unbegrenzt Truppen zu entsenden. Josef I. war in den letzten beiden Jahren nicht bereit gewesen, die Seemächte aus ihrer 1703 eingegangenen Verpflichtung zu entlassen, die vollen Kosten des Krieges in Spanien zu übernehmen. Erst kürzlich hatte sich wieder die innere Konferenz zu dieser Politik bekannt, und die Tory-Regierung war in einer zwischen Eugen und Marlborough am 29. Oktober geschlossenen Konvention gezwungen worden, dieselben finanziellen Verpflichtungen zu tragen, zu denen sich in vier Truppenabkommen die Godolphin-Regierung verpflichtet hatte.[214] Aus diesem Grund wollten die Engländer nur 2000 Österreicher per Schiff nach Spanien transportieren. Obwohl der Kaiser die Zahl auf 2500 erhöhen konnte, war ihm klar, daß weitere Verstärkungen der Armee des Erzherzogs aus der eigenen Tasche zu bezahlen sein würden. Anfang Dezember verkündete er, daß er weitere 5000 Mann auf eigene Kosten nach Spanien schicken würde.[215]

„Dann werden die See Potenzen nit sagen können, daß wir nichts zu dem Spanischen Krieg thun", meinte selbstzufrieden Graf Trautson; und tatsächlich war die spanische Front, nachdem sie jahrelang vernachlässigt worden war, plötzlich in den Mittelpunkt des Interesses gerückt, nur leider um einige Monate zu spät. Am 21. September hatten die Alliierten Madrid besetzt, obwohl Starhemberg und der Erzherzog mehr dafür gewesen waren, die französische Grenze abzuriegeln. Aber sie hatten sich von ihren englisch-holländischen Beratern überstimmen lassen. Doch bald schon mußten diese ihren Fehler einsehen; denn tatsächlich war bereits eine neue französische Armee unter Marschall Vendôme auf dem Marsch über die Pyrenäen nach Spanien. Am 11. November räumten die Alliierten Madrid und zogen sich Hals über Kopf in Richtung Küste zurück. Aber schon nach zirka 100 Kilometern fiel Vendôme über ein englisches, 5000 Mann starkes Korps unter General Stanhope her und nahm die meisten Engländer gefangen. Starhemberg gelang es mit Mühe, den Rest der Armee zu retten und Vendômes Angriff bei Villaviciosa abzuwehren, mußte sich aber dann weiter nach Katalonien hinein zurückziehen.

Als Anfang des Jahres 1711 diese schlechten Nachrichten in Wien eintrafen, schlug die frohgemute Stimmung augenblicklich in tiefe Sorge um die persönliche Sicherheit des Erzherzogs um. Die Konferenzminister waren sich einig, daß jetzt jederzeit mit der Vertreibung Karls gerechnet werden müsse. Und selbst, wenn er sich noch weiter in Katalonien würde halten können, war doch jede Hoffnung auf eine neue Offensive gegen Kastilien dahin.[216] In Wien herrschte allgemeine Bestürzung über die Widerstandskraft der Franzosen. In einem dem Kaiser Ende Februar vorgelegten Bericht der Konferenz heißt es: „Man fast auch nicht fassen kann, wie es geschehen könnte dass nachdem gegenwartig Krieg bereits ganze Jahr jederzeit mit solchem Glück glori und reputation EKM und die allierten waffen geführt worden, dass die feindliche Cron Franckreich und deren übergrosse macht durch so viele erfochtene Heldenmütige victorien gleichsam gebrochen auf das tiefeste herabgebracht worden, selbe sich von einigen Monath her auf einmal empor gekommen und sich nun in stand gesetzt, das gesatz an statt von dem Allierten zu nemen."[217]

In London und Den Haag kam man zu denselben Schlüssen. Die Holländer teilten Sinzendorf mit, es gäbe wohl keine andere Möglichkeit, als Spanien in Frankreich zu erobern.[218] Dagegen versicherte die Königin zwar Gallas, Brihuega habe ihren Wunsch, Spanien zu erobern, anstatt zu dämpfen nur noch mehr angestachelt,[219] aber in Wirklichkeit war die Geduld der Engländer erschöpft. Solange Starhemberg siegte, hatten die Königin und ihre Minister es nicht für notwendig gehalten, die Haager Präliminarien umzustoßen. Daher hatte Jersey in seinen geheimen Verhandlungen mit Gualtier Ludwig XIV. auch keine korrekten Zugeständnisse gemacht. Am 23. Dezember aber gab Gualtier den Hinweis, England sei nun bereit, Philipp den Besitz Spaniens und der Kolonien zu überlassen.[220]

Der Krieg trat in seine Endphase. Für Josef I. bestand keine Aussicht mehr, irgend etwas zu gewinnen, was er nicht schon vorher besessen hatte.

VII.
Schlußwort

> „... der kayser könne ohne allyrte nichts tun..."
> *Heinrich Wilhelm Graf Wilczek*

Es dauerte nicht lange, bis auch in Wien bekannt wurde, daß Jersey und Gualtier bereits geheime Verhandlungen führten, und wie schon einmal, wurde die unerfreuliche Nachricht von Marlborough übermittelt, der seinerseits aller Wahrscheinlichkeit nach von seinen Agenten in Versailles unterrichtet worden war. Obwohl ihnen die Details der Gespräche verborgen blieben, war es für Josef I. und seine Minister „leicht zu ermessen was verderbliche folgen dieses haben würde". Zusammen mit den Berichten von weiteren Rückschlägen in Spanien versetzten die Enthüllungen Marlboroughs die Konferenz in düstere Besorgnis. In einem dem Kaiser am 24. Februar vorgelegten Bericht malten die Minister die politische und militärische Situation der Monarchie in den schwärzesten Farben. Nicht nur der drohende Verlust Spaniens wurde beklagt, sondern auch die sich verschlechternde Situation an der italienischen und spanischen Front. Ja, man hielt sogar für möglich, daß Marschall Villars bald ein zweites Mal in Schwaben einfallen würde. Indem sie auf die neuesten Feindseligkeiten zwischen dem Osmanischen Reich und Rußland hinwiesen, gaben die Minister zu bedenken, daß der Nordische Krieg zu einer türkisch-schwedischen Besetzung Polens und Sachsens oder zur russischen Expansion auf dem Balkan führen könnte.[1]

Dabei bestand aber gar kein Grund, derartig pessimistisch zu sein. Ludwig XIV. wußte genau, daß die Zeit für ihn arbeitete, und beabsichtigte daher, auch im nächsten Feldzug in der Defensive zu bleiben. Karl XII. hatte sich entschlossen, den Rest des Winters in Bender zu bleiben, und wie wir wissen, wandte sich im Sommer der Sultan von ihm ab und schloß einen günstigen Frieden mit dem Zaren. So blieb eigentlich nur die Tatsache bestehen, daß Spanien für die Dynastie verloren war, und in ihrem Kummer übersah die Konferenz, wie stark die Position der Monarchie sonst überall war. Im April 1711 waren durch die Friedensmission Seifullah Agas und durch Graf Pálffys erfolgreiche Verhandlungen die Probleme der Monarchie im Osten vorläufig geregelt. In Italien normalisierten sich die Beziehungen zu Savoyen im März, nachdem sich Josef I. endlich entschlossen hatte, Langhe Viktor Amadeus zu übertragen. Daraufhin sagte Viktor Amadeus zu, persönlich das Kommando über die in der Dauphiné kämpfenden Truppen zu übernehmen. Von seiten der italienischen Fürsten war momentan keine Opposition zu befürchten. Zugleich versuchte Josef I. seine Stellung bei den Fürsten der Nördlinger Assoziation zu stärken. Dank der Insistenz Sinzendorfs, der im Oktober 1710 nach Den Haag zurückgekehrt war, riefen die Holländer Graf Rechteren von Deutschland ab und verschoben den Abschluß der geplanten Allianz mit der Nördlinger Assoziation bis auf weiteres. Kurfürst Lothar Franz versprach, Josef I. als Haupt des österreichischen „Kreises" zu allen zukünftigen Verträgen zuzuziehen. Durch den Tod des Kurfürsten Johann Hugo von Trier im Jänner wurde der Einfluß des Kaisers innerhalb des Bundes weiter gestärkt. Nachfolger des Verstorbenen wurde Karl von Lothringen, Josefs erfolgloser Kandidat in Münster 1706 und treuer Verfechter der habsburgischen Interessen im Reich. Jedenfalls waren im Frühjahr 1711 die Verteidigungsbastionen der Monarchie in Italien, Deutschland und Ungarn durchaus gesichert. Daß Spanien nicht zu retten war, begann sich bereits als Einsicht durchzusetzen. Schlimmer war, daß das Nachfolgeproblem noch immer nicht gelöst war. Während der ganzen josefinischen Regierung lauerte es unter der Oberfläche, und alle Triumphe der Monarchie konnten nicht darüber hinwegtäuschen, daß der Kaiser wenig tat, um die drohende Krise abzuwenden. Nach wie vor setzte er beim Jagen bedenkenlos seine Gesundheit und Sicherheit aufs Spiel, und obwohl er mit großer Wahrscheinlichkeit noch immer Beziehungen zu Amalie unterhielt, war die Aussicht auf Nachwuchs äußerst gering, einmal, weil der Kaiser immer mehr Zeit mit Mätressen verbrachte, zum anderen, weil die Kaiserin weiter an den Symptomen einer Geschlechtskrankheit litt.[2] Zwar stellte sich hier Anfang 1710 eine vorübergehende Besserung ein, aber inzwischen hatte die immer intensivere Beziehung Josefs I. zu Marianne Pálffy zu einer derartigen Vernachlässigung seiner Frau geführt, daß die Gefahr der totalen Entfremdung bestand.[3] Selbst der liederliche Fürst Lamberg kritisierte in seiner Korrespondenz die Liaison mit der Pálffy – vielleicht weil sie und ihr Vater sich so gut mit Prinz Eugen und Wratislaw vertrugen – und meinte, die Pálffy sähe aus, um „wahrhaftig ein Erbarmen zu haben". Mit besonderer Schadenfreude vermerkt er, daß sie sich in aller Öffentlichkeit übergeben mußte, nachdem sie im Fasching zuviel getrunken hatte.[4] Anfang 1711 war Amalie so kühn, dem Kaiser und seiner Mätresse in der Öffentlichkeit eine Szene zu machen, als sie von einem Jagdausflug zurückkehrten.[5]

Aber alle diese Sorgen rückten in den Hintergrund, als sich in den letzten Monaten des Jahres 1711 der Tod in Gestalt einer Pockenepidemie der Stadt Wien näherte. Die Seuche hatte sich in Ungarn ausgebreitet und sehr schnell die österreichische Grenze erreicht. Josef I. hatte daraufhin den Handel mit Ungarn unterbunden und hatte eine sogenannte Pestfront, ein System von Quarantäneposten, entlang der Militärgrenze eingerichtet.[6] Aber trotz dieser Vorsichtsmaßnahmen blieben die Hauptstadt und der Hof von der Epidemie nicht verschont.[7]

Anfang November erkrankten Graf Trautson und die Prinzessin Dietrichstein.[8] Alle Sorge konzentrierte sich jetzt auf die Person des Kaisers. Denn anders als sein Bruder Karl hatte Josef I. nicht schon in seiner Kindheit diese Krankheit durchgestanden, ein Umstand, der Wratislaw schon viele Ängste bereitet hatte.[9] Um auch jetzt der Ansteckungsgefahr möglichst aus dem Weg zu gehen, schloß sich der Kaiser sechs Wochen in seinen Räumen ein und verlegte außerdem Anfang Dezember seine Wohnung in den sogenannten spanischen Flügel der Hofburg. Erst kurz vor Weihnachten trat er wieder in Erscheinung und nahm an den Staatsratssitzungen teil.[10]

Drei Monate lang konnte man glauben, die Seuche sei überwunden. Zwar starb im März plötzlich Graf Lamberg, aber offensichtlich an anderer Ursache. So schmerzlich den Kaiser der Verlust seines fröhlichen Freundes berührte, so wenig bereit war Wratislaw, Mitleid zu zeigen, und schrieb an Sinzendorf: „Man braucht kein Genie zu sein, um Intrigant zu sein." Wratislaw aber hatte nicht nur einen scharfen, er besaß auch einen prophetischen Blick, als er am 11. März an Sinzendorf schrieb, es bliebe wohl keinem erspart, der Natur ihren Tribut zu zahlen, nur wisse niemand wann.[11] Kaum eine Woche nach dieser Äußerung schlug die Seuche wieder zu.[12] Aber diesmal traf der Kaiser keine Vorsichtsmaßregeln und nahm, obwohl sich am 7. April bereits erste Anzeichen der Krankheit bei ihm bemerkbar machten, am 8. morgens an einer vierstündigen Konferenz über Comacchio teil und am Nachmittag an einer Jagd im Wiener Wald. Nach seiner Rückkehr machte er einen ermatteten Eindruck, aber nach den Anstrengungen dieses Tages wunderte sich niemand darüber, er am allerwenigsten. Auch die Fastenzeit mochte daran schuld sein. Am 9. erwachte der Kaiser jedoch mit Fieber und einem leichten Hautausschlag, und als sich am folgenden Tag die roten Flecken über den ganzen Körper ausbreiteten, begann man sich Sorgen zu machen, daß er sich doch an der entsetzlichen Krankheit angesteckt haben mochte. Am 11. war diese Sorge zur Gewißheit geworden.[13] Aber für einen Menschen, der erst in drei Monaten dreiunddreißig wurde, war noch nicht jede Hoffnung verloren. Am 14. fiel denn auch das Fieber, und der Kranke begann sich bereits besser zu fühlen. Der soeben immunisierte Trautson durfte an den beiden darauffolgenden Tagen seinen Herrn besuchen und berichtete, daß sein Zustand sich ständig bessere. Trotz dieser positiven Entwicklung gab der Kaiser Trautson den Auftrag, zwei Kavallerieregimenter aus Ungarn kommen zu lassen, damit sie im Falle seines Ablebens und aufkommender Unruhe für Ordnung sorgen könnten. Weiters bat er Amalie um Verzeihung und versprach ihr, wenn er überleben sollte, die Pálffy und alle seine anderen Mätressen vom Hof zu entfernen und in Zukunft jeden Skandal zu vermeiden.[14] Zugleich schickte er der Pálffy alle ihre Liebesbriefe zurück.[15] Als Prinz Eugen am Morgen des 16. ihm, bevor er an die Front abreiste, einen Abschiedsbesuch machen wollte, ließ er ihn nicht vor, aus Angst, er könne sich anstecken.[16] Wenige

Stunden nachdem der Feldmarschall Wien verlassen hatte, stieg das Fieber steil in die Höhe. Am Abend war der Kaiser bereits im Delirium und starb am nächsten Morgen um halb zehn Uhr. Es war der 17. April 1711.

Die Todesbotschaft verbreitete sich in Windeseile überall in der Stadt. Die Trauer war allgemein. Am Hof verband sich die Sorge vor der ungewissen politischen Zukunft mit dem Schmerz über einen großen persönlichen Verlust. Der hannoveranische Gesandte Huldeberg berichtete, daß die „Ministris, Cavalliers und Dames täglich gegen Ihro Keysl. Maj. eine gar sonderbahre tiefe veneration (zeigten)".[17] Besonders schmerzlich wurde der Verlust vom inneren Kreis der Minister empfunden, von jenen, die am engsten mit ihm zusammengearbeitet hatten. Graf Seilern pries seine „unvergleichlichen talenta" und meinte, Josef I. wäre, wenn er länger gelebt hätte, „der allerlöblichste Regent wurde geworden seye".[18] Eugen sagte, als ihm die Todesnachricht überbracht wurde: „Ich stets mich ihm ganz besonders verbunden gefühlt habe", und später: „Mein Kummer wird immer größer, denn ich liebte diesen Fürst wirklich." Der böhmische Kanzler gestand: „Ich habe einem Herrn gedient, dessen Tod ich zeit meines Lebens beweinen werde, den ich inniglich geliebt."[19] Für Wratislaw, diesen Meister der Analyse, „dessen pouvoir am Hoff weltkündig war", war besonders bemerkenswert, daß „Ihr M. sich weder an die majora noch an die personen gekehret, sondern mit der grössesten Justesse gar oft den rechten weg getröstet und gewehlet habe".[20]

Noch kurz vor der feierlichen Beisetzung Josefs I. am 20. April in der Kapuzinergruft in einem von Hildebrandt entworfenen Sarkophag trafen sich seine Minister, um die Nachfolge zu organisieren. Am 18. April beschloß die innere Konferenz, Karl von Spanien kommen zu lassen und in der Zwischenzeit die Kaiserin Eleonore zur Regentin zu machen, da sie anders als Amalie gekrönte Königin von Ungarn und Böhmen war und daher über eine überzeugendere Legitimität verfügte.[21] Die neue Regentin wurde sogleich aktiv und verschob die Rückgabe Comacchios auf unbestimmte Zeit, zumindest bis Karl von Spanien zurückgekehrt sei. Da die innere Konferenz auf keinen Fall Josefs geheime Abmachung mit dem Papst preisgeben wollte, blieb ihr nichts anderes übrig, als die Kaiserin agieren zu lassen.[22] Endlich konnte Eleonore nun auch ihrer lang zurückgehaltenen Empörung über den unmoralischen Umgang ihres Sohnes Luft machen. Da Lamberg sich durch den Tod bereits entzogen hatte, konzentrierte sich jetzt ihr ganzer Zorn auf Marianne Pálffy. Dieser Zorn hatte sich durch die Testamentseröffnung noch gesteigert. Josef I. hatte die Erben seines Günstlings mit 250.000 Gulden und seine Geliebte mit Juwelen und Kleidern von geschätzten 500.000 Gulden bedacht. Seiner Mutter dagegen gewährte er nur eine jährliche Rente von 50.000 Gulden, angesichts ihrer Hofschulden von 200.000 Gulden eine lächerliche Summe.[23] Sie rächte sich, indem sie Marianne Pálffy zwang, die Juwelen wieder herauszugeben, ihr verbot, sich in ihrer oder Amalies Gegenwart zu zeigen, und sie schließlich vor die Alternative stellte, zu heiraten oder den Hof zu verlassen.[24] Die Regentin hatte auch vor, Graf Pálffy für das Verhalten seiner Tochter büßen zu lassen und ihn vom Verhandlungstisch in Szatmár abzuberufen. Da aber Pálffy, Locher und Károlyi sich gerade bemühten, mit den Rebellen ein Abkommen zu treffen, bevor die Nachricht von Josefs Ableben zu ihnen gedrungen war, wurde die Diskreditierung Pálffys von seinen Kollegen mit der größten Empörung aufgenommen.[25] Auf den dringenden Appell Lochers erlaubte schließlich die Regentin Pálffy, seine Aufgabe zu beenden.

Während die Kaiserin an der italienischen und ungarischen Politik ihres Sohnes noch Änderungen vornehmen konnte, stand sie der Situation in Spanien machtlos gegenüber. Vergeblich lud sie England ein, der neuen Allianz zwischen Österreich, der Nördlinger Assoziation und Holland beizutreten.[26] Mit dem Tod Josefs schien der Verlust Spaniens bereits eine besiegelte Sache zu sein. Die Alliierten, die nun vor der Wahl standen, entweder das Reich Karls V. wiederaufleben zu lassen oder den spanischen Thron den Bourbonen zu überlassen, hatten alle ihre Begeisterung für die habsburgische Sache verloren. Die früheren Minister Josefs I. waren sich dieser Situation wohl bewußt. Als in den Tagen nach Josefs Tod der Tory Graf Peterborough Wratislaw den Vorschlag machte, Viktor Amadeus sollte Spanien erhalten und Karl dafür seine italienischen Besitzungen mit Piemont und Savoyen abrunden dürfen, unterrichtete Wratislaw begeistert den Erzherzog von diesem Vorschlag.[27] Leider hatte Peterboroughs Vorschlag durchaus nicht die Billigung seiner Vorgesetzten. Auch Karl selber machte sich keine Illusionen mehr über die Zukunft seiner „Untertanen".

Noch bevor er wußte, daß sein Bruder gestorben war, schrieb er Wratislaw, „dass die Alijrten nicht ober zwey campagnien mehr lengst machen werdten und dann ein schadlicher fridt zu beforchten sein wirdt". Während Spanien sicher verloren war, sollte man wenigstens Italien für die Dynastie retten.[28] Als ihn endlich die Nachricht von Josefs Tod erreichte, muß dem Erzherzog plötzlich die ganze Ironie seines Schicksals bewußtgeworden sein. Denn in dieser selben Stadt erhielt vor nunmehr fast 200 Jahren der zukünftige Kaiser Karl V. die Nachricht von dem Tod seines Großvaters Maximilian I. und von seiner Bestimmung zum Nachfolger. Sowohl 1519 als auch 1711 nahmen die Bürger von Barcelona die an sich ehrenvolle Nachricht mit den schlimmsten Vorahnungen entgegen. Denn damals wie heute war Österreich das Herz der Dynastie und nicht Spanien. Aber nicht die Gleichheit, sondern eher die Verschiedenheit der beiden Schicksale stimmten den Erzherzog und seine katalanischen Gefolgsleute so düster. Während sich Karl V. bereitwillig auf die Reise gemacht hatte, trennte sich Karl nur höchst ungern von Barcelona; wußte er doch, wie wenig Aussicht für seine Wiederkehr bestand.

Die Leichtigkeit, mit der seine Wahl zum Nachfolger seines Bruders als Kaiser Karl VI. im Oktober 1711 vor sich ging, konnte der Wiener Hof als Bestätigung dafür auffassen, daß Spanien nun endgültig verloren war. Die deutschen Fürsten, die niemals gestattet hätten, daß ein spanischer König den Kaiserthron bestieg, unterstützten einstimmig die Kandidatur des Erzherzogs. Auch Clemens XI. sprach sich für Karl aus, erstens weil er an Comacchio dachte und zweitens weil er sich auf den Tag freute, da er nicht mehr Erzherzog Karl als König von Spanien anerkennen mußte.[29] Am leichtesten fiel England der Abschied von der Chimäre der Wiederherstellung vom Reich Karls V. Während sich die Regierung Harley zusammen mit den Holländern für die Wahl Erzherzog Karls einsetzte, führte sie zugleich die Geheimverhandlungen mit den Franzosen weiter. Und um die Öffentlichkeit für die bevorstehende Aufgabe Spaniens zu gewinnen, drohte die Tory-Presse mit der Gefährdung des Gleichgewichts der Mächte, wenn man Karl beide Throne besteigen lassen würde. Königin Anne und ihren Ministern blieb erspart, zugeben zu müssen, daß sie Spanien bereits vor einigen Monaten an Philipp V. abgetreten hatten. Um den Anschein zu wahren, spendeten sie weiter riesige Summen für die Weiterführung des Krieges.[30] So erhielt Viktor Amadeus ein neuerliches Geschenk von 100.000 Pfund, und Friedrich bekam auch dieses Jahr seine 100.000 Taler Subsidien ausgezahlt.[31] Was aber nicht einmal der provisorischen Regierung verborgen blieb, konnte auch vor den anderen Mitgliedern der Allianz nicht verheimlicht werden. Sofort nach Josefs Tod trat Johann Wilhelm ebenfalls in Geheimverhandlungen mit Versailles, um sich die Oberpfalz zu sichern. Im Juli trat Preußen in seine Fußstapfen, im Herbst folgten ihnen die Holländer.[32] Viktor Amadeus führte nur deshalb keine Separatverhandlungen, weil er wußte, daß die Engländer seine Interessen vertreten würden. Die Ablöse Marlboroughs durch den Tory Herzog Ormonde im Dezember 1711 war schließlich das Ende der englischen Kriegsbeteiligung. Die Holländer allein wollten noch eine Zeitlang den Kampf fortsetzen, aber die vernichtende Niederlage, die sie bei Denain einstecken mußten, machte auch sie schließlich mürbe. Im Jänner 1712 trat in Utrecht ein Friedenskongreß zusammen, und 15 Monate später, am 11. April 1713, wurde der Friede unterzeichnet. Aber vorläufig nur von England, Holland, Preußen, Savoyen und Portugal. Die habsburgische Monarchie und das Reich waren offiziell noch im Kriegszustand.

Ohne die Beihilfe seiner Alliierten war Karl VI. allerdings außerstande, das Utrechter Abkommen zu seinen Gunsten abzuändern. Am 6. März 1714 folgte daher die Monarchie mit der Unterzeichnung des Friedens von Rastatt. Sie erhielt nicht mehr, als was sie bereits besaß: Mailand, Mantua, Finale, die Präsidien, Neapel, Sardinien und den größten Teil Belgiens.[33] Für das Reich, in dessen Namen sechs Monate später in Baden ein zweiter Vertrag geschlossen wurde, gab es überhaupt keine Territorialgewinne. Hier wurde der Friede auf der Basis des Status quo ante bellum geschlossen. Die unter Acht stehenden Kurfürsten Max Emanuel und Josef Clemens wurden vollständig rehabilitiert. Für die Rückgabe der Oberpfalz an seinen Wittelsbacher Cousin erhielt Kurfürst Johann Wilhelm die Summe von einer Million Gulden als Abfindung.

Obwohl Spanien und die Kolonien nun endgültig an Philipp V. verlorengegangen waren und die Engländer nun doch Sizilien dem Herzog von Savoyen zugeschoben hatten, hatten die Verträge von Utrecht und Rastatt der Monarchie keine wirklichen Schäden zugefügt. Deutschland und Italien blieben brauchbare Pufferzonen gegenüber Frankreich, und mit dem Erwerb Belgiens, Neapels und Sardiniens erweiterte die Monarchie derartig ihren Aufgabenkreis, daß sie damit eigentlich schon ihre Kräfte überforderte. Zwar konnte Karl VI. später Sardinien gegen Sizilien tauschen, aber das Habsburgerreich war an seiner Peripherie wesentlich verwundbarer geworden.

Das lag nicht nur an der geographischen Ausdehnung, sondern auch an den wechselnden Beziehungen mit den restlichen europäischen Mächten. Seitdem Frankreich keine Gefahr mehr für das europäische Gleichgewicht der Kräfte darstellte, verfolgten die früheren Alliierten wieder ihre eigenen politischen Interessen. Schließlich hatten sie Josef I. selbst dazu ermuntert, hatte er doch sechs Jahre hindurch die begrenzten Mittel der Monarchie nur für die österreichischen Interessen benutzt, in Italien wie in Ungarn. Die Unterstützung der Alliierten hatte er immer als selbstverständlich hingenommen, und erst der Townshend-Vertrag hatte es offenkundig werden lassen, daß England wie auch die übrigen Alliierten mehr und mehr die eigenen Interessen verfolgte. Erst 1710 traf Josef I. Anstalten, gewisse Wünsche seiner Verbündeten zu befriedigen. Aber da man Frankreich inzwischen an allen Fronten in die Defensive gedrängt hatte und die Alliierten Italien und die Niederlande unter ihrer Kontrolle hatten, wurde es immer schwieriger, die Fortführung des Krieges zu rechtfertigen. Namentlich England und Holland mußten auf innenpolitischen Druck und nationale Interessen Rücksicht nehmen.

Nachdem Josef I. in Geertruidenberg zum letzten Mal und ohne Erfolg durch die Streichung der Artikel 4 und 37 seine Friedensvorstellungen durchzusetzen versucht hatte, mußte er sich wohl oder übel der Führung seiner Verbündeten überlassen. Darüber war sich die Konferenz am Vorabend der Friedensverhandlungen vollkommen klar.[34] Ja, selbst nach Englands Abfall und nach der Unterzeichnung des Friedens blieb auch Karl VI. keine andere Wahl, als die Beziehungen mit England und Holland weiter zu pflegen, auch wenn offenkundig war, daß die beiden Mächte nicht die geringste Veranlassung mehr sahen, die sich ausbreitende Monarchie noch mehr zu stärken, und daher ihre Gunst den kleineren Staaten Europas zuwandten.[35]

Dabei war die Monarchie militärisch noch gar nicht darauf vorbereitet, allein und ohne Hilfe der Alliierten mit den Aggressionen ihrer Nachbarn fertig zu werden. Abgesehen von der Einrichtung der Wiener Stadtbank, waren die Steuer- und Verwaltungsreformen, die Josef I. in den Erbländern geplant und angefangen hatte, nicht abgeschlossen worden. Zwar hatte er versucht, die Bürokratie zu entschlacken und das Einkommen für die Krone zu erhöhen, aber die Ständeregierungen übten weiter die Kontrolle über die Contributio aus und hatten das letzte Wort bei Steuererhöhungen zu sprechen. Wie die Alliierten hatten anfangs auch die Ständeregierungen der Erblande Josef I. tatkräftig unterstützt, solange die Bedrohung durch äußere Feinde gegeben war. Ihre Großzügigkeit dauerte jedoch wie die der Alliierten nur so lange, wie die Krise dauerte. Nach 1706 ging die Contributio Jahr für Jahr zurück, und die Verarmung der Erblande war dafür nur einer der Gründe. Die habsburgische Monarchie aber war auf dem Wege, eine Großmacht zu werden – und konnte und wollte nicht länger vom Consensus ihrer Ständeregierungen oder ihrer Alliierten abhängig sein. Sie strebte daher nach der alleinigen Kontrolle über die Geldquellen der Monarchie und besonders der Erblande. Sie wollte sich ihrer bedienen können, wenn es ihr gutdünkte, und nicht erst dann, wenn die Stände es für notwendig hielten. Ein solcher Coup aber konnte nur in Friedenszeiten durchgeführt werden, wenn die Regierung ihre gesamte Aufmerksamkeit der inneren Reform und dem zu erwartenden Widerstand der Stände widmen konnte.

Josefs Tod war daher doppelt tragisch: Nicht nur, daß ihm die Segnungen des Friedens versagt blieben, er wurde von einem Bruder abgelöst, der weder die Vorstellungskraft noch die Energie zu durchgreifenden Reformen besaß. Josefs vorzeitiger Tod konfrontierte Karl VI. zudem mit der Notwendigkeit, die weibliche Nachfolge bei den Ständen und international durchzusetzen, und unnötigerweise machte er die Sache nur noch schwieriger dadurch, daß er das „pactum mutuae successionis" von 1703 abschaffte und die Töchter Josefs I. enterbte.[36] Die inneren Reformen, die Josef I., hätte er länger gelebt, mit großer Wahrscheinlichkeit zu Ende geführt hätte – die Abschaffung der separaten Kameral- und Kriegsstellen, die Einführung der allgemeinen Steuerpflicht und einer festgelegten Contributio und schließlich vielleicht auch die Beschränkung der Robot –, mußten ein halbes Jahrhundert auf Maria Theresia und Josef II. warten. Und wer weiß, ob sie je durchgeführt worden wären, wenn nicht der Verlust Schlesiens die mitteleuropäische Geschichte so entscheidend verändert hätte?

Selbstverständlich trug auch Josef I. selbst Schuld an dieser unglücklichen Entwicklung! Während es ihm gelang, die Monarchie und ihre Sicherheit erheblich zu vergrößern, setzte er selbst diese Gewinne wieder aufs Spiel, indem er seinen Pflichten, einen Erben hervorzubringen, nicht nachkam. So verlockend es ist, seinem frühen Tod die ganze Schuld zuzuschieben, so muß man doch sagen, daß Josef I. möglicherweise auch keinen Sohn bekommen hätte, wenn er nicht an den Pocken gestorben wäre. Bei seiner Art zu leben wäre er höchstwahrscheinlich ohnehin nicht alt geworden. Entweder wäre er tödlich gestürzt oder an Lungenentzündung oder Syphilis gestorben. Dazu kam, daß die wachsende Entfremdung zu seiner Frau die Chancen auf einen Sohn ebenfalls auf ein Minimum reduzierte. Eine der Stärken des Kaisers, nämlich seine selbstbewußte Zielstrebigkeit, mit der er Reformen durchführte und Außenpolitik betrieb, befähigte ihn andererseits, die Kränkung, die er seiner Frau zufügte, einfach zu ignorieren.

Trotz der Probleme, denen sich die Monarchie nach seinem Tode ausgesetzt sah, überwiegen die positiven Leistungen seiner Regierung. Als er den Thron bestieg, befand sich praktisch die gesamte spanische Monarchie in den Händen der Bourbonen. An den Grenzen Tirols standen feindliche Armeen, ebenso wie in der ungarischen Tiefebene. Finanziell war die Monarchie total zerrüttet und konnte nur minimale Beiträge zur Fortführung des Krieges leisten. Dieses Bild hatte sich 1711 entscheidend gewandelt. Die österreichische Hegemonie auf der italienischen Halbinsel war eine vollendete Tatsache, mit der sich auch der Papst abzufinden hatte. Und trotz des abschließenden Urteils der Kardinalskommission und der Versprechen der Brüder Josef und Karl sollte Papst Clemens XI. sterben, ohne die Rückgabe Comacchios erlebt zu haben. Erst 1725, vier Jahre nach seinem Tod, wurde Comacchio päpstlicher Oberhoheit unterstellt. Für die Thronfolge eines Bourbonen in Parma baten 1731 Frankreich und Spanien Karl VI. um ein kaiserliches Investiturpatent und nicht den Papst. So sah die Realität in Italien aus.

In Ungarn hatte sich Josef I. gegen den Nationalhelden Fürst Rákóczi durchgesetzt und eine Versöhnung zwischen Krone und Land herbeiführen können, allerdings zum Preis der Anerkennung der ungarischen Autonomie auf Kosten der königlichen Autorität. Obwohl diese Lösung in scharfem Kontrast zum damaligen europäischen Trend zum Absolutismus und auch zu Josefs eigenen Versuchen, in den Erblanden eine Zentralverwaltung einzurichten, stand, entsprach sie doch der Realität Ungarns, das eine einmalige politische Stellung innerhalb der habsburgischen Monarchie einnahm. Die ungarische Nation hätte niemals eine Minderung ihrer Autonomie ohne Widerstand hingenommen, besonders solange die Krone Ungarn als ausländisches Anhängsel betrachtete. Wie Josefs eher schäbige Behandlung seiner ungarischen Minister demonstriert, war er andererseits auf Grund seiner Erziehung und seiner Einstellung gar nicht in der Lage zu einer gut koordinierten Politik der „douce violence", mit welcher er das Mißtrauen des ungarischen Adels entkräftet hätte. Angesichts der beschränkten Möglichkeiten war daher ein politischer Kompromiß der einzige Modus vivendi. Auch Josefs unmittelbare Nachfolger hielten sich an die Abmachungen des so weisen Friedens von Szatmár, und für Ungarn begann eine Epoche der Rekonvaleszenz, die bis zum Ende des Jahrhunderts andauern sollte.

In Deutschland erwiesen sich die Folgen der josefinischen Politik als weniger dauerhaft. Obwohl es Josef I. gelungen war, den territorialen Ehrgeiz der größeren Staaten, besonders Preußen-Brandenburgs, eine Zeitlang einzudämmen, war der politische Zusammenhalt der weltlichen Kurfürsten zu schwach, um dem Krebsgeschwür innerhalb ihrer Körperschaft Einhalt zu gebieten. Der Kampf zwischen dem habsburgischen Kaiser und dem größten seiner Vasallen würde eines Tages unvermeidbar sein.

Wenn sich trotz des negativen Ausgangs der schlesischen Kriege und anderer Rückschläge, welche die Monarchie zwischen 1733 und 1748 zu erleiden hatte, die Monarchie dennoch in diesem Jahrhundert als europäische Großmacht etablierte, dann verdankte sie das zum großen Teil den Leistungen der josefinischen Regierung. Dadurch, daß er die Grenzen weitgehend gesichert hatte, war es Josefs Nachfolgern möglich, die Niederlagen hinzunehmen und trotzdem Reformen zu entwickeln, welche der Krone endlich die Möglichkeit gaben, die wirtschaftlichen Ressourcen der Monarchie energischer auszuschöpfen als je zuvor. So genoß der habsburgische Staat trotz seiner gefährdeten Position im Herzen Europas mehr als zwei Jahrhunderte die Früchte der josefinischen Sicherheitspolitik, bis die Kräfte des Nationalismus zu seiner Zerstückelung führten.

Sucht man die Erklärung für die großen Erfolge der josefinischen Regierung, dann muß man einen Blick über die Grenzen der habsburgischen Monarchie werfen. Es war die Dynamik der Gleichgewichtspolitik – in diesem Fall die Angst vor Ludwig XIV. und die Schwäche der Monarchie –, die zur Bildung der Großen Allianz geführt hatte. Der Eintritt Englands und Hollands in den Krieg ermöglichte es dem Kaiser, das Testament Karls II. mit einiger Aussicht auf Erfolg anzufechten. Und dadurch, daß sich der Herzog von Savoyen plötzlich entschloß, gegen die bourbonische Hegemonie in Italien zu kämpfen, konnte aus dem habsburgischen Traum der Beherrschung der Halbinsel Realität werden. Das Glück auf dem Schlachtfeld war ein wesentlicher Bestandteil der alliierten Erfolge, so wie mit Malplaquet der Niedergang begann.

Abgesehen von diesen Elementen kam der Rolle, die der Kaiser und seine Minister spielten, ebenfalls große Bedeutung zu. Anders als seinem Vater Leopold I. mangelte es Josef I. nicht an Initiative und Entscheidungsfreudigkeit. Zugleich zeichnete er sich durch einen stark ausgeprägten pragmatischen Verstand aus und war bereit, Kompromisse einzugehen, wenn sie ihn seinen vordringlichen Zielen näherbrachten. Dafür sind seine Kapitulation vor Karl XII. bei Altranstädt, die milden Friedensbedingungen, die er dem Papst 1709 und den ungarischen Rebellen zwei Jahre später konzidierte, anschauliche Beweise.

Seine politischen Ziele waren streng nach ihrer Priorität geordnet. Mehr als jeder seiner Vorläufer stellte er die Bildung eines starken Donaustaates über alle kaiserlichen, dynastischen und konfessionellen Interessen. Daher konzentrierte er von Beginn an seine ganze Aufmerksamkeit auf Italien und Ungarn, die dem Herzen der Monarchie nun einmal am nächsten waren. Bei der Verfolgung dieser Ziele mußte er natürlich notgedrungen andere Interessen vernachlässigen. Da alle zur Verfügung stehenden Mittel nach Ungarn und Italien gepumpt wurden, gingen die deutschen Besitzungen im Elsaß und in Lothringen verloren. Nirgendwo aber trat das Prioritätsdenken Josefs I. deutlicher hervor als in Spanien. Erst nach der Eroberung Italiens begann er seine Aufmerksamkeit auf die in Spanien zu verteidigenden dynastischen Interessen zu konzentrieren. Aber da die Unruhen in Ungarn noch nicht beendet waren, konnte er erst zu Ende seiner Regierung dem Bruder mit größeren Truppenkontingenten zu Hilfe kommen. Auch die Entsendung Guido Starhembergs nach Katalonien im Dezember 1707 war möglicherweise noch mehr schicksalhaft. Nur dem großen Prinzen Eugen wäre es wahrscheinlich gelungen, sich der unheilvollen Strategie der alliierten Berater Karls zu widersetzen und den Marsch nach Madrid zu unterlassen. So kann man sagen, daß er sich zwar am Verhandlungstisch voll für seinen Bruder einsetzte – hier konnte er bis zuletzt auf der ungeteilten spanischen Erbschaft bestehen, da ja sonst bereits alle Ziele der Monarchie außer Sizilien erreicht waren –, aber durch seine militärische Strategie den Verlust Spaniens geradezu herbeiführte. So opferte Josef I. den Traum, die universelle Monarchie Karls V. wiederherzustellen, zugunsten der neuen Realität eines überschaubaren Donaureiches.

Wenn man jedoch von der josefinischen Politik spricht, darf man nicht die Arbeit der Minister unberücksichtigt lassen. Wir haben schon gesagt, daß es schwierig ist, den Anteil des Kaisers an der Außen- und Innenpolitik der Monarchie genau zu definieren. Es liegen ja keine Protokolle über die Gespräche vor, die Josef mit seinen Ministern geführt hat. Es gibt aber genügend Beispiele dafür, daß der Kaiser entgegen dem Rat seiner Minister höchstpersönliche Entscheidungen traf. In der überwiegenden Zahl aber der Fälle, da der Kaiser mit seinen Ministern übereinstimmte, ist es fast unmöglich festzustellen, in welchem Kopf die verschiedenen politischen Ideen entstanden waren. Angesichts der Leidenschaft, mit der Josef I. seinen Vergnügungen nachging, und angesichts der großen Zahl von Konferenzen, die er versäumte, ist es daher sicher gerecht, wenn man den Ministern die Hauptlast der politischen Arbeit zuschreibt. So gesehen war der Kaiser eher ein Schiedsrichter als die kreative oder dynamische Kraft bei der Formulierung der Staatspolitik. Aber auch so leistete er nicht wenig. Denn Josefs Minister waren nicht nur sehr talentiert, sie waren auch außerordentlich schwierig. Ob er es nun mit dem sarkastischen Wratislaw, dem rechthaberischen Salm, dem kalten Eugen, dem pedantischen und wortreichen Seilern oder dem ewig frustrierten Schönborn zu tun hatte, Josef I. war immer von Männern umgeben, deren Egoismus und deren Arroganz die Aufrechterhaltung harmonischer Beziehungen außerordentlich schwierig machten. Josef I. aber schaffte es, aufs engste mit dem reizbaren Salm zusammenzuarbeiten, hauptsächlich, weil er den Mann zutiefst verehrte, der sosehr bei seiner Erziehung mitgewirkt hatte. Und er schaffte es, auch die übrigen Minister zur Zusammenarbeit zu bringen, indem er ihnen Vertrauen in seine politische Führung gab und ihre schwierigen Naturen durch sein unprätentiöses Auftreten entschärfte, was sehr ungewöhnlich für einen barocken Monarchen war. Daher konnte Wratislaw kurz nach seinem Tode sagen, daß er „eher als ein Freund denn ein Herr mit mir umgegangen", und Eugen einige Jahre später, daß er Kaiser Leopold I. als seinem Vater, Karl VI. als seinem Herrn und Josef I. als seinem Bruder gedient habe.[37]

Die Wirkung seiner Persönlichkeit ging auch auf diejenigen über, die politisch seine Gegner waren, wie der Reichsvizekanzler, mit dem er stundenlang zusammen Flöte spielen konnte, in die Oper ging und jagte. Dabei hinterging er Schönborns Reichspolitik, sooft er konnte. Vielleicht erklärt dies auch die unendliche Geduld, die der Reichsvizekanzler für die Politik des Kaisers aufbrachte, die sich seltsam von dem Mißtrauen und den ständigen Protesten seines Onkels unterschied. Es lag wohl in der Natur des jungen Kaisers, daß er mit vielen Menschen enge Beziehungen unterhielt – mit Johann Wilhelm, den Lambergs, Ludwig Wilhelm und natürlich Wilhelmine Amalie –, ohne den Druck, den sie manchmal auf ihn auszuüben versuchten, zur Kenntnis zu nehmen. Josef I. konnte durchaus Verständnis für die persönlichen Animositäten und Intrigen seiner ehrgeizigen Mitarbeiter haben und andererseits schärfste Kritik an Sinzendorf üben: der einzige, der mit allen gut auskam – weil er „nicht genug fermenté" in den Staatsratssitzungen zeige.[38]

So ist man geneigt zu sagen, daß Josefs bedeutendster Beitrag zum Aufstieg der habsburgischen Monarchie darin lag, daß er die unfähigen Minister seines Vaters aus der Regierung entfernte und sie durch fähige ersetzte, dann ausschließlich ihrem Rat folgte, mochten ihn die Vertreter der Ständeregierungen, ausländische Diplomaten, die beiden Kaiserinnen, sein ehrgeiziger Günstling und seine Mätressen auch noch so sehr bedrängen. Angesichts dieser engen Beziehung zu seinen Ministern erscheint es ganz und gar unwahrscheinlich, daß sich seine Charakterschwächen negativ auf die Staatsgeschäfte ausgewirkt haben.

Die Tragödie von Josefs frühem Tod wurde durch die Auflösung seines Kabinetts noch betont. Fürst Salm, die mächtigste Persönlichkeit zu Beginn seiner Regierung, hatte den Hof schon im September 1709 verlassen und starb kurze Zeit danach. Sein größter Gegner, Graf Wratislaw, folgte ihm im Dezember 1712, kaum ein Jahr nach Karls Rückkehr aus Spanien. Josefs letzter Obersthofmeister, Trautson, wurde durch Karls Lehrer Fürst Liechtenstein ersetzt.[39] Als 1715 auch Baron Seilern im Alter von 69 Jahren starb, waren nur noch vier von Josefs Ministern am Hof: Prinz Eugen, dessen politischer Einfluß durch seine nunmehrige Abwesenheit von der Front erheblich zurückgegangen war, Gundaker Starhemberg, der nie eine größere Rolle in der Außen- und Militärpolitik gespielt hatte, Sinzendorf, vielleicht der am wenigsten Kreative unter Josefs Ministern, und Schönborn, unzweifelhaft der Schwächste von allen. Zusammen mit Kaiser Karls spanischer Camarilla sollten diese Männer nun die Geschicke der habsburgischen Monarchie innerhalb der nächsten 30 Jahre führen. Erst mit Kaiserin Maria Theresia sollte dieses Interregnum zu einem Ende kommen.

Archivalische Quellen

Allgemeines Verwaltungsarchiv, Wien
Graf Harrachsches Familienarchiv: 206, 211, 220, 242, 246, 271, 299, 315
Archivo Histórico Nacional, Madrid
Sección de Estado: 8692
StAMü *Bayerisches Hauptstaatsarchiv, München*
II: Geheimes Staatsarchiv: Kasten Blau 44 (6–8), 45 (7, 12–13), 404 (27)
III: Geheimes Hausarchiv: Korrespondenz-Akten 765/IVa
Fürst Kinskysches Archiv, Wien
1b
Fürstlich Reussisches Archiv, Ernstbrunn, Niederösterreich
Sinzendorf-Familienarchiv: 3/1, 3/4
FSSA *Fürstlich Salm-Salmsches Archiv, Anholt, Westfalen*
III: 26, 54–55, 58–61, 64–66, 68–71, 78, 81, 106, 128, 130–133, 136, 149–151, 153
IV: 34
HHSA *Haus-, Hof- und Staatsarchiv, Wien*
FA Familienarchiv
 Korrespondenz A: 16, 18, 22, 33, 51, 54
 Sammelbände, 1
 Familienakten: 53, 96
GK Große Korrespondenz: 40, 65–67, 69–74d, 90b
LH Lothringisches Hausarchiv: 18, 42, 151, 166
MEA Mainzer Erzkanzler-Archiv: Korrespondenz 89–92
ÖA Österreichische Akten
 Österreich Staat 2
 Böhmen, Schlesische Akten 4–5
RHR Reichshofrat: Verfassungsakten, Reichshofrat 5, 11, 26
RK Reichskanzlei
 Kleinere Reichsstände 346, 471
V Vorträge 6b
 Weisungen nach München 1b
SA Staatenabteilung
 Bavarica 67a
 Brandenburgica 29–30
 Rom 85–86, 93
 Sardinien 28, 35, 40, 44
 Schweden 18a–18b

SK	Staatskanzlei
	Diplomatische Korrespondenz, Kleinere Betreffe 4, 16
	Instructionen 7, 13
V	Vorträge 12–16, 51
UA	Ungarische Akten: 186–193, 431d
StAMg	*Hessisches Staatsarchiv, Marburg/Lahn*
	4e: Kaiser-, Reichs- und Kreissachen 108, 113–114, 147, 151–152
	Houghton Library, Cambridge, Massachusetts
SCC	Stepney Cardonnel Correspondence, 1702–1710
	Magyar Országos Levéltár, Budapest
	Nador Levéltár 3, 7
	Niederösterreichisches Landesarchiv, Wien
	Archiv Lamberg, Ottenstein: B-II-4
StAH	*Niedersächsisches Hauptstaatsarchiv, Hannover*
	Calenberger Briefschaftsarchiv 24: 4317, 4891, 4894–4895, 4897, 4899, 4902, 5174, 5553, 5555

Anmerkungen

I. *Einführung*

Einleitendes Zitat: Salm an Josef I., 25. Jän. 1703, FSSA, III, 59b.
1. Vergl. C. W. Ingrao, „Habsburg Strategy and Geopolitics during the eighteenth century", in: War and Society in East Central Europe, II, New York, 1982, hg. v. G. E. Rothenberg und Béla Király.

II. Die Erblande:
Verwaltung und Finanzen

Einleitendes Zitat: Salm an Wratislaw, 27. März 1705, HHSA, SK, Diplomatische Korrespondenz, Kleinere Betreffe 16.
1. Thomas Fellner und Heinrich Kretschmayr, Die österreichische Zentralverwaltung, Wien 1907, I, i, 156, iii, 3–4.
2. A. P. Pribram, Die niederösterreichischen Stände und die Krone in der Zeit Kaiser Leopolds I., in: Mitteilungen des Instituts für österreichische Geschichtsforschung, XIV (1893), S. 603–606; H. I. Bidermann, Die Wiener Stadtbank, in: Archiv für österreichische Geschichte, XX (1859), S. 344, 404.
3. Otto Hintze, Der österreichische und der preußische Beamtenstaat im 17. und 18. Jahrhundert, in: Historische Zeitschrift (1901), S. 409f., 424f.; Viktor Thiel, Die innerösterreichische Zentralverwaltung 1564–1749, in: Archiv für österreichische Geschichte, III (1930), S. 550; Bidermann, Stadt-Bank, S. 343.
4. John P. Spielman, Leopold I., Verlag Styria, Graz, 1981, S. 19.
5. Report Dolfins, 9. Dez. 1708, in: Alfred Ritter von Arneth, Die Relationen der Botschafter Venedigs über Österreich im achtzehnten Jahrhundert, Wien 1863, S. 2.
6. Casimir Freschot, Mémoires de la Cour de Vienne, Köln 1705, S. 105.
7. Joseph Fiedler, Die Relationen der Botschafter Venedigs über Deutschland und Österreich im siebzehnten Jahrhundert, Wien 1867, II, S. 277, 312, 390. Josef I. verblüffte seine Eltern und Lehrer durch seine frühe Beherrschung mehrerer Fremdsprachen. Mit sieben schrieb er Französisch, mit elf Latein, mit sechzehn sprach er beide Sprachen und dazu Italienisch und Spanisch mit gutem Akzent. Mit achtzehn lernte er Tschechisch und Ungarisch. Vergl. Josef an Salm, 9. April 1686, FSSA, III, 59a; Salm an Leopold, 24. Jän. 1690; an Dorothea zu Salm, Jän. 1695, FSSA, III, S. 61; Irmgard Schmidt, Josef I. und Wien, in: Wiener Geschichtsblätter, XVI (1961), S. 312.
8. Bericht Ruzinis, 19. Dez. 1699, in: Fiedler, Relationen, II, S. 390; Maréchal de Villars, Mémoires du Maréchal de Villars, I, Paris 1884, S. 292, 320.

9 Fiedler, Relationen, II, S. 312, 390; Villars, S. 292.
10 Salm an Eleonore, 30. Nov., 18. Dez. 1693, FSSA, III, S. 61.
11 Ebd.; Leopold an Salm, 29. Dez. 1696, FSSA, III, S. 58.
12 Villars, S. 320; Max Braubach, Prinz Eugen von Savoyen, Wien 1963–1965, I, S. 287.
13 Salm an Leopold, o. D., FSSA, III, 60.
14 Georg Schnath, Geschichte Hannovers im Zeitalter der neunten Kur und der englischen Sukzession 1674–1714, III: 1698–1714, Hildesheim, 1978, S. 202–229.
15 „Rifflessi intorno alle convenienre..." FSSA, III, 69.
16 De Theillieres an Christine Prinzessin zu Salm, 21. Feb. 1699, FSSA, III, 65.
17 Kurfürstin Sophie an Raugräfin Louise, 13. März 1699, in: Briefe der Kurfürstin Sophie von Hannover an die Raugräfinnen und Raugrafen zu Pfalz, Leipzig 1888, S. 190, hg. v. Eduard Bodemann.
18 Josef an Amalie, o. D., FSSA, III, 70.
19 Leopold an Marco d'Aviano, 18. April 1699, in: Onno Klopp, Corrispondenza epistolare tra Leopoldo I. imperatore ed il P. D'Aviano capucino, Graz 1888, S. 324.
20 Bericht Ruzinis, 19. Dez. 1699, in: Fiedler, Relationen, II, S. 392; Braubach, Prinz Eugen, II, S. 427; Oswald Redlich, Das Werden einer Großmacht. Österreich von 1700 bis 1740, 4. Aufl. Wien 1962, S. 55.
21 Arnold Berney, König Friedrich I. und das Haus Habsburg (1701–1707), Berlin 1927, S. 255; Anna Coreth, Fra Hippolito da Pergine und Kaiser Leopold I., in: Mitteilungen des Österreichischen Staatsarchivs, XXXI (1978), S. 81.
22 Pedro Voltes Bou, Barcelona durante et gobierno del Archiduque Carlos de Austria, Barcelona 1963, I, S. 12; William Coxe, History of the House of Austria, London 1847, III, S. 1. Franz Ferdinand von Rummels Biograph, Friedrich von Rummel, schreibt, daß er fast zwei Jahre früher als Salm an den Hof gekommen war, nämlich Anfang 1684. Friedrich von Rummel ist der Ansicht, daß die Berufung beider Männer auf den Einfluß des Franziskaners Fra Hippolito da Pergine zurückzuführen war. Vergl. Friedrich von Rummel, Franz Ferdinand von Rummel, Lehrer Kaiser Josefs I. und Fürstbischof von Wien (1644–1716), Wien 1980, S. 43.
23 Euchar Gottlieb Rinck, Josefs des Sieghaften Röm. Kaysers Leben und Thaten, Köln 1712, I, S. 27–29.
24 Eduard Vehse, Memoirs of the Court of Austria, Philadelphia, o. D., II, S. 83–85; Braubach, Prinz Eugen, I, S. 287f.
25 Feldzüge des Prinzen Eugen von Savoyen, Wien 1867–1892, III, S. 56; Redlich, Weltmacht des Barock, Österreich in der Zeit Kaiser Leopolds I., Wien 1961, S. 398.
26 Josef an Johann Wilhelm, 26. Feb. 1701, in: Adolf Hilsenbeck, Johann Wilhelm, Kurfürst von der Pfalz, vom Ryswicker Frieden bis zum spanischen Erbfolgekrieg 1698–1701, München 1905, S. 35.
27 Ebd.; Josef an Ludwig Wilhelm, 28. Aug., 3. Okt. 1701, in: Philipp Röder von Diersburg, Kriegs- und Staatsschriften des Markgrafen Ludwig Wilhelm von Baden, Karlsruhe 1850, I, S. 44, 47.
28 Salm zu Josef, o. D., FSSA, III, 59b; Parisot an Karl von Lothringen, 22. Jän. 1703, HHSA, LH 51.
29 Josef an Ludwig Wilhelm, 18. April, 19. Juli, Leopold an Ludwig Wilhelm, 7. Juli 1703, in: Röder, I, S. 152, 176.
30 „Die ganze ursach alles unglückhs undt retardirung aller sachen seindt unsere zwei Herrn presidenten. Undt so lang dise bleiben persuadiren, mit disen eine enderung zu machen. Die Hoffnung ist wohl guet, aber ... wann es nit baldt geschihet so ist es hernacher zu spät ..." Josef an Ludwig Wilhelm, 18. April 1703, in: Röder, I, S. 152. Josef begann schon im Jänner 1703

Leopold zu drängen, Salaburg und Mansfeld zu entlassen. Salm an Sinzendorf, Jän. 1703, in: G. P. Spannagel, Vita Dell'Imperatore Gioseppe I., V, Anhang, S. 129.
31 Salm an Josef, 31. Okt. 1704, HHSA, RK, Kleinere Reichsstände, S. 471.
32 Braubach, Prinz Eugen, I, S. 365, S. 445f.
33 Max Grunwald, Samuel Oppenheimer und sein Kreis, Wien 1913, S. 98, 141.
34 Braubach, Prinz Eugen, I, S. 366.
35 Franz Fr. von Mensi, Die Finanzen Österreichs von 1701 bis 1740, Wien 1890, S. 92.
36 Ebd., S. 31, 94–100.
37 Ebd., S. 95–100, Whitworth an Harley, 29. Dez. 1703, in: Ernö Simonyi, Anglo diplomatiai iratok. II. Rákóczi Ferencz korára, Pest, 1871–1877, I, S. 86.
38 Mensi, S. 327f., S. 332f.; Braubach, Prinz Eugen, II, S. 30, 399. Prinz Salm war der erste, der sein Privatsilber der Regierung übergab. Whitworth an Harley, 19. Jän. 1704, in: Simonyi, I, S. 112.
39 Mensi, S. 93f., 99f., 166; Hugo Hantsch, Reichsvizekanzler Friedrich Karl Graf von Schönborn (1674–1746), Augsburg 1929, S. 69.
40 Mensi, S. 93, 98–100, 103. In dieser verzweifelten Situation machte Eugen seine berühmte Bemerkung „Wenn die ganze Monarchie auf denen äußerste Spitzen stehen und wirklich zu Grunde gehen sollte, man aber nur mit 50.000 Gulden oder noch weniger in der Eile aushelfen könnte, so versichere Euer Excellenz, daß man es müßte geschehen lassen und nicht zu steurn wüßte." Feldzüge, V, Suppl., S. 126 (3. Okt. 1703).
41 Bidermann, Stadt-Bank, S. 351ff.; Mensi, S. 180, 183ff.; Fellner und Kretschmayr, I, i, S. 97f.
42 Fellner und Kretschmayr, I, i, S. 100f.
43 Ebd., S. 101, 106f., „Unvorgreifliche Gedanken über den gegenwärtigen Zustand", 10. März 1704, iii, S. 41; Mensi, S. 189ff.
44 Fellner und Kretschmayr, I, i, S. 102f, 106; Mensi, S. 191–205.
45 Salm an Wratislaw, 13. Feb. 1705, HHSA, SK, Diplomatische Korrespondenz, Kleinere Betreffe 16; Leopold an Harrach, 1. März 1704, Allgemeines Verwaltungsarchiv, Graf Harrachsches Familienarchiv 211.
46 Braubach, Prinz Eugen, II, S. 43f., 50f.; Konferenzbeschluß, 12. April 1704, Feldzüge, VI, S. 727–735.
47 Braubach, Prinz Eugen, II, S. 35.
48 Stepney an Cardonnel, 4. Aug. 1703, Houghton Library, SCC.
49 Salm an Josef, 31. Okt. 1704, HHSA, RK, Kleinere Reichsstände 471; Stepney an Harley, 10, 17. Dez. 1704, in: Simonyi, I, S. 590, 596; Braubach, Prinz Eugen, II, S. 99f., 416.
50 Stepney an Harley, 20. Dez. 1704, in: Simonyi, I, S. 598.
51 Stepney an Harley, 10. Jän. 1705; ebd. S. 623; Wratislaw an Karl, 22. Feb. 1705, Feldzüge, VII, S. 545.
52 Stepney an Harley, 14., 17., 21. Jän. 1705, in: Simonyi, I, S. 623–638.
53 Joseph Maurer, Cardinal Leopold Graf Kollonitsch, Innsbruck, 1887, S. 397.
54 Salm an Wratislaw, 6. Feb. 1705, HHSA, SK, Diplomatische Korrespondenz, Kleinere Betreffe, 16; Josef an Salm, 14. März 1705, FSSA, III, 59b.
55 Stepney an Cardonnel, 26. Nov. 1704, 14. Feb. 1705, Houghton, SCC; Wratislaw an Karl, 22. Feb. 1705, Feldzüge, VII, S. 545; Braubach, Prinz Eugen, II, S. 102f.
56 Wratislaw an Karl, 22. Feb. 1705, Feldzüge, VII, S. 545; Protokolle der Konferenzen vom 5., 6., 10., 12. Feb., 20., 26., 28., 30. März 1705, HHSA, SK, V 12; Josef an Salm, 14. März 1705, FSSA, III, 59b.
57 Salm an Wratislaw, 13. Feb. 1705, HHSA, SK, Diplomatische Korrespondenz, Kleinere Betreffe 16; Josef an Salm, 14. März 1705, FSSA, III, 59b. Aus Salms Worten geht hervor, daß der junge Hof keineswegs, wie Spielman annimmt, ab 1703 die Regierung kontrolliert hat. Vergl. Spielman, S. 196f.

58 Wratislaw an Karl, 18. April 1705, in: „Eigenhändige Correspondenz des Königs Karl III. von Spanien mit dem Obersten Kanzler des Königreichs Böhmen, Grafen Johann Wenzel Wratislaw", Archiv für Kunde österreichischer Geschichtsquellen, XVI (1856), S. 15, hg. v. Arneth.
59 Stepney an Harley, 29. April 1705, in: Simonyi, I, S. 70f.
60 Stepney an Marlborough, 10. Juni 1705, Houghton, SCC; Eduard Winter, Frühaufklärung, Ostberlin 1966, S. 177.
61 Stepney an Cardonnel, 27. Mai 1705, Houghton, SCC; Sophie von Hannover an Friedrich I., in: Ernst Berner, Aus dem Briefwechsel König Friedrichs I. von Preußen und seiner Familie, Berlin 1901, S. 59; Schnath, S. 403.
62 Josef an Karl, 20. Mai 1705, HHSA, FK, Sammelbände 1.
63 Berney, Friedrich I., S. 255.
64 Wratislaw an Sinzendorf, 22. Mai 1709, HHSA, GK 71; Gerhard Granier, Der deutsche Reichstag während des Spanischen Erbfolgekrieges (1700–1714), Bonn 1954, S. 85; Braubach, Geschichte und Abenteuer, München 1950, S. 93.
65 Arneth, Relationen, S. 8.
66 Marlborough an Stepney, 11. Aug. 1702, in: Sir George Murray (Hg.), The Letters and Dispatches of John Churchill, First Duke of Marlborough from 1702 to 1712, London 1845, I, S. 157.
67 Gustav Turba, Reichsgraf Seilern, Heidelberg 1923, S. 192.
68 Stepney an Harley, 3. Juni 1705, in: Simonyi, II, S. 109; Stepney an Cardonnel, 3. Juni 1705, Houghton, SCC.
69 Arneth, Eigenhändige Correspondenz, S. 7; Salm an Wratislaw, 16. Jän. 1705, HHSA, SK, Dipl. Korrespondenz, Kleinere Betreffe 16; Stepney an Cardonnel, 14. Feb., an Harley, 4. März 1705, Houghton, SCC. Vergl. auch Elfriede Mezgolich, Graf Johann Wenzel Wratislaw von Mitrowitz, Diss. Wien, 1969.
70 Franz Mathis, Neue Aspekte zur Planung des süddeutschen Feldzuges von 1704, in: Mitteilungen des Österreichischen Staatsarchivs, XXVII, 1974.
71 Salm an Wratislaw, 13. Feb. 1704, HHSA, SK, Dipl. Kor., Kleinere Betreffe 16; Stepney an Cardonnel, 26. Nov. 1704, 14. Feb. 1705, Houghton, SCC.
72 Henry Frederick Schwarz, The Imperial Privy Council in the Seventeenth Century, Cambridge, Mass. 1943, S. 166, 172, 187; Fellner und Kretschmayr, I, i, S. 42, 54–57.
73 Prinz Johann Josef Khevenhüller-Metsch, Aus der Zeit Maria Theresias, 1742–1776, Wien 1907, 69–70 n; Stepney nennt 34 „Conseilliers d'etat de l'Empereur Joseph", in: Simonyi, II, S. 112f.
74 Stepney an Cardonnel, 6. Juni 1705, Houghton, SCC.
75 Die acht Sektionen waren: das Reich (inklusive Skandinavien und Polen); Ungarn; Frankreich, England und Holland; Spanien (inklusive Portugal); Italien; Schweiz; Türkei (inklusive Rußland); Militärfinanzen („Politico-Militaria"). Stepney an Marlborough, 6. Juni 1705, Houghton, SCC; Fellner und Kretschmayr, I, iii, S. 45.
76 Braubach, Ein rheinischer Fürst als Gegenspieler des Prinzen Eugen am Wiener Hof, in: Diplomatie und geistiges Leben im 17. und 18. Jahrhundert, Bonn 1969, S. 325.
77 Salm an Josef, 26. Mai 1702, 25. Jän. 1703 und andere Briefe ohne Datum, FSSA, III, 59b; Salm an Josef, 31. Okt. 1704, HHSA, RK, Kleinere Reichsstände 471.
78 Malsburg an Landgraf Karl, 24. Juli 1702, StAMg, 4e, 108.
79 Salm an Josef, 31. Okt. 1704, HHSA, RK, Kleinere Reichsstände 471; Salm an Josef o. D., FSSA, III, 59b, 61, an Leopold, o. D., FSSA, III, 61 (alle zwischen Blindheim und Leopolds Tod geschrieben). Salm erwähnt seinen Rücktritt zum ersten Mal in einem offensichtlich vor der Juni-Säuberungsaktion geschriebenen Brief an Josef I., FSSA, III, 59b.

80 Josef an Salm, 7. Jän. 1705, FSSA, III, 59a, 14. März 1705, FSSA, III, 59b; Salm an Wratislaw, 13. Feb. 1705, HHSA, SK, Dipl. Kor., Kleinere Betreffe 16; Stepney an Harley, 2. Mai 1705, in: Simonyi, II.

81 Berney, Friedrich I, S. 255; Braubach, Prinz Eugen, II, S. 135; Rheinischer Fürst, S. 325f.; Hantsch, S. 381.

82 Salm, 12. Mai 1705, Nachruf, FSSA, III, 59b. Vergl. Johann Heinrich Blumenthal, Prinz Eugen als Präsident des Hofkriegsrates (1703–1713), in: Der Donauraum, IX, 1964.

83 Salm an Leopold, o. D., FSSA, III, 61.

84 Feldzüge, VII, Suppl., 309, 431.

85 Braubach, Rheinischer Fürst, S. 327.

86 Salm an Wratislaw, 16. Jän. 1705, HHSA, SK, Dipl. Kor., Kleinere Betreffe 16; Wratislaw an Karl, 4. Juli 1705, in: Arneth, Eigenhändige Correspondenz, S. 17f. Wratislaw war Mitglied der ungarischen und der englisch-holländisch-französischen Konferenz.

87 Salm an Josef, o. D., FSSA, III, 59b.

88 Braubach, Prinz Eugen, II, S. 148–150.

89 Josef an Salm, 16. Aug. 1706, FSSA, III, 59a.

90 Memorandum Salms, 12. Mai 1705, FSSA, III, 59b.

91 Wratislaw an Karl, 16. Dez. 1706, in: Arneth, Eigenhändige Correspondenz, S. 33; De Theillieres an Leopold von Lothringen, 20. Jän. 1707, HHSA, LH 18.

92 HHSA, SK, V 12.

93 Wratislaw an Karl, 16. Dez. 1706, in: Arneth, Eigenhändige Correspondenz, S. 33.

94 „Man versucht, Moles und seine Partei los zu werden... Ich bin fest davon überzeugt, daß Wratislaw die Unterstützung des Prinzen Eugen haben wird, dem niemand etwas abschlagen kann. Außerdem ist allgemein bekannt, daß Wratislaw in gutem Einvernehmen mit dem Kaiser steht. Sein fundiertes Urteil und seine Unparteilichkeit machen ihn in den Konferenzen unverwundbar, andererseits schaffen ihm gerade diese Eigenschaften viele Feinde." De Theillieres an Leopold von Lothringen, 20. Jän. 1707, vergl. auch 29. Mai 1707, HHSA, LH 18.

95 Von den Historikern des 19. Jahrhunderts zeichnet sich Alfred von Arneth durch seine ausgewogene Beurteilung der Stärken und Schwächen des Kaisers aus, während Carl von Noorden den Kaiser einseitig negativ beurteilt. Vergl. Arneth, Prinz Eugen von Savoyen, Gera 1888, III, S. 198f. Noorden, Europäische Geschichte im achtzehnten Jahrhundert. Der spanische Erbfolgekrieg, Düsseldorf 1870–1882, III, S. 441–445.

96 Arneth, Relationen, S. 4; Braubach, Prinz Eugen, I, S. 441; Huldeberg an Georg Ludwig, 28. April 1706, StAH, Calenberger Briefschaftsarchiv 24, 4895.

97 C. E. Bonneval, Mémoires, London 1737, I, S. 56.

98 Leopold an Salm. 18. Okt. 1700, FSSA, III, 58; Braubach, Prinz Eugen, II, S. 133f. Einer der Jagdgefährten Josefs I., der sogenannte Graf Raueskoet, wurde auf Befehl der Kaiserin Eleonore zwei Wochen lang arretiert. Einige Monate später tauchte er in Versailles auf und präsentierte einen Plan zur Entführung Josefs I. bei der Jagd ohne Gefolge in der Nähe der französischen Linien bei Landau. Ludwig XIV. wies den Plan empört zurück und verwies Raueskoet des Landes. Zugleich ließ er Ludwig Wilhelm bei Landau eine Warnung vor Raueskoet zukommen, in: Röder, III, S. 97, Chamillart an Ludwig Wilhelm, 2. Nov. 1704.

99 Berney, Friedrich I., S. 269f. u. 166; Karl Otmar Fr. von Aretin, Kaiser Josef I. Zwischen Kaisertradition und österreichischer Großmachtpolitik, in: Historische Zeitschrift, CCXV (1972), S. 533; Arneth, Relationen, 3; De Theillieres, HHSA, LH 18; Braubach, Geschichte und Abenteuer, S. 180–184, Prinz Eugen, II, S. 129–132, 427.

100 Leopold an Salm, vier Briefe o. D., 18. Okt. 1700, FSSA, III, 58.

101 Huldeberg an Georg Ludwig, 2. April 1704, StAH, Cal. Br. 24, 4891.

102 Hanns Leo Mikoletzky, Österreich. Das Große 18. Jahrhundert, Wien 1967, S. 76; Braubach, Prinz Eugen, II, S. 132ff., 427f.
103 Über ihre wachsende Entfremdung vergl. Leopold Lamberg an Franz Josef Lamberg, 7. Jän. 1711, HHSA, FA, Korrespondenz, A 51; Wratislaw an Karl, 26. April 1710, HHSA, FK, A 18.
104 Georg Schnath deckte als erster Historiker die Geschlechtskrankheit der Kaiserin Amalie (Geschichte Hannovers, III, Hildesheim 1978, S. 229) auf, für die er nicht weniger als drei Zeugen zitieren konnte, darunter Gottfried Wilhelm Leibniz und den hannoveranischen Gesandten Huldeberg. Tatsächlich schreibt Huldeberg in seinem Bericht an Georg Ludwig am 2. April 1704, daß „der römische König endlich gar die Franzoses bekomme und Sie der Königin gegeben welches der kurtzeste process ist die Succession des Hauses Österreich zu nichts zu machen... Die Königin hat vorhin schon auch (et)was gespühret, aber unwissendt was es seye, der Kaiserin geklaget, dass Sie am (Blasen)sandt litte. Jetzund neulich aber ist dergleich Zufall stärcker gekommen, daher die Königin der Kaiserin ihres Zustandt mit weinenden Augen geklaget undt hierüber ist das jetzige Verfahren ausgebrochen, undt erkennet mann nun wohl, dass die Königin keiner Schuld bey zu messen gewesen, wie man es gern thun wolle, dass Sie keine Princes bekommen." StAH, Cal. Br. 24, 4891. Sieben Jahre später, zwei Monate nach Josefs Tod, schreibt der Gesandte: „I. M. die Verwittebte Kaiserin Amalie gefährlicher Zustand dieses mahl in nichtes anders bestanden als in einem Muttergeschwehr oder apostume, welches endtlich vorgestern aufgebrochen ist. I. K. M. sind an dem Ihro communicierten malo noch nicht curiret, ohngeachtet Sie in anderhalb Jahren keine Gelegenheit mehr gehabt haben soll in neue Gefahr einiger inficierung zu geraten." Die Geschwulst zog dieses Mal hohes Fieber nach sich, so daß Amalies Ärzte für ihr Leben fürchteten: Huldeberg an Georg Ludwig, 24. Juni 1711, StAH, Cal. Br. 24, 49202. Amalies Symptome lassen auf Gonorrhoe schließen, aber möglicherweise hat es sich auch um Herpes simplex gehandelt. Wir können nicht mehr feststellen, ob einer von Josefs Ministern von Amalies Krankheit wußte. Nur Wratislaw muß davon gewußt haben, als er dem Erzherzog schrieb: „muss E. M. in höchster geheimnus berichten, dass weder dass kaisers modus vivendi noch die constitution der kayserin gesundheit beschaffen dass ich mich von ihnen beiden eine fehrnerer succession zu haben", Wratislaw an Karl, 26. Jän. 1706, HHSA, FA, Korrespondenz, A 18. Über die düsteren Aussichten einer männlichen Thronfolge vergl. Wratislaw an Karl, 9. Aug. 1705, 16. März 1707, Arneth, Eigenhändige Correspondenz, S. 20, 35; De Theillieres an Leopold von Lothringen, 8. Mai 1709, HHSA, LH 18; Trautson an Karl, 15. Jän., 25. April 1708, HHSA, GK 70; Arneth, Relationen, 5; Hantsch, S. 380.
105 Sinzendorf an Karl, 28. Aug., 21. Nov., 22. Dez. 1708, HHSA, GK 74a; 17., 19. Jän. 1709, HHSA, GK 74b. Da Josef es ablehnte, die Kandidatur seines Bruders als Römischer König und Nachfolger auf dem Kaiserthron zu unterstützen, ist anzunehmen, daß er noch immer auf einen Sohn hoffte. Vergl. Anna Benna, Ein römischer Königswahlplan Karls III. von Spanien (1708–1710), in: Mitteilungen des Österreichischen Staatsarchivs, XIV (1961), S. 15.
106 Braubach, Prinz Eugen, II, S. 207, 446.
107 Benna, Königswahlplan, S. 15.
108 HHSA, SK, V 51, FK, Familienakten 96. Zudem lassen mehrere ausgeschnittene Stellen aus den Notizen des Kaisers vermuten, daß ein Beamter oder Archivangestellter hier einige Peinlichkeiten hat verschwinden lassen.
109 Arneth, Relationen, S. 4
110 Berney, Die Hochzeit Josefs I., in: Mitteilungen des Instituts für österreichische Geschichtsforschung, XLII, 1927, S. 65.
111 Huldeberg an Georg Ludwig, 30. Mai 1705, StAH, Cal. Br. 24 4894.
112 Berney, Friedrich I., S. 270, 166: Bericht Bartholdis, 2. März 1706.
113 Bartholdis falsche Analysen der Hofpolitik sind typisch für die Naivität der ausländischen

Diplomaten in Wien. So hielt er zum Beispiel den neuen Reichsvizekanzler Graf Schönborn für einen Preußenfreund, obgleich gerade Schönborn sich von allen Ministern am härtesten dafür einsetzte, Preußens Ehrgeiz in Deutschland zu beschneiden. Vergl. Berney, Friedrich I., S. 257.

114 Aretin, S. 533.
115 Braubach, Prinz Eugen, II, S. 131f., 182, 207, III, 19.
116 Salm an Josef, 25. Jän. 1703, FSSA, III, 59b; Salm an Wratislaw, 27. Feb. 1705, HHSA, SK, Dipl. Kor., Kleinere Betreffe 16; Mensi, S. 115.
117 Mensi, S. 63ff., 81.
118 Ebd., S. 102.
119 Stepney an Harley, 27. Mai 1705, Houghton, SCC; Konferenz August 1705, HHSA, SK, V 12; Stepney an Harley, 7. Okt. 1705, in: Simonyi, II, S. 219f.
120 „Consignationen über die Verwilligungen... 1705–1711", HHSA, ÖA, Böhmen, Schlesische Akten 4; Mensi, S. 24, 26ff.
121 Mensi, S. 106f., 110f., 124.
122 Feldzüge, X, S. 8.
123 Bidermann, Geschichte der österreichischen Gesamt-Staats-Idee, 1526–1804, Innsbruck 1867, II, S. 135f.
124 Protokoll der Konferenz vom 25. Feb. 1706, HHSA, SK, V 12; Kinsky an Wratislaw, 21. Nov. 1708, Fürst Kinskysches Archiv, 1b.
125 Wratislaw an Kinsky, 1. Sept. 1708, Kinsky an Wratislaw, 21., 24., 28. Nov. 1708, 2. Feb. 1709, Fürst Kinskysches Archiv, 1b; Mensi, S. 11, 16f. Brigitte Holl, Hofkammerpräsident Gundaker Thomas Graf Starhemberg und die österreichische Finanzpolitik der Barockzeit (1703–1715), Wien 1976, S. 145f., 219.
126 Gunther Erich Rothenberg, The Austrian Military Border in Croatia, 1522–1747 (Urbana, Ill., 1960), S. 68, 80, 104; Thiel, S. 520–523, 596ff.; Redlich, Großmacht, S. 22f.
127 „Unvorgreifliche Gedanken über den gegenwärtigen Zustand", 10. März 1704, Fellner und Kretschmayr, I, iii, 41; Thiel, S. 574.
128 Memorandum Salms, 12. Mai 1705, FSSA, III, 59b; Stepney an Cardonnel, 3. Juni 1705, Houghton, SCC; an Harley, 3. Juni 1705, in: Simonyi, II, S. 108f.
129 Bidermann, Gesamt-Staats-Idee, II, S. 10f.; Fellner und Kretschmayr, I, i, S. 161, 260.
130 Eugen an Josef, 9. Juli 1705, Feldzüge, VII, Suppl., S. 248f., IX, S. 38; Protokoll der Konferenz vom 19. Aug. 1705, HHSA, SK, V 12; Salm an St. Saphorin, 19. Jän., 23. März 1707, FSSA, III 128; Bidermann, Gesamt-Staats-Idee, II, S. 13, 118.
131 Bidermann, Gesamt-Staats-Idee, II, S. 14, 120–123. Nach Graz und Innsbruck vom Kaiser geschickte Verhandlungsdelegationen Anfang 1707 kamen zu keiner Einigung mit den Ständen. Eugen an Josef, 9., 30. Okt., an den Hofkriegsrat, 6. Dez. 1705, in: Feldzüge, VII, Suppl., S. 425, 461, 509, VIII, S. 58; Protokoll, 22. Feb. 1705, HHSA, SK, V 12; Bidermann, Gesamt-Staats-Idee, II, S. 109.
132 Eugen an den Geheimen Rat, Innsbruck, 30. Dez. 1706, 23. Feb., 13. April 1707, in: Feldzüge, VIII, Suppl., IX, Suppl., S. 39, 97.
133 Oskar Regele, Der österreichische Hofkriegsrat, 1556–1848, Wien 1949, S. 21; Bidermann, Gesamt-Staats-Idee, II, S. 12. Erst 1743 wurden sämtliche separaten Kriegs- und Steuerstellen abgeschafft. Rothenberg, S. 102.
134 Khevenhüller-Metsch, S. 70; Mensi, S. 116f., 119; Holl, S. 200–206, 225–228.
135 Eduard Ritter von Strobl-Albeg, Das Oberfsthofmarschallamt, Innsbruck, 1908, S. 80; Mensi, S. 107f., 155; Grunwald, S. 172. Josef I. verlangte von allen, die er im Juni 1705 aus dem Geheimen Rat entlassen hatte, eine Steuer von 400 Gulden. Johann Philipp Lamberg an Harrach, 21. Juli 1705, in: Allg. Verwaltungsarchiv, Graf Harrachsches Familienarchiv 271.
136 Mensi, S. 155.

137 Ebd., S. 103–107, 124.
138 Stepney an Harley, 14. März 1705, Houghton, SCC; Josef an Johann Wilhelm, 30. Okt. 1704, Geheimes Staatsarchiv, Kasten Blau 45, Nr. 12.
139 Alfred Fischel, Christian Julius v. Schierendorff, ein Vorläufer des liberalen Zentralismus unter Josef I. und Karl VI., Wien 1906, S. 157; Protokoll, 14. Okt. 1705, HHSA, SK, V 12; Ludwig Bittner, Chronologisches Verzeichnis der Österreichischen Staatsverträge, Wien 1903, I, S. 125.
140 Rinck, I, S. 93f., 97–100.
141 Smidt, S. 314f.
142 Ebd.; Rinck, I, S. 91; Robert A. Kann, Kanzel und Katheder, Wien 1962. Die Josephs-Akademie überlebte jedoch nicht den Krieg.
143 Oskar Raschauer, Schönbrunn. Der Schloßbau Kaiser Josefs I., Wien 1960.
144 Ebd., S. 57; Holl, S. 205, 211f.
145 Holl, S. 158, 201–205, 207–211, 229f.
146 Wratislaw an Karl, 27. Aug., 26. Okt. 1710, HHSA, FA, Korrespondenz A 18.
147 Marcus Landau, Geschichte Kaiser Karls VI. als König von Spanien, Stuttgart 1889, S. 615.
148 Stepney an Harley, 18. Juni 1705, Houghton, SCC; Mensi, S. 204f.
149 Ebd., S. 20; Carl Schwabe von Waisenfreund, Versuch einer Geschichte des österreichischen Staats-, Credits- und Schulwesens, Wien 1860, II, S. 360f.
150 Schwabe, II, S. 360f.; Fellner und Kretschmayr, I, i, S. 106f., 117.
151 Schwabe, II, S. 86; Bidermann, Stadt-Bank, S. 381f.
152 Mensi, S. 212, 220, 238, 254; Bidermann, Stadt-Bank, S. 382ff.
153 Mensi, S. 105, 239.
154 Ebd., S. 106–111, 166ff., 236, 240, 243–256.
155 Ebd., S. 106f., 124; „Repartition...", 4. Dez. 1710, Magyar Országos Levéltár, Nádor Levéltár, S. 7.
156 Arneth, Hauptbericht des Grafen Philipp Ludwig von Sinzendorf an Kaiser Leopold I. nach Beendigung seiner Mission in Frankreich, in: Archiv für österreichische Geschichte, XIII (1854), S. 15ff., 23ff.
157 „Es ist nicht selten, daß ein Problem dadurch gelöst wird, daß neue Schwierigkeiten seinen Platz eingenommen haben", Salm an St. Saphorin, 21. Okt. 1706, FFSA, III, S. 128.
158 „Anmerkungen und Motiva zu Errichtung einer Academia sowol deren Manufacturen als höheren Wissenschaften", in: Fischel, S. 298, s. auch 296; Mensi, S. 117; Bidermann, Gesamt-Staats-Idee, II, S. 19, 136f.; Pribram, Das böhmische Commerzcollegium und seine Thätigkeit, Prag 1898, S. 23; Holl, S. 198ff.
159 Stepney an Boyle, 15. Juni 1709, in: Simonyi, III; Bidermann, Stadt-Bank, S. 370.
160 Berthold Bretholz, Geschichte Böhmens und Mährens, Reichenberg 1924, III, S. 59ff.
161 Wratislaw an Kinsky, 30. März 1709, in: Fürst Kinskysches Archiv, 1b.
162 Fischel, S. 219; Holl, S. 148f.
163 Gustav Korkisch, Der Bauernaufstand auf der Mährisch-Trübau-Türnauer Herrschaft 1706 bis 1713, in: Bohemia. Jahrbuch des Collegium Carolinum, XI, 1970, S. 168, 212ff., 234.
164 Kinsky an Wratislaw, 17., 20. Okt. 1708, in: Fürst Kinskysches Archiv, 1b.
165 Norbert Conrads, Die Durchführung der Altranstädter Konvention in Schlesien 1707–1709, Wien 1971, S. 47, 202–215, 250.
166 Paul Bernard, Jesuits and Jacobin, Urbana, Ill., 1973, S. 23.

III. Deutschland:
Höchstädts Nachwirkung

Einleitendes Zitat: Bericht Bartholdis vom 2. März 1706, in: Berney, Friedrich I., S. 267.
1 Hubert Gillot, Le régne de Louis XIV et l'opinion publique en Allemagne, Nancy 1914.
2 Hans Sedlmayr, Johann Bernhard Fischer von Erlach, Wien 1956, S. 28.
3 Anna Coreth, Österreichische Geschichtsforschung in der Barockzeit (1620–1740), in: Veröffentlichungen der Kommission für neuere Geschichte Österreichs, XXXVII (1950), S. 24.
4 Hans Aurenhammer, J. B. Fischer von Erlach, Cambridge Mass. 1973, S. 49–53; Sedlmayr, S. 31f.
5 Sedlmayr, S. 47.
6 Adam Wandruszka, The House of Habsburg, New York 1964, S. 114.
7 Villars, I, S. 438. Josef I. hatte tatsächlich schon seinen Vater ersucht, in der kaiserlichen Armee während des Feldzugs 1697 dienen zu dürfen. Johann Wilhelm an Eleonore, 29. Mai und o. D. (11. Juli) 1697, StAMü, II, Kasten Blau 44/7.
8 Johann Wilhelm an Josef, 26. Jän., 26. Feb. 1701, Hilsenbeck, S. 33ff.
9 Leopold an Ludwig Wilhelm, 23. Mai 1702, Ludwig Wilhelm an Leopold, 18. Juli 1702, in: Röder, I, S. 67, 72; Feldzüge, VI, S. 576; Grunwald, S. 189; Josef an Landgraf Karl, 2. Okt. 1704, StAMg, 4e 113.
10 Redlich, Großmacht, S. 38.
11 Vergl. Lothar Gross, Der Kampf zwischen Reichskanzlei und österreichischer Hofkanzlei um die Führung der auswärtigen Geschäfte, in: Historische Vierteljahrsschrift, XXII (1924), Die Geschichte der Deutschen Reichshofkanzlei von 1559–1806, Wien 1933; Heinrich Kretschmayr, Das Deutsche Reichsvicekanzleramt, in: Archiv für österreichische Geschichte, LXXXIV (1897); Gerhard Seeliger, Erzkanzler und Reichskanzleien, Innsbruck 1889.
12 Gross, Reichshofkanzlei, S. 59–63; Hantsch, S. 77.
13 J. P. v. Lamberg an Harrach, 11. Mai 1705, in: Allg. Verwaltungsarchiv, Graf Harrachsches Familienarchiv 271.
14 Hantsch, S. 78.
15 Ebd., S. 81; Gross, Reichshofkanzlei, S. 67.
16 Karl Wild, Lothar Franz von Schönborn, Bischof von Bamberg und Erzbischof von Mainz, 1693–1729, Heidelberg 1904; Fritz Redlich, Die deutschen Militärunternehmen, II, in: Vierteljahrsschrift für Sozial- und Wirtschaftsgeschichte, XLVIII (1965), S. 17.
17 HHSA, SK, V 12; Gross, Reichshofkanzlei, S. 349; Hantsch, S. 81.
18 Hantsch, S. 81; Alfred Schröcker, Ein Schönborn im Reich. Studien zur Reichspolitik des Fürstbischofs Lothar Franz von Schönborn (1655–1729), Wiesbaden 1978, S. 53.
19 „Unvorgreifliche Gedanken über den gegenwärtigen Zustand", 10. März 1704, Fellner und Kretschmayr, I, iii, S. 41.
20 Fellner und Kretschmayr, I, iii, S. 43, 48.
21 Wild, S. 135.
22 Oswald Gschliesser, Der Reichshofrat, Wien 1924, S. 1–5, 15ff., 45, 48, 60; August Siemsen, Kur-Brandenburgs Anteil an den kaiserlichen Wahl-Kapitulationen von 1689 bis 1742, Weimar 1909, S. 14f.; Schwarz, S. 89, 108; Fellner und Kretschmayr, I, i, S. 158f., 231f., ii, 9.
23 Korrespondenz Öttingens, März 1705, HHSA, RHR, Verfassungsakten, Reichshofrat 11; Memorandum Salms, 12. Mai 1705, FSSA, III, 59b; Huldeberg an Georg Ludwig, 17. März 1706, StAH, Cal. Br. 24, 4895.
24 Rudolf Smend, Das Reichskammergericht, Weimar 1911, S. 218–222; Granier, S. 110–113. Wahrscheinlich war das Reichskammergericht auch durch seine schlechten Finanzen gelähmt.

Roger Wines, The Imperial Circles, Princely Diplomacy and Imperial Reform 1681–1714, in: Journal of Modern History, XXXIX (1967), S. 2; Schröcker, S. 108–113.

25 Gschliesser, Reichshofrat, S. 67; Gross, Reichshofkanzlei, S. 395; Smend, S. 218f., 223.
26 Max Jähns, Zur Geschichte der Kriegsverfassung des Deutschen Reichs, in: Preußische Jahrbücher, XXXIX (1877); Hans Erich Feine, Zur Verfassungsentwicklung des Heil. Röm. Reiches seit dem Westfälischen Frieden, in: Zeitschrift der Savigny-Stiftung für Rechtsgeschichte, LII (1932); Anton Karl Mally, Der österreichische Kreis in der Exekutionsordnung des römisch-deutschen Reiches, Wien 1967.
27 Josef an Ludwig Wilhelm, 12. Juni 1704, in: Röder, II, S. 36; Braubach, Prinz Eugen, II, S. 43.
28 Marlborough an Hedges, an Harley, 10. Okt. 1704, in: Murray, I, S. 500f.; Emil Heuser, Die dritte und vierte Belagerung Landaus im Spanischen Erbfolgekrieg (1704 und 1713), Landau, 1896, S. 277ff.
28a Josef an Landgraf Karl, 8. Nov. 1704, StAMg, 4e, 113.
29 Victor Loewe, Preußens Staatsverträge aus der Regierungszeit König Friedrichs I., Leipzig 1923, S. 21f.; Berney, Friedrich I., S. 158, 175, 204–208, 221–224.
30 Feldzüge, VI, S. 95; Redlich, Großmacht, S. 28.
31 Berney, Friedrich I., S. 88, 101, 113.
32 Marlborough an Godolphin, 28. Aug., 29. Sept., 3. Okt., 3. Nov. 1704, in: Henry L. Snyder (Hg.), The Marlborough-Godolphin Correspondence, Oxford 1975, I, S. 359, 373ff., 392; an Heinsius, 26. Sept. an Harley, 29. Sept., 17. Okt. 1704, in: Murray, I, S. 485, 487, 507.
33 Marlborough an Godolphin, 7. Nov. 1704, in: Snyder, I, S. 394; an Lothar Franz, an Harley, 13. Nov., an Stepney, 3. Dez. 1704, in: Murray, I, S. 536, 538, 550f.; Josef an Leopold, 1. Dez., Referat der Konferenz des 13. Dez. 1704, HHSA, SA, Brandenburgica 29; Loewe, S. 58.
34 Noorden, Die preußische Politik im Spanischen Erbfolgekrieg, in: Historische Zeitschrift, XVIII, 1867, S. 315; Berney, Friedrich I., S. 126f.
35 Braubach, Prinz Eugen, II, S. 50ff.
36 Marlborough an Wratislaw, 28. April, 1. Mai 1705, in: Murray, II, S. 19, 26.
37 Marlborough an Raby, 21. April, an Wratislaw, 1. Mai 1705, ebd., II, S. 8, 26f.; Wratislaw an Karl, 18. April 1705, in: Eigenhändige Correspondenz, S. 15; Berney, Friedrich I., S. 128.
38 Josef an Ludwig Wilhelm, 9. Mai 1705, in: Röder, II, S. 108.
39 Ludwig Wilhelm an Josef, 30. Mai, 6. Juni 1705, ebd., S. 110, 113.
40 Marlborough an Ludwig Wilhelm, 29., 31. Mai, Ludwig Wilhelm an Marlborough, 2., 15. Juni 1705, ebd., S. 109–113, 118.
41 Marlborough an Ludwig Wilhelm, 31. Mai 1705, in: Murray, II, S. 63; Berney, Friedrich I., S. 138f.
42 Marlborough an Wratislaw, 16., 18. Juni 1705, in: Murray, II, S. 111; Noorden, Erbfolgekrieg, II, S. 161f.
43 Marlborough an Josef, 18. Juni 1705, in: Murray, II, S. 109f.
44 Villars, S. 347.
45 Heinsius an Marlborough, 15. Juli 1705, in: B. Van't Hoff (Hg.), The Correspondence 1701–1711 of John Churchill First Duke of Marlborough and Anthonie Heinsius Grand Pensionary of Holland, Utrecht 1951, S. 192; Marlborough an Harley, 16. Juli 1705, in: Murray, II, S. 169; Stepney an Cardonnel, 4. Juli 1705, Houghton, SCC; Kurt Arnold, Geschichte des Niederrheinisch-Westfälischen Kreises in der Zeit des Spanischen Erbfolgekrieges (1698–1714), Bonn 1937, S. 104.
46 Marlborough an Ludwig Wilhelm, 19. Juni 1705, in: Murray, II, S. 117.
47 Marlborough an Ludwig Wilhelm, 5. Juli, an Wratislaw, 1. Juli 1705, ebd., S. 140f., 146f.
48 Friedrich an Sophie, 1. Aug. 1705, in: Berner, Briefwechsel, S. 68; Marlborough an Raby,

14. Sept. 1705, in: Murray, II, S. 264; Noorden, Preußische Politik, S. 321; Berney, Friedrich I., S. 172.
49 Braubach, Die Bedeutung der Subsidien für die Politik im Spanischen Erbfolgekrieg, Bonn 1923, S. 139, 146.
50 Salm an Gallas, 18. Juli 1705, in: Höfler, Die diplomatische Correspondenz des Grafen Johann Wenzel Gallas, Archiv für österreichische Geschichte, XLI (1869), S. 305.
51 Snyder, I, S. 464.
52 Eugen an Josef, 9., 17. Juli 1705, in: Feldzüge, VII, Suppl., S. 250f., 276.
53 Josef an Ludwig Wilhelm, 6. Aug. 1705, in: Röder, II, S. 145.
54 Stepney an Harley, 18. Juni 1705, Houghton, SCC.
55 Sigmund Riezler, Geschichte Baierns, Gotha 1913-1914, S. 492ff., 554, 601ff., VIII, S. 5, 11f., 15f.; Gustav Baumann, Der Bauernaufstand vom Jahre 1705 im bayerischen Unterland, (Verhandlungen des historischen Vereins für Niederbayern, LXIX-LXX, 1936-1937) I, S. 14, 18f., 23f.
56 Instruktionen vom 22. Juli, 29. Aug. 1705, HHSA, RK, Weisungen nach München 1b; Baumann, I, S. 22.
57 Karl von Wallmenich, Der Oberländer Aufstand 1705 und die Sendlinger Schlacht, München 1906, S. 7f.
58 Ebd., S. 8; Feldzüge, VII, S. 381f.
59 Eugen an Löwenstein, 25. Aug. 1705, in: Alexander Kaufmann, Auszüge aus der Correspondenz des Fürsten Maximilian Karl von Löwenstein mit dem Markgrafen Ludwig von Baden und dem Prinzen Eugen von Savoyen, in: Archiv für österreichische Geschichte, XXXVII, 1867, S. 224.
60 Instruktionen an Löwenstein, 16. Sept. 1705, HHSA, RK, Weisungen nach München 1b.
61 Josef an Ludwig Wilhelm, 2. Sept. 1705, in: Röder, II, S. 161.
62 Josef an Ludwig Wilhelm, 9., 19., 26. Sept. 1705, ebd., S. 167ff.
63 Ludwig Wilhelm an Josef, 24. Sept. 1705, ebd., S. 171.
64 Ludwig Wilhelm an Josef, 5. Okt. 1705, ebd., S. 178.
65 Referat der Konferenzen vom 10., 20. Sept. 1705, HHSA, RK, V 6b.
66 Berney, Friedrich I., S. 255ff., 264.
67 Ebd., S. 146f., 149; Protokoll, 14. Okt. 1705, HHSA, SK, V 12.
68 Berney, Friedrich I., S. 150.
69 Wratislaw an Gallas, 9. Sept. 1705, in: Höfler, Dipl. Correspondenz, S. 307; Marlborough an Wratislaw, an Sinzendorf, 24. Sept. 1705, in: Murray, II, S. 273f.; an Heinsius, 21. Sept. 1705, Heinsius an Marlborough, 26. Sept. 1705, in: Van't Hoff, S. 213ff.
70 Noorden, Erbfolgekrieg, II, S. 299-303.
71 Marlborough an Harley, 31. Aug., an Stanhope, 3. Okt., an Stepney, an Josef, 7. Okt. 1705, in: Murray, II, S. 247, 288f., 295f.
72 Marlborough an Schönborn, an Sinzendorf, 3. Dez. 1705, ebd., S. 337.
73 Ludwig Hüttl, Max Emanuel der Blaue Kurfürst, München 1976, S. 429, 446-454, 465-469.
74 Instruktionen an Löwenstein, 22. Okt. 1705, HHSA, RK, Weisungen nach München 1b.
75 Protokoll, 18. Nov. 1705, HHSA, SK, V 12; Feldzüge, VII, S. 390.
76 Instruktionen an Löwenstein, 21. Nov. 1705, HHSA, RK, Weisungen nach München 1b; Protokoll, 18. Nov. 1705, HHSA, SK, V 12.
77 Protokoll, 18. Nov. 1705, HHSA, SK, V 12.
78 Protokoll, 18., 20. Nov. 1705, HHSA, SK, V 12; Instruktionen an Löwenstein, 21. Nov. 1705, HHSA, RK, Weisungen nach München 1b.
79 Baumann, II, S. 12; Wallmenich, S. 17ff., 52, 70, 74ff., Kriechbaum an Eugen, 25. Dez., Löwenstein an Josef, 26. Dez., an Eugen, 28. Dez. 1705, ebd., S. 154f., 161.
80 Wallmenich, S. 14; Marlborough an Harley, 1. Jän. 1706, in: Murray, II, S. 372f.

81 Baumann, II, S. 51, 61.
82 Ebd., S. 54f.; Riezler, VIII, S. 187; Wallmenich, S. 11.
83 Protokoll, 3. Feb. 1706, HHSA, SK, V 12; Riezler, VIII, S. 187, 198ff.
84 Riezler, VIII, S. 191, 195f., 198ff., 424; Baumann, II, S. 65.
85 Protokoll, 16. Dez. 1705, HHSA, SK, V 12.
86 Franz Feldmeier, Die Ächtung des Kurfürsten Max Emanuel von Bayern und die Übertragung der Oberpfalz mit der fünften Kur an Kurpfalz (1702–1708), in: Oberbayerisches Archiv, 1914, S. 164, 169, 176.
87 Georg Sante, Die kurpfälzische Politik des Kurfürsten Johann Wilhelm vornehmlich im Spanischen Erbfolgekrieg 1690–1716, in: Historisches Jahrbuch, XLIV, 1924, S. 43f.
88 Referat, 10., 20. Sept., HHSA, RK, V 6b.
89 Feldmeier, S. 195–200.
90 Ebd., S. 209; Conrads, S. 109.
91 Noorden, Erbfolgekrieg, II, S. 302f.
92 Erich Hassinger, Preußen und Frankreich im Spanischen Erbfolgekrieg, in: Forschungen zur Brandenburgischen und Preußischen Geschichte, LIV, 1943, S. 58–65; Berney, Friedrich I., S. 161.
93 Berney, Friedrich I., S. 163f.
94 Ebd., S. 164; Salm an Marlborough, 28. April 1706, in: Murray, II, S. 492.
95 Berney, Friedrich I., S. 167f.
96 Protokoll, 27. April, HHSA, SK, V 12.
97 Salm an Marlborough, 28. April 1706, in: Murray, II, S. 492f.
98 Ebd., S. 144; Marlborough an Harley, 9. Mai 1706, in: Murray, II, S. 498.
99 Wratislaw an Karl, 10. Juli 1706, HHSA, FK, A 18.
100 Josef an Baden, 4. Juli 1706, in: Röder, II, S. 266.
101 Feldzüge, VIII, S. 365.
102 Am 30. Juni schrieb Schlick an St. Saphorin: „Die Verantwortung kommt jenen zu, die die Regierungsgeschäfte führen. Ich bin nur dazu berechtigt, (die Wahrheit) darzustellen. Als ich Wien verließ, habe ich vorausgesagt, daß wenn ich den Markgrafen nicht so verbrecherisch hinstelle, wie gewisse Leute es wünschen, ich selber als Verbrecher dastehen werde... Sicher werde ich nichts verheimlichen, wenn ich hier etwas höre und sehe, das sich gegen den Kaiser richtet, aber ich bin kein Instrument für die sinistren Kabalen und würde lieber mein Vermögen opfern, als mitzuhelfen, einen ehrenwerten Mann zu vernichten."
103 Wratislaw an Karl, 31. Aug. 1706, in: Arneth, Eigenhändige Correspondenz, S. 26.
104 Josef an Ludwig Wilhelm, 28. Aug. 1706, in: Röder, II, S. 279.
105 Marlborough an Harley, 23. Sept. 1706, in: Murray, III, S. 146.
106 Feldzüge, VIII, S. 370.
107 Wratislaw an Karl, 31. Aug. 1706, in: Arneth, Eigenhändige Correspondenz, S. 26; Noorden, Erbfolgekrieg, II, S. 509.
108 Josef an Ludwig Wilhelm, an Marlborough, 7. Sept. 1706, in: Röder, II, S. 288. Josef schien Heinsius nicht überzeugt zu haben, denn dieser fuhr fort, den Mißbrauch zu kritisieren, den der Kaiser mit der Kontribution des Reiches für die italienische und ungarische Front trieb, und fragte Marlborough: „Wie können die, die so wenig für das Reich tun, hoffen, andere für sich zu gewinnen?" Heinsius an Marlborough, 17., 30. Dez. 1706, in: Van't Hoff, S. 283, 287.
109 Protokoll, 17. Juli 1706, HHSA, SK, V 12.
110 Ludwig Wilhelm an Josef, 26. Juli 1706, in: Röder, II, S. 275.
111 Stepney an Harley, 15. Sept. 1706, in: Simonyi, III; Ragnhild M. Hatton, Charles XII of Sweden, London 1968, S. 222; Otto Haintz, König Karl XII. von Schweden, Berlin 1958, I, S. 163;

Jaroslav Goll, Der Vertrag von Altranstädt. Österreich und Schweden 1706–1707, in: Abhandlungen der königl. böhmischen Gesellschaft der Wissenschaften, Reihe VI, Bd. X (1881), S. 7.
112 Stepney an Hedges, 26. März 1704, in: Simonyi, I, S. 209.
113 Hatton, Charles XII, S. 217.
114 Ernst Carlson, Der Vertrag zwischen Karl XII. von Schweden und Kaiser Josef I. zu Altranstädt 1707, Stockholm 1907, S. 18.
115 Ebd.; Goll, S. 29; Hatton, Charles XII, S. 223; C. Grünhagen, Geschichte Schlesiens, Gotha 1886, II, S. 397f.
116 Goll, S. 13; in zwei weiteren Briefen drängte Rákóczi Stanislaus Leszczyński, mit ihm gemeinsam gegen die gemeinsame habsburgische Gefahr anzukämpfen. Rákóczi an Stanislaus, 14., 17. Sept. 1706, in: Fiedler, Actenstücke zur Geschichte Franz Rákóczis und seiner Verbindung mit dem Auslande, III (Archiv für österreichische Geschichte, XLIV, 1871), S. 426f.
117 Referat, 4. Sept. 1706, HHSA, RK, V 6b.
118 Hassinger, Brandenburg-Preußen, Rußland und Schweden 1700–1713, München 1953, S. 158.
119 Referat, 4. Sept. 1706, HHSA, RK, V 6b; siehe Josefs Notizen, 14. Sept. 1706, HHSA, SK, V 51; Goll, S. 6, 12.
120 Gabriel Syveton, Au camp d'Altranstädt. Besenval et Marlborough, in: Revue d'histoire diplomatique, XII (1898), S. 595; Louis XIV et Charles XII au camp d'Altranstädt, 1707. La mission du Baron de Besenval, Paris 1900, S. 73f.; Goll, S. 9f.; Carlson, S. 9; Haintz, I, S. 165.
121 Goll, S. 10, 12.
122 Josefs Notizen, 14. Sept. 1706, HHSA, SK, V 51.
123 Referat, 31. Jän. 1707, HHSA, SA, Schweden 18a.
124 Goll, S. 13; Hatton, Charles XII, S. 222; Haintz, I, S. 161.
125 Referat, 10. Feb. 1707, HHSA, SA, Schweden 18a.
126 Wratislaw an Karl, 21. Feb. 1707, Eigenhändige Correspondenz, S. 33.
127 Carlson, S. 8.
128 Ebd., S. 9; Goll, S. 24.
129 Carlson, S. 9.
130 20. Jän. 1707, Instruktionen für Ricous, in: Récueil des Instructions données aux ambassadeurs et ministres de France depuis les traités de Westphalie jusqu'à la revolution française, II: Suède, in: A. Geoffry (Hg.), Paris 1885, S. 219–234; Syveton, S. 584–589, 600, Louis XIV, S. 69, 71.
131 Harley an Robinson, 12. Okt. 1706, 8. Feb. 1707, in: James F. Chance (Hg.), British Diplomatic Instructions, 1689–1789, London 1922–1926, I, S. 30ff.; Stepney an Harley, 28. Aug. 1706, in: Simonyi, III, S. 219f.
132 Marlborough an Godolphin, 29. April 1707, o. S., in: Snyder, II, S. 757–762.
133 Marlborough an Salm, an Sinzendorf, 1. Mai 1707, in: Murray, III, S. 348, 350.
134 Referat, 13. Mai 1707, HHSA, SA, Schweden 18a.
135 Josefs Notizen, 14. Sept. 1706, HHSA, SK, V 51.
136 Salm an Josef, 15. Mai 1707, HHSA, SA, Schweden, 18a.
137 Goll, S. 25.
138 Referat, 17. Juni 1707, HHSA, SA, Schweden 18a.
139 Goll, S. 25.
140 Carlson, S. 10.
141 Ebd.
142 De Theillieres an Leopold von Lothringen, 4. März 1707, HHSA, LH 18.
143 Braubach, Subsidien, S. 85.
144 Feldzüge, IX, S. 40.

145 Protokoll, 18. Juni 1706, HHSA, SK, V 12; siehe die Notizen Josefs I., 30. Juni 1706, HHSA, SK, V 51.
146 Hantsch, S. 88; Berney, Friedrich I., S. 171.
147 Loewe, S. 45, 51, 62, 77; Hantsch, S. 63f.
148 Hantsch, S. 89. Friedrich Karl gab seinem Onkel gegenüber zu, daß man das Urteil des Reichshofrats nicht brauchte. Ebd. S. 135.
149 S. die Notizen Josefs I., 20. Juli, HHSA, SK, V 51; Wild, S. 117ff.
150 Berney, Friedrich I., S. 171; Braubach, Subsidien, S. 118f.
151 Heinz Polster, Der Markgraf Christian Ernst von Bayreuth-Brandenburg und seine Rolle in den Reichskriegen (1689–1707), Erlangen 1935, S. 123–150. Winston Churchill schreibt die Wahl Christian von Bayreuths der Vorliebe des Kaisers für einen Katholiken zu. Er war aber Protestant und hatte seine Wahl dem Drängen der protestantischen Stände zu verdanken. Marlborough: His Life and Times, London 1934, V, S. 270.
152 Marlborough an Eugen, 27. Dez. 1706, an Gueldermalsen, 14. Jän. 1707, in: Murray, III, S. 268, 285.
153 De Theillieres an Leopold von Lothringen, 4. März 1707, HHSA, LH 18.
154 Wratislaw an Karl, 24. März 1707, HHSA, FA, Korrespondenz, A 18.
155 Berney, Friedrich I., S. 182f.; Churchill, V, S. 272.
156 Referat, 13. Mai 1707, HHSA, SA, Schweden 18a; Harley an Robinson, 3., 4. Juni 1707, Chance, I: Schweden, S. 35.
157 Referat, 17. Juni, HHSA, SA, Schweden 18a.
158 Goll, S. 26.
159 Wratislaw an Karl, 6. Juli 1707, HHSA, FA, Korrespondenz A 18.
160 Notizen Josefs I., 3., 8. Juli 1707, HHSA, SK, V 51.
161 Josef an Johann Wilhelm, 10. Juli 1707, StAMü, II, Kasten Blau 404, 27.
162 Protokolle, 26., 28., 30. Juli 1707, in: Goll, S. 39–43.
163 Ebd., S. 46.
164 Protokoll, 2. Aug. 1707, ebd. S. 46f. Die Bestätigung Christian Augusts durch Josef I. wurde von Karl XII. sehr begrüßt, da sie den langwierigen Streit zwischen Schweden und Dänemark über die Nachfolgerechte im Bistum Lübeck–Eutin in seinem Sinne beilegte. Der 1647 ausgehandelte Vertrag, nach dem Lübecks nächste sechs Bischöfe von der Dynastie Holstein-Gottorp gestellt werden sollten, wurde 1705 durch den dänischen König gebrochen, der in das Bistum einfiel und seinen Bruder auf den Bischofsstuhl setzte. Prinz Karl verzichtete jedoch aus Furcht vor den Schweden und verlockt von der Aussicht auf eine englisch-holländische Pension im August 1706. Trotz des Druckes der Engländer weigerte sich Josef I., den Reichshofrat um ein Urteil zugunsten Christian Augusts zu ersuchen, weil er es sich nicht mit Dänemark verderben wollte, das 35.000 Söldner im Heer der Alliierten stehen hatte. Vergl. Instruktionen an Pulteney, 18. Aug. 1706, in: Chance, III, S. 23; Rinck, II, S. 105; Marlborough an Harley, 18. Nov. 1705, an Stepney, 6. Jän. 1706, in: Murray, II, S. 325, 384; Noorden, Erbfolgekrieg, II, S. 517f.
165 Goll, S. 47
166 Referat, 10. Aug. 1707, HHSA, SA, Schweden 18b.
167 Carlson, S. 21f.
168 Protokoll, 4., 5. Aug. 1707, in: Goll, S. 48f.
169 Conrads, S. 21f.; Granier, S. 96f.; Grünhagen, II, S. 396f.
170 HHSA, SA, Schweden 18a: Votum Salms, 15. Mai 1707.
171 Referat, 17. Juni 1707, HHSA, SA, Schweden 18a.
172 S. die Notizen Josefs I, 12. Aug. 1707, HHSA, SK, V 51.
173 Referat, 10., 12. Aug. 1707, HHSA, SA, Schweden 18b.
174 Ebd.

175 Referat, 24. Aug. 1707, HHSA, SA, Schweden 18b.
176 Josef an Wratislaw, 14. Aug. 1707, HHSA, SA, Schweden 18b; Protokoll, 14. Aug. 1707, HHSA, FK, Korrespondenz, A 16.
177 Wratislaw an Josef, 17. Aug. 1707, HHSA, FK, Korrespondenz, A 16.
178 Wratislaw an Josef, 20. Aug. 1707, HHSA, FA, Korrespondenz, A 16 und SA, Schweden 18b.
179 Wratislaw an Josef, 28. Aug. 1707, HHSA, FA, Korrespondenz, A 16 und Goll, S. 52f.
180 Vergl. Carlson, S. 34f., 65–69.
181 Über die englisch-holländische Garantie ebd., S. 46–49, 54–71.
182 Berney, Friedrich I., S. 183f.; Loewe, S. 83; Arnold, S. 111.
183 Marlborough an Salm, 1. Mai 1706, in: Murray, III, S. 348f.
184 Granier, S. 104f.
185 Polster, S. 177ff., 183f., 192.
186 Marlborough an Harley, 23. Juni 1707, in: Murray, III, S. 437; Arnold, S. 120; Feldzüge, IX, S. 52.
187 Haintz, I, S. 175; Klopp, Der Fall des Hauses Stuart, Wien 1885–1888, XIII, S. 523.
188 Marlborough an Wratislaw, 15. Aug. 1707, in: Murray, III, S. 516.
189 Carlson, S. 30; Conrads, S. 52, gibt eine etwas abweichende Version.
190 Hamel Bruynincx an Stepney, 15. Dez. 1706, in: Simonyi, III; Syveton, Louis XIV et Charles XII, S. 118; Hassinger, Brandenburg-Preußen, S. 217.
191 Referat, 4. Sept. 1706, HHSA, SK, V 51; Hassinger, S. 195f., 209f.; Loewe, S. 86.
192 Hassinger, S. 187–190, 194f., 210f.; Marlborough an Friedrich, 18. Okt. 1706, in: Murray, III, S. 178.
193 Loewe, S. 89f.; Rinck, II, S. 265.
194 Referat, 13. Feb. 1707, HHSA, SA, Schweden 18a; Hassinger, S 210f.
195 Hatton, Charles XII, S. 151.
196 Marlborough an Salm, 28. Jän. 1707, an Sinzendorf, 7. März 1707, in: Murray, III, S. 306, 330. Königin Anne anerkannte Stanislaus Leszczyński im März 1708. Die Holländer haben sich jedoch nie dazu verpflichtet, den ersten Altranstädter Frieden zu garantieren. Hatton, S. 227.
197 Marlborough an Wratislaw, 15. Aug. 1707, an Robinson, 16. Aug. 1707, in: Murray, III, S. 516f., Goll, S. 30, 32f., 49. Die Engländer und Holländer drängten bald wie die Preußen darauf, daß Karl XII. und Josef I. die Rechte der schlesischen Calvinisten in den Vertrag aufnahmen. Conrads, S. 152–155, 160f.
198 Nachdem er Josefs Bitte um englisch-holländische Vermittlung entgegengenommen hatte, schrieb der englische Staatssekretär Robert Harley am 3./4. Juni 1707 an Robinson: „Der Wiener Hof hat heute gemäß seiner Gewohnheit, immer etwas hinterher zu sein, zum ersten Mal um die Vermittlung der Königin zu seinen Gunsten gebeten, und ihre eigene Sicherheit müssen sie immer der Voraussicht ihrer Freunde verdanken." Chance, I, S. 35.
199 Marlborough an Heinsius, 5. Dez. 1707, in: Murray, III, S. 650.
200 Feldzüge, X, S. 17, 27, 72, 82, Suppl., S. 62, 71–76; Granier, S. 107f.
201 Émile Bourgeois, Neuchâtel et la politique en Franche-Comté (1702–1713), Paris 1887, S. 81, 215, 217.
202 Salm an Saint-Saphorin, 19. Dez. 1706, 4. Juli 1707, FSSA, III, S. 128; Referat, 24. Feb. 1708, HHSA, SK, V 13.
203 Referat, 27. Dez. 1707, HHSA, SK, V 13.
204 25. Jän. 1708, Antwort auf die königl.-preußischen Petita, HHSA, GK, 74a.
205 Hantsch, S. 135; Wild, S. 118f.; Feine, Verfassungsentwicklung, S. 87; Reinhold Koser, Brandenburg-Preußen in dem Kampf zwischen Imperialismus und reichsständischer Libertät, in: Historische Zeitschrift CVI (1906), S. 203.
206 Instruktionen für Prinz Eugen, Feb. 1708, Feldzüge, X, Suppl., S. 46f.

207 Ebd. X, S. 88, 286, 528f., Suppl., S. 170, 173.
208 Ebd., S. 45, 72, Suppl, 71–76; Braubach, Prinz Eugen, II, S. 223, 451.
209 Granier, S. 20; Wild, S. 125.
210 Granier, S. 146; Satisfaktionsdekret, 21. Juli 1706, in: Karl Zeumer, Quellensammlung zur Geschichte der Deutschen Reichsverfassung, Leipzig 1904, S. 404.
211 Johann Philipp Lamberg an Harrach, 19. März 1706, Allg. Verwaltungsarchiv, Graf Harrachsches Familienarchiv, S. 271. Obwohl August der Starke 1696 zum Katholizismus übergetreten war, um sich in den Besitz der polnischen Krone bringen zu können, verfolgte er weiter die protestantische Religionspolitik, damit nicht Sachsens Führung des Corpus evangelicorum im Reichstag verloreninge. Vergl. Adolph Frantz, Das Katholische Directorium des Corpus Evangelicorum, Marburg 1880, S. 1–5, 51.
212 Frieda von Esebeck, Die Begründung der hannoverschen Kurwürde, Bonn 1935, S. 96; Ulrich Kühne, Geschichte der böhmischen Kur in den Jahrhunderten nach der Goldenen Bulle, in: Archiv für Urkundenforschung, X (1928), S. 62f., 70.
213 Esebeck, S. 96f., 100f.; Granier, S. 145, 147ff., 153–156.
214 Carl Minha, Die Deutsche Politik Kaiser Josefs I., Diss. Wien, 1934, S. 52; Aretin, S. 542ff.
215 Feldmeier, S. 204, 233f.
216 Ebd., S. 235f., 238.
217 Ebd., S. 241, 245, 254ff.; Sante, S. 47.
218 Feldmeier, S. 256f.; Sante, S. 52.
219 Feldmeier, S. 258.
220 Ebd., S. 260f.
221 Schönborn an Lothar Franz, 28. April, 9. Mai 1708, Lothar Franz an Schönborn, 19. Mai 1708, HHSA, MEA, Korr. 89.
222 Schönborn an Lothar Franz, 16. Mai 1708, HHSA, MEA, Korr. 89.
223 Notizen Josefs I., 5. Nov. 1707, HHSA, SK, V 15; Granier, S. 154; Esebeck, S. 95.
224 Eugen an Johann Wilhelm, 10. Juni 1708, Feldzüge, X, Suppl., S. 108ff.
225 Eugen an Johann Wilhelm, 14. Juni 1708, ebd. S. 116f.
226 Johann Wilhelm an Eugen, 18. Juni 1708, ebd. S. 125.
227 Schönborn an Lothar Franz, 23. Juni 1708, HHSA, MEA, Korr. 89.
228 Feldmeier, S. 268.
229 Esebeck, S. 100f.; Granier, S. 148.
230 Georg Ludwig an Josef, 7. April 1708, StAH, Cal. Br. 24, 5147; Eugen an Josef, 29. April, 11. Juni 1708, Feldzüge, X, Suppl., S. 81ff., 114f.
231 Schönborn an Lothar Franz, 27. Mai 1708, HHSA, MEA, Korr. 89; Esebeck, S. 101.
232 Granier, S. 165f.
233 Reichsgutachten, 30. Juni 1708, in: Zeumer, S. 405; Granier, S. 160–163; Hannover wurde in aller Form am 7. September in das Kurfürstenkollegium aufgenommen. Vergl. Ratifikations-Commissions-Dekret vom 6. Sept. 1708, in: Zeumer, S. 407; Granier, S. 166f.
234 Eugen an Josef, 15. Juni 1708, Feldzüge, X, Suppl., S. 117.
235 Eugen an Georg Ludwig, 28. Juni 1708, Marlborough an Eugen, 24. Juni 1708, ebd. S. 131f., 141. Offensichtlich wurde der Kurfürst weder getäuscht noch war er sehr erfreut über den Plan der beiden Generäle. Vergl. Sinzendorf an Karl, 28. Aug. 1708, HHSA, GK 74a.
236 Eugen an Georg Ludwig, 21. Sept., 14., 17. Okt., 11. Nov., an Joseph, 11., 14. Nov. 1708, Feldzüge, X, Suppl., S. 244f., 278f., 296, 327–330, 332.
237 Minha, S. 104f.
238 Schönborn an Lothar Franz, 31. März 1711, Instruktionen für Sinzendorf, 1. April 1711, HHSA, MEA, Korr. 89; Notizen Josefs vom 1. April 1711, HHSA, SK, V 51.

IV. Italien:
Der Kampf um die Hegemonie

Einleitendes Zitat: Protokoll, 3. Jän. 1708, HHSA, SK, V 13.

1 Noorden, Erbfolgekrieg, I, S. 159; Klopp, Der Fall, IX, S. 18, 117, 284.
2 Feldzüge, VIII, S. 53, IX, S. 34.
3 Josef an Ludwig Wilhelm, 18. Mai 1706, in: Röder, II, S. 254.
4 Regele, S. 56; Braubach, Prinz Eugen, I, S. 353, 442; Josef an Johann Wilhelm, 30. Sept. 1704, StAMü, II, Kasten Blau 45, Nr. 12.
5 Wratislaw an Karl, 22. Feb. 1705, Feldzüge, VII, S. 546.
6 Wratislaw an Gallas, 14., 21. März 1705, in: C. Höfler, Gallas, S. 300f.
7 Wratislaw an Karl, 22. Feb. 1705, Feldzüge, VII, S. 546; Eugen an Gallas, 29. Mai 1705, ebd., Suppl., S. 156; Braubach, Prinz Eugen, II, S. 106.
8 Eugen an Josef, 26. April 1705, Feldzüge, VII, Suppl., 104.
9 Redlich, Großmacht, S. 44f.
10 Protokoll, 19., 26., 29. Aug. 1705, HHSA, SK, V 12.
11 Protokoll, 26. Aug. 1705, ebd.; Josef an Ludwig Wilhelm, 2. Sept. 1705, in: Röder, II, S. 161.
12 Sinzendorf an Karl, 13. Sept. 1705, Feldzüge, VII, S. 540.
13 Marlborough an Stepney, 6. Jän. 1706, in: Murray, II, S. 384.
14 Eugen an Gundaker Starhemberg, 12. Sept., an Josef, 16. Sept. an Tarini, 17. Sept., an den Hofkriegsrat, 30. Okt. 1705, Feldzüge, VII, Suppl., S. 371, 374, 381, 458; Marlborough an Stepney, 6. Jän. 1706, in: Murray, II, S. 384.
15 Mensi, S. 391.
16 Marlborough an Godolphin, 17. Okt. 1704, in: Snyder, I, S. 381; an Heinsius, 20., 28. Okt. 1704, in: Van't Hoff, S. 143, 146.
17 Marlborough an Stanhope, 3. Okt., an Wratislaw, 5. Okt. 1705, in: Murray, II, S. 288f., 293.
18 Wratislaw an Gallas, 13. Dez. 1705, in: Höfler, Gallas, S. 310; Noorden, Erbfolgekrieg, II, S. 357.
19 Marlborough an Harley, an Hedges, 14. Nov. 1705, in: Murray, II, S. 323; Hanns Leo Mikoletzky, Die große Anleihe von 1706, in: Mitteilungen des Österreichischen Staatsarchivs, VII, 1954, S. 276f.
20 Marlborough an Harley, 18. Nov. 1705, in: Murray, II, S. 324f.; Mensi, S. 353f., 391f.
21 Marlborough an Harley, 14. Nov., an Johann Wilhelm, 22. Nov. 1705, in: Murray, II, S. 323, 329f.
22 Marlborough an Johann Wilhelm, Instruktionen an Lescheraine, 31. Dez. 1705, an Harley, 5. Jän. 1706, in: Murray, II, S. 368f., 375f.
23 Mikoletzky, Anleihe, S. 276f.
24 Ebd., S. 284; Mensi, S. 293f.; Gustav Otruba, Die Bedeutung englischer Subsidien und Antizipationen für die Finanzen Österreichs, 1701—1748, in: Vierteljahrschrift für Sozial- und Wirtschaftsgeschichte, LI; 1964, S. 200.
25 Mensi, S. 393f.; Otruba, S. 201; Braubach, Subsidien, S. 40.
26 Bartholdi, 2. März 1706; Berney, Friedrich I., S. 268f.
27 Braubach, Prinz Eugen, II, S. 145, 148.
28 Feldzüge, VIII, S. 84, 180.
29 Marlborough an Sinzendorf, 9. Mai, an Eugen, 25. Mai 1706, in: Murray, II, S. 497, 524.
30 Eugen an Josef, 1., 9. Okt., 21. Nov. 1706, Feldzüge, VIII, Suppl., S. 256, 261, 311.
31 Eugen an Josef, 22. Dez. 1706, ebd., Suppl., S. 329f.
32 Heinsius an Marlborough, 25. Jän. 1707, in: Van't Hoff, S. 293.

33 Elke Jarnut-Derbolav, Die österreichische Gesellschaft in London (1700–1711), Bonn 1972, S. 305.
34 Marlborough an Eugen, 27. Dez. 1706, in: Murray, III, S. 268f.
35 Marcus Landau, Rom, Wien, Neapel während des Spanischen Erbfolgekrieges, Leipzig 1885, S. 286ff.; Feldzüge, V, S. 50.
36 Eugen an Josef, 8. Feb. 1707, Feldzüge, IX, Suppl., S. 25.
37 Marlborough an Wratislaw, 10. Jän., an Eugen, 7. März 1707, in: Murray, III, S. 279f., 326.
38 Wratislaw an Karl, 15., 16. Dez. 1706, 16. März 1707, in: Arneth, Eigenhändige Correspondenz, S. 27, 31, 34; Eugen an Josef, 8. Feb. 1707, Feldzüge, IX, Suppl., S. 19f; Huldeberg an Georg Ludwig, 22. Juni 1707, StAH, Cal. Br. 24, 4897.
39 Eugen an Viktor Amadeus, 15. Feb. 1707, Feldzüge, IX, Suppl., S. 27.
40 Eugen an Josef, 1., 9. Okt. 1706, Feldzüge, VIII, Suppl., S. 256, 261; 16. März 1707, ebd. IX, Suppl., S. 60.
41 Vergl. Feldzüge, IX, S. 347–359.
42 Eugen an Josef, 16. Feb. 1707, Feldzüge, IX, Suppl., S. 31.
43 Eugen an Marlborough, 22., 25. März 1707, in: Murray, III, S. 375. Die Minister verteidigten sich mit dem Argument, daß die Besetzung Neapels die österreichische Armee mit neuen Lebensmitteln versorgen würde, wohingegen Südostfrankreich keine weitere Invasionsarmee unterhalten könne. Salm an Marlborough, 4. Mai 1707, FSSA, III, S. 133; Huldeberg an Georg Ludwig, 8. Juni 1707, StAH, Cal. Br. 24, 4897.
44 Marlborough an Sinzendorf, 14. Feb., 6. Juni, an Wratislaw, 7. März, 6. Juni 1707, in: Murray, III, S. 315, 329, 389, 392; Godolphin an Marlborough, 14. Sept. 1707, in: Snyder, II, S. 913; Heinsius an Marlborough, 15. März 1707, in: Van't Hoff, S. 307.
45 Marlborough an Harley, an Eugen, 10. Mai 1707, in: Murray, III, S. 357, 360; Braubach, Prinz Eugen, II, S. 191.
46 Wratislaw an Karl, 21. Feb. 1707, in: Arneth, Eigenhändige Correspondenz, S. 33.
47 Feldzüge, IX, S. 108, 177.
48 Godolphin an Marlborough, 15., 28. April, Marlborough an Sarah M., 26. Juni 1707, in: Snyder II, S. 751f., 755f., 872.
49 Braubach, Prinz Eugen, II, S. 198ff., 209.
50 Feldzüge, V, S. 50; Redlich, Großmacht, S. 27; Heinrich Benedikt, Kaiseradler über dem Apennin, Die Österreicher in Italien, 1700–1866, München 1964, S. 174f.
51 Braubach, Prinz Eugen, II, S. 193.
52 Josef an Castelbarco, 25. Okt. 1706, Feldzüge, VIII, 4890, Eugen an Josef, 31. Okt., 10. Nov. 1706, ebd., Suppl., S.276, 294
53 Eugen an Josef, 8. Feb. 1707, ebd. IX, Suppl., S. 17ff.
54 Harley an Stepney, 21. Dez., Stepney an Harley, 28. Dez. 1706, in: Simonyi, III, S. 290, 295; Marlborough an Salm, 12. Dez. 1706, 24. Jän. 1707, an Sinzendorf, 6., 12. Dez. 1706, 24. Jän. 1707, an Wratislaw, 6., 12. Dez. 1706, 21. Jän. 1707, in: Murray, IV, S. 243–299; Edikt vom 23. Feb. 1707, in: Ettore Parri, Vittorio Amadeo II ed Eugenio di Savoia nelle Guerre della Successione spagnuola, Mailand 1888, S. 235f.; Aretin, S. 56.
55 Eugen an Josef, 9. März 1707, Feldzüge, IX, Suppl., S. 55.
56 Villars, S. 202f.
57 Hantsch, S. 54; Spannagel, V, S. 52–55. Josefs Anspruch auf Mailand kam nicht überraschend: Salm drängte schon im März auf die Abtretung Mailands. Salm an Sinzendorf, 19. März, 2. Juni, 21. Juli 1703, in: Spannagel, V, Anhang, S. 96f.
58 Vergl. Ingrao, Empress Wilhelmine Amalia and the Pragmatic Sanction, in: Mitteilungen des Österreichischen Staatsarchivs, XXXIV, 1981.
59 Ebd., S. 7–10.

60 Redlich, Großmacht, S. 24f. 1713 revidierte Karl das pactum mutuae successionis, um seinen eigenen weiblichen Nachkommen den Vorrang in der Thronfolge vor denen seines toten Bruders einzuräumen. Auf Grund dieser Änderung kam es später zum Konflikt zwischen den Nachkommen von Josefs zwei Töchtern und der von Kaiser Karl VI. eingesetzten Erbin Maria Theresia. Vergl. Ingrao, The pragmatic Sanction and the Theresian Succession: A Reevaluation, in: William McGill (Hg.), The Habsburg Dominions under Maria Theresa, Washington, Penn., 1980.
61 Hantsch, S. 45.
62 Stepney an Harley, 29. April 1705, in: Simonyi, II, S. 70.
63 August Fournier, Zur Entstehungsgeschichte der Pragmatischen Sanktion Kaiser Karls VI., in: Historische Zeitschr. XXXVIII, 1877, S. 43ff.
64 Wratislaw an Karl, 16. März 1707, in: Arneth, Eigenhändige Correspondenz, S. 39.
65 Karl an Wratislaw, 15., 16. Dez. 1706, ebd. S. 27., Hill an Hedges, 22. Juli 1705, in: W. Blackley, The Diplomatic Correspondence of The Right Honorable Richard Hill, London 1845, S. 582.
66 Stanhope an Godolphin, 24. Nov. 1706, in: Philip Henry, Earl Stanhope, History of the War of the Succession in Spain, London 1836; Stepney an Harley, 28. Dez. 1706, in: Simonyi, III, S. 295.
67 Karl an Wratislaw, 15., 16. Dez. 1706, in: Arneth, Eigenhändige Correspondenz, S. 27.
68 Voltes Bou, Barcelona, II, S. 172.
69 Wratislaw an Karl, 10. März 1710, in: Arneth, Eigenhändige Correspondenz, S. 108.
70 Karl an Wratislaw, 8. Nov. 1707, ebd. S. 47ff.
71 Eugen an Josef, 1. Dez. 1706, Feldzüge, VIII, Suppl., S. 316f; Braubach, Prinz Eugen, II, S. 191.
72 Karl an Wratislaw, 17. Juli 1707, in: Arneth, Eigenhändige Correspondenz, S. 43.
73 Wratislaw an Karl, 26. April 1710: „E. M. person seint nicht genugsambe Capacitet noch experientz haben, die wichtige undt weitleufige Chargen der spanischen Monarchie zu versehen." Karl neige dazu, fährt er fort, hohe Regierungsposten mit unfähigen Leuten zu besetzen. Ebd., S. 113.
74 Benedikt, Das Königreich Neapel unter Kaiser Karl VI., Wien 1927, S. 67.
75 Vergl. die Notizen Josefs während der Konferenz des 26. April 1707, HHSA, SK, V 51; Wratislaw an Karl, 16. März 1707, in: Arneth, Eigenhändige Correspondenz, S. 34.
76 Vergl. die Notizen Josefs während der Konferenz des 26. April 1707, HHSA, SK, V 51.
77 Benedikt, Neapel, S. 65ff.
78 Wratislaw an Karl, 2. Mai 1707, in: Arneth, Eigenhändige Correspondenz, S. 40.
79 Karl an Wratislaw, 8. Nov. 1707, 8. Feb. 1708, in: Arneth, Eigenhändige Correspondenz, S. 47, 60.
80 Landau, Rom, S. 327ff; Benedikt, Neapel, S. 66, 68.
81 Karl an Wratislaw, 8. Nov. 1707, 8. Febr. 1708, in: Arneth, Eigenhändige Correspondenz, S. 47, 60.
82 Sinzendorf an Karl, 14. Juni 1708, HHSA, GK 74a.
83 Karl an Wratislaw, 11. Juli 1708, in: Arneth, Eigenhändige Correspondenz, S. 68.
84 Referat, 25. Sept. 1709, HHSA, SK, V 14; Landau, Rom, S. 343ff., 348f.; Benedikt, Neapel, S. 93ff.
85 Sinzendorf an Karl, 17. Jän. 1709, HHSA, GK 74b; Landau, Rom, S. 349; Referat, 31. Aug., 2. Sept. 1709, HHSA, SK, V 14.
86 Vergl. Aretin, S. 544–563.
87 Gschliesser, Reichshofrat, S. 13.
88 Aretin, S. 549–555.
89 Granier, S. 122.
90 De Theillieres an Leopold von Lothringen, 29. Mai 1707, HHSA, LH 18; Marlborough an

Wratislaw, 6., 12. Dez. 1707, in: Murray, III, S. 245, 250; Schönborn an Lothar Franz, 23. Mai 1708, HHSA, MEA, Korr. 89.

91 Feldzüge, VII, 54, Eugen an Gallas, 23. Okt., an Josef, 23., 30. Okt. 1705, Suppl., S. 442, 446, 453; Fischel, S. 157.
92 Ingomar Bog, Der Reichsmerkantilismus, Stuttgart 1959, S. 35; Feldzüge, VIII, S. 332f., X, S. 58. Vereinbarungsgemäß befreite Josef I. Savoyen von der Kriegssteuer. Josef an Castelbarco, 25. Okt. 1706, in: Feldzüge, VIII, S. 489f.
93 Für 1707 ausgehandelt: Toskana 900.000 Gulden, Genua 300.000 Gulden, Lucca 90.000 Gulden. Braubach, Prinz Eugen, II, S. 171; Eugen an Josef, 23. Feb., 3., 27., 30. April, 29. Mai 1707, in: Feldzüge, IX, Suppl., S. 35f., 79f., 112, 115f., 155f.
94 Eugen an Josef, 3. Okt., 9. Nov. 1707, in: Feldzüge, IX, Suppl., S. 189, 213f.; Protokoll, 3. Jän. 1708, HHSA, SK, V 13.
95 Feldzüge, VII, S. 6; Landau, Rom, S. 165, 169f., 174f., 182.
96 Vergl. H. von Zwiedineck-Südenhorst, Die Obedienz-Gesandtschaften der deutschen Kaiser an den römischen Hof, in: Archiv für österreichische Geschichte, LVIII, 1879.
97 Stepney an Marlborough, 30. Mai 1705, Houghton, SCC.
98 Benna, Preces Primariae und Reichshofrat (1559–1806), in: Mitteilungen des Österreichischen Staatsarchivs, V, 1952, S. 96; Landau, Rom, S. 196.
99 Clemens schrieb an Rummel und Bischoff und an die Kardinäle Grimani, Kollonitsch, Lamberg und Sachsen-Zeitz. Stepney an Cardonnel, 9., 12. Sept. 1705, Houghton, SCC.
100 Referat, 10. Sept. 1705, HHSA, SK, V 12; Landau, Rom, S. 194.
101 Eugen an Josef, 15., 29. Dez. 1706, in: Feldzüge, VIII, Suppl., S. 325, 335f.
102 Landau, Rom, S. 250ff.
103 Ebd. S. 261f.
104 Referat, 15., 19., 20. Mai 1707, HHSA, SK, V 12.
105 Vergl. die Notizen Josefs vom 24. Mai 1707, HHSA, SK, V 51; Josef an Martinitz, 24. Mai 1707, HHSA, SA, Rom 86.
106 Martinitz an Josef, 23. Juni 1707, HHSA, SA, Rom 85.
107 Martinitz an Josef, 17. Sept. 1707, HHSA, SA, Rom 85.
108 Landau, Rom, S. 264f.
109 Hans Kramer, Habsburg und Rom in den Jahren 1708–1709, Innsbr. 1936, S. 25.
110 Landau, Rom, S. 267–277.
111 Braubach, Prinz Eugen, II, S. 459; Bericht Dolfins, 24. März 1708, in: Marcello Giudici, I Dispacci di Germania dell' ambasciatore veneto Daniel Dolfin, Venedig, 1908, II, S. 203. Tatsächlich willigte Josef I. ein, von den in Parma eingetriebenen 637.000 Gulden ungefähr 100.000 Gulden zurückzuzahlen. Vergl. die Notizen Josefs I., 7. Nov. 1708, HHSA, SK, V 51; Feldzüge, X, S. 58.
112 J. Söltl, Von dem römischen Papst, Ein Vortrag für den Römischen König Josef I., in: Historische Zeitschr., VI, 1861, S. 24–40.
113 Vergl. Notizen Josefs I., 27. Dez. 1706, HHSA, SK, V 51; Kramer, S. 14.
114 Josef an Eugen, 12. April 1707, HHSA, GK 90b.
115 Seilern an Josef, 18. Dez. 1707, FSSA, III, 132.
116 Protokoll, 26. Jän. 1708, HHSA, SK, V 13.
117 Protokoll, 2., 31. März, HHSA, SK, V 13.
118 Wratislaw an Karl, 2. Aug. 1708, in: Arneth, Eigenhändige Correspondenz, S. 70.
119 Wratislaw an Karl, 30. Aug. 1708, HHSA, FA, Korrespondenz, A 18.
120 Memorandum Lambergs, 3. März 1708, HHSA, FA, Korrespondenz, A 51.
121 Sinzendorf an Karl, 21. Nov. 1707, HHSA, GK 74a; Wratislaw an Karl, 15. Jän. 1708, in: Arneth, Eigenhändige Correspondenz, S. 59.

122 De Theillieres an Leopold von Lothringen, 20. Jän., 29. Mai 1707, HHSA, LH 18.
123 Sinzendorf an Karl, 21. Nov. 1707, HHSA, GK 74a.
124 Riese an Klaute, 4., 18. Jän., 2. Mai 1708, StAMg, 4e, 151; Report Dolfins, 9. Dez. 1708, in: Arneth, Relationen, S. 3f.
125 Braubach, Prinz Eugen, II, S. 447.
126 Ebd., S. 34; Geschichte und Abenteuer, S. 200f.; HHSA, FA, Korrespondenz, A 51.
127 Wratislaw an Karl, 6. März 1708, HHSA, FA, Korrespondenz, A 18.
128 Wratislaw an Karl, 7. April 1708, HHSA, FA, Korrespondenz A 18; Memorandum des Leopold Matthias Lamberg, 3. März 1708, HHSA, FA, Korrespondenz, A 51.
129 Ebd.
130 Benedikt, Der Pascha-Graf Alexander von Bonneval, Graz 1959, S. 19f.
131 Kramer, S. 14f; Landau, Rom, S. 365–368.
132 Protokoll, 16. Juli, 2., 5. Aug. 1708, HHSA, SK, V 13; Kramer, S. 31.
133 Protokoll, 16. Juli, 2. Aug. 1708, HHSA, SK, V 13; Feldzüge, X, S. 196.
134 Protokoll, 5. Aug. 1708, HHSA, SK, V 13; Sinzendorf an Karl, 28. Aug. 1708, HHSA, GK 74a.
135 Feldzüge, X, S. 195f., 200; Landau, Rom, S. 378.
136 J. C. Herchenhahn, Geschichte der Regierung Josefs I., II, Leipzig 1789, S. 359.
137 Feldzüge, S. 200ff.
138 Protokoll, 25. Sept. 1708, HHSA, SK, V 13. Wratislaw hatte seine Ansicht schon am 16. Sept. in einem Brief an den Erzherzog geäußert, in: Arneth, Eigenhändige Correspondenz, S. 76.
139 Josef an Königsegg, 26. Sept. 1708, HHSA, GK 40.
140 Protokoll, 25., 27. Sept. 1708, HHSA, SK, V 13.
141 Referat, 12. Okt. 1708, HHSA, SK, V 13; Sinzendorf an Karl, 4. Okt. 1708, HHSA, GK 74a.
142 Referat, 12. Okt. 1708, HHSA, SK, V 13.
143 Protokoll, 27. Sept. 1708, Referat, 12. Okt. 1708, HHSA, SK, V 13.
144 Wild, S. 155.
145 Schönborn an Lothar Franz, 21. Juli 1708, HHSA, MEA, Korr. 90; Referat, 12. Okt. 1708, HHSA, SK, V 13; Sinzendorf an Karl, 17. Jän. 1709, HHSA, GK 74a.
146 Schönborn an Lothar Franz, 16., 23. Mai 1708, HHSA, MEA, Korr. 89; Sinzendorf an Karl, 14. Juni 1708, HHSA, GK 74a; Josef an Castelbarco, 4. Juli 1708, HHSA, SA, Sardinien 40.
147 Landau, Rom, S. 370.
148 Protokoll, 25., 27. Sept. 1708, HHSA, SK, V 13.
149 Feldzüge, X, S. 202f; Kramer, S. 63; Landau, Rom, S. 405–408.
150 Marlborough an die holländische Regierung, 24. Okt. 1708, in: Murray, IV, S. 275.
151 Marlborough an Palmes, 21. Okt., an die Generalstaaten, 24. Okt. 1708, in: Murray, IV, S. 273ff.; Sinzendorf an Karl, 4. Okt. 1708, HHSA, GK 74a; Kramer, S. 63f.
152 Feldzüge, X, S. 208f.
153 Landau, Rom, S. 379, 403.
154 Protokoll, 1. Dez. 1708, HHSA, SK, V 13.
155 Instruktionen vom 31. Aug., in: Récueil, XVII: Rome, hg. v. G. Hanotaux, Paris 1911, S. 374, 414.
156 Über Einzelheiten dieser Verhandlungen siehe Report Tessés vom 3. Okt., in: Récueil, XIV: Florence, Modène, Gênes, hg. v. E. Driault, Paris 1912, S. 69; Instruktionen vom 31. Aug., XVII: Rome, S. 381f., 402ff., 412.
157 Récueil, XVII: Rome, S. 369.
158 Instruktionen vom 31., 5. Nov., in: Récueil, XXVII: Rome, S. 399, 415f.; Kramer, S. 37f.
159 Feldzüge, X, S. 214.
160 Sinzendorf an Karl, 4. Okt. 1708, HHSA, GK 74a.
161 Carl Ringhoffer, Die Flugschriften-Literatur zu Beginn des Spanischen Erbfolgekrieges, Leipzig

1881, S. 110–117; Kramer, S. 110. Amalie war römisch-katholisch getauft; ihr Vater war konvertiert.
162 Sinzendorf an Karl, 4. Okt. 1708, HHSA, GK 74a; Landau, Rom, S. 411.
163 Protokoll, 1. Dez. 1708, HHSA, SK, V 13.
164 Protokolle, 1., 17., 18. Dez. 1708, HHSA, SK V 13. Protokolle, 2., 3. Jän., HHSA, SK, V 13; Hantsch, S. 121, 387.
165 Protokoll, 17., 18. Dez. 1708, HHSA, SK, V 13. Zusätzlich zu Seilern und Windischgrätz waren Sinzendorf, Trautson, Herberstein und Gundaker Starhemberg anwesend.
166 Votum von Wratislaw am 17. Dez., HHSA SK, V 13.
167 Votum von Salm, 17. Dez., HHSA, SK, V 13.
168 Landau, Rom, S. 422.
169 Protokolle, 2., 3. Jän. 1709, HHSA, SK, V 13.
170 Feldzüge, X, S. 218.
171 Landau, Rom, S. 425–428.
172 HHSA, ÖA, Österreich Staat 2.
173 Protokolle, 14., 15., 16. Feb. 1709, HHSA, SK, V 13.
174 Kramer, S. 100.
175 Protokoll, 7. Nov. 1709, HHSA, SK, V 13.
176 Protokolle, 15., 16. Feb. 1709, HHSA, SK, V 13.
177 Protokoll, 13. April 1709, HHSA, SK, V 13.
178 Landau, Rom, S. 432.
179 Protokolle, 22. Mai, 20. Juli 1709, HHSA, SK, V 14.
180 Landau, Rom, S. 431.
181 Kramer, S. 98.
182 Protokoll, 14. Okt. 1709, HHSA, SK, V 14.
183 Kramer, S. 119.
184 Protokoll, 14. Okt., HHSA, SK, V 14.
185 Referat, 7. Nov., Protokoll, 12. Nov. 1709, HHSA, SK, V 14; Kramer, S. 121.
186 Josefs Notizen vom 12. Nov. 1709, HHSA, SK, V 51; Kramer, S. 121.
187 Referat, 31. Dez. 1709, HHSA, SK, V 14; Protokolle, 9. Jän., 24. April 1710, HHSA, SK, V 15.
188 Feldzüge, XI, S. 36, 41. Comacchio brachte ungefähr 100.000 Gulden jährlich an Steuern ein. Braubach, Prinz Eugen, II, S. 262.
189 Referat, 31. Dez. undatiertes Protokoll einer Konf. 1709, HHSA, SK, V 14.
190 Hantsch, S. 113.
191 Protokoll, 11. März, HHSA, SK, V 15.
192 Ludwig Fr. von Pastor, History of the Popes, London 1940, XXIII, S. 80f.
193 Protokolle, 15., 24. April, 5. Mai 1710, HHSA, SK, V 15.
194 Protokoll, 9. Okt. 1710, HHSA, SK, V 15.
195 Protokoll, 21. Okt. 1710, HHSA, SK, V 15.
196 Josefs Notizen vom 31. Okt. 1710, HHSA, FA, Familienakten 96; Protokoll, 31. Okt. 1710, HHSA, SK, V 15.
197 Josef an Castelbarco, 31. Okt. 1710, HHSA, SA, Sardinien 28.
198 Protokoll, 7. Jän. 1711, HHSA, SK, V 16.
199 Referat, 11. März 1711, HHSA, SK, V 16.
200 Sie schlugen vor, daß diese zukünftigen Erwerbungen dem Erzherzog übertragen werden könnten, für den Fall, daß er nicht Spanien in seinen Besitz bringen sollte. Damit würde der jüngeren Habsburger Linie Gelegenheit gegeben werden, „sich in Italien festsezen und ausbraith welches in kunftig Zeit ein großes Gewicht zu dem so hoch notwendigen Equilibrio in Europa geben wird". Ebd.

201 Ebd. Ungefähr zur gleichen Zeit, als er dieses Angebot machte, gab Albani zu verstehen, sein Onkel sei bereit, die Mailänder Kirche 1711 mit 300.000 Gulden besteuern zu lassen. Seit 1709 hatte Josef I. darauf verzichtet, den Klerus in Mailand zu versteuern. Protokoll, 24. Juli 1710, HHSA, SK, V 15; Protokoll, 15. März 1711, HHSA, SK, V 16.
202 Referat, 11. März 1711, HHSA, SK, V 16.
203 Protokoll, 8. April 1711, HHSA, SK, V 16.
204 Wratislaw an Sinzendorf, 8. April 1711, HHSA, GK 71; Wratislaw an Karl; 22. April 1711, in: Arneth, Eigenhändige Correspondenz, S. 147; Protokoll, 8. April 1711, HHSA, SK, V 16.
205 Josefs Notizen vom 8. April 1711, HHSA, FA, Familienakten 96.
206 Über die Kriegssteuer in Parma von 1709 bis 1711 siehe Feldzüge, XI, S. 36, 41, XII, 264, XIII, 320; Protokoll, 25. Okt. 1710, HHSA, SK, V 15.
207 Wratislaw an Karl, 27. März 1708, HHSA, FA, Korrespondenz, A 18; Josefs Notizen vom 12. April 1708, HHSA, SK, V 51; Karl an Wratislaw, 11. Juli 1708, in: Arneth, Eigenhändige Correspondenz, S. 68.
208 Protokoll und Referat, 20. Sept., Protokoll, 3. Nov. 1708, HHSA, SK, V 13; Wratislaw an Karl, 6. Nov. 1708, HHSA, FA, Korrespondenz, A 18.
209 Sinzendorf an Karl, 28. Aug. 1708, HHSA, GK 74a.
210 Wratislaw an Karl, 15. Jän. 1711, in: Arneth, Eigenhändige Correspondenz, S. 136.
211 Protokoll, 9. Okt. 1708, HHSA, SK, V 13; Protokoll, 16. Dez. 1709, HHSA, SK, V 14; Trautson an Sinzendorf, 7. Juni 1710, HHSA, GK 70.
212 Gschliesser, Reichshofrat, S. 26.
213 Josefs Notizen vom 23. Dez. 1709, HHSA, SK, V 51; Protokoll, 23. Dez. 1709, HHSA, SK, V 14; Wratislaw an Sinzendorf, 25. Dez. 1709, HHSA, GK 71.
214 Trautson an Sinzendorf, 26. April 1710, HHSA, GK 70.
215 Wratislaw an Sinzendorf, 23. April, 3. Mai 1710, HHSA, GK 71; Protokolle, 3., 4., 30. Mai, 20. Juni, 15. Juli 1710, HHSA, SK, V 15.
216 Sinzendorf an Karl, 14. Juni 1708, HHSA, GK 74a.
217 Sinzendorf an Karl, 28. Aug. 1708, HHSA, GK 74a.
218 Wratislaw an Karl, 15. Jän. 1709, HHSA, FA, Korrespondenz A 18; Granier, S. 228.
219 Granier, S. 227ff. Josef I. entschädigte schließlich den Herzog von Guastalla mit den zu Mantua gehörenden Städten Sabionetta und Bozzolo.

V. Ungarn:
Der Kuruzzenkrieg

Einleitendes Zitat: Wratislaw an Karl, 18. April 1705, in: Arneth, Eigenhändige Correspondenz, S. 17.
1 Ignácz Acsády, Magyarország története I. Lipót és I. József korában (1657–1711), Budapest 1898, S. 536; Ágnes Várkonyi, Hapsburg Absolutism and Serfdom in Hungary at the Turn of the XVIIth and XVIIIth Centuries, in: Nouvelles études historiques, Budapest 1965, I, S. 359f., 364–369. „A Jobbágyság Osztályharca a Rákóczi-Szabadságharc idején," Történelmi Szemle, VII 1964, S. 376.
2 Theodor Mayer, Verwaltungsreform in Ungarn nach der Türkenzeit, Wien 1911, S. 10f., 16f., 19f., 24, 51–54, 83f.; Ignaz Aurelius Fessler, Geschichte von Ungarn, Leipzig 1877, IV, S. 525.
3 Sándor Márki, II. Rákóczi Ferenc, Budapest 1907–1910, I, S. 290; Gyula Szekfü, Magyar történet, IV, Budapest 1935, S. 278f.
4 Tamás Esze, II. Rákóczi Ferenc tiszántúli hadjárata, Budapest 1951, S. 83–87; P. Z. Pach, Le problème du rassemblement des forces nationales pendant la guerre d'indépendence de

François II. Rákóczi, in: Acta Historica. Academiae Scientarum Hungaricae, II (1956), S. 100f.; Márki, I, S. 290, 293; Várkonyi, Jobbágyság, S. 376.

5 E. Révész, Esquisse de l'histoire de la politique religieuse hongroise entre 1705 et 1860 (Studia Historica. Academiae Scientarum Hungaricae, XXVI, 1960), S. 5–17; Acsády, S. 561; Márki, I, S. 285, 479; Fessler, IV, S. 151; Bidermann, Gesamt-Staats-Idee, II, S. 53, 156.

6 Kurt Wessely, The Development of the Hungarian Military Frontier until the middle of the eighteenth century, in: Austrian History Yearbook, IX–X, 1973–1974, S. 57.

7 Pach, S. 99–102; Márki, I, S. 285, 293; Acsády, S. 533f., 561; Esze, S. 9; Várkonyi, Absolutism and Serfdom, S. 385.

8 Stepney an Marlborough, 16. April 1704, in: Simonyi, I, S. 242; Ladislaus Baron Hengelmüller, Hungary's Fight for National Existence, London 1913, S. 175. Vergl. auch Henrik Marczali, Hungary in the Eighteenth Century, Cambridge 1910, und Béla Király, Hungary in the Late Eighteenth Century, New York 1969.

9 Árpád Markó, Les soldats français dans la guerre d'indépendance hongroise, in: Revue des études hongroises, 1933. Über Rákóczis Beziehungen zu Versailles vor 1705 siehe Béla Köpeczi, La France et la Hongrie au début du XVIIIe siècle, Budapest 1971, S. 35ff., und Émile Pillias, Louis XIV et le problème hongrois, in: Nouvelle revue de Hongrie, LIV, 1936.

10 Kálmán Benda, II. Rákóczi Ferenc török politikájának elsö évei 1702–1705, in: Történelmi Szemle, V (1962), Le projet d'alliance hungaro-suédo-prussienne de 1704, in: Studia Historica. Academiae Scientarum Hungaricae, XXV, 1960; Gábor Kiss, Franz Rákóczi II., Peter der Große und der polnische Thron, in: Jahrbücher für Geschichte Osteuropas, XIII, 1965, S. 348f.

11 Stepney an Hedges, 6. Mai, an Kaunitz, 20. Mai 1704, in: Simonyi, I, S. 268, 281–284; Churchill, IV, S. 178.

12 Albert Lefaivre, L'Insurrection magyar sous François II Ragoczy, in: Revue des questions historiques, XXV, 1901, S. 544; Hengelmüller, S. 185; Béla Köpeczi (Hg.), L'autobiographie d'un prince rebelle: Confession et Mémoires de François II Rákóczi, Budapest 1977, S. 171, 377, 407, 409.

13 Whitworth an Hedges, 5. März 1704, in: Simonyi, I, S. 158–162; Hengelmüller, S. 185.

14 Hengelmüller, S. 182ff.

15 Fessler, V, S. 5. Vergl. Höfler, Zum Ungarischen Ausgleich im Jahre 1705, in: Archiv für österreichische Geschichte, XLIII, 1870, S. 220; Stepney an Harley, 16. Mai 1705, in: Simonyi, II, S. 85.

16 Stepney an Marlborough, 27. Mai, an ?, 27. Juni 1705, Houghton, SCC.

17 In der ungarischen Konferenz waren Salm, Öttingen, Wratislaw, Seilern, Sinzendorf, Kinsky und Prinz Eugen vertreten. Wratislaw an Gallas, 17. Juni 1705, in: Höfler, Ungarischer Ausgleich, S. 303.

18 Stepney an Cardonnel, 13. Juni 1705, Houghton, SCC.

19 Köpeczi, Confession et Mémoires, S. 171, 407, 409.

20 L. B. F. Lamberty, Mémoires pour servir à l'histoire du XVIIIe siècle, III, Paris 1726, S. 607f.

21 Observations Secrètes... de Mars 1704, in: Simonyi, I, S. 226.

22 Stepney an Harley, 20., 27. Juni 1705, ebd., II, S. 138, 144–152; Bericht Jeszenskys, 18. Juni 1705, in: Höfler, Ungarischer Ausgleich, S. 303.

23 Resolution, 9. Juli 1705, Josef an Goëss, 4. Juli 1705, HHSA, UA 188.

24 Stepney an ?, 1. Juli 1705, Houghton, SCC.

25 Salm an Wratislaw, 6. Feb. 1705, HHSA, SK, Diplomatische Korrespondenz, Kleinere Betreffe 16; Wratislaw an Karl, 18. April 1705, in: Arneth, Eigenhändige Correspondenz, S. 15; Eugen an den Hofkriegsrat, 22. Mai 1705, Feldzüge, VII, Suppl., S. 140.

26 Salm an Leopold, o. D., FSSA, III 61; Salm an Wratislaw, 16. Jän., 6., 27. Feb. 1705, HHSA, SK, Diplomatische Korrespondenz, Kleinere Betreffe 16.

27 Salm an Josef, 10. Mai 1705, HHSA, RK, Kleinere Reichsstände 471; Stepney an Harley, 13. Mai 1705, in: Simonyi, II, S. 82; Eugen an Josef, 18. Mai 1705, Feldzüge, VII, S. 426, Suppl., S. 126.
28 Stepney an Marlborough, 16. Mai 1705, in: Simonyi, II, S. 87.
29 Journal des Ministres Plénipotentiaires... 21. Sept. 1705, in: Simonyi, II, S. 439f.; Eugen an Josef, 18. Mai 1705, Feldzüge, VII, Suppl., S. 125f.
30 Benda, II. Rákóczi Ferenc..., S. 210; Louis Rousseau, Les relations diplomatiques de la France et de la Turquie au XVIIIe siècle, Paris 1908, I, S. 130ff., 136f.
31 Stepney an Harley, 5. Sept. 1705, in: Simonyi, II, S. 202.
32 Stepney an Harley, 6. Juni 1705, ebd., S. 111; Eugen an Josef, 18. Mai 1705, Feldzüge, VII, Suppl., S. 125f.
33 Josef an Gallas, 7. Juni 1705, in: Höfler, Ungarischer Ausgleich, S. 216.
34 Ebd., S. 209; Feldzüge, VII, S. 28.
35 Laut Rákóczis Schätzung wurden allein bei den Juli-Raubzügen 35 Städte zerstört. Rákóczi an Vetes, 29. Juli 1705, in: Fiedler, Actenstücke, I (Fontes Rerum Austriacarum, IX, 1885), S. 282, 369.
36 Stepney an Harley, 25. Juli, 22., 26. Aug. 1705, in: Simonyi, II, S. 176, 193, 195; Hengelmüller, S. 252.
37 Salm an Esterházy, 25. Juni 1705, Magyar Országos, Nádor Levéltár 3.
38 Huldeberg an Georg Ludwig, 9. Sept. 1705, StAH, Cal. Br. 24,4894.
39 Esze, S. 83–87; Pach, S. 103; Márki, II, S. 367f.
40 Rákóczi an Ludwig, 8. Juli 1705, in: Fiedler, Actenstücke, II (Fontes Rerum Austriacarum, XVII, 1858), S.452. Ludwig XIV. hatte die monatlichen Subsidien an Rákóczi von 15.000 auf 75.000 Gulden angehoben. Chamillart an Vetes, 19. Mai 1705, in: Fiedler, Actenstücke, I, S. 281.
41 Rákóczi an Vetes, 29. Juli 1705, in: Fiedler, Actenstücke, I, S. 282, 284, 369, 371.
42 Márki, II, S. 367–371; Szekfü, S. 298; Hengelmüller, S. 261–267.
43 Pach, S. 106f.
44 Köpeczi und Várkonyi, II. Rákóczi Ferenc, Budapest, 1955, S. 205f.
45 Rouillé an Vetes, 8., 21. Sept., Torcy an Vetes, 30. Sept., 6. Okt. 1705, in: Fiedler, Actenstücke, I, S. 286ff.
46 Josef an Wratislaw, 22. Okt. 1705, HHSA, UA 191.
47 Journal des Ministres..., 3. Dez. 1705, in: Simonyi, II, S. 476f.
48 Stepney an Harley, 28. Nov., 2., 12. Dez. 1705, ebd., S. 249–272.
49 Stepney an Harley, 4. Nov. 1705, in: Simonyi, II, S. 229.
50 Journal des Ministres..., 3., 9. Dez. 1705, Sinzendorf an die Vermittler, 2. Dez. 1705, ebd., S. 476–479, 553.
51 Stepney an Harley, 23. Dez., holl. Vermittler an Stepney, 14., 24. Dez. 1705, ebd., S. 277–307; Denkschrift, 14. Dez., HHSA, UA 188.
52 Stepney an Harley, 2. Dez. 1705, in: Simonyi, II, S. 255f.
53 Josef an die Vermittler, 18. Dez. 1705, HHSA, UA 188.
54 Fessler, V, S. 27 f.; Hengelmüller, S. 273; Feldzüge, VII, S. 461.
55 Journal des Ministres..., 20. Dez. 1705, Stepney an Harley, 23. Dez., holl. Vermittler an Stepney, 24. Dez. 1705, in: Simonyi, II, S. 297, 304ff., 484.
56 Josef an Gallas, 23. Dez. 1705, in: Höfler, Ungarischer Ausgleich, S. 276; Stepney an Harley, 11., 16., 20. Jän. 1706, in: Simonyi, II, S. 342, 351, 359.
57 Referat 25. Jän. 1706, HHSA, UA 189; Stepney an holl. Vermittler, 21. Jän. an Harley, 23. Jän., Hamel Bruynincx an Stepney, 23. Jän. 1706, in: Simonyi, II, S. 365–376.
58 Rákóczi an Ludwig XIV., 30. Dez. 1705, in: Fiedler, Actenstücke, II, S. 454.

59 F. Krones, Zur Geschichte Ungarns im Zeitalter Franz Rákóczis II., in: Archiv für österreichische Geschichte, XLII, 1870, S. 294; Hengelmüller, S. 286ff.
60 Hengelmüller, S. 301.
61 Wratislaw an Josef, 2., 3., 5., 6. Mai 1706, HHSA, UA 190.
62 Stepney an Harley, 1. Mai 1706, in: Simonyi, III, S. 1.
63 Salm an Wratislaw, 30. April 1706, HHSA, UA 189; Wratislaw an Salm, 29. April 1706, FSSA, III, S. 128. Wenn wir Desalleurs Glauben schenken, dann hatte die Fürstin ihren Gatten davon abgehalten, das Angebot anzunehmen. Vergl. Hengelmüller, S. 310f.
64 Rechteren an Wratislaw, 24. Mai, Wratislaw an Rechteren, 26. Mai, Stepney und Rechteren an Wratislaw, 29. Mai 1706, HHSA, UA 190.
65 Wratislaw, Lothringen an die Vermittler, 13. Juni 1706, in: Simonyi, III, S. 68, 71.
66 Stepney an Harley, 14. Juni 1706, ebd., S. 73.
67 Vergl. Fessler, V, S. 38–42; publiziertes Original: „Puncta Pacis...", HHSA, UA 431d.
68 Wratislaw an Fürstin Rákóczi, 22. Juni 1706, HHSA, UA 190.
69 Fessler, V, S. 38–42; „Kurzer Abstract...", o. D., HHSA, UA 190.
70 Holl. Vermittler an Lothringen, 30. Juni, Stepney an Harley, 2. Juli 1706, in: Simonyi, III, S. 98, 106.
71 Hengelmüller, S. 321.
72 Stepney an Harley, 6. Juli 1706, in: Simonyi, III, S. 125.
73 Josef an Lothringen, 29. Juni 1706, HHSA, UA 190.
74 Josefs Notizen vom 30. Juni, HHSA, SK, V 51; Josef an Ludwig Wilhelm, 4., 18. Juli 1706, in: Röder, II, S. 266, 272.
75 Josefs Notizen vom 11. Juli, HHSA, SK, V 51; Wratislaw an die Vermittler, Stepney an Harley, 12. Juli 1706, in: Simonyi, III, S. 138f.
76 Fury an Lewis, 21. Juli 1706, in: Simonyi, III, S. 163; Hengelmüller, S. 327.
77 Stepney an Harley, 31. Juli, 4. Sept. 1706. „Es ist sehr hart, daß den zahlenden und kämpfenden Alliierten ihre guten Dienste so vergolten werden." Tilson an Stepney, 6. Aug. 1706. Die Nachricht, Josef habe 4000 Mann vom Oberrhein abgezogen, um sie in Ungarn einzusetzen, rief wieder heftige Kritik der Alliierten hervor. Am 13. Aug. schrieb Harley an Stepney: „Während die Königin und Holland sich für das Haus Habsburg verausgaben, in Spanien, in Italien, in Flandern und Brabant, leistet der Hof in Wien der Königin und den Generalstaaten nicht die geringste Gefälligkeit, so daß er mit seinem Verhalten die Schwierigkeiten für die Alliierten noch vermehrt und die Franzosen die Früchte unserer Siege ernten werden." Vergl. auch Harley an Stepney, 17. Aug. 1706, in: Simonyi, III, S. 176, 184, 190, 228.
78 Fessler, V, S. 38.
79 Stepney an Harley, 24. Juli 1706, in: Simonyi, III, S. 168. Rákóczi war sich seiner Erfolge bei der Manipulation der Vermittler voll bewußt. Am 4. Aug. 1706 schrieb er stolz dem Diplomaten Groffey, er habe das große Vergnügen gehabt, die Vermittler von der geringen Aufrichtigkeit des Wiener Hofes überzeugen zu können, in: Fiedler, Actenstücke, III, S. 21, 24.
80 Zusatz, 4. Aug. 1706, in: Simonyi, III, S. 181.
81 Fessler, V, S. 43; Hengelmüller, S. 328.
82 Zusatz, 4. Aug. 1706, in: Simonyi, III, S. 181f.; Hengelmüller, S. 330.
83 „Da ich jetzt anfange, den französischen Hof kennenzulernen, bin ich zu der Überzeugung gekommen, daß er nicht mit schönen Worten und Geld sparen wird, aber sich niemals auf etwas Greifbares einlassen wird. Eure Hoheit muß sehr achtgeben, daß diese Sirenentöne nicht Eure Majestät und das Land in den Ruin stürzen. Wenn nicht sofort ein Bündnis zu erlangen ist, dann, das ist meine Ansicht, sollte Eure Majestät die gegenwärtige günstige Lage nützen und Frieden mit dem Wiener Hof schließen..." Vetes an Rákóczi, 16. Feb. 1706, in: Fiedler, Actenstücke, I, S. 42, 375; vergl. auch Vetes an Rákóczi, 10. Mai 1706, ebd., S. 45, 378.

84 Wratislaw war ein Brief Rákóczis an Ludwig XIV. in die Hände gefallen. Kurfürst Johann Wilhelm hatte ihn abgefangen und nach Wien geschickt. Klopp, Der Fall, XII, S. 167.
85 Ludwig XIV. hatte seine Forderung damit gerechtfertigt, daß er gewisse Hemmungen empfände, sich mit den Rebellen gegen ihre rechtmäßigen Herrscher zu verbünden. Rákóczi an Vetes, 20. März 1706, in: Fiedler, Actenstücke, I, S. 289, 377; an Max Emanuel, 20. März 1706, in: Simonyi, II, S. 571f.
86 Rákóczi an Fierville, 21. April 1706, in: Fiedler, Actenstücke, III, S. 405.
87 Strattmann an Josef, 29. März 1706, HHSA, UA 191; Fessler, V, S. 75. „Ich glaube, daß die Situation die formelle Entthronung bringen wird, besonders, wenn wir eine Regelung mit dem König von Schweden erreichen können." Rákóczi an Groffey, 4. Aug. 1706, in: Fiedler, Actenstücke, III, S. 421.
88 Vetes an Rákóczi, 19. Okt., 29. Nov. 1706, in: Fiedler, Actenstücke, I, S. 46ff., 380.
89 Vetes an Rákóczi, 19. März 1707, ebd., S. 49, 382.
90 Rákóczi an Ludwig XIV., 18. Dez. 1706, ebd., II, S. 474.
91 Strattmann an Josef, 9., 29. März, 5., 12., 26. April 1706, Protokoll, 9. Dez. 1706, HHSA, UA 191; Stepney an Harley, 24. Okt. 1706, in: Simonyi, III, S. 258.
92 Stepney an Harley, 14. Aug. 1706, in: Simonyi, III, S. 192.
93 Hamel Bruynincx an Stepney, 22. Dez. 1706, ebd., S. 291.
94 Fessler, V, S. 54f.
95 Bidermann, Gesamt-Staats-Idee, II, S. 155; Redlich, Großmacht, S. 184.
96 Stepney an Harley, 11. Jän. 1707, in: Simonyi, III, S. 301.
97 Fessler, V, S. 58.
98 Diese Schilderung basiert auf Fessler, V, S. 59–65. Unter den Historikern geht die Debatte darüber weiter, ob die Handgreiflichkeiten auf dem Ónoder Landtag von Rákóczi und seinen Offizieren vorher geplant waren oder nicht. In seinen Memoiren versichert der Fürst, Rakovsky und Okolicsanyi wären spontan angegriffen worden. In einer 1714 erschienenen Schrift mit dem Titel „Particularités secraites de la pretendue Diette d'Onod de 1707" erhebt Vetes allerdings den Vorwurf, Rákóczi habe den Tod der beiden Männer vorher geplant. Vergl. Fiedler, Actenstücke, I, S. 292ff. Da Vetes aber zu jener Zeit auf die Amnestie Karls III. spekulierte, können seine Worte nicht unbedingt als objektiv gelten.
99 Fessler, V, S. 68.
100 Feldzüge, IX, S. 307; Josefs Notizen, 3. Aug. 1707, HHSA, SK, V 51.
101 Meadows an Harley, 3. Sept. 1707, in: Simonyi, III, S. 336.
102 Fessler, V, S. 71f.
103 Meadows an Harley, 14. Dez. 1707, in: Simonyi, III, S. 350.
104 Pach, S. 107f.; Márki, I, S. 485–489.
105 Fessler, V, S. 73.
106 Manifeste, 4., 20., 25. Aug. 1707, HHSA, UA 192; Fessler, V, S. 68.
107 Landau, Rom, S. 439; Kramer, S. 118. Über den Mißerfolg Rákóczis mit seiner päpstlichen Diplomatie siehe Benda, Rákóczi és a Vatikán, in: Történelmi Szemle, II (1959).
108 Josefs Notizen, 23. Dez. 1707, HHSA, SK, V 51.
109 Meadows an Hamel Bruynincx, 14. Dez. 1707, in: Simonyi, III, S. 353.
110 Memorandum Lambergs, 3. März 1708, HHSA, FA, Korrespondenz, A 51; Meadows an Harley, 3., 7., 10., 14. März 1708, in: Simonyi, III, S. 365–368.
111 Memorandum Lambergs, 10. März 1708, HHSA, FA, Korrespondenz, A 51.
112 Sinzendorf an Karl, 17. März 1708, HHSA, GK 74a; Fessler, V, S. 80; Rinck, II, S. 428.
113 Meadows an Harley, 2. Juni 1708, in: Simonyi, III, S. 380.
114 Meadows an Harley, 13. Juni 1708, ebd., S. 382.
115 Ebd., Feldzüge, X, S. 10f.

116 Meadows an Harley, 14. Juli, 4. Aug. 1708, in: Simonyi, III, S. 388, 392; Rinck, II, S. 425ff.
117 Riese an Klaute, 30. Mai 1708, StAMg, 4e, S. 151.
118 Sinzendorf an Karl, 31. Juli 1708, HHSA, GK 74a.
119 Vetes an Rákóczi, 23. Juni 1708, in: Fiedler, Actenstücke, I, S. 95.
120 Vetes an Max Emanuel, 19. Juli 1707, ebd., S. 63.
121 Rákóczi an Vetes, 13. Okt. 1707, ebd., S. 80, 295; Fessler, V, S. 65f., 78. Auch mit Karl XII. und Peter dem Großen hatte Rákóczi kein Glück. Seine Annäherungsversuche an diese beiden Herrscher datieren aus dem Jahr 1707. Zwar schloß der Zar im September tatsächlich eine Allianz mit ihm und versprach ihm die polnische Krone und Unterstützung gegen Josef I., aber Karls XII. Rückzug aus Schlesien machte alle Aussichten auf Zusammenarbeit zunichte.
122 Lefaivre, S. 563.
123 Rákóczi an Vetes, 29. April 1708, in: Fiedler, Actenstücke, I, S.95, 323.
124 Rousseau, S. 214; Köpeczi, La France, S. 221.
125 Vetes an Rákóczi, 1. Feb., 1. Mai 1708, in: Fiedler, Actenstücke, I, S. 83, 92.
126 Fessler, V, S. 84.
127 Sinzendorf an Karl, 14. Juni, 31. Juli 1708, HHSA, GK 74a.
128 Protokoll, 8. Mai 1708, HHSA, SK, V 13; Referat, 18. Juni 1708, HHSA, RK 6b; Fessler, V, S. 85f.
129 Josefs Notizen, 24. Aug. 1707, HHSA, SK, V 51.
130 Eugen an den Hofkriegsrat, 19. Sept. 1708, Feldzüge, X, Suppl., S. 239; Fessler, V, S. 85ff.
131 Wratislaw an Karl, 15. Jän. 1709, HHSA, FA, Korrespondenz, A 18; F. Krones, S. 316, 322; Köpeczi, La France, S. 221.
132 Meadows an Harley, 1., 8., 12., 15. Sept. 1708, in: Simonyi, III, S. 386–400.
133 Vetes an Rákóczi, 3. Juli 1708, in: Fiedler, Actenstücke, I, S. 96f.
134 J. Perenyi, Projets de pacification européenne de F. Rákóczi en 1708–1709, in: Tudómány Egyetum, Annales, Sectio Historica, VI, 1964; Köpeczi, La France, S. 203–221.
135 Rákóczi an Marlborough, 18. Okt. 1708, in: Fiedler, Actenstücke, II, S. 17; Meadows an Sunderland, 3. Nov. 1708, in: Simonyi, III, S. 408.
136 Fiedler, Actenstücke, II, S. 18–52; Fessler, V, S. 92f.
137 Kinsky an Wratislaw, 13., 17. Okt. 1708, Fürst Kinskysches Archiv 1b; Riese an Klaute, 18. Okt. 1708, StAMg, 4e, 151.
138 Fessler, V, S. 91.
139 Meadows an Sunderland, 3. Nov. 1708, in: Simonyi, III, S. 408; Palmes an Raby, 27. Jän., 4. Feb. 1709, in: Fiedler, Actenstücke, II, S. 125.
140 Kinsky an Wratislaw, 20. Okt., 10. Dez. 1708, Fürst Kinskysches Archiv 1b; Meadows an Harley, 5., 16., 23. Jän., 2. Feb., an Boyle, 20. Feb. 1709, in: Simonyi, III, S. 416–422, 428.
141 Meadows an Boyle, 22. Juni 1709, ebd., S. 445; Rinck, II, S. 514ff.
142 Meadows an Harley, 2. Juni 1708, in: Simonyi, III, S. 380.
143 Sachsen-Zeitz an Wratislaw, 10. Juni 1709, HHSA, GK 65; Meadows an Boyle, 20. Juli 1709, in: Simonyi, III, S. 448.
144 Wratislaw an Karl, 27. Nov. 1709, HHSA, FA, Korrespondenz, A 18; Fessler, V, S. 97.
145 Sinzendorf an Kellers, 8. April 1709, HHSA, GK 74d; Vetes an Rákóczi, 15. Aug., Rákóczi an Vetes, 8. Dez. 1709, in: Fiedler, Actenstücke, I, S. 141, 336. Um der Desertion abzuhelfen, versprach die Konföderation nach einem Treffen in Sárospatak im Dezember 1708 endlich allen Soldaten der Kuruzzen die Befreiung aus der Leibeigenschaft, wenn sie bis zum Ende des Krieges dienten. Die Resolution kam aber bereits zu spät. Esze, S. 87; Pach, S. 110f.; Várkonyi, Jobbágyság, S. 377.
146 Eugen an Heister, 30. Nov. 1709, Feldzüge, XI, Suppl., S. 271.
147 Bidermann, Gesamt-Staats-Idee, II, S. 23.

148 Wratislaw an Sinzendorf, 14. Sept. 1709, HHSA, GK 71; Dekret, 23. Jän. 1710, HHSA, UA 192.
149 Fessler, V, S. 101.
150 Rákóczi an Lamberg, Hamel Bruynincx, 29. Juli 1709, in: Fiedler, Actensücke, II, S. 66.
151 Hamel Bruynincx an Rákóczi, 2. Nov. 1709, ebd., S. 77; Protokoll, 14. Okt. 1709, HHSA, SK, V 14.
152 Palmes an Raby, 9. Aug. 1710, in: Fiedler, Actenstücke, II, S. 123.
153 Trautson an Sinzendorf, 1. März, Wratislaw an Sinzendorf, 4. März 1710, HHSA, GK 70, 71.
154 Protokolle, 15., 16. Feb. 1710, HHSA, SK, V 15.
155 Josefs Notizen, 15. Feb. 1710, HHSA, SK, V 51; Referat, 24. Feb. 1710, HHSA, SK, V 16.
156 Wratislaw an Sinzendorf, 10. Jän. 1711, HHSA, GK 71.
157 Wratislaw an Sinzendorf, 20. Dez. 1710, HHSA, GK 71; Protokolle, 18., 19., 22. Dez. 1710, 6., 12., 18. Jän. 1., 22., 23. Feb. 1711, Referat, 22. Feb. 1711, HHSA, SK, V 15, 16.
158 Sutton an Dartmouth, 8. Dez. 1710, 7., 22. Jän. 1711, in: Akdes Nimet Kurat, The Dispatches of Sir Robert Sutton, Ambassador to Constantinople (1710–1714), London 1953, S. 29, 32, 37; Marlborough an St. John, 2. Jän., St. John an Palmes, an Peterborough, 30. Jän. 1711, in: Simonyi, III, S. 470, 475, 477.
159 Josef an Pálffy, 26. Sept. 1710, in: Imre Lukinich, A szatmári béke története okirattára, Budapest 1925, S. 15; Wratislaw an Karl, 28. Okt. 1710, HHSA, FA, Korrespondenz, A 18; Fessler, V, S. 107f.
160 Wratislaw an Karl, 28. Okt. 1710, HHSA, FA, Korrespondenz, A 18; Pálffy an Trautson, 9. Jän. 1711, HHSA, UA 193; Josef an Pálffy, 18. Feb. 1711, in: Lukinich, S. 255–260.
161 Palmes an St. John, 20., 31. Dez. 1710, 31. Jän. 1711, in: Simonyi, III, S. 467ff., 480.
162 Pálffy an Trautson, 9. Jän. 1711, in: Lukinich, S. 227f.
163 Josef an Pálffy, 22. Dez. 1710, 19. Jän. 1711, Protokoll, 19. Jän. 1711, in: Lukinich, S. 217f., 231f.
164 Josef an Pálffy, 19. Jän., Protokoll, 19. Jän. 1711, in: Lukinich, S. 231f.
165 Protokoll, 10. Feb. 1711, ebd., S. 248ff.; Wratislaw an Sinzendorf, 11. Feb. 1711, HHSA, GK 71.
166 Protokoll, 10. Feb. 1711, in: Lukinich, S. 248ff.
167 Wratislaw an Sinzendorf, 14. Feb. 1711, HHSA, GK 71.
168 Pálffy an Eugen, 8. Feb. 1711, in: Lukinich, S. 246.
169 Protokoll, 14. Feb. 1711, in: Lukinich, S. 250–253.
170 Wratislaw an Karl, 26. Okt. 1710, HHSA, FA, Korrespondenz, A 18.
171 Protokoll, 14. Feb. 1711, in: Lukinich, S. 250–253.
172 Ebd., Wratislaw an Karl, 18. Feb. 1711, HHSA, FA, Korrespondenz, A 18.
173 Eugen an Pálffy, 17. Feb. 1711, in: Lukinich, S. 253ff.
174 Josef an Pálffy, 18. Feb. 1711, ebd., S. 255–260.
175 Pálffy an den Hofkriegsrat, 25. Feb. 1711, ebd., S. 266ff.
176 Locher an Eugen, 16. März 1711, ebd., S. 272; Fessler, V, S. 116.
177 Fessler, V, S. 117.
178 Pálffy an Eugen, 7. April 1711, in: Lukinich, S. 288ff.
179 Fessler, V, S. 117ff.
180 Fessler, V, S. 120f.; Redlich, Großmacht, S. 152. Was er jedoch nicht tat. Sowohl Rákóczi als auch Bercsényi sollten den Rest ihres Lebens im Exil verbringen.
181 Josef an Pálffy, 18. Feb. 1711, in: Lukinich, S. 259f.
182 Trautson an Sinzendorf, 28. Feb. 1711, HHSA, GK 70.
183 Protokoll, 16. April 1711, HHSA, SK, V 16.
184 Acsády, S. 254.
185 Trautson an Sinzendorf, 19. Juli 1710, HHSA, GK 70.
186 Report Palmes, 14. Feb., in: Simonyi, III, S. 483.
187 Feldzüge, VII, S. 53, IX, S. 34; Mensi, S. 107.

188 Nichtsdestoweniger gab Josef I. 1709 seinem Botschafter in London die Anweisung, nicht die neuen Gesetze zu kritisieren, die zur Verfolgung der irischen Katholiken dienten. Jarnut-Derbolav, S. 268f.
189 Report Palmes, 18. März 1711, in: Simonyi, III, S. 488.
190 St. John an Peterborough, 18. Mai 1711 (O. S.), in: H. H. Fieldhouse, St. John and Savoy in the War of the Spanish Succession, in: English Historical Review, L, 1935, S. 289.

VI. Das spanische Erbe:
Bündnispolitik

Einleitendes Zitat: Trautson an Sinzendorf, 8. April 1711, HHSA, GK 70.
1 Josefs Notizen, 17. Juli 1707, HHSA, SK 51.
2 Referat, 7. Jän. 1707, HHSA, SK, V 13; Marlborough an Galway, 28. Sept. 1707, in: Murray, III, S. 599; Instruktionen an Prinz Eugen, o. D., Eugen an Josef, 17. April 1708, Feldzüge, IX, Suppl., S. 47, X, Suppl., S. 67.
3 Konvention, 14. April 1708, Feldzüge, X, Suppl., S. 68f.
4 Wratislaw an Karl, 15. Jän. 1708, in: Arneth, Eigenhändige Correspondenz, S. 56; Huldeberg an Georg Ludwig von Hannover, 25. April 1711, StAH, Cal. Br. 24, 4902; Derek McKay, Prince Eugene of Savoy, London 1977, S. 109, Prinz Eugen von Savoyen, Feldherr dreier Kaiser, Verlag Styria, Graz 1979.
5 Josefs Notizen, 12. Dez. 1707, 7. Feb. 1708, HHSA, SK, V 51.
6 Josef an Eugen, 11. Juli 1708, HHSA, GK 90b.
7 Wratislaw an Karl, 26. Jän. 1706, in: Arneth, Eigenhändige Correspondenz, S. 21; 26. April 1708, HHSA, FA, Korrespondenz, A 18.
8 Karl an Starhemberg, 3. Okt. 1708, Archivo Histórico Nacional, Sección de Estado 8692.
9 Klopp, Der Fall, XIII, S. 88f.; Braubach, Subsidien, S. 96; Voltes Bou, El Archiduque Carlos de Austria. Rey de los Catalanes, Barcelona 1953, S. 186, 190; Pribram, Österreichische Staatsverträge. England I: 1516–1748, Innsbruck 1907, S. 249f.
10 Vergl. David Francis, The first Peninsular War 1702–1713, New York 1975.
11 Voltes Bou, Barcelona, I, S. 141f., 147f., 171–174, II, 170; Braubach, Subsidien, S. 37, 185; Churchill, V, S. 67f.
12 Pieter Geyl, The Netherlands in the Seventeenth Century, II: 1648–1715, London 1964, S. 312; Feldzüge, X, S. 48f.
13 Marlborough an Godolphin, 30. Aug. 1706, in: Snyder, II, S. 653f.
14 Arnold, S. 132, 138.
15 Granier, S. 128f.; Wolfgang Peters, Die Franche-Comté, Neuchâtel und die oranische Sukzession in den Plänen der preußischen Politik während des Spanischen Erbfolgekrieges, in: Forschungen zur Brandenburgischen und Preußischen Geschichte, XXVIII, 1915, S. 85ff.; Arnold, S. 137.
16 Braubach, Holland und die geistlichen Staaten im Nordwesten des Reichs während des Spanischen Erbfolgekrieges, in: Diplomatie und Geistiges Leben, S. 191.
17 Leonard Ennen, Der Spanische Erbfolgekrieg und der Churfürst Josef Clemens von Cöln, Jena 1851, S. 107f.; Arnold, S. 132.
18 Berney, Friedrich I., S. 29, 116.
19 Vergl. H. O. Lang, Die Vereinigten Niederlande und die Fürstbischofs- und Coadjutorwahlen in Münster im 18. Jahrhundert (Münsterische Beiträge zur Geschichtsforschung, III, 1933).
20 Braubach, Holland und die geistlichen Staaten, S. 190.

21 Roderick Geikie and Isabel A. Montgomery, The Dutch Barrier, 1705–1719, Cambridge 1930, S. 6; Churchill, II, S. 251f.
22 Die Generalstaaten an Josef, Aug. 1706, in: G. G. Vreede, Correspondance diplomatique et militaire du Duc de Marlborough, du Grand-Pensionnaire Heinsius et du Trésorier-Général des Provinces-Unies Jacques Hop, Amsterdam 1850, S. 73.
23 Geikie–Montgomery, S. 15f.
24 Heinsius an Marlborough, 30. Juni 1706, Vreede, S. 227f.
25 Marlborough an Godolphin, 26. Sept. 1706, in: Snyder, II, S. 680.
26 Heinsius an Marlborough, 19. Feb. 1706, in: Vreede, S. 3; Feldzüge, VIII, S. 3f.
27 Heinsius an Marlborough, 27. Juli, 3. Aug. 1706, in: Vreede, S. 61, 70.
28 Ebd., Geikie–Montgomery, S. 61.
29 Chamillart an Hennequin, 3. Okt. 1706, D'Avaux an Hennequin, 4., 8. Okt. 1706, Vreede, S. 138–142, 148.
30 Buys an Godolphin, 15. Okt. 1706, ebd., S. 160f.
31 Geikie–Montgomery, S. 70ff.
32 Protokoll, 15. Juli, Report Sinzendorfs, Jän. 1707, HHSA, SK, V 12; Aretin, S. 538–543; Arneth, Prinz Eugen, II, S. 52. In weiteren Artikeln war die Errichtung einer starken Barriere in den Niederlanden garantiert, welche acht momentan unter französischer Oberhoheit stehende Städte einschloß, außerdem günstige Handelsverträge für England und Holland und eine Erfüllung der preußischen, savoyischen und portugiesischen Ansprüche. Außerdem enthielten die Präliminarien folgende englische Forderungen: Anerkennung der Königin Anne und der protestantischen Thronfolge durch Ludwig XIV., die Vertreibung der Stuarts aus Frankreich und die Schleifung Dünkirchens.
33 Marlborough an Karl, 16. Juli 1706, in: Murray, II, S. 701.
34 Halifax an Heinsius, 19. Okt. 1706, in: Vreede, S. 165; Marlborough an Halifax, 21. Okt. 1706, in: Murray, II, S. 184.
35 Geikie–Montgomery, S. 75f., 87f.
36 Marlborough an Murray, 19. Okt., an Harley, 21. Okt., an Stepney, 6. Dez. 1706, in: Murray, III, S. 179, 183, 244.
37 Marlborough an Heinsius, Aug. 1706, Vreede, S. 89.
38 Marlborough an Gueldermalsen, Stepney, Slingelandt, Heinsius, 27. Dez. 1706, in: Murray, III, S. 269–272; Geikie–Montgomery, S. 84.
39 Wratislaw an Karl, 31. Aug. 1706, in: Arneth, Eigenhändige Correspondenz, S. 26.
40 Josefs Notizen, 23. Dez. 1707, HHSA, SK, V 51.
41 Werner Reese, Das Ringen um Frieden und Sicherheit, München 1933, S. 68f.
42 Ebd., S. 95.
43 Protokoll, 21. Feb. 1709, HHSA, SK, V 13.
44 Protokolle, 27. Feb., 13., 20. März, Referat, 12. März 1709, HHSA, SK, V 13; publiziert auch in: Feldzüge, XI, S. 287–299.
45 Wratislaw an Karl, 30. Nov. 1706, HHSA, FA, Korrespondenz, A 18; Trautson an Moles, 15. Jän., 25. April 1708, HHSA, GK 70.
46 Sinzendorf an Karl, 28. Aug., 21. Nov., 22. Dez. 1708, HHSA, GK 74a.
47 Wratislaw an Karl, 26. Jän. 1706, HHSA, FA, Korrespondenz, A 18.
48 Karl an Wratislaw, 15., 16. Dez. 1706, in: Arneth, Eigenhändige Correspondenz, S. 72ff.
49 Protokoll, 19. Feb. 1709, HHSA, SK, V 13.
50 Die Konferenz hatte nicht vor, auf die Rückgabe der Franche-Comté zu bestehen, die 1678 verlorengegangen war.
51 Churchill, VI, S. 53.
52 Geikie–Montgomery, S. 106f.

53 Eugen an Josef, 12. April 1709, Feldzüge, Suppl., XI, S. 54f.
54 Eugen an Josef, 1. April 1709, ebd., S. 43.
55 Reese, S. 134.
56 Eugen an Josef, 12. April 1709, Feldzüge, XI, Suppl., S. 56f.
57 Marlborough an Boyle, 12., 26. April 1709, in: Murray, IV, S. 475, 479.
58 Eugen an Josef, 14. April 1709, Feldzüge, XI, Suppl., S. 60.
59 Boyle an Pulteney, 12. April 1709, in: Chance, III: Denmark, S. 25f.
60 Reese, S. 203–206; Torcy an Ludwig XIV., 7., 8., 9., 12., 14., 16. Mai, an Beauvilliers, 7., 14. Mai 1709, in: A. Petitot (Hg.), Mémoires du Marquis de Torcy, Paris 1828, S. 212–258.
61 Torcy an Ludwig XIV., 22. Mai 1709, in: Petitot, S. 269f.; Arneth, Prinz Eugen, II, S. 65.
62 Reese, S. 201; Petitot, S. 261.
63 Churchill, VI, S. 71.
64 Braubach, Prinz Eugen, II, S. 291.
65 Reese, S. 219.
66 Ebd., S. 210; Braubach, Prinz Eugen, II, S. 291.
67 Braubach, Prinz Eugen, II, S. 282.
68 Aretin, S. 572.
69 In der Tat hatte Josef I. erst kürzlich beschlossen, Kurfürst Josef Clemens zum Rücktritt aus seinen zahlreichen geistlichen Ämtern zu ersuchen und ihn durch einen loyaleren Kirchenmann wie Kardinal Sachsen-Zeitz zu ersetzen. Referate, 18., 20. April 1709, HHSA, RK, V 6b. Vergl. auch Protokoll, 14. Sept. 1709, HHSA, SK, V 14, und Sachsen-Zeitz an Josef, 12. Nov. 1709, HHSA, UA 192.
70 Im Vertrag von Münster war Geldern den Vereinigten Provinzen zugesprochen worden, unter der Bedingung, daß Spanien entsprechend entschädigt würde. Diese Entschädigung aber war von den Holländern nie geleistet worden. Die Beute des Erzherzogs sei groß genug, meinten sie lediglich. Geikie–Montgomery, S. 375f.
71 Vollständiger Text, siehe Feldzüge, XII, S. 561–566, oder Petitot, S. 304–326.
72 Reese, S. 219.
73 Ebd., S. 235.
74 Klopp, Der Fall, XIII, S. 235; Noorden, Erbfolgekrieg, III, S. 513.
75 Braubach, Prinz Eugen, II, S. 292f.
76 Reese, S. 267.
77 Geikie–Montgomery, S. 131; Churchill, VI, S. 84ff.
78 Eugen an Josef, 6. Juni 1709, Feldzüge, XI, Suppl., S. 113.
79 Marlborough an Townshend, 13. Juni 1709, in: Murray, IV, S. 505.
80 Reese, S. 263; Churchill, VI, S. 81f. Sowohl in seiner Korrespondenz mit Philipp als auch in seinen Appellen an die französische Öffentlichkeit begründete Ludwig XIV. seine Ablehnung der Präliminarien damit, daß sie ihn gezwungen hätten, gegen seinen Enkel Krieg zu führen, und Frankreich nicht den Frieden gewährt hätten, den es so notwendig brauchte. John B. Wolf, Louis XIV, New York 1968, S. 563f.
81 Wratislaw an Karl, 27. März 1709, in: Arneth, Eigenhändige Correspondenz, S. 86.
82 Josef an Salm, o. D. (Ende Aug. 1708), FSSA, III 59b; Sinzendorf an Karl, 28. Aug. 1708, HHSA, GK 74a.
83 Wratislaw an Karl, 15. Jän. 1709, in: Arneth, Eigenhändige Correspondenz, S. 82.
84 Braubach, Prinz Eugen, II, S. 274.
85 Wratislaw an Karl, 24. April 1709, in: Arneth, Eigenhändige Correspondenz, S. 89; De Theillieres an Herzog Leopold, 29. April 1709, HHSA, LH 18.
86 Wratislaw an Karl, 8. Mai 1709, HHSA, FA, Korrespondenz, A 18.
87 Eugen an Leopold, 3. Nov. 1704, Feldzüge, VI, Suppl., S. 226f.; Kardinal Lamberg an Harrach,

4. Feb. 1705, Allgemeines Verwaltungsarchiv, Graf Harrachsches Familienarchiv 271. Über Lambergs Karriere siehe Franz Niedermayer, Johann Philipp von Lamberg, Fürstbischof von Passau, 1651–1712, Passau 1938.

88 Eleonore an Karl, 20. Mai 1705, HHSA, FA, Sammelbände 1.
89 Sinzendorf an Karl, 21. Nov. 1707, HHSA, GK 74a.
90 Sinzendorf an Karl, 21. Nov. 1708, HHSA, GK 74a; Trautson an Moles, 23. Dez. 1708, HHSA, GK 70.
91 Wratislaw an Karl, 5. Jän. 1709, in: Arneth, Eigenhändige Correspondenz, S. 82.
92 Ebd.; Granier, S. 9.
93 Memorandum Bartholdis, in: Berney, Friedrich I., S. 255; Sinzendorf an Karl, 22. Dez. 1708, HHSA, GK 74a; De Theillieres an Herzog Leopold, 11. Mai 1709, HHSA, LH 18.
94 De Theillieres an Herzog Leopold, 29. April 1709, HHSA, LH 18.
95 Wratislaw an Sinzendorf, 11. Mai 1709, HHSA, GK 71.
96 Wratislaw an Sinzendorf, 11., 15. Mai 1709, HHSA, GK 71.
97 De Theillieres an Herzog Leopold, 20. Juni 1709, HHSA, LH 18.
98 Leopold von Lamberg an Franz Joseph von Lamberg, 10. Aug. 1709, HHSA, FA, Korrespondenz, A 51; Wratislaw an Sinzendorf, 14., 28. Aug. 1709, HHSA, GK 71.
99 Wratislaw an Sinzendorf, 14., 28. August, HHSA, GK 71.
100 Memorandum Salms, o. D., FSSA, III, S. 60.
101 De Theillieres an Herzog Leopold, 11. Mai, 20. Juni 1709, HHSA, LH 18.
102 Wratislaw an Sinzendorf, 14. Aug. 1709, HHSA, GK 71.
103 Leopold von Lamberg an Franz Joseph von Lamberg, 18. Aug. 1708, 6. April 1709, HHSA, FA, Korrespondenz, 51; J. E. Zschakwitz, Leben und Thaten Josephi I., Leipzig 1712, S. 797f.; Herchenhahn, II, S. 55ff.; Granier, S. 132f.
104 Braubach, Prinz Eugen, II, S. 319.
105 Wratislaw an Sinzendorf, 20., 24., 28. Aug. 1709, HHSA, GK 71.
106 Trautson an Sinzendorf, 21. Sept. 1709, HHSA, GK 71.
107 Wratislaw an Sinzendorf, 28. Aug. 1709, HHSA, GK 71.
108 Wratislaw an Sinzendorf, 31. Aug. 1709, HHSA, GK 71.
109 Protokolle, 31. Aug., 2. Sept. 1709, HHSA, SK, V 14.
110 Kretschmayr, Reichsvicekanzleramt, S. 436.
111 Wratislaw an Sinzendorf, 28. Sept. 1709, HHSA, GK 71. Sinzendorf bekam später die Instruktion, alle diese Depeschen mit „secretum" zu bezeichnen, damit Trautson daran erinnert würde, für wen sie bestimmt waren, und sie nicht frei zirkulieren ließ. Wratislaw an Sinzendorf, 12. März 1710, HHSA, GK 71.
112 Wratislaw an Sinzendorf, 7. Sept. 1709, GK 71.
113 Leopold von Lamberg an Franz Joseph von Lamberg, 16. Nov., 4. Dez. 1709, HHSA, FA, Korrespondenz, A 51.
114 Wratislaw an Karl, 29. Okt. 1709, HHSA, FA, Korrespondenz, A 18; Leopold von Lamberg an Franz Joseph von Lamberg, 16. Nov. 1709, HHSA, FA, Korrespondenz, A 51.
115 Leopold von Lamberg an Franz Joseph von Lamberg, 4. Dez. 1709, 9. Jän. 1710, HHSA, FK 51.
116 Wratislaw an Karl, 26. April 1710, HHSA, FA, Korrespondenz, A 18.
117 Trautson an Sinzendorf, 8. Juni 1709, HHSA, GK 70.
118 Schönborn an Lothar Franz, 8. Juni 1709, HHSA, MEA, Korr. 90; Braubach, Prinz Eugen, II, S. 294f.
119 Braubach, Prinz Eugen, II, S. 295.
120 Geikie–Montgomery, S. 127f.
121 Ebd., S. 117f.; Eugen an Josef, 6. Mai 1709, Feldzüge, XI, Suppl.
122 Wratislaw an Sinzendorf, 15. Juni 1709, HHSA, GK 71.

123 Ebd.
124 Wratislaw an Sinzendorf, 18. Okt. 1709, 2. Feb., 4. März 1710, HHSA, GK 71.
125 Wratislaw an Sinzendorf, 15. Juni 1709, HHSA, GK 71.
126 Referat und Protokoll, 5. Juli 1709, HHSA, SK, V 14.
127 Ebd.
128 Eugen an Josef, 11. Aug. 1709, Feldzüge, XI, Suppl., S. 215.
129 Referat, 4.–11. Sept. 1709, HHSA, SK, V 14.
130 Eugen an Josef, 17. Juni 1709, Feldzüge, XI, Suppl., S. 129f.
131 Referat, 4.–11. Sept. 1709, HHSA, SK, V 14.
132 Ebd.
133 Wratislaw an Sinzendorf, 14. Sept. 1709, HHSA, GK 71.
134 Arneth, Prinz Eugen, II, S. 68.
135 Braubach, Subsidien, S. 163f.; um die Reichsbarriere am Oberrhein, in: Diplomatie und geistiges Leben, S. 247–251; Feldzüge, XI, S. 133, 148ff.
136 Feldzüge, XI, S. 191–196; Jarnut-Derbolav, S. 369ff.
137 Wratislaw an Sinzendorf, 21. Sept. 1709, HHSA, GK 71.
138 Trautson an Sinzendorf, 24. Sept. 1709, HHSA, GK 70.
139 Protokolle, 25., 26. Sept. 1709, HHSA, SK, V 14; Josefs Notizen, 26. Sept. 1709, HHSA, SK, V 51; Trautson an Sinzendorf, 28. Sept. 1709, HHSA, GK 70.
140 Referat, 9. Okt., HHSA, SK, V 14.
141 Trautson an Sinzendorf, 2. Okt. 1709, HHSA, GK 70.
142 Josef an Sinzendorf, 18. Okt. 1709, HHSA, SK, V 14.
143 Geikie–Montgomery, S. 121–124.
144 Ebd., S. 151ff.; Douglas Coombs, The Conduct of the Dutch, Den Haag 1958, S. 207; Wratislaw an Karl, 15. Jän. 1708, HHSA, FA, Korrespondenz, A 18.
145 Geikie–Montgomery, S. 156ff., kompletter Text, S. 377–386.
146 Ebd., S. 161–164.
147 Karl an Wratislaw, 30. Juni 1709, in: Arneth, Eigenhändige Correspondenz, S. 93.
148 Protokoll, 14. Sept. 1709, HHSA, SK, V 14.
149 Ebd.
150 Marlborough gab vor, von den Gesprächen ausgeschlossen gewesen zu sein. Dieser Ausschluß war aber freiwillig gewesen. Marlborough an Sinzendorf, 13. Dez. 1709, 3. Jän. 1710, in: Murray, IV, S. 666, 673; Referat, 23. Dez. 1709, HHSA, SK, V 14.
151 Referat, 23. Dez. 1709, HHSA, SK, V 14; Wratislaw an Sinzendorf, 28. Dez. 1709, HHSA, GK 71; Protokoll, 15. Dez. 1709, HHSA, SK, V 14.
152 Eugen an Karl, 13. Jän. 1710; Feldzüge, XII, Suppl., S. 10f.
153 Wratislaw an Karl, 8. Jän. 1710, in: Arneth, Eigenhändige Correspondenz, S. 99.
154 Referat, Feb. 1710, HHSA, SK, V 15.
155 Josef an Eugen, 3. Nov. 1708, HHSA, GK 90b.
156 Wratislaw an Sinzendorf, 6. Nov. 1709, HHSA, GK 71.
157 Josef an Eugen, 9. Aug. 1710, HHSA, GK 90b; Protokoll, 4. Aug. 1710, HHSA, SK, V 15.
158 Erlaß, 21. Feb. 1710, HHSA, ÖA, Böhmen, Schlesische Akten 5.
159 Wratislaw an Sinzendorf, 11. Dez. 1709, 4. März, 26. Juli 1710, HHSA, GK 71; Protokoll, 25. Sept. 1709, HHSA, SK, V 14.
160 Protokoll, 16. April 1710, HHSA, SK, V 15; Feldzüge, XII, S. 105f.
161 Protokolle, 14., 22. Mai, 28. Nov. 1709, HHSA, SK, V 14.
162 Protokolle, 22., 29. Juli, 1. Aug. 1709, HHSA, SK, V 14.
163 Marlborough und Townshend an Sunderland, 5. Nov. 1709, in: Murray, IV, S. 645.
164 Wratislaw an Sinzendorf, 2. Nov. 1709, HHSA, GK 71.

165 Voltes Bou, Barcelona, II, S. 163.
166 Nesselrode an Wratislaw, 15. Jän. 1710, HHSA, GK 69.
167 Schönborn an Lothar Franz, 29. März 1710, HHSA, MEA, Korr. 91.
168 Récueil, XVI: Prusse, A. Waddington (Hg.), Paris 1901, S. 269ff.; Loewe, S. 107.
169 Protokoll, 20. Feb. 1710, HHSA, SK, V 15.
170 Eugen an Heinsius, 19. Jän. 1710, Feldzüge, XII, S. 44f., Suppl., S. 14f.
171 Protokoll, 15. Feb. 1710, HHSA, SK, V 15.
172 Eugen an Josef, 4. April, Memorandum Smettaus, 12. April 1710, Feldzüge, XII, Suppl., S. 34ff.
173 Arnold, S. 130; Wines, S. 22f.
174 Aretin, S. 582.
175 Referate, 17., 19., 22., 27. Sept., 1. Okt. 1709, HHSA, SK, V 14. In einer Instruktion für Sinzendorf wiederholte Josef I. seine Überzeugung, daß das Heilige Römische Reich und das Allgemeinwohl verlange, daß der Herzog von Lothringen in die Lage gebracht werde, mit seinen Ländern als ... Barriere gegen Frankreich zu dienen. 1. April 1710, HHSA, SK, V 15.
176 Marlborough an Sunderland, 8. Nov., an Sinzendorf, 29. Nov., an Heinsius, 20. Jän. 1710, in: Murray, IV, S. 647, 659, 682; Rousseau, S. 273–275.
177 Récueil, XXII: Hollande, S. 232–267.
178 Josefs Notizen, 30. Jän. 1710, HHSA, SK, V 51; Protokoll, 30. Jän. 1710, HHSA, SK, V 15.
179 Josef an Eugen, 5. April 1710, HHSA, GK 90b.
180 Boyle an Townshend, 10. Jän. 1710, in: L. G. Wickham Legg, British Diplomatic Instructions 1689–1789, II: France, 1689–1721, London 1925, S. 17f.
181 Boyle an Marlborough und Townshend, 28. Feb. 1710, ebd., S. 20.
182 Josefs Notizen, 24. März 1710, HHSA, SK, V 15.
183 Trautson an Sinzendorf, 19., 26. März 1710, HHSA, GK 70; Josef an Eugen, 5. April 1710, HHSA, GK 90b.
184 Trautson an Sinzendorf, 22. März 1710, HHSA, GK 70.
185 Josefs Notizen und Protokoll, 24. März 1710, HHSA, SK, V 15.
186 Josefs Notizen, 7. März, V 51; Protokoll, 7. März, HHSA, SK, V 15; Trautson an Moles, 9. März 1710, HHSA, GK 70.
187 Josef an Anne, Generalstaaten, Sinzendorf, Gallas, 27. März 1710, Feldzüge, XII, S. 567–574.
188 Wratislaw an Sinzendorf, 6. April 1710, HHSA, GK 71.
189 Josefs Notizen, 4. April 1710, HHSA, GK 71.
190 Marlborough an Albemarle, 26. März, an Boyle, 12. April, 19. Juni 1710, in: Murray, IV, S. 703, 718, V, S. 53.
191 Boyle an Marlborough und Townshend, 7. März 1710.
192 Petitot, S. 400f.
193 Ebd., S. 410f.
194 Eugen an Josef, 27. April, 4. Juni, 23. Juli, an Sinzendorf, 2. Juni 1710, Feldzüge, XII, Suppl., S. 46, 99–102, 206f.
195 Petitot, S. 424ff.
196 Braubach, Subsidien, S. 84.
197 Eugen an Josef, 14. April, 7., 11. Mai, an Sinzendorf, 27. April, 7. Mai, an Gronsfeld, 11. Juni 1710, Feldzüge, Suppl., S. 39f., 62f., 65f., 70f., 117.
198 Protokolle, 13., 16. Juli, 6. Sept. 1710, HHSA, SK, V 15.
199 Berwick an Torcy, 5. Sept. 1710, in: Récueil, XIV: Savoie-Sardaigne, Paris 1898, S. 270f. Über die weiteren Gespräche, vergl. ebd., S. 27–81, und Berwick, Memoirs of the Marshal Duke of Berwick, London 1779, II, S. 103–114.
200 Eugen an Josef, 14. Sept., an Daun, 17. Sept. 1710, Feldzüge, XII, Suppl., S. 341, 350.
201 Klopp, Der Fall, XIII, S. 437–450.

202 Coombs, S. 224.
203 Josef an Anne, 16. Juli 1710, Feldzüge, XII, S. 578.
204 Protokoll, 13. Juli 1710, HHSA, SK, V 15; Eugen an Josef, 3. Aug. 1710, Feldzüge, XII, Suppl., S. 236.
205 Klopp, Der Fall, XIII., S. 472; Jarnut-Derbolav, S. 425–429.
206 Feldzüge, XII, S. 30.
207 Francis Hare, The Allies and the Late Ministry, London 1711, S. 73. Vergl. auch Horst Kospach, Englische Stimmen über Österreich und Prinz Eugen während des Spanischen Erbfolgekrieges, in: Mitteilungen des Instituts für österreichische Geschichtsforschung, LXXIII, 1965.
208 Eugen an Gallas, 28. Aug. 1710, Feldzüge, XII, Suppl., S. 302f.
209 Churchill, VI, S. 370.
210 Braubach, Subsidien, S. 178.
211 Josefs Notizen, 14., 17. Okt. 1710, HHSA, FA, Familienakten, 96; Protokolle, 14., 17. Okt. 1710, HHSA, SK, V 15.
212 Sinzendorf an Estella, 8. Sept., an Karl, 10. Sept. 1710. HHSA, GK 74c; Protokoll, 14. Okt. 1710, HHSA, SK, V 15.
213 Braubach, Subsidien, S. 96.
214 Protokoll, 14. Okt. 1710, HHSA, SK, V 15; Konvention, 29. Okt. 1710, Feldzüge, XII, S. 626.
215 Trautson an Sinzendorf, 13. Dez. 1710, HHSA, GK 70.
216 Referat, 22., 23. Feb. 1711, HHSA, SK, V 16; Josefs Notizen, 23. Feb. 1711, HHSA, SK, V 51.
217 Referat, 22., 23. Feb. 1711, HHSA, SK, V 16.
218 Sinzendorf an Josef, 4. Jän. 1711, Sinzendorf Familienarchiv, 3/4.
219 Voltes Bou, Barcelona, II, S. 230.
220 Gualtier an Torcy, 7. Okt., 23. Dez. 1710, in: G. M. Trevelyan, The „Jersey" Period of the Negotiations Leading to the Peace of Utrecht, English Historical Review, XLIX, 1934, S. 102f.

VII.
Schlußwort

Einleitendes Zitat: Protokoll, 16. Feb. 1711, HHSA, SK, V 16. Wilczek war kaiserlicher Botschafter in Moskau.
1 „Oder daß der Czar wan er victorisieren sollte, sich in das Türkische Gebiet disseits der donau ... bis naehher Constantinopel fortsetzen welches letztervielleicht auch ein dem Politischen aufsehen auch nicht viel geringsamer übel nach sich ziehen würde." Referat vom 22., 23. Feb. 1711, HHSA, SK, V 16.
2 Das Kaiserpaar verbrachte immer noch einige Zeit zusammen, und Amalia steckte sich erneut im Juni 1711 an Gonorrhoe an, was nahelegt, daß Josef I. sie nicht vernachlässigt hatte oder zumindest nicht andere Frauen. Huldeberg an Georg Ludwig, 24. Juni 1711, StAH, Cal. Br. 24,4902.
3 „Die gemüther zwischen dem Kaiser und der Kaiserin seiner Gemahlin werden von tag zu tag mehren gegen einander verbüthert ... Ich kan zwar die Hauptsache von seiten des Kaysers nicht approbiren, jedoch auch nicht verhindern. Also trachte nur dass werck dahin zu bringen, damit es nicht zu einer öffentlichen Collision kome", Wratislaw an Karl, 26. April 1710, HHSA, FA, Korrespondenz A 18.
4 Leopold von Lamberg an Franz Joseph von Lamberg, 11. Dez. 1709, o. D. (Anfang 1710), 28. Feb. 1711, HHSA, FA, Korrespondenz, A 51.
5 Leopold von Lamberg an Franz Joseph von Lamberg, 7. Jän. 1711, HHSA, FA, Korrespondenz, A 51.

6 Wratislaw an Kinsky, 19. Juli 1710, Fürst Kinskysches Archiv 1b; Erich Zöllner, Geschichte Österreichs, München, 1966, S. 276.
7 Helmut Wyklicky, Die Beschreibung und Beurteilung einer Blatternerkrankung im Jahre 1711, in: Wiener Klinische Wochenschrift, LIX, 1957, S. 972f.
8 Trautson an Sinzendorf, 5., 22. Nov. 1710, HHSA, GK 70.
9 Wratislaw an Karl, 15. Jän. 1708, in: Arneth, Eigenhändige Correspondenz, S. 57.
10 Trautson an Sinzendorf, 6. Dez. 1710, HHSA, GK 70.
11 Wratislaw an Sinzendorf, 11. März 1711, HHSA, GK 71. Seit 1708 war Lamberg Oberststallmeister als Nachfolger Graf Dietrichsteins.
12 Trautson an Sinzendorf, 18. März 1711, HHSA, GK 70.
13 Wyklicky, S. 973.
14 Huldeberg an Georg Ludwig, 18. April 1711, StAH, Cal. Br. 24,4902.
15 Mikoletzky, Österreich, S. 95.
16 Trautson an Sinzendorf, 15. April 1711, HHSA, GK 70; Braubach, Prinz Eugen, III, S. 17.
17 Huldeberg an Georg Ludwig, 25. April 1711, StAH, Cal. Br. 24,4902.
18 Ebd.
19 Braubach, Prinz Eugen, III, S. 22.
20 Riese an Klaute, 5. Mai 1708, StAMg, 4e, 151; Huldeberg an Georg Ludwig, 25. April 1711, StAH, Cal. Br. 24,4902.
21 Huldeberg an Georg Ludwig, 18. April 1711, StAH, Cal. Br. 24,4902.
22 Wratislaw an Karl, 22. April 1711, in: Arneth, Eigenhändige Correspondenz, S. 147.
23 Etwas großzügiger zeigte sich der Kaiser seiner Witwe gegenüber, die 150.000 Gulden jährlich erhielt, und seinen beiden Kindern, die jährlich 20.000 Gulden erhielten; Huldeberg an Georg Ludwig, 18. April, 6. Mai 1711, StAH, Cal. Br. 24,4902.
24 Wratislaw an Karl, 22. April 1711, in: Lukinich, S. 326f.
25 Pálffy an den Hofkriegsrat, 22. April 1711, ebd., S. 325.
26 Wines, S. 25.
27 Wratislaw an Karl, 22. April 1711, in: Arneth, Eigenhändige Correspondenz, S. 144.
28 Karl an Wratislaw, 25. April 1711, ebd., S. 152.
29 Redlich, Großmacht, S. 79f.
30 Fieldhouse, S. 279f., 287–290.
31 Braubach, Subsidien, S. 178; Hare, S. 63, 73.
32 Braubach, Geheime Friedensverhandlungen am Niederrhein 1711/1712, in: Diplomatie und geistiges Leben, S. 271ff.
33 Die Monarchie konnte sich nur damit trösten, daß die Tories die Artikel des Townshend-Vertrages, welche Belgien betrafen, nicht akzeptierten – hauptsächlich aus Eifersucht über die holländischen Handelsvorteile – und die Generalstaaten zwangen, einer weniger ausgedehnten Barriere zuzustimmen (Vertrag vom 30. Jän. 1713).
34 Daß die Konferenz sich die französische Allianz auch anders vorstellen konnte, zeigt der Bericht der Minister vom Feb. 1710 (nach dem Townshend-Vertrag): „Man hätte zwar wünschen mögen, dass die Cron franckreich oder das Haus Bourbon so gearthet wörde dass das durchlauchte Erzhaus sich mit dem selben in eine wahre aufrichtige und verbundliche freundschaft einlassen könnte dem durch gleich allianz dieser beide Häuser der Religion und securität publico am besten gerath und das Erzhaus ausser noth sei wurde sich mit dem acatholis zu seinem und der religion grossen nachteil einlassen zu müssen. Wie es jetzt leider die erfahrenheit mit England und Holland zeiget. Weyl diese aber von der ambition Cron Franckreich nicht zu hoffen..." HHSA, SK, V 15.
35 Braubach, Versailles und Wien von Ludwig XIV. bis Kaunitz, Bonn 1952, S. 67f., 83.

36 Ingrao, „The Pragmatic Sanction and the Theresian Succession", S. 3–14.
37 Braubach, Prinz Eugen, III, S. 22.
38 Braubach, Versailles und Wien, S. 146.
39 1722 sollte er jedoch für seine letzten drei Lebensjahre auf seinen alten Posten zurückkehren.

Literaturverzeichnis

Acsády, Ignácz, Magyarország története. I. Lipót és I. József korában (1657–1711). Budapest 1898.
Adami, Vittorio, „Eugenio di Savoia Governatore di Milano (1706–1716)". Nuova Rivista Storica, IX, 1925.
Adler, Guido, Einleitung zur Ausgabe der Compositionen der Kaiser Ferdinand III., Leopold I., Josef I. Prag 1892.
Aretin, Karl Otmar Fr. von, „Kaiser Josef I. Zwischen Kaisertradition und österreichischer Großmachtpolitik". Historische Zeitschrift, CCXV, 1972.
Arneth, Alfred Ritter von, „Eigenhändige Correspondenz des Königs Karl III. von Spanien mit dem Obersten Kanzler des Königreiches Böhmen Grafen Johann Wenzel Wratislaw". Archiv für Kunde österreichischer Geschichtsquellen, XVI, 1856.
Ders., „Hauptbericht des Grafen Philipp Ludwig von Sinzendorff an Kaiser Leopold I. nach Beendigung seiner Mission in Frankreich". Archiv für österreichische Geschichte, XIII, 1854.
Ders., Prinz Eugen von Savoyen. Bde. I–II. Gera 1888.
Ders., Die Relationen der Botschafter Venedigs über Österreich im achtzehnten Jahrhundert. Wien 1863. [Fontes Rerum Austriacarum, XXII.]
Arnold, Kurt, Geschichte des Niederrheinisch-Westfälischen Kreises in der Zeit des Spanischen Erbfolgekrieges (1698–1714). Bonn 1937.
Auer, Leopold, „Zur Rolle Italiens in der österreichischen Politik um das spanische Erbe". Mitteilungen des Österreichischen Staatsarchivs, XXXI, 1978.
Aurenhammer, Hans, J. B. Fischer von Erlach. Cambridge, Mass., 1973.

Bachmann, Adolf, „Ein böhmischer Ausgleich unter Kaiser Josef I. und Kaiser Karl VI.". Deutsche Arbeit, IV, 1904.
Ders., „Die pragmatische Sanction und die Erbfolgeverfügungen Kaiser Leopolds I.". Prager Juristische Vierteljahrsschrift, X, 1894.
Bauer, Wilhelm, „Der ‚Ehren-Ruff Teutschlands' von Wagner von Wagenfels". Mitteilungen des Instituts für österreichische Geschichtsforschung, XLI, 1926.
Ders., „Josef I.". Mitteilungen des Oberösterreichischen Landesarchivs, IV, 1955.
Baumann, Gustav, Der Bauernaufstand vom Jahre 1705 im bayerischen Unterland. [Verhandlungen des historischen Vereins für Niederbayern, LXIX–LXX, 1936-1937.]
Benda, Kálmán, Le projet d'alliance hungaro-suédo-prussienne de 1704. [Studia Historica. Academiae Scientiarum Hungaricae, XXV, 1960.]
Ders., „Rákóczi és a Vatikán". Történelmi Szemle, V, 1959.
Ders., „II. Rákóczi Ferenc török politikájának elsö évei (1702–1705)". Történelmi Szemle, V, 1962.
Benedikt, Heinrich, Als Belgien österreichisch war. Wien 1965.
Ders., Kaiseradler über dem Apennin. Die Österreicher in Italien, 1700–1866. München 1964.
Ders., Das Königreich Neapel unter Kaiser Karl VI. Wien 1927.

Ders., Der Pascha-Graf Alexander von Bonneval, 1675–1747. Graz 1959.
Bengtsson, Franz G., The Life of Charles XII, King of Sweden 1697–1718. London 1960.
Benna, Anna Hedwig, „Preces Primariae und Reichshofrat (1559–1806)". Mitteilungen des Österreichischen Staatsarchivs, V, 1952.
Dies., „Ein römischer Königswahlplan Karls III. von Spanien (1708–1710)". Mitteilungen des Österreichischen Staatsarchivs, XIV, 1961.
Bernard, Paul, Jesuits and Jacobins. Urbana, Illinois 1973.
Ders., The Origins of Josephinism: Two Studies. [The Colorado College Studies, 1964.]
Berner, Ernst, „Die auswärtige Politik des Kurfürsten Friedrich III. von Brandenburg, König Friedrich I. von Preußen". Hohenzollern Jahrbuch, IV, 1900.
Ders., Aus dem Briefwechsel König Friedrichs I. von Preußen und seiner Familie. Berlin, 1901.
Berney, Arnold, König Friedrich I. und das Haus Habsburg (1701–1707). Berlin 1927.
Ders., „Die Hochzeit Josefs I.". Mitteilungen des Instituts für österreichische Geschichtsforschung, XLII, 1927.
Berwick, James Fitzjames, Duke of, Memoirs of the Marshal Duke of Berwick. Bd. II. London 1779.
Bidermann, H. Ignaz, Geschichte der österreichischen Gesamt-Staats-Idee, 1526–1804. 2 Bde. Innsbruck 1867.
Ders., „Die Wiener Stadt-Bank, ihre Entstehung, ihre Eintheilung und Wirksamkeit, ihre Schicksale". Archiv für österreichische Geschichte, XX, 1859.
Bittner, Ludwig, Chronologisches Verzeichnis der österreichischen Staatsverträge. Wien 1903.
Blackley, W. (Hg.), The Diplomatic Correspondence of The Right Hon. Richard Hill. 2 Bde. London 1845.
Blumenthal, Johann Heinrich, „Prinz Eugen als Präsident des Hofkriegsrates (1703–1713)". Der Donauraum, IX, 1964.
Bodemann, Eduard (Hg.), Briefe der Kurfürstin Sophie von Hannover an die Raugräfinnen und Raugrafen zu Pfalz. Leipzig 1888. [Publicationen aus den königlichen Preußischen Staatsarchiven, 37.]
Bog, Ingomar, Der Reichsmerkantilismus. Stuttgart 1959.
Bonneval, C. E., Mémoires. Bd. I. London 1737.
Borodajkewycz, T., „Kaiser und Reichserzkanzler bei Beginn des Spanischen Erbfolgekrieges". Historische Blätter, VII, 1937.
Bourgeois, Émile, Neuchâtel et la politique prussienne en Franche-Comté (1702–1713). Paris 1887.
Braubach, Max, „Der Aufenthalt des Kurfürsten Josef Clemens von Köln in Lille (1704–1708)". Annalen des Historischen Vereins für den Niederrhein, CXXVII, 1935.
Ders., Die Bedeutung der Subsidien für die Politik im Spanischen Erbfolgekriege. Bonn 1923.
Ders., „Ein Fluchtplan des Josef Clemens von Köln während seines Aufenthaltes in Namur (1704)". Historisches Jahrbuch, XLVII, 1927.
Ders., „Französische Bemühungen um den Markgrafen Ludwig Wilhelm von Baden vor dem Ausbruch des Spanischen Erbfolgekrieges". Diplomatie und geistiges Leben im 17. und 18. Jahrhundert. Bonn 1969.
Ders., „Friedrich Karl von Schönborn und Prinz Eugen". Diplomatie und geistiges Leben im 17. und 18. Jahrhundert. Bonn 1969.
Ders., „Geheime Friedensverhandlungen am Niederrhein, 1711/1712". Diplomatie und geistiges Leben im 17. und 18. Jahrhundert. Bonn 1969.
Ders., Geschichte und Abenteuer. Gestalten um den Prinzen Eugen. München 1950.
Ders., „Graf Dominik Andreas Kaunitz (1655–1705) als Diplomat und Staatsmann". Heinrich Fichtenau und Erich Zöllner (Hg.), Beiträge zur neueren Geschichte Österreichs. Wien 1974.
Ders., „Holland und die geistlichen Staaten im Nordwesten des Reichs während des Spanischen Erbfolgekrieges". Diplomatie und geistiges Leben im 17. und 18. Jahrhundert. Bonn 1969.

Ders., "Kurfürst Josef Clemens von Köln als Vermittler zwischen Versailles und Wien". Diplomatie und geistiges Leben im 17. und 18. Jahrhundert. Bonn 1969.

Ders., "Kurtrier und die Seemächte während des spanischen Erbfolgekrieges". Diplomatie und geistiges Leben im 17. und 18. Jahrhundert. Bonn 1969.

Ders., "Die Politik des Kurfürsten Max Emanuel von Bayern im Jahre 1702". Diplomatie und geistiges Leben im 17. und 18. Jahrhundert. Bonn 1969.

Ders., "Prinz Eugen im Kampf um die Macht, 1701–1705". Historisches Jahrbuch, LXXIV, 1954.

Ders., Prinz Eugen von Savoyen. 5 Bde. Wien 1963–1965.

Ders., "Prinz Eugen von Savoyen und Kurfürst Max Emanuel von Bayern". Festschrift für Max Spindler. München 1969.

Ders., "Um die ‚Reichsbarriere' am Oberrhein". Diplomatie und geistiges Leben im 17. und 18. Jahrhundert. Bonn 1969.

Ders., "Ein rheinischer Fürst als Gegenspieler des Prinzen Eugen am Wiener Hof". Diplomatie und geistiges Leben im 17. und 18. Jahrhundert. Bonn 1969.

Ders., Versailles und Wien von Ludwig XIV. bis Kaunitz. Bonn 1952.

Bretholz, Bertold, Geschichte Böhmens und Mährens. Bd. III. Reichenberg 1924.

Bryce, James, The Holy Roman Empire. London 1904.

Bucsay, Mihály, Geschichte des Protestantismus in Ungarn. Stuttgart 1959.

Carlen, Louis, "Ein Tagebuch über die Ereignisse am Wiener Hof im November 1704". Mitteilungen des Österreichischen Staatsarchivs, XXII, 1969.

Carlson, Ernst, Der Vertrag zwischen Karl XII. von Schweden und Kaiser Josef I. zu Altranstädt 1707. Stockholm 1907.

Carsten, F. L., Princes and Parliaments in Germany from the fifteenth to the eighteenth century. London 1959.

Chance, James Frederick (Hg.), British Diplomatic Instructions 1689–1789. I: Sweden, 1689–1727. London 1922. III: Denmark. London 1926.

Churchill, Winston, Marlborough. His Life and Times. Bde. IV–VI. London 1934.

Conrads, Norbert, Die Durchführung der Altranstädter Konvention in Schlesien 1707–1709. Wien 1971.

Coombs, Douglas, The Conduct of the Dutch. British Opinion and the Dutch Alliance during the War of the Spanish Succession. Den Haag 1958.

Coreth, Anna, "Fra Hippolito da Pergine und Kaiser Leopold I.". Mitteilungen des Österreichischen Staatsarchivs, XXXI, 1978.

Dies., Österreichische Geschichtsforschung in der Barockzeit (1620–1740). [Veröffentlichungen der Kommission für neuere Geschichte Österreichs, XXXVII, 1950.]

Dies., Pietas Austriaca. Ursprung und Entwicklung barocker Frömmigkeit in Österreich. München 1959.

Coxe, William, History of the House of Austria. Bd. III. London 1847.

Droysen, J. G., Geschichte der preußischen Politik. Bd. IV, Teile 1 u. 4. Leipzig 1870–1872.

Ennen, Leonard, Der Spanische Erbfolgekrieg und der Churfürst Joseph Clemens von Cöln. Jena 1851.

Esebeck, Frieda von, Die Begründung der hannoverschen Kurwürde. Bonn 1935.

Esze, Tamás, II. Rákóczi Ferenc tiszántúli hadjárata. Budapest 1951.

Faulmüller, Annemarie, Die Reichsstadt Augsburg im spanischen Erbfolgekrieg. Augsburg 1933.

Feine, Hans Erich, Die Besetzung der Reichsbistümer vom Westfälischen Frieden bis zur Säkularisation 1648–1803. Stuttgart 1921.
Ders., „Zur Verfassungsentwicklung des Heil. Röm. Reiches seit dem Westfälischen Frieden". Zeitschrift der Savigny-Stiftung für Rechtsgeschichte, LII, 1932.
Feldmeier, Franz, „Die Ächtung des Kurfürsten Max Emanuel von Bayern und die Übertragung der Oberpfalz mit der fünften Kur an Kurpfalz (1702–1708)". [Oberbayrisches Archiv, 1914.]
Feldzüge des Prinzen Eugen von Savoyen. Bde. III–XIII. Wien 1876–92.
Feller, Richard, Die Schweiz und das Ausland im spanischen Erbfolgekrieg. Bern 1912.
Fellner, Thomas, „Über einen Widerspruch zwischen dem ‚Pactum mutuae successionis' von 1703 und der pragmatischen Sanction von 1713". Festgaben zu Ehren Max Büdingers. Innsbruck 1898.
Ders., und *Heinrich Kretschmayr*, Die österreichische Zentralverwaltung. Bd. I, Teile 1 u. 3. Wien 1907. [Veröffentlichungen der Kommission für neuere Geschichte Österreichs, V, VII.]
Fessler, Ignaz Aurelius, Geschichte von Ungarn. Bde. IV–V. Leipzig 1877.
Fester, Richard, „Bossuet und Kaiser Josef I.". Mitteilungen des Instituts für österreichische Geschichtsforschung, XVIII, 1897.
Fiedler, Joseph, Actenstücke zur Geschichte Franz Rákóczy's und seiner Verbindung mit dem Auslande aus den Papieren Ladislaus Kökenyesdi's von Vetes... 1705–1715. [Fontes Rerum Austriacarum, IX, 1855.]
Ders., Actenstücke zur Geschichte Franz Rákóczy's und seiner Verbindung mit dem Auslande aus den Papieren Johann Michael Klement's... 1708–1715. [Fontes Rerum Austriacarum, XVII, 1858.]
Ders., Actenstücke zur Geschichte Franz Rákóczy's und seiner Verbindung mit dem Auslande, 1706, 1709 und 1710. [Archiv für österreichische Geschichte, XLIV, 1871.]
Ders., Die Relationen der Botschafter Venedigs über Deutschland und Österreich im siebzehnten Jahrhundert. Bd. II [Fontes Rerum Austriacarum, XXVII, 1867].
Fieldhouse, H. N., „St. John and Savoy in the War of the Spanish Succession". English Historical Review, L, 1935.
Fischel, Alfred, Christian Julius v. Schierendorff, ein Vorläufer des liberalen Zentralismus unter Josef I. und Karl VI. Wien 1906.
Fournier, August, „Zur Entstehungsgeschichte der pragmatischen Sanktion Kaiser Karls VI.". Historische Zeitschrift, XXXVIII, 1877.
Francis, David, The First Peninsular War 1702–1713. New York 1975.
Frantz, Adolph, Das Katholische Directorium des Corpus Evangelicorum. Marburg 1880.
Freschot, C., Mémoires de la cour de Vienne. Köln 1705.
Frey, Linda, und *Marsha Frey*, „The Anglo-Prussian Treaty of 1704". Canadian Journal of History, XI, 1976.
Dies., „The Foreign Policy of Frederick I, King of Prussia, 1703–1711: A Fatal Vacillation?". East European Quarterly, IX, 1975.
Dies., „The Latter Years of Leopold I and His Court, 1700–1705: A Pernicious Factionalism". The Historian, XL, 1978.
Dies., „A Question of Empire: Leopold I and the War of the Spanish Succession, 1701–1705". The Austrian History Yearbook, XIV, 1978.

Geikie, Roderick, und *Isabel A. Montgomery*, The Dutch Barrier, 1705–1719. Cambridge 1930.
Gerard, James W., The Peace of Utrecht. New York 1885.
Geyl, Pieter, The Netherlands in the Seventeenth Century. Bd. II. New York 1964.
Gillot, Hubert, La règne de Louis XIV et l'opinion publique en Allemagne. Nancy 1914.
Giudici, Marcello, I dispacci di Germania dell' ambasciatore veneto Daniel Dolfin 3º. Venedig 1908.

Goll, Jaroslav, „Der Vertrag von Alt-Ranstädt. Österreich und Schweden 1706–1707". Abhandlungen der königl. böhmischen Gesellschaft der Wissenschaften, Serie VI, Bd. X, 1881.
Granier, Gerhard, Der deutsche Reichstag während des Spanischen Erbfolgekrieges (1700–1714). Bonn 1954.
Gross, Lothar, Die Geschichte der Deutschen Reichshofkanzlei von 1559 bis 1806. Wien 1933. [Inventare des Wiener Haus-, Hof- und Staatsarchivs, V: 1.]
Ders., „Der Kampf zwischen Reichskanzlei und österreichischer Hofkanzlei um die Führung der auswärtigen Geschäfte". Historische Vierteljahrsschrift, XXII, 1924.
Ders., „Die Reichspolitik der Habsburger". Neue Jahrbücher für Wissenschaft und Jugendbildung, XIII, 1937.
Grüll, Georg, Bauer, Herr und Landesfürst. Linz 1963.
Grünhagen, C., Geschichte Schlesiens. Bd. II. Gotha 1886.
Ders., „Schlesien in den letzten Jahrzehnten österreichischer Herrschaft 1707–1740". Zeitschrift d. Vereins f. Gesch. und Alterthum Schlesiens, XV: 1.
Grunwald Max, Samuel Oppenheimer und sein Kreis. Wien 1913.
Gschliesser, Oswald, „Die Bekämpfung der Fremdenwörter durch den Reichsvizekanzler Grafen Schönborn im 18. Jahrhundert". Innsbruck. Beiträge zur Kultur und Wissenschaft, III, 1955.
Ders., Der Reichshofrat. Wien 1942.
Gutkas, Karl, Geschichte des Landes Niederösterreich. Bd. II. Wien 1962.

Haintz, Otto, König Karl XII. von Schweden. 3 Bde. Berlin 1958.
Hantsch, Hugo, Geschichte Österreichs. 2 Bde. Wien 1951.
Ders., „Reichsvizekanzler Graf Friedrich Karl von Schönborn und Hofkanzler Graf Philipp Ludwig Sinzendorf". Études européennes. Paris 1973.
Ders., Reichsvizekanzler Friedrich Karl Graf von Schönborn (1674–1746). Augsburg 1929.
Hare, Francis, The Allies and the Late Ministry. London 1711.
Hartung, Fritz, Deutsche Verfassungsgeschichte vom 15. Jahrhundert bis zur Gegenwart. Stuttgart 1950.
Ders., „Die Wahlkapitulationen der deutschen Kaiser und Könige". Historische Zeitschrift, CVII, 1911.
Hasseln, W., Die Politik der Reichstadt Bremen während des Spanischen Erbfolgekrieges und des Nordischen Krieges (1700–1720). Bonn 1933.
Hassinger, Erich, Brandenburg-Preußen, Rußland und Schweden, 1700–1713. München 1953.
Ders., „Preußen und Frankreich im Spanischen Erbfolgekriege". Forschungen zur Brandenburgischen und Preußischen Geschichte, LIV, 1943.
Hatton, R. M., Charles XII of Sweden. London 1968.
Dies., George I Elector and King. Cambridge, Mass., 1978.
d'Haussonville, Histoire de la réunion de la Lorraine à la France. Bd. IV. Paris 1859.
Heer, Friedrich, The Holy Roman Empire. London 1968.
Henderson, Nicholas, Prince Eugen of Savoy. New York 1965.
Hengelmüller, Ladislas Baron, Hungary's Fight for National Existence. London 1913.
Herchenhahn, Johann Christian, Geschichte der Regierung Kaiser Josefs I. 2 Bde. Leipzig 1786–1789.
Hertz, Frederick, The Development of the German Public Mind. Bd. II. London 1962.
Heuser, Emil, Die Belagerungen von Landau in den Jahren 1702 und 1703. Landau 1894.
Ders., Die dritte und vierte Belagerung Landaus im Spanischen Erbfolgekrieg (1704 und 1713). Landau 1896.
Hilsenbeck, Adolf, Johann Wilhelm, Kurfürst von der Pfalz vom Ryswicker Frieden bis zum Spanischen Erbfolgekrieg 1698–1701. München 1905.

Hintze, Otto, „Der österreichische und der preußische Beamtenstaat im 17. und 18. Jahrhundert". Historische Zeitschrift, LXXXVI, 1901.
Höfler, C., „Die Diplomatische Correspondenz des Grafen Johann Wenzel Gallas". Archiv für österreichische Geschichte, XLI, 1869.
Ders., „Habsburg vs. Wittelsbach". Archiv für österreichische Geschichte, XLIV, 1871.
Ders., „Zum Ungarischen Ausgleich im Jahre 1705". Archiv für österreichische Geschichte, XLIII, 1870.
Holl, Brigitte, Hofkammerpräsident Gundaker Thomas Graf Starhemberg und die österreichische Finanzpolitik der Barockzeit (1703–1715). Wien 1976.
Horn, D. B., British Diplomatic Representatives 1689–1789. London 1932.
Hornyik, János, „A ráczok ellenforradalma 1703–1711". Századok, II, 1868.
Huber, Norbert, „Österreich und der Heilige Stuhl vom Ende des Spanischen Erbfolgekrieges bis zum Tode Papst Klemens XI. 1714–1721". Archiv für österreichische Geschichte, CXXVI, 1967.
Hüttl, Ludwig, Max Emanuel der Blaue Kurfürst. München 1976.

Ingrao, Charles W., „Habsburg Strategy and Geopolitics during the Eighteenth Century". Gunther E. Rothenberg and Béla Király, Hg. War and Society in East Central Europe, II. New York 1982. [Brooklyn College Studies on Society in Change, XI.]
Ders., „Guerilla Warfare in Early Modern Europe: The Kuruc War (1703–1711)". Ibid., I. New York 1979. [Brooklyn College Studies on Society in Change, X.]
Ders., „The Pragmatic Sanction and The Theresian Succession: A Reevaluation". William J. McGill (Hg.), The Habsburg Dominions under Maria Theresa. Washington, D. C., 1980. [Topics: A Journal of the Liberal Arts, XXXIV, 1980.]
Ders., „Empress Wilhelmine Amalia and the Pragmatic Sanction". Mitteilungen des Österreichischen Staatsarchivs, XXXIV, 1981.

Jähns, Max, „Zur Geschichte der Kriegsverfassung des Deutschen Reichs". Preußische Jahrbücher, XXXIX, 1877.
Jarnut-Derbolav, Elke, Die österreichische Gesandtschaft in London (1700–1711). Bonn 1972.

Kann, Robert A., A History of the Habsburg Empire 1526–1918. Berkeley 1974.
Ders., Kanzel und Katheder. Wien 1962.
Kaufmann, Alexander (Hg.), „Auszüge aus der Correspondenz des Fürsten Maximilian Karl von Löwenstein mit dem Markgrafen Ludwig von Baden und dem Prinzen Eugen von Savoyen". Archiv für österreichische Geschichte, XXXVII, 1867.
Khevenhüller-Metsch, Johann Josef Prinz, Aus der Zeit Maria Theresias, 1742–1776. Bd. I. Wien 1907.
Király, Béla, Hungary in the Late Eighteenth Century. New York 1969.
Kiss, Gábor, „Franz Rákóczi II., Peter der Große und der polnische Thron". Jahrbücher für Geschichte Osteuropas, XIII, 1965.
Kleinheyer, G., Die Kaiserlichen Wahlkapitulationen. Karlsruhe 1968.
Klingenstein, Grete, Der Aufstieg des Hauses Kaunitz. Göttingen 1975.
Dies., „Institutionelle Aspekte der österreichischen Außenpolitik im 18. Jahrhundert". E. Zöllner (Hg.), Diplomatie und Außenpolitik Österreichs. Wien 1977.
Klopp, Onno, Corrispondenza epistolare tra Leopoldo I. imperatore ed il P. Marco D'Aviano capuccino. Graz 1888.
Ders., Der Fall des Hauses Stuart. Bde. XI–XIV. Wien 1885–1888.
Köpeczi, Béla, La France et la Hongrie au début du XVIIIe siècle. Budapest 1971.

Ders., „La guerre d'indépendence hongroise au début du XVIIIe siècle et l'Europe". Acta Historica. Academiae Scientiarum Hungaricae, XXII, 1976.

Ders. (Hg.), L'autobiographie d'un prince rebelle: Confession et Mémoires de Francois II Rákóczi. Budapest 1977.

Korkisch, Gustav, „Der Bauernaufstand auf der Mährisch Trübau-Turnauer Herrschaft 1706–1713". Bohemia. Jahrbuch des Collegium Carolinum, XI, 1970.

Koser, Reinhold, „Brandenburg-Preußen in dem Kampf zwischen Imperialismus und Reichsständischer Libertät". Historische Zeitschrift, XCVI, 1906.

Kospach, Horst, „Englische Stimmen über Österreich und Prinz Eugen während des Spanischen Erbfolgekrieges". Mitteilungen des Instituts für österreichische Geschichtsforschung, LXXIII, 1965.

Kramer, Hans, Habsburg und Rom in den Jahren 1708–1709. Innsbruck 1936.

Kretschmayr, Heinrich, „Das deutsche Reichsvicekanzleramt". Archiv für österreichische Geschichte, LXXXIV, 1897.

Ders., „Der Friedensschluß von Altranstädt 1706/1707". J. Kalisch und J. Gierowski. Um die polnische Krone. Sachsen und Polen während des Nordischen Krieges 1700–1721. Ost-Berlin 1962.

Krones, F., „Zur Geschichte Ungarns im Zeitalter Franz Rákóczi's II.". Archiv für österreichische Geschichte, XLII, 1870.

Kühn-Steinhausen, Hermine, Johann Wilhelm. Düsseldorf 1958.

Kühne, Ulrich, „Geschichte der böhmischen Kur in den Jahrhunderten nach der Goldenen Bulle". Archiv für Urkundenforschung, X, 1928.

Kurat, Akdes Nimet, The Despatches of Sir Robert Sutton, Ambassador in Constantinople (1710–1714). London 1953.

Lamberty, L. B. F., Mémoires pour servir à l'histoire du XVIIIe siècle, III. Paris 1726.

Landau, Marcus, Geschichte Kaiser Karls VI. als König von Spanien. Stuttgart 1885.

Ders., Rom, Wien, Neapel während des Spanischen Erbfolgekrieges. Leipzig 1885.

Lang, Hans Otto, Die Vereinigten Niederlande und die Fürstbischofs- und Coadjutorwahlen in Münster im 18. Jahrhundert. [Münsterische Beiträge zur Geschichtsforschung, III, 1933.]

Lefaivre, Albert, „L'insurrection magyar sous François II Ragoczy". Revue des Questions historiques, XXV, 1901.

Legg, L. G. Wickham, British Diplomatic Instructions 1689–1789. II: France, 1689–1721. London 1925.

Loewe, Victor, Preußens Staatsverträge aus der Regierungszeit König Friedrichs I. Leipzig 1923.

Lorenz, Reinhold, „Ein Pfälzer Handwerkersohn als Wiener Hofkanzler". Drei Jahrhunderte Volk, Staat und Reich. Wien 1943.

Lukinich, Imre, „La fin de la lutte: la paix de Szatmár (1711)". Revue d'histoire comparée, 1935.

Ders., A. Szatmári béke története okirattára. Budapest 1925.

Mally, Anton Karl, Der österreichische Kreis. Wien 1967.

Marczali, Henrik, Hungary in the Eighteenth Century. Cambridge 1910.

Márki, Sándor, II. Rákóczi Ferencz. 3 Bde. Budapest 1907–1910.

Markó, Árpád, „II. Rákóczi Ferenc haditervei és azok kapcsolata a spanyol örökösödesi háború eseményeivel". Századok, LXX, 1936.

Ders., „Les soldats français dans la guerre d'indépendence du prince François II. Rákóczi (1703–1711)". Revue des études hongroises, 1933.

Martin, Franz, Salzburgs Fürsten in der Barockzeit. Salzburg 1952.

Mathis, Franz, „Neue Aspekte zur Planung des süddeutschen Feldzuges von 1704". Mitteilungen des Österreichischen Staatsarchivs, XXVII, 1974.

Maurer, Joseph, Cardinal Leopold Graf Kollonitsch Primas von Ungarn. Innsbruck 1887.

Mayer, Theodor, „Das Verhältnis der Hofkammer zur ungarischen Kammer ...". Mitteilungen des Instituts für österreichische Geschichtsforschung, Ergänzungsbände, IX, 1915.

McKay, Derek, Prince Eugen of Savoy. London 1977. Deutsche Ausgabe: Prinz Eugen von Savoyen. Feldherr dreier Kaiser. Verlag Styria, Graz 1979.

Medinger, Walther, Mecklenburg, Rußland und England – Hannover 1706–1721. Hildesheim 1967.

Mensi, Franz Fr. von, Die Finanzen Österreichs von 1701 bis 1740. Wien 1890.

Mezgolich, Elfriede, „Johann Wenzel Graf Wratislaw von Mitrowitz". Phil. Diss., Universität Wien 1967.

Mikoletzky, Hanns Leo, „Die Anfänge der Industrie und der Staatsfinanzen Österreichs im 18. Jahrhundert". Rapports of the Twelfth International Congress of Historical Sciences, 1965.

Ders., „Die große Anleihe von 1706. Ein Beitrag zur österreichischen Finanzgeschichte". Mitteilungen des Österreichischen Staatsarchivs, VII, 1954.

Ders., Österreich. Das Große 18. Jahrhundert. Wien 1967.

Minha, Carl, Die Deutsche Politik Kaiser Joseph I. Phil. Diss., Wien 1934.

Molnár, Erik, „Ideológiai kérdések a feudalizmusban". Történelmi Szemle, IV, 1961.

Morandi, C. (Hg.), Relazioni di Ambasciatori sabaudi genovesi e veneti durante il Periodo della Grande Alleanza e della Successione di Spagna 1693–1713. [Fonti per la Storia D'Italia, I.]

Ders., „Studi su la Grande Alleanza e su la Guerra di successione spagnuola". Rivista Storica Italiana, L, 1933.

Moraw, Peter, „Kaiser und Geschichtsschreiber um 1700". Die Welt als Geschichte, XXII–XXIII, 1962/1963.

Murray, Sir George (Hg.), The Letters and Dispatches of John Churchill, First Duke of Marlborough from 1702 to 1712. 5 Bde. London 1845.

New Cambridge Modern History, V–VII. London 1957–1970.

Niedermayer, Franz, Johann Philipp von Lamberg, Fürstbischof von Passau, 1651–1712. Passau 1938.

Noorden, Carl von, Europäische Geschichte im achtzehnten Jahrhundert. Der Spanische Erbfolgekrieg. 3 Bde. Düsseldorf 1870–1882.

Ders., „Die preußische Politik im Spanischen Erbfolgekriege". Historische Zeitschrift, XVIII, 1867.

Ders., „Sechs Jahre österreichische Politik". Preußische Jahrbücher, XXVIII, 1871.

Otruba, Gustav, „Die Bedeutung englischer Subsidien und Antizipationen für die Finanzen Österreichs, 1701–1748". Vierteljahrsschrift für Sozial- und Wirtschaftsgeschichte, LI, 1964.

Pach, P. Z., „Le problème du rassemblement des forces nationales pendant la guerre d'indépendence de François II. Rákóczi". Acta Historica. Academiae Scientiarum Hungaricae, III, 1956.

Parri, Ettore, Vittorio amadeo II ed Eugenio di Savoia nelle Guerre della Successione spagnuola. Mailand 1888.

Pastor, Ludwig Fr. von, The History of the Popes, XXII–XXIII. London 1940.

Perenyi, J., „Projets de pacification européenne de F. Rákóczi en 1708–1709". Tudomany-Egyetem. Annales. Sectio Historica, VI, 1964.

Perjés, Géza, „Army Provisioning, Logistics and Strategy in the Second Half of the Seventeenth Century". Acta Historica. Academiae Scientiarum Hungaricae, XVI, 1970.

Peters, Wolfgang, „Die Franche-Comté, Neuchâtel und die oranische Sukzession in den Plänen der preußischen Politik während des Spanischen Erbfolgekrieges". Forschungen zur Brandenburgischen und Preußischen Geschichte, XXVIII, 1915.

Petitot et Monmerqué, A., Mémoires du Marquis de Torcy. Paris 1828. [Collection des Mémoires relatifs a l'Histoire de France, LXVII.]

Pfandl, Ludwig, Karl II. München 1940.

Philippi, Hans, Landgraf Karl von Hessen-Kassel. Marburg 1976.

Pillias, Emile, „Louis XIV et le problème hongrois". Nouvelle Revue de Hongrie, LIV, 1936.

Poetsch, Joseph, Die Reichsacht im Mittelalter und besonders in der neueren Zeit. Breslau 1911.

Polster, Heinz, Der Markgraf Christian Ernst von Bayreuth-Brandenburg und seine Rolle in den Reichskriegen (1689–1707). Erlangen 1935.

Pribram, A. F., Das böhmische Commerzcollegium und seine Thätigkeit. Prag 1898.

Ders., „Die niederösterreichischen Stände und die Krone in der Zeit Kaiser Leopolds I.". Mitteilungen des Instituts für österreichische Geschichtsforschung, XIV, 1893.

Ders., Österreichische Staatsverträge. England I: 1516–1748. Innsbruck 1907.

Pritz, Franz Xaver, „Ein Beitrag zur Geschichte der Lamberge von Steier". Archiv für österreichische Geschichte, VII, 1851.

Probst, Christian, Lieber bayrisch sterben. Der bayrische Volksaufstand der Jahre 1705 und 1706. München 1978.

Quazza, Guido, „L'Italia e l'Europa durante le guerre di successione (1700–1748)". Storia d'Italia, II. Turin 1959.

Rákóczi, Francis II., Mémoires du prince François II Rákóczi. Budapest 1978.

Raschauer, Oskar, Schönbrunn. Der Schloßbau Kaiser Josefs I. Wien 1960.

Rázsó, György, „La situation militaire générale et la guerre d'indépendance de Rákóczi". Acta Historica. Academiae Scientiarum Hungaricae, XXII, 1976.

Récueil des Instructions données aux ambassadeurs et ministres de France depuis les traités de Westphalie jusqu'à la revolution française. Paris 1885–1969.

II: Suède: A. Geffroy (1885).

VIII: Russie: Alfred Rambaud (1890).

XIV: Savoie-Sardaigne: Horric de Beaucaire (1898).

XV: Savoie-Sardaigne et Mantua: Horric de Beaucaire (1899).

XVI: Prusse: Albert Waddington (1901).

XVII: Rome: Gabriel Hanotaux (1911).

XIX: Florence, Modène, Gênes: Edouard Driault (1912).

XXII: Hollande: Louis André und Emile Bourgeois (1923).

XXV: England: Paul Vaucher (1965).

XXVI: Venise: Pierre Duparc (1958).

XXIX: Turquie: Pierre Duparc (1969).

Redlich, Fritz, The German Military Enterpriser. Bd. II. [Vierteljahrsschrift für Sozial- und Wirtschaftsgeschichte, XLVIII (1965).]

Redlich, Oswald, Weltmacht des Barock. Österreich in der Zeit Kaiser Leopolds I. 4. Auflage, Wien 1961.

Ders., Das Werden einer Großmacht. Österreich von 1700 bis 1740. 4. Auflage, Wien 1962.

Reese, Werner, Das Ringen um Frieden und Sicherheit in den Entscheidungsjahren des Spanischen Erbfolgekrieges 1708 bis 1709. München 1933.

Regele, Oskar, Der österreichische Hofkriegsrat 1556–1848. Wien 1949.

Rein, Adolph, „Über die Bedeutung der überseeischen Ausdehnung für das europäische Staaten-System". Historische Zeitschrift, CXXXVIII, 1927.

Révész, E., Esquisse de l'histoire de la politique religieuse hongroise entre 1705 et 1860. [Studia Historica. Academiae Scientiarum Hungaricae, XXVI, 1960.]
Riezler, Sigmund, Geschichte Baierns. VII–VIII, Gotha 1913/14.
Rinck, Euchar Gottlieb, Josephs des Sieghaften Röm. Kaysers Leben und Thaten. 2 Bde. Köln 1712.
Ringhoffer, Carl, Die Flugschriften-Literatur zu Beginn des Spanischen Erbfolgekriegs. Berlin 1881.
Röder von Diersburg, Philipp, Kriegs- und Staatsschriften des Markgrafen Ludwigs Wilhelm von Baden. Über den Spanischen Erbfolgekrieg. Karlsruhe 1850.
Rota, Ettore, „Il problema politico d'Italia durante la guerra di successione spagnuola". Nuova Rivista Storica, XVIII, 1934.
Rothenberg, Gunther Erich, The Austrian Military Border in Croatia, 1522–1747. Urbana, Illinois, 1960.
Rousseau, Louis, Les relations diplomatiques de la France et de la Turquie au XVIIIᵉ siècle. Bd. I. Paris 1908.
Rummel, Friedrich von, Franz Ferdinand von Rummel. Lehrer Kaiser Josefs I. und Fürstbischof von Wien (1664–1716). Wien 1980.

Sante, Georg, „Die kurpfälzische Politik des Kurfürsten Johann Wilhelm vornehmlich im Spanischen Erbfolgekrieg 1690–1716". Historisches Jahrbuch, XLIV, 1924.
Sarauw, Christian von, Die Feldzüge Karls XII. Leipzig 1881.
Schäffler, August, Die Oberbayerische Landeserhebung im Jahre 1705. Würzburg 1880.
Schnath, Georg, Geschichte Hannovers im Zeitalter der neunten Kur und der englischen Sukzession 1674–1714, III: 1698–1714. Hildesheim 1978.
Schröcker, Alfred, Ein Schönborn im Reich. Studien zur Reichspolitik des Fürstbischofs Lothar Franz von Schönborn (1655–1729). Wiesbaden 1978.
Schwabe von Waisenfreund, Carl, Versuch einer Geschichte des österreichischen Staats-Credits- und Schuldenwesens. 2. Bde.
Schwarz, Henry Frederick, The Imperial Privy Council in the Seventeenth Century. Cambridge, Mass., 1943.
Sedlmayr, Hans, Johann Bernhard Fischer von Erlach. Wien 1956.
Seeliger, Gerhard, Erzkanzler und Reichskanzleien. Innsbruck 1889.
Siemsen, August, Kur-Brandenburgs Anteil an den kaiserlichen Wahl-Kapitulationen von 1689 bis 1742. Weimar 1909.
Simonyi, Ernö, Angol Diplomatiai Iratok. II. Rákóczi Ferencz Korára. 3 Bde. Pest 1871–77.
Slottman, William, Austro-Turkish Relations: Carlowitz and the Rákóczi Rebellion. Diss., Harvard-Universität 1958.
Smend, Rudolf, Das Reichskammergericht. Weimar 1911.
Smidt, Irmgard, „Josef I. und Wien". Wiener Geschichtsblätter, XVI, 1961.
Snyder, Henry L. (Hg.), The Marlborough-Godolphin Correspondence. 3 Bde. Oxford 1975.
Söltl, J., „Von dem römischen Papst. Ein Vortrag für den Römischen König Joseph I.". Historische Zeitschrift, VI, 1861.
Spannagel, Geofredus Philippus, Vita Dell'Imperatore Gioseppe I. Unveröffentlichtes Manuskript in der Handschriftensammlung der Nationalbibliothek, Wien.
Spielman, John P., Leopold I of Austria. New Brunswick, New Jersey, 1977. Deutsche Ausgabe: Leopold I. Zur Macht nicht geboren. Verlag Styria, Graz 1981.
Srbik, H. von, Österreichische Staatsverträge. Niederlande I: bis 1722. Wien 1912.
Stanhope, Philip Henry, Earl, History of the War of the Succession in Spain. London 1836.
Stelling, Sven, Saint-Saphorin et la politique de la Suisse pendant la guerre de Succession d'Espagne (1700–1710). Lausanne 1934.
Stern, Selma, The Court Jew. Philadelphia 1950.

Stork-Penning, J. G., „The Ordeal of the States". Acta Historiae Neerlandica, II, 1967.
Strobl-Albeg, Eduard Ritter von, Das Obersthofmarschallamt. Innsbruck 1908.
Sturmberger, Hans, Kaiser Ferdinand II. und das Problem des Absolutismus. Wien 1957.
Swift, Jonathan, The Conduct of the Allies & of the Late Ministry. London 1711.
Syveton, Gabriel, „Au camp d'Altranstädt. Besenval et Marlborough". Revue d'histoire diplomatique, XII, 1898.
Ders., Louis XIV et Charles XII au camp d'Altranstädt, 1707. La mission du Baron de Besenval. Paris 1900.
Szekfü, Gyula, und *Hóman, Bálint,* Magyar történet. Bd. IV. Budapest 1935.

Tapié, Victor L., Les états de la Maison d'Autriche de 1657 à 1790. Paris, unveröffentlicht, o. D., in Widener Library, Harvard University.
Ders., The Rise and Fall of the Habsburg Monarchy. New York 1971.
Thiel, Viktor, „Die innerösterreichische Zentralverwaltung 1564–1749". Archiv für österreichische Geschichte, CXI, 1930.
Trevelyan, George Macaulay, „The ‚Jersey' period of the negotiations leading to the Peace of Utrecht". English Historical Review, IL, 1934.
Turba, Gustav, Geschichte des Thronfolgerechts in allen habsburgischen Ländern bis zur Pragmatischen Sanktion 1156 bis 1732. Wien 1903.
Ders., Grundlagen der Pragmatischen Sanktion. 2 Bde. Leipzig 1912.
Ders., „Ist das Original der Pragmatischen Sanktion Karls VI. eine Unterschiebung?". Archivalische Zeitschrift, XL, 1931.
Ders., Die Pragmatische Sanktion. Wien 1906.
Ders. (Hg.), Die Pragmatische Sanktion: authentische Texte. Wien 1913.
Ders., Reichsgraf Seilern aus Ladenburg am Neckar 1646–1715 als kurpfälzischer und österreichischer Staatsmann. Heidelberg 1923.

Vann, James Allen, The Swabian Kreis: Institutional Growth in the Holy Roman Empire, 1648–1715. Brüssel 1975.
Van't Hoff, B. (Hg.), The Correspondence 1701–1711 of John Churchill First Duke of Marlborough and Anthonie Heinsius Grand Pensionary of Holland. Utrecht 1951.
Várkonyi, Ágnes, „A Dunántúl felszabadítása 1705-ben". Századok, LXXXVI, 1952.
Dies., „Handelswesen und Politik im Ungarn des 17. bis 18. Jahrhunderts". Acta Historica. Academiae Scientiarum Hungaricae, XVII, 1971.
Dies., Hapsburg Absolutism and Serfdom in Hungary at the Turn of the XVIIth and XVIIIth Centuries". Nouvelles études historiques, I. Budapest 1965.
Dies., „A jobbágyság osztályharca a Rákóczi-szabadságharc idején". Történelmi Szemle, VII, 1964.
Dies., „A 'népi kurucság' ideológiája". Történelmi Szemle, VI, 1963.
Dies., „A Rákóczi szabadságharc kibontakozása Erdélyben". Századok, LXXXVIII, 1954.
Dies., „Repopulation and the System of Cultivation in Hungary after the Expulsion of the Turks". Acta Historica. Academiae Scientiarum Hungaricae, XVI, 1970.
Dies., „Történelmi személyiség, válság és fejlödés a xvii. századi Magyarországon". Századok, CVI, 1972.
Vehse, Eduard, Memoirs of the Court of Austria. Bd. II. Philadelphia, o. D.
Villars, Louis Hector Marquis de, Mémoires du Maréchal de Villars. Bd. I. Paris 1884.
Vitense, Otto, Geschichte von Mecklenburg. Gotha 1920.
Voltes Bou, Pedro, El Archiduque Carlos de Austria, Rey de los Catalanes. Barcelona 1953.
Ders., Barcelona durante el gobierno del Archiduque Carlos de Austria. 2 Bde. Barcelona 1963.

Vreede, G. G., Correspondance diplomatique et militaire du Duc de Marlborough du Grand-Pensionnaire Heinsius et du Trésorier-Général des Provinces-Unies Jacques Hop. Amsterdam 1850.

Wagner, P. Franz, Historia Josephi Caesaris Augusti. Wien 1745.
Wallmenich, Karl von, Der Oberländer Aufstand 1705 und die Sendlinger Schlacht. München 1906.
Wandruszka, Adam, Österreich und Italien im 18. Jahrhundert. Wien 1963.
Ders., The House of Habsburg. New York 1964.
Weber, Ottocar, Der Friede von Utrecht. Gotha 1891.
Wessely, Kurt, „The Development of the Hungarian Military Frontier Until the Middle of the Eighteenth Century". Austrian History Yearbook, IX–X, 1973–1974.
Wild, Karl, Lothar Franz von Schönborn, Bischof von Bamberg und Erzbischof von Mainz 1693–1729. Heidelberg 1904.
Wines, Roger, „The Imperial Circles, Princely Diplomacy and Imperial Reform 1681–1714". Journal of Modern History, XXXIX, 1967.
Winter, Eduard, Frühaufklärung. Ost-Berlin 1966.
Wolf, John B., Louis XIV. New York 1968.
Wyklicky, Helmut, „Die Beschreibung und Beurteilung einer Blatternerkrankung im Jahre 1711". Wiener Klinische Wochenschrift, LXIX, 1957.

Zehntbauer, Richard, Gesamtstaat, Dualismus und Pragmatische Sanktion. Freiburg, Schweiz, 1914.
Zeumer, Karl, Quellensammlung zur Geschichte der Deutschen Reichsverfassung. Leipzig 1904.
Zöllner, Erich, Geschichte Österreichs. München 1966.
Zschakwitz, J. E., Leben und Thaten Josephi I. Leipzig 1712.
Zwiedineck-Südenhorst, Hans von, „Die Anerkennung der pragmatischen Sanction Karls VI. durch das deutsche Reich". Mittheilungen des Instituts für österreichische Geschichtsforschung, XVI, 1895.
Ders., „Die Obedienz-Gesandtschaften der deutschen Kaiser an den römischen Hof im 16. und 17. Jahrhunderte". Archiv für österreichische Geschichte, LVIII, 1879.

Personenregister

Albani, Kardinal 132f, 135
Alfons I., Herzog von Ferrara 23
Anne, Königin von England 1702–14
  55, 154, 175, 180, 185, 216–222, 228
August II., der Starke (1670–1733), König
  von Polen 1697–1733, als Friedrich
  August Kurfürst von Sachsen 1694–1733
  19, 49, 55, 62, 66, 71ff, 75, 77, 83ff, 87,
  90, 95, 155f, 210

Balbino, Catarina di 36
Ballarini, Kastratensänger 36
Bartholdi, Friedrich Heinrich von, preuß.
  Botschafter 38, 62, 68, 78, 86
Bercsényi von Székes, Nikolaus Graf 139,
  143, 146ff, 150f, 155, 158, 160, 166f, 169
Bergeyck, J. Graf (1644–1725),
  span.-niederländ. Minister 183
Berwick, James Fitzjames, Herzog von
  (1670–1734), franz. General 218
Bevie, Kammerdiener 36
Bonneval, Claude Alexander Graf
  (1675–1747), kaiserl. General 122, 124,
  126
Borgia, Lukrezia 23
Brihuega 222
Buol, Johann Georg Graf (gest. 1727),
  Sekretär der Geheimen Konferenz 17
Buys, Wilhelm, holländ. Ratspensionär
  181, 187ff, 215f

Cadogan, Earl W. (1675–1726), engl.
  General 187
Caroelli, Mailänder Senator 129
Charlotte Felizitas, Frau von Herzog
  Rinaldo von Modena 118, 135
Christian August von Holstein-Gottorp 80

Christian Ernst, Markgraf von Branden-
  burg-Bayreuth (1644–1712) 78f, 84, 95
Clemens VIII., Papst 118
Clemens XI., Papst 114ff, 118, 123–134,
  137, 160, 177, 179, 228, 231
Colbert, Jean-Baptiste (1619–83), franz.
  Finanzminister 21
Consbruch, Sekretär 54
Crassow, schwed. General 210, 220
Czernin, von und zu Chudenitz,
  Humprecht 26
Czobor, ungar. Graf 75f, 79, 84

Daun, Wirich Graf (1669–1741), kaiserl.
  General 104, 111f, 116f, 124ff, 132
Desalleurs, Pierre Puchot Graf, franz.
  Gesandter 143, 149, 155, 158, 162
Dietrichstein, Prinzessin 225

Eleonore Magdalena von Pfalz-Neuburg
  (1655–1720), Kaiserin, dritte Frau
  Leopolds I. 23, 36, 91, 107, 194, 199, 226f
Elisabeth Christine von Braunschweig-
  Wolfenbüttel (1691–1750), Kaiserin,
  Frau Karls VI. 128, 184
Erdödy, Niklas Graf, Ban von Kroatien 156
Este, ital. Familie 118
Esterházy, Paul Graf (1635–1713), ungar.
  Palatin 156, 160
Eugen von Savoyen, Prinz (1663–1736),
  Hofkriegsratspräsident 1703–36 9f, 13,
  25–28, 30, 33–36, 41, 43f, 57f, 60–63,
  84f, 88f, 92ff, 97–106, 109, 114, 116f,
  120f, 130, 134f, 137, 143f, 161, 165f,
  168f, 171, 174, 180, 183ff, 187–193, 195,
  197–204, 208f, 212–215, 217–221,
  224ff, 233f

Feuillade, L. de la, Herzog (1675–1725), franz. General 100, 175
Fischer von Erlach, Johann Bernhard (1656–1723), österr. Baumeister 42, 49
Forgách, Graf, ungar. Magnat 141
Friedrich I., Kurfürst von Brandenburg 1688–1713, König von Preußen 1701–13 16, 56f, 59, 62f, 66ff, 77f, 83, 85f, 88, 90, 95, 125, 178, 210, 212f, 228
Friedrich V., Kurfürst von der Pfalz (1596–1632) 66
Fürstenberg, Wilhelm Egon Graf von (1629–1704) 36

Gallas, Johann Wenzel Graf (1669–1719), österr. Diplomat 99, 219f, 222
Georg Ludwig, Kurfürst von Hannover 1698–1727, König von England (Georg I.) 55, 87–95, 134, 203, 218f
Godolphin, Earl Sidney (1645–1712), engl. Schatzkanzler 99, 180f, 187, 206ff, 215f, 219ff
Goslinga, holländ., Abgeordneter 192
Grimani, Vicenzo, Kardinal 110ff, 117, 121, 198
Gronsfeld, Johann F. Graf (1639–1718), kaiserl. General 218
Grumbkow, Friedrich Wilhelm von (1678–1739), preuß. Minister und General 212
Gualtier, franz. Agent 220, 222
Guastalla, Herzog von 136f
Gustav II. Adolf, König von Schweden 1611–32 72

Haersolte, holländ. Diplomat 80
Hamel-Bruynincx, Jakob von (1662–1738), holländ. Diplomat 25, 146
Harley, Robert 219, 228
Harrach, Ferdinand Bonaventura Graf (1637–1706), Oberrsthofmeister 28f, 31f
Heems, Baron, Botschafter Josefs I. in Den Haag 183, 198, 201, 204f
Heinsius, Anthonius (1641–1720), holländ. Ratspensionär 87f, 180f, 183, 187–190, 192, 208, 215
Heister, Siegbert Graf (1648–1718), kaiserl. General 140, 143, 163, 165
Hennequin, holländ. Agent 180f

Herberstein, Leopold Graf, Hofkriegsratsvizepräsident, General 28, 122f, 199
Herbeville, Ludwig Graf (gest. 1709), kaiserl. General 144–148, 152, 158f
Hessen-Kassel, Landgraf von, General 191, 198
Hildebrandt, Johann Lukas von (1668–1745), österr. Baumeister 226
Huldeberg, D. E., hann. Gesandter 226
D'Huxelles, franz. Marschall 214–217

Innozenz XII., Papst 1691–1700 113f

Javallière, franz. Offizier 101, 103
Jersey, Graf von 220
Johann Hugo von Orsbeck von Trier, Kurfürst 178, 224
Johann Wilhelm, Kurfürst von der Pfalz (1658–1716) 23, 25, 27f, 49f, 59, 65ff, 80, 87, 89–93, 95, 97, 99, 107, 228f, 234
Josef II., Kaiser 1780–90 13, 18, 230
Josef Clemens von Bayern (1671–1723), Erzbischof und Kurfürst von Köln 65, 67, 89, 95, 177, 181, 186, 191, 206, 208, 217, 229

Karl VI., Erzherzog von Österreich, Karl III. als König von Spanien, Kaiser 1711–40 10–13, 19, 27, 34, 37, 79, 106–111, 120, 127–130, 132, 163, 173, 175ff, 179–182, 184, 190f, 200, 206f, 221f, 225–231, 233ff
Karl II., König von Spanien 1665–1700 19, 24, 43, 50, 96, 107, 114, 173, 190, 232
Karl V., Kaiser 1519–56, Karl I. als König von Spanien 184f, 227f, 233
Karl XII., König von Schweden 1697–1718 19, 46, 55, 71–77, 79–86, 89, 155f, 166, 210, 214, 220, 223, 232
Karl V., Herzog von Lothringen 1675–90, kaiserl. Oberkommandierender 49, 136, 152, 178, 181, 190, 204, 224
Karl Ferdinand von Goganza, Herzog von Mantua 105, 113, 125, 136
Károlyi, Alexander Graf 158, 167–170, 227
Kaunitz, Dominik Andreas Graf (1655–1705), Diplomat und Reichsvizekanzler 1698–1705 28
Kinsky, Graf, böhm. Kanzler 30, 40, 194

Lamberg, Leopold Matthias Graf
  (1667–1711) 36, 43, 121, 130, 195f, 199,
  224ff, 234
Lamberg, Johann Philipp Graf
  (1651–1712), Kardinal 130, 194ff, 198f,
  234
Leibniz, Gottfried Wilhelm von 122
Leopold I., Kaiser 1657–1705 10ff, 18f,
  21f, 25–31, 33, 36, 39ff, 47, 49f, 52f, 56ff,
  60, 66, 72, 89, 95–98, 105, 107f, 113,
  138–141, 143, 145f, 150, 161, 173, 178,
  232, 234
Leopold Joseph, Sohn Josefs I. 24
Leszczyński, Stanislaus, König von Polen
  1704–09, Herzog von Lothringen
  1735–66 71–76, 85f, 210
Liechtenstein, Familie 46
Liechtenstein, Anton Fürst 234
Locher von Lindenheim, Karl, Hofkriegsratsmitglied 168f, 227
Lothar Franz von Franken 77
Louvois, François-Michel le Tellier
  Marquis de (1639–92), franz. Kriegs-
  minister 21
Löwenstein, Maximilian Karl Graf
  (1658–1718), Statthalter von Bayern 28,
  61, 63
Ludwig XIV., König von Frankreich
  1643–1715 11–14, 19, 21, 40, 42, 48f, 65,
  73, 75, 97, 100–104, 106, 125, 127, 140,
  143, 145, 149, 155, 162ff, 170, 172f, 175,
  179f, 182f, 185, 187–194, 201f, 204, 206,
  211, 214–217, 222f, 232
Ludwig Wilhelm, Markgraf von Baden
  (1655–1707), kaiserl. General 25, 27,
  49f, 57–61, 65, 67, 69f, 78, 89, 94, 234

Mansfeld, Franz Heinrich Fürst von
  (1640–1715), Präsident des Hofkriegsrates von 1701–03 25f, 28f, 32, 130, 195,
  198, 200
Maria Theresia, Kaiserin 1740–80 11, 13,
  18, 45, 230, 235
Maria Josepha, Tochter Josefs I. 24
Marie Amalie, Tochter Josefs I. 24
Marlborough, John Churchhill Herzog
  von (1650–1722), engl. Oberkommandierender 11, 28, 30f, 57–60, 62f, 67ff,
  75f, 78, 83f, 87ff, 93f, 97–101, 103f, 154,
  174, 179–183, 187ff, 192, 200–204, 206,
  208f, 211, 216f, 219ff, 223, 228
Marlborough, Sarah 104, 219
Marsigli, Luigi Fernando, General 123,
  126
Marsin, F. Comte de (1656–1721), franz.
  General 100, 175
Martinitz, Georg Adam Graf 110–114,
  116f, 121, 128, 194
Max Emanuel, Kurfürst von Bayern
  1679–1726 12, 49, 56, 60, 62, 65ff, 89f,
  95, 152, 158, 162, 180f, 186, 194, 205,
  210, 217, 229
Maximilian I., Kaiser 1493–1519 227
Medavi, franz. General 101, 104, 116
Medici, Familie 134
Moles, Franz Herzog von (gest. 1721),
  span. Diplomat und österr. Minister
  27, 30, 32, 34f, 121, 184
Muratori, Lodovico Antonio 122

Nesselrode, Graf 212

Okolicsanyi, Pál, ungar. Adeliger 157f
Oppenheimer, Samuel (1630–1703), jüd.
  Bankier 26f
Orléans, Philipp Herzog von (1674–1723),
  franz. General und Regent 100f, 104
Ormonde, James Butler Herzog von, engl.
  General 228
Öttingen, Graf, Hofratspräsident 53f, 195

Pálffy, Johann Graf (1663–1750), kaiserl.
  General 143, 149, 156, 164f, 167–170,
  223, 227
Pálffy, Marianne, Mätresse Josefs I.,
  Tochter des ungar. Ban 36, 43, 199,
  224ff
Palmes, engl. Gesandter 172
Paolucci, päpstlicher Sekretär 129
Patkul, Johann Reinhold von,
  schwedischer Adeliger 73, 75
Peter I. der Große, Zar von Rußland
  1682–1725 74, 165f
Peter II., König von Portugal 173
Peterborough, engl. General 102, 227
Petkum, Hermann 183
Philipp V. (von Anjou), König von Spanien
  1700–46 19, 97, 103, 113, 115, 128,

173, 175, 180, 183f, 189, 191ff, 201f, 214–217, 221f, 228f
Piper, Graf, schwedischer Minister 74f, 80, 82
Plettenberg, Friedrich Christian Fürst von 178
Polignac, Abbé 214–217
Prié, Ercole G. Marquis de (1658–1726), österr. Kriegskommissionär 123–126, 128ff, 132f

Rabutin, Amadeus Graf (1687–1727), kaiserl. General und Diplomat 139, 144, 149, 152f, 156, 158f, 163, 173
Rákóczi, Franz II. (1676–1735), ungar. Magnat, Fürst von Siebenbürgen 16, 19, 72, 138ff, 142f–169, 172f, 210, 231
Rákóczi, Juliane 153
Rakovsky, Melchior, ungar. Adeliger 157f
Rechteren, Hendrik Graf, holländ. Diplomat 146, 213, 224
Rinaldo, Herzog von Modena 118, 122, 124, 133–136
Robinson, Sir Thomas, engl. Diplomat 80
Rouillé, Pierre de Mabeuf (1657–1712), franz. Diplomat 187ff, 192f
Rummel, Franz Ferdinand von, Erzieher Josefs I. 24, 43, 49, 195

Sacheverell, Henry, Tory-Abgeordneter 219
Sachsen-Zeitz, Kardinal 160f, 194
Saint Pater, franz. Offizier 101, 103
Salaburg, Gotthard Heinrich Graf, Präsident der Hofkammer 25f
Salm, Karl Theodor Otto Fürst (1648–1710), österr. Hofkanzler 1705–09 10, 15, 23–36, 38, 40f, 43, 46, 49, 52f, 68, 70f, 76, 81, 106f, 110, 118–121, 129, 142f, 159, 174f, 183, 186, 194–200, 233f
Scarlatti, Alessandro, Komponist 42
Schierendorff, C. J., Hofkammersekretär 42, 45
Schlick, Leopold Graf (1663–1723), kaiserl. General 33, 69ff, 199
Schönborn, Friedrich Karl Graf, Reichsvizekanzler 52ff, 63, 71, 121, 123, 133f, 183f, 186, 194–200, 202, 204

Schönborn, Johann Philipp Graf von, Kurfürst von Mainz 52f
Schönborn, Lothar Franz Graf von, Kurfürst und Erzbischof von Mainz, Reichskanzler 13, 51–54, 77, 107, 113, 119, 125, 128, 130f, 196f, 213, 224, 233f
Seifullah Aga 171, 223
Seilern, Johann Friedrich Graf (1646–1715), österr. Hofkanzler 10, 30, 40, 53f, 96, 108, 113, 119, 121, 128ff, 134, 195, 198–201, 204, 208, 226, 233f
Sinzendorf, Ludwig Philipp Graf (1671–1742), österr. Hofkanzler 10, 27f, 30f, 40, 48, 53, 56, 63, 68, 76, 122, 130, 162, 180f, 190f, 193, 198–201, 203ff, 208f, 215f, 221f, 224f, 235
Sophie, Kurfürstin von Hannover (1630–1714) 59
St. John, Henry Viscount Bolingbroke (1678–1751), engl. Staatssekretär 172
Stanhope, James Earl of (1673–1721), engl. General und Staaatsekretär 221
Starhemberg, Guido Graf (1657–1737), kaiserl. General 78, 143, 156, 159, 163, 174, 176, 221, 233
Starhemberg, Gundaker Thomas Graf (1663–1745), Präsident der Hofkammer 1703–15 10, 25f, 30, 38, 40f, 43f, 175, 194ff, 199, 235
Stepney, George (1663–1707), engl. Diplomat 25, 32, 141, 146f, 154
Strahlenheim, schwed. Gesandter 67, 71, 75, 77, 81
Sunderland, C. Earl of (1674–1722), engl. Minister 99, 219
Széchényi, Kardinal 146, 157
Szirmay, Baron 157

Tessé, M. J. B. Comte de (1651–1725), franz. General und Diplomat 124, 126
Thököly, Emmerich Graf (1657–1705) 152
Thüngen, Hans Karl Graf von (1648–1725), österr. Feldmarschall 70
Torcy, Jean Baptist Colbert Marquis de (1665–1746), franz. Staatssekretär 164, 188–194
Tolvay, Gabriel 158, 164
Townshend, C. Viscount (1674–1738), engl. Staatssekretär 189, 206f, 215

Trautson, Johann Leopold Donat Fürst (1659–1724), österr. Obersthofmeister 10, 56, 120, 122, 133f, 173, 183f, 186, 195, 197f, 201, 204f, 208, 221, 225, 234

Vanderdussen, Bruno, Ratspensionär von Gouda 183, 187, 189, 215f
Vauban, Sebastian Marquis de (1633–1707), franz. General 21, 175
Vendôme, Louis Joseph de, Herzog (1654–1712), franz. Marschall 93, 97, 100, 187, 221
Venzati, „Graf" 9, 11
Vetes, Baron 145f, 155, 162, 164
Viktor Amadeus II., Herzog von Savoyen 1675–1730 57, 63, 88, 97, 100, 102f, 105f, 114, 125, 130, 136, 174, 189, 203, 211ff, 218, 220, 223, 227f, 232
Villars, Louis Hector Marquis de (1653–1732), franz. General 50, 59, 68ff, 78f, 84, 87f, 107, 187, 204, 218, 223
Villeroy, François de Neufville, Herzog von (1644–1730), franz. Marschall 69, 100, 175
Vryberg, holländ. Gesandter 219

Wagner von Wagenfels, Hans Jakob, Jurist und Erzieher Josefs I. 24, 49, 51
Waldstein, Karl Ernst Graf (1661–1713), österr. Diplomat 32, 194, 197
Weltz, Graf, Statthalter von Niederösterreich 43f
Wetzel, Franz Wilhelm von 92
Wiedemann, Jesuit 29
Wilczek, Heinrich Wilhelm Graf 223
Wilhelm III. von Oranien, König von England 1689–1702 57, 178
Wilhelmine Amalie von Braunschweig-Lüneburg (1673–1742), Kaiserin, Frau Josefs I. 23, 35ff, 38, 118, 120, 122, 128, 184, 194, 196, 224–227, 234
Windischgrätz, Ernst Graf (1670–1727), Reichshofrat 128ff, 195, 198f
Wratislaw von Mitrowitz, Johann Wenzel Graf (1669–1712), böhm. Hofkanzler 9f, 13, 20, 31, 33ff, 43, 56–59, 71, 73, 79–85, 96, 106, 110f, 119–124, 129f, 134f, 138, 143, 146f, 152f, 155, 174, 179, 182, 184, 193–201, 204, 208, 224–227, 233f

Zinzendorf, Graf, österr. Gesandter 73ff, 83

HISTORISCHE BIOGRAPHIEN

Johann Franzl
FERDINAND II.
Kaiser im Zwiespalt der Zeit
384 Seiten, 16 Bildseiten, Leinen

R. J. Evans
RUDOLF II.
Ohnmacht und Einsamkeit
252 Seiten, Leinen

John P. Spielman
LEOPOLD I.
Zur Macht nicht geboren
215 Seiten, Leinen

Derek McKay
PRINZ EUGEN VON SAVOYEN
Feldherr dreier Kaiser
263 Seiten, 8 Bildseiten, Leinen

Victor L. Tapié
MARIA THERESIA
Die Kaiserin und ihr Reich
317 Seiten, 6 Bildseiten, Leinen

Hans Magenschab
JOSEF II.
Revolutionär von Gottes Gnaden
284 Seiten, 8 Bildseiten, Leinen

Hans Magenschab
ERZHERZOG JOHANN
Habsburgs grüner Rebell
378 Seiten, 8 Bildseiten, 1 Farbkarte, Leinen

VERLAG STYRIA GRAZ WIEN KÖLN

Geschäftsantwort-
postkarte

Seit 1869

An den

Verlag Styria

D-5000 Köln 51   **A-8011 Graz**

Postf. 511029   Postf. 831

Nichtzutreffenden Ort bitte streichen

Name

Vorname

Beruf

Postleitzahl und Wohnort

Straße

Land

Informations-Gutschein

Bitte kreuzen Sie unten Ihr Interessengebiet an. Sie erhalten dann regelmäßig Prospekte und Informationen über Styria-Neuerscheinungen.

☐ Religion
☐ Theologie
☐ Philosophie
☐ Werke der Geschichte
☐ Biographien
☐ Bibliophile Werke
☐ Belletristik
☐ Jugendbücher

Diese Karte entnahm ich dem Buch:

_____

Zum Kauf wurde ich angeregt durch:
○ Prospekt, ○ Anzeige, ○ Buchbesprechung, ○ Schaufenster, ○ Empfehlung des Buchhändlers, ○ Empfehlung eines Bekannten, ○ Geschenk. (Bitte ankreuzen)

Meine Meinung zu diesem Buch:

_____

Verlag Styria   Graz Wien Köln

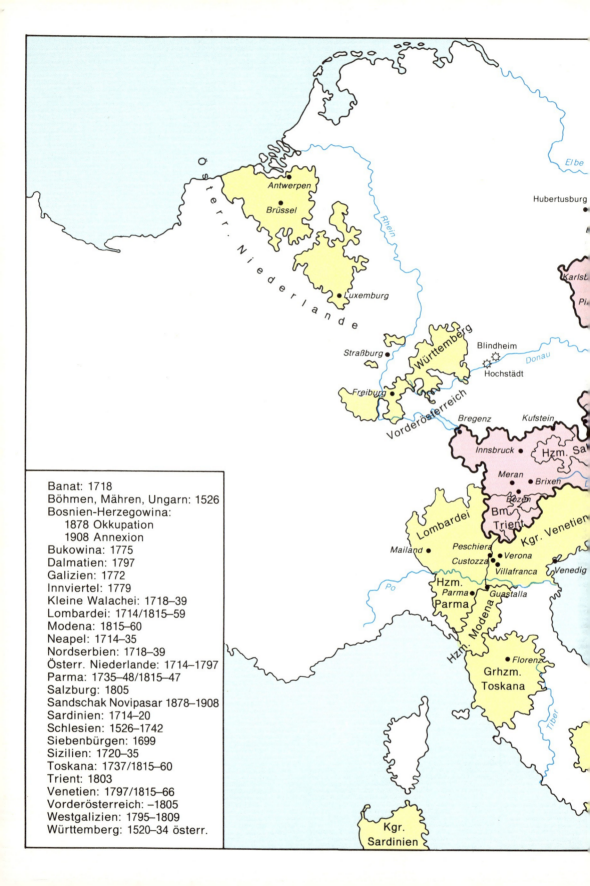